Acten Des Wiener Congresses, in Den Jahren 1814 Und 1815, Volumes 1-4

Johann Ludwig Klüber

Acten

des

Wiener Congresses

in

den Jahren 1814 und 1815.

———

Herausgegeben

von

D. Johann Ludwig Klüber

großherzoglich-badischem Staats- und Cabinetsrath ꝛc.

———

Erster Band,
1—4. Heft.

———

Erlangen 1815
bei J. J. Palm und Ernst Enke.

Acten

des

Wiener Congresses.

Erster Band,

Erstes Heft.

Erlangen 1815
bei Johann Jakob Palm.

Printed in Germany

Durch diese PrivatSammlung der Acten des Wiener Congresses, glaubt der Herausgeber dem Publicum einen eben so angenehmen als nützlichen Dienst zu erweisen. Mit Eifer wird er sich bestreben, alles hieher Gehörige eben so schleunig und unparteyisch, als treu und vollständig zu liefern.

Dieses Bestreben verpflichtet ihn hier sogleich zu der angelegentlichsten Bitte, daß Allen, welche sich hiezu im Stande finden, gefällig seyn möge, ihm nicht nur Mängel und Unrichtigkeiten, die sich etwa könnten eingeschlichen haben, zu ungesäumter Berichtigung anzuzeigen, sondern auch Actenstücke, welche für diese Sammlung passen, mitzutheilen, beides unter Adresse der Verlagshandlung, oder seiner eigenen.

Kaum wird es der Versicherung bedürfen, daß hier nirgend eine Absicht vorwalten könne, — jemand an seinen Rechten oder Ansprüchen zu nahe zu treten, oder seine Wünsche, Hoffnungen und Erwartungen zu vereiteln.

Möge die Vorsehung das grosse Werk, welches der Gegenstand der erhabenen Wiener Versammlung ist, mit ihrem besten Segen krönen.

Wien, am 8. December 1814.

———————

I.

Allianz-Tractat,

geschlossen zwischen Oestreich, Rußland, England und Preussen, zu Chaumont am 1. März 1814.

Au nom de la très-sainte et indivisible Trinité.

Sa Majesté Imp. et Royale Apost. l'Empereur d'Autriche, Roi de Hongrie et de Bohème, Sa Maj. l'Empereur de toutes les Russies, Sa Maj. le Roi du Royaume-uni de la Bretagne et de l'Irlande, et sa Maj. le Roi de Prusse, ayant fait parvenir au Gouvernement français des propositions pour la conclusion d'une paix générale, et désirant, au cas que la France refusât les conditions de cette paix, resserrer les liens qui les unissent pour la poursuite vigoureuse d'une guerre, entreprise dans le but salutaire de mettre fin aux malheurs de l'Europe, d'en assurer le repos futur par le rétablissement d'un juste équilibre des Puissances, et voulant en même tems, si la providence bénissoit leurs intentions pacifiques, déterminer les moyens de maintenir contre toute atteinte l'ordre des choses, qui aura été l'heureux résultat de leurs efforts, sont convenus de sanctionner par un traité solennel, signé séparément par chacune des quatre Puissances avec les trois autres, ce double engagement.

En conséquence S. M. I. et R. A. a nommé pour discuter, arrêter et signer les conditions du

1

présent traité avec S. M. l'Empereur de toutes les
Russies, le Sieur Clément Wenceslas Lothaire
Prince de Metternich - Winnebourg - Ochsenhausen,
Chevalier de la Toison d'or etc. etc., son ministre
d'état, des conférences et des affaires étrangères;
et S. A. I. des toutes les Russies ayant nommé de
son côté le Sieur Charles Robert comte de Nesselrode, son conseiller privé, secrétaire d'état etc. etc.;
Lesdits Plénipotentiaires, après avoir échangé leurs
pleinpouvoirs, trouvés en bonne et dûe forme, sont
convenus des articles suivans:

Art. I.

Les hautes parties contractantes ci-dessus dénommées s'engagent solennellement l'une envers
l'autre par le présent traité, et pour le cas où la
France refuserait d'accéder aux conditions de la
paix proposée, de consacrer tous les moyens de leurs
états respectifs à la poursuite vigoureuse de la présente guerre contre elle, et de les employer dans
un parfait concert, afin de se procurer à elles-
mêmes et à l'Europe une paix générale, sous la
protection de laquelle les droits de la liberté de
toutes les nations puissent être établis et assurés.

Cet engagement ne pourra pas porter préjudice
aux stipulations, que les états respectifs ont déja
contractées rélativement au nombre de troupes à tenir en campagne contre l'ennemi, et il est bien entendu, que les cours d'Autriche, de Russie, d'Angleterre et de Prusse s'engagent par le présent traité à tenir constamment en campagne chacune cent-
cinquante-mille hommes au complet, sans compter
les garnisons, et de les employer activement contre
l'ennemi commun.

Art. II.

Les hautes parties contractantes s'engagent réciproquement à ne pas négocier séparément avec l'ennemi commun, et à ne signer ni paix, ni trêve, ni convention, que d'un commun accord. Elles s'engagent de plus à ne pas poser les armes avant que l'objet de la guerre mutuellement convenu et entendu n'ait été atteint.

Art. III.

Pour contribuer de la manière la plus prompte et la plus décisive à remplir ce grand objet, S. M. britannique s'engage à fournir un subside de cinq millions livres sterlings pour le service de l'année, mil-huit-cent-quatorze, à répartir en parties égales entre les trois Puissances, et ladite Majesté promet en sus de convenir avant le premier janvier de chaque année avec Leurs Majestés Impériales et Royales des secours ultérieurs à fournir pendant chaque année subséquente, si, ce qu'à Dieu ne plaise, la guerre devoit se prolonger jusque-là.

Le subside ci-dessus stipulé de cinq millions livres sterling sera payé à Londres en termes mensuels et en proportions égales aux ministres des Puissances respectives dûment autorisés à le recevoir.

Dans le cas que la paix entre les Puissances alliées et la France fût signée avant l'expiration de l'année, le subside, calculé sur l'échelle de cinq millions livres sterlings, sera payé jusqu'à la fin du mois dans lequel le traité définitif aura été signé, et S. M. britannique promet en outre de payer à l'Autriche et à la Prusse deux mois, et à la Russie quatre mois en sus du subside stipulé pour couvrir les frais du retour de leurs troupes dans leurs propres frontières.

Art. IV.

Les hautes parties contractantes auront la faculté d'accréditer respectivement auprès des généraux commandant leurs armées, des officiers, qui auront la liberté de correspondre avec leurs gouvernemens pour les informer des évènemens militaires et de tout ce qui est relatif aux opérations des armées.

Art. V.

Les hautes parties contractantes, se réservant de se concerter entre elles, au moment de la conclusion de la paix avec la France, sur les moyens les plus propres à garantir à l'Europe et à se garantir reciproquement le maintien de cette paix, n'en sont pas moins convenues, d'entrer sans délai dans des engagemens défensifs pour la protection de leurs Etats respectifs en Europe contre toute atteinte que la France voudrait porter à l'ordre des choses résultant de cette pacification.

Art. VI.

Pour obtenir ce résultat elles conviennent que dans le cas où les états de l'une des hautes parties contractantes seraient menacés d'une attaque de la part de la France, les autres emploieront activement tous leurs efforts pour la prévenir par une intervention amicale.

Art. VII.

Les hautes parties contractantes se promettent pour le cas, où ces efforts resteraient sans effet, de venir immédiatement au secours de la puissance attaquée, chacune avec un corps de soixante mille hommes.

Art. VIII.

Ce corps auxiliaire sera composé respectivement de cinquante-mille hommes d'infanterie et de dix-mille hommes de cavallerie, avec un train d'artillerie et des munitions proportionnés au nombre de ces troupes. Le corps auxiliaire sera prêt à entrer en campagne de la manière la plus efficace pour la sûreté de la puissance attaquée ou menacée deux mois au plus tard après que la réquisition en aura été faite.

Art. IX.

La situation du théâtre de la guerre, ou d'autres circonstances, pouvant rendre difficile pour la Grande Bretagne l'envoi des secours stipulés en forces anglaises dans le terme convenu, et le maintien de ces forces sur le pied de guerre, S. M. Britannique se réserve le droit de fournir à la puissance requérante son contingent en troupes étrangères à sa solde, ou de lui payer annuellement une somme d'argent au taux de vingt livres sterlings par homme pour l'infanterie, et de trente livres sterlings pour la cavalerie, jusqu'à la concurrence du secours stipulé. Le mode du secours que fournira la Grande-Bretagne sera déterminé à l'amiable, dans chaque cas particulier, entre elle et la puissance menacée ou attaquée, au moment où la réquisition sera faite. Le même principe sera adopté à l'égard des forces que S. M. Britannique s'est engagée à fournir par l'article premier du présent traité.

Art. X.

L'armée auxiliaire sera sous le commandement du Général en chef de l'armée de la puissance requérante, elle sera conduite par un général à elle et employée dans toutes les opérations militaires selon les règles de la guerre. La solde de l'armée auxiliaire sera à la charge de la puissance requise, les rations et les portions en vivres, fourages etc., ainsi que les quartiers, seront fournis par la puissance requérante, aussitôt que l'armée auxiliaire sera sortie de ses frontières, et cela sur le pied sur lequel elle entretient ou entretiendra ses propres troupes en campagne et dans les quartiers.

Art. XI.

L'ordre et l'économie militaire dans l'intérieur de ces troupes dépendront uniquement de leur propre chef. Elles ne pourront être séparées. Les trophées et le butin qu'on aura faits sur les ennemis, appartiendront aux troupes qui les auront pris.

Art. XII.

Les hautes parties contractantes se réservent, toutes les fois que le montant des secours stipulés sera trouvé insuffisant pour l'exigence du cas, de convenir ultérieurement, et sans perte de tems, des secours additionnels qu'on jugera nécessaires.

Art. XIII.

Les hautes parties contractantes se promettent mutuellement pour le cas où elles seraient engagées réciproquement dans les hostilités par la prestation des secours stipulés, que la partie requérante et les parties requises, et agissant comme auxiliaires dans la guerre, ne feront la paix que d'un commun accord.

Art. XIV.

Les engagemens contractés par le présent traité ne sauroient préjudicier à ceux que les hautes parties contractantes peuvent avoir pris envers d'autres états, ni les empêcher d'en former avec d'autres états, dans le but d'atteindre au même résultat bienfaisant.

Art. XV.

Pour rendre plus efficaces les engagemens défensifs stipulés plus haut, en unissant pour une défense commune les puissances les plus exposées à une invasion française, les hautes parties contractantes conviennent entres Elles d'inviter ces puissances à accéder au présent traité d'alliance défensive.

Art. XVI.

Le présent traité d'alliance défensive, ayant pour but de maintenir l'équilibre en Europe, d'assurer le repos et l'indépendance des puissances, et de prévenir les envahissemens qui depuis tant d'années ont désolé le monde, les hautes parties contractantes sont convenues entre elles d'en étendre la durée à vingt ans, à dater du jour de la signature, et elles se réservent de convenir, si les circonstances l'exigent trois ans avant son expiration, de sa prolongation ultérieure.

Art. XVII.

Le présent traité sera ratifié et les ratifications en seront échangées dans deux mois, ou plutôt si faire se peut.

En foi de quoi les Plénipotentiaires respectifs l'ont signé et y ont apposé le cachet de leurs armes.

Fait à Chaumont le 1. mars (17. février) l'an de grace mil-huit-cent-quatorze.

Le Prince · · · Le Comte
DE METTERNICH. DE NESSELRODE.
(L. S.) (L. S.)

(Les traités, signés le même jour avec Sa Majesté le Roi du Royaume uni de la Grande-Bretagne et de l'Irlande et avec Sa Majesté le Roi de Prusse, sont littéralement conformes au traité ci-dessus. Le premier porte la signature de Lord Castlereagh, Secrétaire d'état de S. M. Britannique pour les affaires étrangères, et la second celle de Mr. le Baron de Hardenberg, Chancelier d'état de S. M. Prussienne.)

II.

Pariser Friedensschluß,

errichtet von Oestreich, Rußland, England, und Preußen, und ihren Alliirten, mit Frankreich am 30. Mai 1814. (Nach dem Abdruck in dem pariser Moniteur.)

Au nom de la très-sainte et indivisible Trinité.

S. M. le Roi de France et de Navarre, d'une part, et S. M. l'Empereur d'Autriche, Roi de Hongrie et de Bohème et ses alliés, d'autre part, étant

animés d'un égal désir de mettre fin aux longues
agitations de l'Europe et aux malheurs des peuples,
par une paix solide, fondée sur une juste répartition de forces entre les puissances, et portant dans
ses stipulations la garantie de sa durée; et S. M.
l'Empereur d'Autriche, Roi de Hongrie et de Bohême et ses alliés ne voulant plus exiger de la France, aujourd'hui que, s'étant replacée sous le gouvernement paternel de ses Rois, elle offre ainsi à
l'Europe un gage de sécurité et de stabilité, des
conditions et des garanties qu'ils lui avoient à re-
gret demandées sous son dernier gouvernement;
leursdites Majestés ont nommé des plenipotentiaires
pour discuter, arrêter et signer un traité de paix
et d'amitié; savoir:

S. M. le Roi de France et de Navarre, M.
Charles Maurice Talleyrand-Perigord, prince de
Bénévent, grand aigle de la Légion-d'honneur,
grandcroix de l'ordre de Léopold d'Autriche, chevalier de l'ordre de St. André de Russie, des ordres de l'Aigle-noir et de l'Aigle-rouge de Prusse, etc.,
son ministre et secrétaire-d'état des affaires étrangères;

Et S. M. l'Empereur d'Autriche, Roi de Hongrie et de Bohême, MM. le prince Clément Wenceslas Lothaire de Metternich Winnebourg-Ochsen-
hausen, chevalier de la Toison-d'or, grand-croix
de l'ordre de St. Étienne, grand-aigle de la Légion
d'honneur, chevalier des ordres de St. André, de
St. Alexandre-Newsky et de Ste. Anne de la première classe de Russie, chevalier grand-croix des
ordres de l'Aigle-noir et de l'Aigle-rouge de Prusse,
grand-croix de l'ordre de St. Joseph de Wurzbourg,
chevalier de l'ordre de Saint-Hubert de Bavière, de

celui de l'Aigle-dor de Wurtemberg et de plusieurs autres ; chambellan, conseiller intime actuel, ministre d'état, des conférences et des affaires étrangères de S. M. I. et R. Apostolique ;

Et le comte Jean-Philippe de Stadion Thannhausen et Warthausen, chevalier de la Toison-d'or, grand-croix de l'ordre de St. Etienne, chevalier des ordres de St. André, de St. Alexandre-Newski et de Ste. Anne de la première classe, chevalier grand-croix des ordres de l'Aigle-noir et de l'Aigle-rouge de Prusse ; chambellan, conseiller intime actuel, ministre d'état et des conférences de S. M. I. et R. Apostolique ;

Lesquels, après avoir échangé leurs pleins-pouvoirs trouvés en bonne et due forme, sont convenus des articles suivans :

Art. I.

Il y aura, à compter de ce jour, paix et amitié entre S. M. le Roi de France et de Navarre, d'une part, et S. M. l'Empereur d'Autriche, Roi de Hongrie et de Bohême, et ses alliés, de l'autre part, leurs héritiers et successeurs, leurs états et sujets respectifs à perpétuité.

Les hautes parties contractantes apporteront tous leurs soins à maintenir, non seulement entr'elles, mais encore, antant qu'il dépend d'elles, entre tous les états de l'Europe, la bonne harmonie et intelligence si nécessaires à son repos.

Art. II.

Le royaume de France conserve l'intégrité de ses limites, telles qu'elles existoient à l'époque du 1. janvier 1792. Il recevra en outre une augmenta-

tion de territoire comprise dans la ligne de démarcation fixée par l'article suivant.

Art. III.

Du côté de la Belgique, de l'Allemagne et de
l'Italie, l'ancienne frontière, ainsi qu'elle existoit
le 1. janvier 1792, sera rétablie, en commençant
de la mer du Nord, entre Dunkerque et Nieuport,
jusqu'à la Méditerranée, entre Cagnes et Nice,
avec les rectifications suivantes:

1. Dans le département de Jemmapes, les
cantons de Dour, Merbes-le-Château, Beaumont
et Chimay resteront à la France; la ligne de démarcation passera, là où elle touche le canton de
Dour, entre ce canton et ceux de Boussu et Patu-
rage, ainsi que, plus loin, entre celui de Merbes-
le-Chateau et ceux de Binch et de Thuin.

2. Dans le département de Sambre et Meuse,
les cantons de Valcourt, Florence, Beauraing et
Gedinne appartiendront à la France; la démarcation, quand elle atteint ce département, suivra la
ligne qui sépare les cantons précités, du département
de Jemmapes et du reste de celui de Sambre et Meuse.

3. Dans le département de la Moselle, la nouvelle démarcation, là où elle s'écarte de l'ancienne,
sera formée par une ligne à tirer depuis Perle jusqu'à Fremersdorf et par celle qui sépare le canton
de Tholey du reste du département de la Moselle.

4. Dans le département de la Sarre, les cantons de Saarbruck et d'Arneval resteront à la France, ainsi que la partie de celui de Lebach, qui est
située au midi d'une ligne à tirer le long des confins des villages de Herchenbach, Ueberhofen, Hils-
bach et Hall (en laissant ces différens endroits hors

de la frontière françoise), jusqu'au point où, près de Querselle (qui appartient à la France), la ligne qui sépare les cantons d'Arneval et d'Ottweiler atteint celle qui sépare ceux d'Arneval et de Lebach; la frontière de ce côté sera formée par la ligne ci-dessus désignée, et ensuite par celle qui sépare le canton d'Arneval de celui de Bliescastel.

5. La forteresse de Landau, ayant formé, avant l'année 1792, un point isolé dans l'Allemagne, la France conserve au-delà de ses frontières une partie des départements du Mont-Tonnerre et du Bas-Rhin, pour joindre la forteresse de Landau et son rayon au reste du royaume. La nouvelle démarcation, en partant du point où, près d'Obersteinbach (qui reste hors des limites de la France), la frontière entre le département de la Moselle et celui du Mont-Tonnerre atteint le département du Bas-Rhin, suivra la ligne qui sépare les cantons de Weissenbourg et de Bergzabern (du côté de la France), des cantons de Pirmasens, Dahn et Anweiler (du côté de l'Allemagne), jusqu'au point où ces limites, près du village de Wolmersheim, touchent l'ancien rayon de la forteresse de Landau. De ce rayon, qui reste ainsi qu'il étoit en 1792, la nouvelle frontière suivra le bras de la rivière de la Queich, qui, en quittant ce rayon, près de Queichheim (qui reste à la France), passe près des villages de Merlenheim, Knittelsheim et Belheim (demeurant également françois), jusqu'au Rhin, qui continera ensuite à former la limite de la France et de l'Allemagne.

Quant au Rhin, le Thalweg constituera la limite, de manière cependant que les changemens que subira par la suite le cours de ce fleuve n'au-

-ront à l'avenir aucun effet sur la propriété des isles qui s'y trouvent. L'état de possession de ces isles sera rétabli tel qu'il existoit à l'époque de la signature du traité de Lunéville.

6. Dans le département du Doubs, la frontière sera rectifiée de manière à ce qu'elle commence au-dessus de la Rançonnière près de Locle, et suive la crète du Jura entre le Cerneux-Péquignot et le village de Fontenelles, jusqu'à une cime du Jura située à environ sept ou huit mille pieds au nord-ouest du village de la Brevine, où elle retombera dans l'ancienne limite de la France.

7. Dans le département du Léman, les frontières entre le territoire françois, le pays de Vaud et les différentes portions du territoire de la république de Genève (qui fera partie de la Suisse), restent les mêmes qu'elles étoient avant l'incorporation de Genève à la France. Mais le canton de Frangy, celui de Saint-Julien à l'exception de la partie située au nord d'une ligne à tirer du point où la rivière de la Laire entre près de Chancy dans le territoire genevois, le long des confins de Seseguin, Lacouex et Seseneuve, qui resteront hors des limites de la France), le canton de Reignier (à l'exception de la portion qui se trouve à l'est d'une ligne qui suit les confins de la Muraz, Bussy, Pers et Cornier, qui seront hors des limites françoises) et le canton de la Roche (à l'exception des endroits nommés la Roche et Armanoy avec leurs districts), resteront à la France. La frontière suivra les limites de ces différens cantons et les lignes qui séparent les portions qui demeurent à la France de celles qu'elle ne conserve pas.

8. Dans le département du Mont-Blanc, la France acquiert la sous-préfecture de Chambéry (à l'exception des cantons de l'Hôpital de Saint-Pierre d'Albiguy, de la Rocelle et de Montmélian); et la sous-préfecture d'Annecy (à l'exception de la partie du canton de Faverges, située à l'est d'une ligne qui passe entre Ourochaise et Marlens du côté de la France, et Marthod et Ugine du côté opposé, et qui suit après la crète des montagnes jusqu'à la frontière du canton de Thones); c'est cette ligne qui, avec la limite des cantons mentionnés, formera de ce côté la nouvelle frontière.

Du côté des Pyrénées, les frontières restent telles qu'elles étoient entre les deux royaumes de France et d'Espagne à l'époque du 1. janvier 1792, et il sera de suite nommé une commission mixte de la part des deux couronnes, pour en fixer la démarcation finale.

La France renonce à tous droits de souveraineté, de suzeraineté et de possession sur tous les pays et districts, villes et endroits quelconques situés hors de la frontière ci-dessus désignée, la principauté de Monaco étant toutefois replacée dans les rapports où elle se trouvoit avant le 1. janvier 1792.

Les cours alliées assurent à la France la possession de la principauté d'Avignon, du comtat Venaissin, du comté de Montbéliard et de toutes les enclaves qui ont appartenu autrefois à l'Allemagne, comprises dans la frontière ci-dessus indiquée, qu'elles aient été incorporées à la France avant ou après le 1. janvier 1792.

Les puissances se réservent réciproquement la faculté entière de fortifier tel point de leurs états qu'elles jugeront convenable pour leur sûreté.

Pour éviter toute lésion de propriétés particulières et mettre à couvert, d'après les principes les plus libéraux, les biens d'individus domiciliés sur les frontières, il sera nommé par chacun des états limitrophes de la France, des commissaires pour procéder, conjointement avec des commissaires françois, à la délimitation des pays respectifs.

Aussitôt que le travail des commissaires sera terminé, il sera dressé des cartes signées par les commissaires respectifs, et placé des poteaux qui constateront les limites réciproques.

Art. IV.

Pour assurer les communications de la ville de Genève avec d'autres parties du territoire de la Suisse, situées sur le lac, la France consent à ce que l'usage de la route par Versoy soit commun aux deux pays. Les gouvernements respectifs s'entendront à l'amiable sur les moyens de prévenir la contrebande et de régler le cours des postes et l'entretien de la route.

Art. V.

La navigation sur le Rhin, du point où il devient navigable jusqu'à la mer et réciproquement, sera libre, de telle sorte qu'elle ne puisse être interdite à personne, et l'on s'occupera au futur congrès des principes d'après lesquels on pourra régler le droits à lever par les états riverains, de la manière la plus égale et la plus favorable au commerce de toutes les nations.

Il sera examiné et décidé de même dans le futur congrès, de quelle manière, pour faciliter les communications entre les peuples et les rendre toujours moins étrangers les uns aux autres, la disposition ci-dessus pourra être également étendue à tous les autres fleuves qui, dans leur cours navigable, séparent ou traversent différens états.

Art. VI.

La Hollande, placée sous la souveraineté de la maison d'Orange, recevra un accroissement de territoire. Le titre et l'exercice de la souveraineté n'y pourront, dans aucun cas, appartenir à aucun prince portant ou appelé à porter une couronne étrangère.

Les états de l'Allemagne seront indépendans et unis par un lien fédératif.

La Suisse indépendante continuera de se gouverner par elle-meme.

L'Italie, hors des limites des pays qui reviendront à l'Autriche, sera composée d'états souverains.

Art. VII.

L'isle de Malthe et ses dépendances appartiendront en toute propriété et souveraineté à S. M. Britannique.

Art. VIII.

S. M. Britannique stipulant pour elle et ses alliés, s'engage à restituer à S. M. très-chrétienne, dans les délais qui seront ci-après fixés, les colonies, pêcheries, comptoirs et établissemens de tout genre que la France possédoit au 1. janvier 1792 dans les mers et sur les continens de l'Amérique, de l'Afrique et de l'Asie, à l'exception toutefois des isles de Tabago et de Sainte-Lucie, et de l'isle de France et de ses dépendances, nommément Rodrigue et les Séchelles, lesquelles S. M. très-chrétienne cède en toute propriété et souveraineté à S. M. Britannique, comme aussi de la partie de Saint Domingue cédée à la France par la paix de Basle et que S. M. très-chrétienne rétrocède à S. M. catholique en toute propriété et souveraineté.

Art. IX.

S. M. le Roi de Suède et de Norwège, en conséquence d'arrangemens pris avec ses alliés, et pour l'exécution de l'article précédent, consent à ce que l'isle de la Guadeloupe soit restituée à S. M. Très-Chrétienne, et cède tous les droits qu'il peut avoir sur cette isle.

Art. X.

S. M. Très-fidèle, en conséquence d'arrangemens pris avec ses alliés, et pour l'exécution de l'article 8, s'engage à restituer à S. M. Très-Chrétienne, dans le délai ci-après fixé, la Guyane françoise, telle qu'elle existoit au 1. janvier 1792.

L'effet de la stipulation ci-dessus, étant de faire revivre la contestation existante à cette époque au sujet des limites, il est convenu que cette contestation sera terminée par un arrangement amiable entre les deux cours, sous la médiation de S. M. Britannique.

Art. XI.

Les places et forts existans dans les colonies et établissemens qui doivent être rendus à S. M. Très-Chrétienne, en vertu des articles 8, 9 et 10, seront remis dans l'état où ils se trouveront au moment de la signature du présent traité.

Art. XII.

S. M. Britannique s'engage à faire jouir les sujets de S. M. Très-Chrétienne relativement au commerce et à la sûreté de leurs personnes et propriétés dans les limites de la souveraineté britannique sur le continent des Indes, des mêmes facilités, priviléges et protection qui sont à présent ou seront accordés aux nations les plus favorisées. De son côté, S. M. Très-Chrétienne n'ayant rien plus à coeur que la perpétuité de la paix entre les deux couronnes de France et d'Angleterre, et voulant contribuer, autant qu'il est en elle, à écarter dès à présent des rapports des peuples, ce qui pourroit un jour altérer la bonne intelligence mutuelle, s'engage à ne faire aucun ouvrage de fortification dans les établissemens qui lui doivent être restitués et qui sont situés dans les limites de la souveraineté britannique sur le continent des Indes, et à ne metre dans ces établissemens que le nombre de troupes nécessaires pour le maintien de la police.

Art. XIII.

Quant au droit de pêche des françois sur le grand banc de Terre-Neuve, sur les côtes de l'isle de ce nom et des isles adjacentes; et dans le golfe de Saint-Laurent, tout sera remis sur le même pied qu'en 1792.

Art. XIV.

Les colonies, comptoirs et établissemens qui doivent être restitués à S. M. Très-Chrétienne par S. M. Britannique ou ses alliés seront remis, savoir: ceux qui sont dans les mers du Nord ou dans les mers et sur les continens de l'Amérique et de l'A-

frique, dans les trois mois, et ceux qui sont au-
delà du Cap de Bonne Espérance dans les six mois
qui suivront la ratification du présent traité.

Art. XV.

Les hautes parties contractantes s'étant réservé
par l'art. 4 de la convention du 23. avril dernier,
de régler dans le présent traité de paix définitive le
sort des arsenaux et des vaisseaux de guerre armés
et non armés qui se trouvent dans les places maritimes remises par la France en exécution de l'art. 2
de ladite convention, il est convenu que lesdits
vaisseaux et bâtimens de guerre armés et non armés, comme aussi l'artillerie navale et les munitions
navales et tous les matériaux de construction et
d'armement, seront partagés entre la France et le
pays où les places sont situées, dans la proportion
de deux tiers pour la France et d'un tiers pour les
puissances auxquelles lesdites places appartiendront.

Seront considérés comme matériaux et partagés
comme tels dans la proportion ci-dessus énoncée,
après avoir été démolis, les vaisseaux et bâtimens
en construction qui ne seroient pas en état d'être mis
en mer six semaines après la signature du présent
traité.

Des commissaires seront nommés de part et
d'autre pour arrêter le partage et en dresser l'état,
et des passeports ou sauf-conduits seront donnés par
les puissances alliées pour assurer le retour en France des ouvriers, gens de mer et employés françois.

Ne sont compris dans les stipulations ci-dessus
les vaisseaux et arsenaux existant dans les places
maritimes qui seroient tombées au pouvoir des alliés antérieurement au 25. avril, ni les vaisseaux

et arsenaux qui appartenoient à la Hollande, et nommément la flotte du Texel.

Le gouvernement de France s'oblige à retirer ou à faire vendre tout ce qui lui appartiendra par les stipulations ci-dessus énoncées, dans le délai de trois mois après le partage effectué.

Dorénavant le port d'Anvers sera uniquement un port de commerce.

Art. XVI.

Les hautes parties contractantes, voulant mettre et faire mettre dans un entier oubli les divisions qui ont agité l'Europe, déclarent et promettent que, dans les pays restitués et cédés par le présent traité, aucun individu, de quelque classe et condition qu'il soit, ne pourra être poursuivi, inquiété ou troublé, dans sa personne ou dans sa propriété, sous aucun prétexte, ou à cause de sa conduite ou opinion politique, ou de son attachement, soit à aucune des parties contractantes, soit à des gouvernemens qui ont cessé d'exister, ou pour toute autre raison, si ce n'est pour les dettes contractées envers des individus, ou pour des actes postérieurs au présent traité.

Art. XVII.

Dans tous les pays qui devoient ou devront changer de maîtres, tant en vertu du présent traité, que des arrangemens qui doivent être faits en conséquence, il sera accordé aux habitans naturels et étrangers, de quelque condition et nation qu'ils soient, un espace de six ans, à compter de l'échange des ratifications, pour disposer, s'ils le jugent convenable, de leurs propriétés acquises, soit avant, soit depuis la guerre actuelle, et se retirer dans tel pays qu'il leur plaira de choisir.

Art. XVIII.

Les puissances alliées voulant donner à S. M. Très-Chrétienne un nouveau témoignage de leur désir de faire disparoître, autant qu'il est en elles, les conséquences de l'époque de malheur si heureusement terminée par la présente paix, renoncent à la totalité des sommes que les gouvernemens ont à réclamer de la France à raison de contrats, de fournitures ou d'avances quelconques faites au gouvernement françois dans les différentes guerres qui ont eu lieu depuis 1792.

De son côté, S. M. Très-Chrétienne renonce à toute réclamation qu'elle pourroit former contre les puissances alliées aux mêmes titres. En exécution de cet article, les hautes parties contractantes s'engagent à se remettre mutuellement tous les titres, obligations et documens qui ont rapport aux créances auxquelles elles ont réciproquement renoncé.

Art. XIX.

Le gouvernement françois s'engage à faire liquider et payer les sommes qu'il se trouveroit devoir d'ailleurs dans des pays hors de son territoire, en vertu de contrats ou d'autres engagemens formels passés, entre des individus ou des établissemens particuliers et les autorités françoises, tant pour fournitures qu'à raison d'obligations légales.

Art. XX.

Les hautes puissances contractantes nommeront immédiatement après l'échange des ratifications du

présent traité, des commissaires pour régler et tenir la main à l'exécution de l'ensemble des dispositions renfermées dans les articles 18 et 19. Ces commissaires s'occuperont de l'examen des réclamations
dont il est parlé dans l'article précédent, de la liquidation des sommes réclamées, et du mode dont le
gouvernement françois proposera de s'en acquitter.
Ils seront chargés de même de la remise des titres,
obligations et documens relatifs aux créances auxquelles les hautes parties contractantes renoncent mutuellement, de manière que la ratification du résultat de
leur travail complettera cette renonciation réciproque.

Art. XXI.

Les dettes spécialement hypothéquées dans leur
origine sur les pays qui cessent d'appartenir à la France ou contractées pour leur administration intérieure,
resteront à la charge de ces mêmes pays. Il sera tenu compte en conséquence au gouvernement françois,
à partir du 22 décembre 1813, de celles de ces dettes
qui ont été converties en inscriptions au grand livre
de la dette publique de France. Les titres de toutes
celles qui ont été préparées pour l'inscription et n'ont
pas encore été inscrites seront remis aux gouvernemens des pays respectifs. Les états de toutes ces dettes seront dressés et arrêtés par une commission mixte.

Art. XXII.

Le gouvernement françois restera chargé, de son
côté, du remboursement de toutes les sommes ver-
sées par les sujets des pays ci-dessus mentionnés, dans
les caisses françoises, soit à titre de cautionnemens,
de dépôts ou de consignations. De même les sujets

françois, serviteurs des dits pays, qui ont versé des sommes à titre de cautionnemens, dépôts ou consignations, dans leurs trésors respectifs, seront fidèlement remboursés.

Art. XXIII.

Les titulaires des places assujetties à cautionnement, qui n'ont pas de maniement de deniers, seront remboursés avec les intérêts jusqu'à parfait paiement à Paris, par cinquième et par année, à partir de la date du présent traité.

A l'égard de ceux qui sont comptables, ce remboursement commencera au plus tard six mois après la présentation de leurs comptes, le seul cas de malversation excepté. Une copie du dernier compte sera remise au gouvernement de leur pays, pour lui servir de renseignement et de point de départ.

Art. XXIV.

Les dépôts judiciaires et consignations faits dans la caisse d'amortissement en exécution de la loi du 28 nivôse an 13 (18 janvier 1805). et qui appartiennent à des habitans des pays que la France cesse de posséder, seront remis, dans le terme d'une année à compter de l'échange des ratifications du présent traité, entre les mains des autorités des dits pays, à l'exception de ceux de ces dépôts et consignations qui intéressent des sujets françois, dans lequel cas ils resteront dans la caisse d'amortissement, pour n'être remis que sur les justifications résultantes des décisions des autorités compétentes.

Art. XXV.

Les fonds déposés par les communes et établisse-mens publics dans la caisse de service et dans la caisse d'amortissement ou dans toute autre caisse du gouvernement, leur seront remboursés par cinquièmes d'année en année, à partir de la date du présent traité, sous la déduction des avances qui leur auroient été faites, et sauf les oppositions régulières faites sur ces fonds par des créanciers desdites communes et desdits établissemens publics.

Art. XXVI.

A dater du 1. janvier 1814, le gouvernement françois cesse d'être chargé du paiement de toute pension civile, militaire et ecclésiastique, solde de retraite et traitement de réforme, à tout individu qui se trouve n'être plus sujet françois.

Art. XXVII.

Les domaines nationaux acquis à titre onéreux par des sujets françois dans les ci-devant départemens de la Belgique, de la rive gauche du Rhin et des Alpes, hors des anciennes limites de la France, sont et demeurent garantis aux acquéreurs.

Art. XXVIII.

L'abolition des droits d'aubaine, de détraction et autres de la même nature dans les pays qui l'ont réciproquement stipulée avec la France, ou qui lui avoient précédemment été réunis, est expressément maintenue.

Art. XXIX.

Le gouvernement françois s'engage à faire restituer les obligations et autres titres qui auroient été saisis dans les provinces occupées par les armées ou administrations françoises; et, dans les cas où la restitution ne pourroit en être effectuée, ces obligations et titres sont et demeurent anéantis.

Art. XXX.

Les sommes qui seront dues pour tous les travaux d'utilité publique non encore terminés, ou terminés postérieurement au 31 décembre 1812 sur le Rhin et dans les départemens détachés de la France par le présent traité, passeront à la charge des futurs possesseurs du territoire, et seront liquidées par la commission chargée de la liquidation des dettes des pays.

Art. XXXI.

Les archives, cartes, plans et documens quelconques appartenans aux pays cédés, ou concernant leur administration, seront fidèlement rendus en même tems que le pays, ou, si cela étoit impossible, dans un délai qui ne pourra être de plus de six mois après la remise des pays mêmes.

Cette stipulation est applicable aux archives, cartes et planches qui pourroient avoir été enlevés dans les pays momentanément occupés par les différentes armées.

Art. XXXII.

Dans le délai de deux mois, toutes les puissances qui ont été engagées de part de d'autre dans la présente guerre enverront des plénipotentiaires à Vienne, pour régler, dans un congrès général, les arrangemens qui doivent compléter les dispositions du présent traité.

Art. XXXIII.

Le présent traité sera ratifié, et les ratifications en seront échangées dans le délai de 15 jours, ou plus-tôt si faire se peut.

En foi de quoi, les plénipotentiaires respectifs l'ont signé et y ont apposé le cachet de leurs armes.

Fait à Paris, le 30 mai, l'an de grace 1814.

Le prince de Benévent.
Le prince de Metternich.
J. P. comte de Stadion.

Article Additionnel.

Les hautes parties contractantes voulant effacer toutes les traces des événemens malheureux qui ont pesé sur leurs peuples, sont convenues d'annuller explicitement les effets des traités de 1805 et 1809, en autant qu'ils ne sont déjà annullés de fait par le présent traité. En conséquence de cette détermination, S. M. Très-Chrétienne promet que les décrets portés contre des sujets françois ou réputés françois étant ou ayant été au service de S. M. I. et R. Apostolique, demeureront sans effet, ainsi que les jugemens qui ont pu être rendus en exécution de ces décrets.

Le présent article additionnel aura la même force et valeur que s'il étoit inséré mot à mot au traité patent de ce jour. Il sera ratifié et les ratifications en seront échangées en même tems. En foi de quoi, les plénipotentiaires respectifs l'ont signé et y ont apposé le cachet de leurs armes.

Fait à Paris, le 30 mai, l'an de grace 1814.

(Suivent les mêmes signatures.)

Le même jour, dans le même lieu et au même moment, le même traité de paix définitive a été conclu entre la France et la Russie, entre la France et la Grande-Bretagne, entre la France et la Prusse, et signé, savoir:

Le traité entre la France et la Russie: Pour la France, par M. Charles-Maurice Talleyrand-Périgord, prince de Bénévent; et pour la Russie, par MM. André, comte de Rasumowsky, conseiller privé actuel de S. M. l'Empereur de toutes les Russies, chevalier des ordres de Saint-André, de St. Alexandre-Newsky, grand-croix de celui de Saint-Wladimir de la première classe; et Charles-Robert, comte de Nesselrode, conseiller privé de Sa dite Majesté, chambellan actuel, secrétaire-d'état, chevalier des ordres de St. Alexandre-Newsky, grand-croix de celui de Saint-Wladimir de la 2. classe, grand-croix de l'ordre de S. Léopold d'Autriche, de celui de l'Aigle-Rouge de Prusse, de l'Étoile polaire de Suède et de l'Aigle d'or de Wurtemberg.

Le traité entre la France et la Grande-Bretagne: Pour la France, par M. Charles-Maurice Talleyrand-Périgord, prince de Bénévent; et pour la Grande-Bretagne, par le très-honorable Robert Stewart, vicomte Castlereagh, conseiller de S. M. le Roi du royaume-uni de la Grande-Bretagne et d'Irlande en son conseil privé, membre de son parlement, colonel du régiment de milice de Londonderry et son principal secrétaire-d'état ayant le département des affaires étrangères, etc., etc., etc. Le sieur Georges Gordon, comte d'Aberdéen, vicomte de Formartine, lord Haddo, Methlic, Tarvis et Kellie, etc. l'un des seize pairs, représentant la pairie de l'Ecosse dans la chambre haute, chevalier de son très-ancien et très-noble ordre du Chardon, son ambassadeur extraordinaire et plénipotentiaire près S. M. I. et R. Apostolique. Le sieur Guillaume Shaw Cathcart, vicomte de Cathcart, baron Cathcart et Greenock, conseiller de Sa dite Majesté en son conseil privé, chevalier de son ordre du Chardon et des ordres de Russie, général dans ses armées, et son ambassadeur extraordinaire et plénipotentiaire près S. M. l'Empereur de toutes les Russies. Et l'honorable Charles-Guillaume Stewart, chevalier de son très-honorable ordre du Bain, membre de son parlement, lieutenant général dans ces armées, chevalier des ordres de l'Aigle-Noir et de l'Aigle-Rouge de Prusse et de plusieurs autres, et son envoyé extraordinaire et ministre plénipotentiaire près S. M. le Roi de Prusse.

Le traité entre la France et la Prusse: Pour la France, par M. Charles-Maurice Talleyrand-Périgord, prince de Bénévent, etc. Et pour la Prusse, par MM. Charles-Auguste baron de Hardenberg, chancelier d'état de S. M. le Roi de Prusse, chevalier du grand ordre de l'Aigle-noir, de l'Aigle-rouge, de celui de St.-Jean de Jérusalem et de la Croix-de-fer de Prusse, grand-aigle de la Légion-d'honneur, chevalier des ordres de St. André, de St.-Alexandre-Newsky et de Ste.-Anne de première classe de Russie, grand-croix de l'ordre de St.-Etienne de Hongrie, chevalier de l'ordre de St.-Charles d'Espagne, de celui des Séraphins de Suède, de l'Aigle-d'or de Wurtemberg et de plusieurs autres; et Charles-Guillaume, baron de Humboldt, ministre d'état de Sa dite Majesté, chambellan et envoyé extra-

ordinaire et ministre plénipotentiaire auprès de S. M.
I. et R. Apostolique, chevalier du grand ordre de
l'Aigle-rouge, de celui de la Croix-de fer de Prusse et de celui de Ste.-Anne de première classe de
Russie.

Avec les articles additionnels suivans:

Article additionnel au traité avec la Russie.

Le duché de Varsovie étant sous l'administration
d'un conseil provisoire établi par la Russie, depuis
que ce pays a été occupé par ses armes, les deux hautes parties contractantes sont convenues de nommer
immédiatement une commission spéciale composée
de part et d'autre, d'un nombre égal de commissaires
qui seront chargés de l'examen, de la liquidation et
de tous les arrangemens relatifs aux prétentions réciproques.

Le présent article additionnel aura la même force et valeur que s'il étoit inséré mot à mot au traité
patent de ce jour. Il sera ratifié, et les ratifications
en seront échangées en même tems. En foi de quoi
les plénipotentiaires respectifs l'ont signé et y ont apposé le cachet de leurs armes.

Fait à Paris, le 50 mai 1814.

Le prince de Bénévent.
André comte de Rasumowsky.
Charles-Robert comte de Nesselrode.

Articles additionnels au traité avec la
Grande-Bretagne.

Art. I.

S. M. Très-Chrétienne, partageant sans réserve
tous les sentimens de S. M. Britannique relativement

à un genre de commerce que repoussent et les principes de la justice naturelle et les lumières des tems où
nous vivons, s'engage à unir, au futur congrès, tous
ses efforts à ceux de S. M. Britannique, pour faire
prononcer par toutes les puissances de la chrétienté
l'abolition de la traite des noirs, de telle sorte que
ladite traite cesse universellement, comme elle ces-
sera définitivement et dans tous les cas, de la part de
la France, dans un délai de cinq années, et qu'en
outre, pendant la durée de ce délai, aucun trafiquant
d'esclaves n'en puisse importer, ni vendre ailleurs
que dans les colonies de l'état dont il est sujet.

Art. II.

Le gouvernement britannique et le gouvernement
françois nommeront incessamment des commissaires
pour liquider leurs dépenses respectives pour l'entretien des prisonniers de guerre, afin de s'arranger sur
la manière d'acquitter l'excédent qui se trouveroit en
faveur de l'une ou de l'autre des deux puissances.

Art. III.

Les prisonniers de guerre respectifs seront tenus
d'acquitter, avant leur départ du lieu de leur déten-
tion, les dettes particulières qu'ils pourroient y avoir
contractées, ou de donner au moins caution satisfai-
sante.

Art. IV.

Il sera accordé de part et d'autre, aussitôt après
la ratification du présent traité de paix, main-levée
du séquestre qui auroit été mis depuis l'an mil sept
cent quatre-vingt-douze, sur les fonds, revenus, cré-

ances et autres effets quelconques des hautes parties
contractantes ou de leurs sujets.

Les mêmes commissaires dont il est fait mention
à l'art. 2, s'occuperont de l'examen et de la liquidation des réclamations des sujets de S. M. Britannique
envers le gouvernement françois, pour la valeur des
biens-meubles ou immeubles induement confisqués
par les autorités françoises, ainsi que pour la perte
totale ou partielle de leurs créances, ou autres propriétés induement retenues sous le séquestre depuis
l'année mil sept cent quatre-vingt-douze.

La France s'engage à traiter à cet égard les sujets
anglois avec la même justice que les sujets françois
ont éprouvée en Angleterre, et le gouvernement anglois desirant concourir pour sa part au nouveau témoignage que les puissances alliées ont voulu donner
à S. M. Très-Chrétienne de leur desir de faire disparoître les conséquences de l'époque de malheur, si
heureusement terminée par la présente paix, s'engage de son côté à renoncer, dès que justice complette
sera rendue à ses sujets, à la totalité de l'excédent
qui se trouveroit en sa faveur, relativement à l'entretien des prisonniers de guerre, de manière que la
ratification du résultat du travail des commissaires
susmentionnés et l'acquit des sommes, ainsi que la
restitution des effets qui seront jugés appartenir aux
sujets de S. M. Britannique, completteront sa renonciation.

Art. V.

Les deux hautes parties contractantes desirant
d'établir les relations les plus amicales entre leurs sujets respectifs, se réservent et promettent de s'enten-

dre et de s'arranger, le plutôt que faire se pourra,
sur leurs intérêts commerciaux, dans l'intention d'encourager et d'augmenter la prospérité de leurs états
respectifs.

Les présens articles additionnels auront la même
force et valeur que s'ils étoient insérés mot à mot au
traité de ce jour. Ils seront ratifiés, et les ratifications en seront échangées en même tems. En foi de
quoi les plénipotentiaires respectifs les ont signés et
y ont apposé le cachet de leurs armes.

Fait à Paris, le 30 mai, de l'an de grâce 1814.

Le prince de Bénévent.
Castlereagh.
Aberdeen.
Cathcart.
Charles Stewart, lieut.-général.

Article additionnel au traité avec la Prusse.

Quoique le traité de paix conclu à Basle le 5 avril
1795, celui de Tilsit du 9 juillet 1807, la convention
de Paris du 20 septembre 1808, ainsi que toutes les
conventions et actes quelconques conclus depuis la
paix de Basle entre la Prusse et la France soient déjà
annulés de fait par le présent traité, les hautes parties contractantes ont jugé néanmoins à propos de déclarer encore expressément que lesdits traités cessent
d'être obligatoires pour tous leurs articles tant patents
que secrets, et qu'elles renoncent mutuellement à tout
droit et se dégagent de toute obligation qui pourroient
en découler.

S. M. Très-Chrétienne promet que les décrets
portés contre des sujets françois ou réputés françois,

étant ou ayant été au service de S. M. Prussienne, demeureront sans effet, ainsi que les jugemens qui ont pu être rendus en exécution de ces décrets.

Le présent article additionnel aura la même force et valeur que s'il étoit inséré mot à mot au traité patent de ce jour. Il sera ratifié, et les ratifications en seront échangées en même tems. En foi de quoi les plénipotentiaires respectifs l'ont signé et y ont apposé le cachet de leurs armes.

Fait à Paris, le 5o. mai 1814.

> *Le prince de Bénévent.*
> *Charles-Auguste baron de Hardenberg.*
> *Charles-Guillaume baron de Humboldt.*

III.

Bekanntmachung,

daß die förmliche Eröffnung des Wiener-Congresses auf den 1ſten Nov. 1814. ausgeſetzt worden ſey, datirt Wien den 8ten Oct. 1814.

Declaration.	Déclaration.
Die bevollmächtigten Miniſter der Höfe, von denen am 30. Mai 1814 der Pariſer Friedens-Tractat unterzeichnet wurde, haben den 32. Artikel deſſelben, durch welchen beſtimmt war, daß die von einer und der andern Seite in dem letzten Kriege begriffen geweſenen	Les Plénipotentiaires des Cours qui ont signé le traité de paix de Paris du 5o. mai 1814 ont pris en considération l'article 52 de ce traité; par lequel il est dit, que toutes les Puissances engagées de part et d'autre

Mächte, Bevollmächtigte nach Wien schicken sollten, um auf einem allgemeinen Congreß die zur Vervollständigung jenes Tractats erforderlichen Maaßregeln festzusetzen, in Erwägung gezogen, u. nach reifem Nachdenken über die daraus entspringenden Verhältnisse und Pflichten, erkannt, daß es ihre erste Sorge seyn mußte, zwischen den Bevollmächtigten sämtlicher Höfe freie und vertrauliche Erörterungen einzuleiten. Zugleich aber sind sie zu der Ueberzeugung gelangt, daß es dem gemeinschaftlichen Interesse aller Theilnehmer angemessen seyn wird, eine allgemeine Zusammenberufung ihrer Bevollmächtigten bis auf den Zeitpunkt zu verschieben, wo die von ihnen zu entscheidenden Fragen den Grad von Reife gewonnen haben werden, ohne welchen ein mit den Grundsätzen des Völkerrechts, den Stipulationen des Pariser Friedens, und den gerechten Erwartungen der Zeitgenossen möglichst übereindans la dernière guerre, enverront des Plénipotentiaires à Vienne, pour régler dans un Congrès général les arrangemens qui doivent compléter les dispositions du dit traité; et, après avoir mûrement réfléchi sur la situation dans laquelle ils se trouvent placés, et sur les devoirs qui leur sont imposés, ils ont reconnu, qu'ils ne sauroient mieux les remplir, qu'en établissant d'abord des communications libres et confidentielles entre les Plénipotentiaires de toutes les Puissances. Mais ils se sont convaincus en même tems, qu'il est de l'intérêt de toutes les parties intervenantes de suspendre la réunion générale de leurs Plénipotentiaires jusqu'à l'époque où les questions, sur lesquelles on devra prononcer, seront parvenues à un degré de maturité suffisant pour que le résultat réponde aux principes du droit public, aux

stimmendes Resultat, nicht zu erreichen seyn würde. Die förmliche Eröffnung des Congresses ist demnach bis auf den 1. November ausgesetzt worden, und die obgedachten bevollmächtigten Minister leben der Hoffnung, daß die in der Zwischenzeit vorzunehmenden Arbeiten, zur Berichtigung der Ideen, zur Ausgleichung der Ansichten und zur Beförderung des großen Werkes, welches der Gegenstand ihrer gemeinschaftlichen Sendung ist, wesentlich beitragen werden.

Wien, den 9ten October 1814.

stipulations du traité de Paris, et à la juste attente des contemporains. L'ouverture formelle du Congrès sera donc ajournée au 1er du mois de Novembre, et les susdits Plénipotentiaires se flattent, que le travail auquel ce délai sera consacré, en fixant les idées, et en conciliant les opinions, avancera essentiellement le grand ouvrage qui est l'objet de leur mission commune.

Vienne, le 8. Octobre 1814.

IV.

Französische Bemerkungen

zu der Bekanntmachung, (datirt Wien 1sten October 1814) daß die förmliche Eröffnung des Congresses auf den 1. Nov. 1814 ausgesetzt sey.

(Aus dem Pariser Moniteur vom 22. October 1814.)

„La déclaration précédente, en exposant les motifs qui font différer l'ouverture du congrès de Vienne, est le premier garant de l'esprit de sagesse qui dirigera les travaux des plénipotentiaires assemblés. C'est, en effet, par la maturité des conseils, c'est dans le calme des passions que doit renaître la tutélaire autorité des principes du *droit public* invoqués et reconnus dans le dernier traité de Paris.

„Ainsi la juste attente des contemporains sera remplie, et l'on obtiendra, dans les prochaines négociations, un résultat conforme à ce que le droit des gens et la loi universelle de justice prescrivent aux nations entr'elles.

„A l'époque où de grandes puissances se sont liguées pour ramener dans les relations mutuelles des états, le respect des propriétés et la sûreté des trônes, on ne peut attendre que des transactions politiques revêtues de cet équitable caractère.

„Déjà l'Europe accepte cet heureux augure, et la France, qui n'est jalouse d'aucun des avantages que d'autres états peuvent raisonnablement espérer, n'aspire qu'au rétablissement d'un juste équilibre. Ayant en elle tous les élémens de force et de prospérité, elle ne les cherche point au-delà de ses limites; elle ne prête l'oreille à aucune insinuation tendant à établir des systèmes de simple convenance; et reprenant le rôle qui lui assura jadis l'estime et la reconnoissance des peuples, elle n'ambitionne d'autre gloire que celle dont les garanties reposent sur l'alliance de la force avec la modération et la justice; elle veut redevenir l'appui du foible et le défenseur de l'opprimé.

„Dans cette disposition, la France concourra aux arrangemens propres à consolider la paix générale; et les souverains qui ont si noblement proclamé les mêmes principes, consacreront avec elle ce pacte durable qui doit assurer le repos du monde."

V.

Bekanntmachung

wegen Ueberreichung und Prüfung der Vollmachten
der für den Congreß bevollmächtigten Minister,
Abgeordneten und Geschäftführer, datirt
Wien den 1sten November 1814.

Declaration.

Da durch die Declaration
vom 8. October die Eröff-
nung des Congresses
bis auf den 1. Nov. aus-
gesetzt worden ist; so haben
die bevollmächtigten Minister der Höfe, welche den
Friedens - Tractat vom 30.
Mai unterzeichneten, sich
dahin vereinigt, einan-
der wechselseitig ihre
Vollmachten mitzu-
theilen, und solche in einem bei der geheimen Hof-
und Staatskanzlei Sr. kais.
königl. apostol. Maj. hierzu
bestimmten Bureau nieder-
zulegen. Damit man aber
auf eine authentische Weise
zur Kenntniß der von den
übrigen Höfen beauf-
tragten Personen gelange,
werden alle diejeni-
gen, die mit Vollmach-
ten zum Congreß ver-
sehen sind, hierdurch

Déclaration.

L'ouverture du con-
grès ayant été par la dé-
claration du 8. octobre
ajournée au 1. novem-
bre, les Plénipotentiaires
des Puissances, qui ont
signé le traité du 30.
mai, sont convenus de se
communiquer récipro-
quement leurs pleins-
pouvoirs et de les faire
déposer à un bureau éta-
bli pour cet effet à la chan-
cellerie intime de cour
et d'état de Sa Majesté Impériale et Royale Apos-
tolique. Et afin de con-
noître et de constater
d'une manière authenti-
que les personnes char-
gées des intérêts des au-
tres Puissances, ils invi-
tent tous ceux qui sont
munis de pouvoirs pour
le congrès, à les faire

aufgefordert, solche in dem nämlichen Bureau zu überreichen. Die Verification der Vollmachten wird durch eine, aus drei bevollmächtigten Ministern bestehende Commission vollzogen werden; und nach Beendigung dieses Geschäftes, werden die Minister der obgedachten Höfe die Maaßregeln in Vorschlag bringen, die sie für die zweckmäßigsten halten werden, um den fernern Geschäftsgang des Congresses zu bestimmen.

Das Bureau zur Annahme der Vollmachten wird am 3. November eröffnet werden.

Wien, den 1sten November 1814.

remettre de même au dit bureau. Une commission de trois Plénipotentiaires procédera à la vérification de ces pouvoirs; et à la suite de cette vérification les Plénipotentiaires des susdites Puissances proposeront les mesures qu'ils auront jugées les plus convenables pour régler la marche ultérieure du congrès.

Le bureau où les pleinspouvoirs seront reçus et déposés sera ouvert à dater du 5. novembre.

Vienne, le 1. novembre 1814.

VI.

Verzeichniß

der zu dem wiener Congreß bevollmächtigten Minister derjenigen acht Höfe, welche den pariser Friedensschluß unterzeichnet hatten, oder ihm beigetreten sind.

Für Oesterreich: Fürst von Metternich, Freiherr von Wessenberg (zuletzt österreichischer Gesandter in London).

Für Rußland: Graf Rasumowsky (ehemaliger russischer Botschafter zu Wien), Graf Stackelberg (jetziger russischer Gesandter zu Wien), Graf Nesselrode, StaatsSecretär für die auswärtigen Geschäfte.

Für Frankreich: Fürst von Talleyrand, Herzog von Dalberg, Graf La Tour du Pin, Graf Alexis Noailles.

Für England: Lord Castlereagh, Lord Cathcart (brittischer Botschafter am russischen Hofe), Lord Clancarty (zuletzt brittischer Botschafter im Haag), Lord Stewart (Lord Castlereagh's Bruder, Botschafter am wiener Hofe).

Für Preussen: Staatskanzler Fürst von Hardenberg, Freiherr von Humboldt (designirter preussischer Gesandter zu Paris.)

Für Schweden: Graf Löwenhielm (schwedischer Gesandter am russischen Hofe).

Für Spanien: Chevalier Labrador (Staatsrath in dem Departement der auswärtigen Geschäfte).

Für Portugal: Graf Palmella Souza-Holstein (portugiesischer Gesandter in England), Graf Saldanha da Gama (portugiesischer Gesandter am russischen Hofe), Chevalier Lobo de Silveira (designirter Gesandter am wiener Hofe).

Diese Minister haben dem östreichischen Staatsminister Fürsten von Metternich, das Präsidium bei ihren Sitzungen übertragen.

Für die teutschen Angelegenheiten hat sich eine Comité oder Ausschuß von fünf Höfen (Wien, Berlin, München, Hannover und Stuttgart) gebildet, der gewöhnlich aus folgenden Bevollmächtigten besteht: für Oesterreich Freiherr v. Wessenberg; für Preus-

sen Freiherr v. Humboldt; für Baiern Feldmarschall Fürst Wrede; für Hannover Graf Münster
und Graf Hardenberg, für Wirtemberg Graf
Winzingerode und Freiherr von Linden.

VII.
Oeffentliche-Notiz
über die Förmlichkeiten des wiener Congresses,
über den hermaligen Sinn des Wortes Congreß,
über die Lage und Abtheilungen seiner
Geschäfte, in dem November 1814 *).

In einem Augenblick, wo die Aufmerksamkeit des
gesammten europäischen Publikums auf die Negociationen in Wien gerichtet ist, glauben wir unsern Lesern
einen Dienst zu erweisen, indem wir ihnen folgenden
Auszug aus einem Schreiben eines unserer dortigen Correspondenten mittheilen.

Die Geschäfte werden auf dem Congreß ohne alles
Geräusch, aber nichts desto weniger mit Ernst und Folge betrieben, und wir überzeugen uns mit jedem Tage
mehr, daß, wenn die Cabinetter alle lästigen For-
malitäten beseitigten, bieß nur geschah, um die grossen Entscheidungen, welche der Pariser Friede auf
biesen Congreß ausgesetzt hatte, so schnell, als es bei
der Vielseitigkeit der damit verknüpften Rücksichten möglich war, zu Stande zu bringen. Aus den Declaratio-
nen vom 8. Okt. und 1. Nov. ergiebt sich, daß die Mäch-

*) Dieser, wie es scheint, halb offizielle Artikel ward zuerst in
der prager Zeitung, und nachher in dem zu Wien erscheinenden Oestreichischen Beobachter, Num. 328, bekannt gemacht.

te, welche den Pariser FriedensTractat unterzeichneten, sich auch berufen fühlten, dem Artikel, der die
Berichtigung der offen gebliebenen Fragen nach Wien
verwies, seine bestimmte Deutung und Anwendung zu
geben.

Es erfordert keine tiefe politische Einsicht, um zu
begreifen, daß dieser Wiener Congreß keinen frühern
Congreß zum Muster nehmen konnte. Das Geschäft der
Versammlungen, die bisher diesen Namen geführt haben, war ein auf bestimmte Gegenstände gerich-
teter staatsrechtlicher Prozeß, zwischen zwei
oder mehreren zum Kriege gerüsteten oder
im Kriege mit einander begriffenen Parteien, dessen Ausgang ein Friedensschluß
seyn sollte.

Diesmal ist der Friede bereits wirklich geschlossen;
Parteien treten als Freunde auf, die, wenn gleich mit
mehr oder weniger getheiltem Interesse; doch gemeinschaftlich an der Vervollständigung und Befestigung desselben arbeiten wollen; und die Gegenstände der Unter-
handlung sind in einer großen Mannigfaltigkeit, theils
durch frühere Entscheidungen vorbereiteter, theils noch
ganz unentschiedener Fragen enthalten. Die Mächte, welche den Pariser Frieden schlossen, waren unstreitig am
besten berechtiget, den Sinn, welcher mit dem Worte Congreß in dieser ganz neuen Zusammenstellung
verbunden werden sollte, und folglich auch die Form zu
bestimmen, die der Erreichung des ihnen vorschwebenden
Zweckes am zuträglichsten war. Sie bedienten sich dieses
ihres Rechtes auf eine für die sämmtlichen Interessenten, und mithin auch für das gemeinschaftliche Wohl
von Europa, gleich vortheilhafte Weise, indem sie durch
die Declaration vom 8. Okt. alle in Wien versammelten

Bevollmächtigten aufforderten, die zwischen ihnen auszu-
gleichenden Gegenstände, auf dem schnellsten und wirksamsten Wege, nämlich den confidentiellen, zu
verhandeln.

So hat der Congreß sich ohne irgend eine förmliche Einleitung, noch vorher bestehende gesetzliche
Vorschrift, die Niemand ihm zu geben befugt war, von
selbst gebildet. Der Rath jener Mächte, die ihn eigentlich geschaffen hatten, behielt sich bloß die allgemeine
Leitung des Geschäftsganges, ohne irgend einen Eingriff
in die Rechte der einzelnen, durchaus unabhängigen Parteien vor. Durch die persönliche Gegenwart so vieler Monarchen, Cabinetter und Bevollmächtigten größerer und kleinerer Höfe, wurden die
Hindernisse, welche die Entfernung und Zeitverlust, so
oft dem glücklichen Erfolg verwickelter Unterhandlungen
entgegensetzen, beseitiget; und die europäischen Mächte
auf einem und demselben Schauplatze versammelt, boten
einander wechselseitig, zur wesentlichen Erleichterung ihres Geschäftes, eine Menge von Vereinigungs-
Punkten und Negociations-Mitteln dar, die in
ihrer gewöhnlichen, getrennten Lage nie Statt finden
konnten. Die ersten europäischen Höfe benutzten diese
Stellung, um mit Zuziehung eines oder mehrerer unpar-
theiischer Mittler, in directe Unterhandlungen zu treten;
zu gleicher Zeit vereinigten sich die ersten teutschen Mächte,
um über die Fundamental-Gesetze der im Tractat von
Paris angekündigten Föderativ-Verfassung der
teutschen Staaten zu berathschlagen.

Die jetzige Lage der Congreß-Geschäfte ist,
nach den besten Angaben, die ich mir darüber zu verschaffen gewußt, folgende:

Als Centralpunkt der Geschäftsleitung besteht der Rath der acht Mächte (Rußland, Preussen, Oesterreich, Frankreich, England, Schweden, Portugall, Spanien), die den Tractat von Paris unterzeichnet hatten. Die Minister, welche denselben bilden, haben dem ersten kaiserlich-österreichischen Bevollmächtigten den Vorsitz in ihren Versammlungen übertragen.

Die teutsche Bundesverfassung wird von den Bevollmächtigten von Oesterreich, Preussen, Baiern, Hannover und Würtemberg entworfen, und soll dem Vernehmen nach, nächstens mit den übrigen teutschen Höfen in Berathung genommen werden. Teutschland wird durch die ihm zugedachte Verfassung wieder ein eigener politischer Körper, und so in sich selbst fest gegründet, und für innere und äussere Zwecke vollständig gebildet, durch seine Lage in der Mitte der civilisirten Welt, der Schlußstein eines politischen Gebäudes, welches den sämmtlichen europäischen Staaten eine dauerhafte Garantie ihrer Sicherheit und Ruhe darbieten soll.

Die Unterhandlungen in Betreff des künftigen Schicksals des Herzogthums Warschau werden zwischen Oestreich, Rußland und Preussen unmittelbar mit Zuziehung Englands betrieben.

Die noch unberichtigten Territorial-Verhältnisse in Teutschland sind ein Hauptgegenstand der Verhandlungen zwischen den Ministern der dabei interessirten Mächte, die sich, abgesondert von den Berathschlagungen über die künftige politische Verfassung Teutschlands, damit beschäftigen.

Die Angelegenheiten der Schweiz werden mit den Abgeordneten der Föderation, unter Vermittlung der europäischen Hauptmächte, geführt.

Zur Berichtigung der noch offenen Fragen in Italien sind eben so viel abgesonderte Unterhandlungen eingeleitet, als es abgesonderte Interessenten und Negotiations-Puncte giebt.

Die in diese verschiedenen Unterhandlungen eingreifenden Mächte behalten sich vor, die Resultate derselben, welche nur in ihrer Verbindung mit dem Ganzen auf definitive Gültigkeit Anspruch haben können, nach Beendigung sämmtlicher Geschäfte, unter die allgemeine Garantie aller Theilnehmer zu stellen.

Nachschrift.

Englische Zeitungen enthalten folgendes Verzeichniß der auf dem wiener Congreß zu unterhandelnden und zu bestimmenden Gegenstände.

1) Polens Wiederherstellung, ganz oder zum Theil, als unabhängiger Staat.

2) Das Schicksal des Königreichs Sachsen und verschiedener anderer teutschen Staaten.

3) Die Bundesverfassung (und die Staatsverfassung, insbesondere die landständische Verfassung) der unabhängigen teutschen Staaten.

4) Belgiens Bestimmung und Begrenzung.

5) Verschiedene Bestimmungen über Staaten Italiens.

6) Spaniens Ansprüche auf die Herzogthümer Parma und Piacenza.

7) Die von Portugal an Spanien begehrte Rückgabe Olivenza's.

8) Organisation der Schweiz.

9) Abschaffung des Negerhandels.

(10) Maasregeln gegen die Seeräubereyen der Barbaresken.)

VIII.

Entwurf

der Grundlage der teutschen BundesVerfassung *).

1) Alle Staaten Teutschlands vereinigen sich durch einen feierlichen Vertrag, den jeder Theilhaber auf ewige Zeit schließt und beschwört, in einen politischen föderativen Körper, der den Namen teutscher Bund führt, und aus dem Niemand heraustreten darf. Verletzungen des BundesVertrags werden mit Acht bestraft.

2) Dieser Bund soll in sich begreifen folgende dem Hause Oesterreich gehörende Länder: Salzburg, Tyrol, Bergtolsgaden, Vorarlberg und dasjenige was dieses Erzhaus am Oberrhein erhalten wird. Alles was Preussen links der Elbe besitzt und erhält, ferner alle teutschen Staaten, so wie sie von der Ostsee, der Eyder, der Nordsee, dem niederländischen, französischen und schweizerschen Gebiete begrenzt werden.

1) Die hier nicht genannten östreichischen und preussischen Staaten bleiben besser ausserhalb des Bundes,

---

*) Am 13. Sept. 1814 zu Baden bei Wien, in einer Conferenz, dem kaiserlich-östreichischen Staats- und ConferenzMinister auch Minister der auswärtigen Angelegenheiten, Herrn Fürsten von Metternich, von dem königlich preussischen Staatskanzler, Herrn Fürsten von Hardenberg, mitgetheilt. Anm. des Herausg.

damit es desto weniger Schwierigkeiten habe, diejenigen Theile, jener beiden Monarchen die mit in den Bund aufgenommen werden, allen Bundesgesetzen zu unterwerfen, um das Band desto fester zu knüpfen. Oesterreich und Preussen, als Mächte, aber schliessen mit der Föderation ein unauflösliches Bündniß und garantiren besonders die Verfassung und Integrität desselben.

3) Jeder izt im Besitz der Landeshoheit sich befindende Staat, übt in seinen Grenzen die landeshoheitlichen Rechte aus, welche die Bundes-Acte nicht zum gemeinschaftlichen Besten ausnimmt oder beschränkt.

4) Diejenigen vormals mit der Reichsstandschaft versehen gewesenen Fürsten, Grafen und Herren, welche mediatisirt wurden, nehmen Antheil am Bunde, wie weiter unten bestimmt werden wird. Sie bleiben zwar der Landeshoheit unterworfen, ihre Rechte und Pflichten sind aber sowohl in Absicht auf ihre Person als auch ihre Besitzungen genau zu bestimmen und unter die Garantie des Bundes zu setzen. Ihnen sind besonders persönliche Ehre, Macht und Vorzüge einzuräumen, auch die Renten und Einkünfte wieder zu geben, die am 12. Jul. 1806 in die Contributions-Cassen flossen. In den Ländern zu denen sie gehören, sind die Familienhäupter, erblich die ersten Stände. In ihren Familien geniessen sie die alte teutsche Autonomie. In Criminal Sachen sollen sie von einem judicio parium gerichtet werden. Ihnen werden Jurisdictions Rechte gesichert, und Präsentations-Rechte in den landesherrlichen höchsten Gerichten zugestanden.

2) Billig sollten die mediatisirten ehemaligen Reichsstände mit den übrigen gleichgesetzt werden, da dieses aber ohne grosse Zerrüttungen nicht geschehen kann, so ist wenigstens alles Mögliche hier zu thun, und sie jeder insbesondere gegen alle Bedrückungen sicher zu stellen.

5) Aehnliche Bestimmungen sind wegen der übrigen fast unmittelbar gewesenen Personen zu treffen.

6) Jedem Bundesunterthan werden durch die Bundesacte näher zu bestimmende teutsche Bürgerrechte gesichert, insonderheit

1) die Freiheit ungehindert und ohne eine Abgabe zu entrichten, in einen andern zum Bund gehörenden Staat auszuwandern, oder in dessen Dienste zu treten.

2) Die Sicherheit des Eigenthums, auch gegen Nachdruck.

3) fehlt.

4) das Recht der Beschwerde vor dem ordentlichen Richter, und in den dazu geeigneten Fällen bei dem Bunde.

5) Preßfreiheit nach zu bestimmenden Modificationen.

6) Das Recht sich auf jeder teutschen Lehranstalt zu bilden.

7) In jedem zum Bunde gehörenden Staat soll eine ständische Verfassung eingeführt oder aufrecht erhalten werden. Allgemeine Grundsätze sind dieserhalb als minimum der Rechte der Landstände festzusetzen. Sie sollen bestehen aus den Familienhäuptern der mediatisirten vormaligen Reichsstände, des sonst unmittelbaren und übrigen Adels, als erblichen und auserwählten Ständen. Ihre Befugnisse sollen zu

gleich seyn, ein näher zu bestimmender Antheil an der Gesetzgebung, Verwilligung der Landesabgaben, Vertretung der Verfassung bei dem Landesherrn und dem Bunde.

8) Man soll suchen, allgemeine nützliche Einrichtungen und Anordnungen zum Wohl des Ganzen herzustellen, als z. B. ein allgemeines Gesetzbuch, gleiches Münzwesen, eine zweckmäßige Regulirung der Zölle, des Postwesens, Beförderung und Erleichterung des Handels und wechselseitigen Verkehrs rc.

9) Die Bundesstaaten sollen in 7 Kreise eingetheilt werden, nemlich:

Vorder-Oesterreich.
Baiern und Franken.
Schwaben.
Oberrhein.
Niederrhein und Westphalen.
Niedersachsen.
Obersachsen und Thüringen.

10) Der vorderösterreichische Kreis enthält, Salzburg, Tyrol, Bergtolsgaden und Vorarlberg.

11) Der baierisch-fränkische Kreis alle Staaten des Königs von Baiern.

12) Der schwäbische Kreis alle Staaten des Königs von Wirtemberg.

13) Der oberrheinische Kreis, das Land, welches Oestreich am Oberrhein erhalten wird, die großherzogl. badischen Länder und die hohenzollerischen Fürstenthümer.

14) Der niederrheinisch-westphälische Kreis, alle Lande welche der König von Preussen an beiden Rheinufern und bis an die Weser besitzt oder erhalten wird, die

lippe‑detmoldischen), nassau‑weilburg‑ und usingischen, auch waldeckschen Länder, die teutschen Besitzungen des souverainen Fürsten der Niederlande.

15) Der niedersächsische Kreis die Länder, welche das bisherige Kurhaus Hannover in Niedersachsen und Westphalen besitzt oder besitzen wird, die des Hauses Braunschweig, die des Hauses Glückstadt und Oldenburg, Schaumburg‑Lippe, und die drei Städte Hamburg, Lübeck und Bremen.

3) Einige stimmen dahin die drei Hansestädte dem obersächsisch‑thüringischen Kreise anzuschliessen.

16) Der obersächsisch‑thüringische Kreis, das Königreich Sachsen, die herzogl. mecklenburgischen, sächsischen, anhaltischen, schwarzburgischen, reußischen Länder, die Staaten der Häuser HessenCassel und Darmstadt und die freie Bundesstadt Frankfurt.

17) Jeder Kreis soll einen oder zwei Kreisobersten haben, deren Befugnisse und Obliegenheiten zunächst die Aufrechthaltung und Befolgung des Bundesvertrags, der Bundesbeschlüsse und der bundesrichterlichen Sprüche, die Militärverfassung und allgemeine Ordnung und Sicherheit im Kreise betreffen.

Wo zwei KreisObristen sind, übt sie der erste aus und wird dabei vom zweiten sublevirt.

Der vorderöstreichische Kreis, der Kaiser von Oestreich.

Der baierisch‑fränkische, der König von Baiern.

Der schwäbische, der König von Wirtemberg.

Der oberrheinische, der Kaiser von Oestreich und Großherzog von Baden.

Der niederrheinisch‑westphälische, der König von Preussen.

Der niedersächsische, der König von England als
Besitzer von Hannover.

Der obersächsisch-thüringische der König von Preussen und den bisherigen Kurfürsten von Hessen.

4) Man ist hier von der Voraussetzung ausgegangen,
daß um so viel als möglich Zufriedenheit zu bewirken,
allen zuletzt gewesenen Kurfürsten, als Kreisobristen
Sitz und Stimme in dem ersten Rath der Bundesversammlung gegeben werden. Zugleich ist die Zahl der
Kreise, um sie nicht zu sehr zu vervielfältigen, auf 7
beschränkt, und den Häusern Baden und Hessen nur
eine zweite Kreisobristenstelle angewiesen. Wollte
man diese ausschliessen, so würde es nur 7 Kreisobri-
stenstellen bedürfen, 2 für Oesterreich, 2 für Preussen, 1 für Baiern, 1 für Hannover, 1 für Wirtemberg. Ich halte es aber nicht für billig und räthlich.
Es ist in Vorschlag gekommen, Belgien, und wo möglich die ganzen Niederlande, in den teutschen Bund
einzuziehen. Die Idee scheint vortrefflich! Dann
müßte man aus diesen Ländern den burgundischen
Kreis machen, und dem Fürsten der Niederlande eine
selbstständige Kreisobristenstelle geben.

18) Es soll eine Bundesversammlung zu Frankfurt am Main seyn. Diese Stadt wird für eine freie
Bundesstadt erklärt.

19) Die Bundesversammlung soll bestehen:
  1) Aus dem Directorio.
  2) Aus dem Rath der Kreisobristen.
  3) Dem Rath der Fürsten und Stände.

20) Das Directorium führt der Kaiser von Oesterreich, welcher den Vorsitz bei allen Bundesversamm-
lungen hat, und der König von Preussen, gemeinschaftlich.

21) Im Rath der Kreisobristen haben Stimmen:

Oestreich, als Director	1
vom vorderöstreichischen Kreis,	1
vom oberrheinischen Kreis,	1
Preussen, als Director	1
vom obersächsisch-thüringischen Kreis,	1
vom niederrheinisch-westphälischen Kreis,	1
Baiern, vom baierisch-fränkischen Kreis,	1
Hannover, vom niedersächsischen Kreis,	1
Wirtemberg, vom schwäbischen,	1
Baden, vom oberrheinischen,	1
Kurhessen, vom obersächsisch-thüringischen Kreis,	1
	11.

22) Der Rath der Kreisobristen soll sich mit Ausschluß der übrigen Bundesstaaten mit Allem beschäftigen, was die auswärtigen Verhältnisse des Bundes angeht, und durch Mehrheit der Stimmen darüber entscheiden, auch allein das Recht der Verträge mit Auswärtigen, der Annahme und Absendung von Gesandten und Geschäftsträgern von und bei auswärtigen Staaten, des Kriegs und Friedens, und nach den unten folgenden Bestimmungen die militärische Gewalt ausüben. Ueberdem hat der Kreisobristenrath die Leitung und die ganze executorische Gewalt des Bundes.

23) Der Rath der Fürsten und Stände soll aus den übrigen BundesMitgliedern bestehen. Diese sind:

1) Alle diejenigen Fürsten, welche Länder besitzen, die eine Bevölkerung von 50,000 Seelen und darüber haben. Diese Länder mögen sich selbstständig befinden, oder mediatisirt seyn, mit einer Stimme.

Die Bevölkerung wird da, wo mehrere Zweige des Hauses sind, zusammengezählt, z. B. Hohenzollern Hechingen und Siegmaringen führen nur eine Stimme.

2) die vier Bundesstädte Hamburg, Lübeck, Bremen und Frankfurt am Main, jede mit einer Stimme.

3) Sechs CuriatStimmen, in welche sämmtliche Grafen und Herren zu vereinigen sind, welche vormals die Reichsstandschaft hatten, und deren Besitzungen eine Bevölkerung von 50,000 Seelen nicht erreichen.

4) Oesterreich hat auch in dem Rath der Fürsten und Stände den Vorsitz, und gemeinschaftlich mit Preussen das Directorium, auch Sitz und Stimme. Beides wird durch besondere zweite Bothschafter ausgeübt.

24) Der Rath der Fürsten und Stände constituirt mit dem Rath der KreisObristen, und mit dem Directorio, die gesetzgebende Gewalt des Bundes. Diese beschäftigt sich mit Allem, was die Wohlfahrt desselben im Innern und ein allgemeines Interesse betrifft. Das Verhältniß zur TerritorialGesetzgebung, bestimmt sich dadurch, daß sich die Bundesversammlung nur mit Verordnungen beschäftigen kann, die ein allgemeines Interesse angehen. Ein Landesgesetz darf aber nie und in keinem Fall gegen ein Bundesgesetz seyn.

25) Der Rath der Fürsten und Stände versammelt sich jährlich an einem näher zu bestimmenden Tag, und bleibt nur zusammen bis die vorliegenden Geschäfte abgemacht sind.

26) Sowohl der Rath der KreisObristen als der Rath der Fürsten und Stände deliberiren abgeson-

dert für sich, und die Conclusa werden nach Mehrheit der Stimmen abgefaßt. Das Directorium faßt
das gemeinschaftliche Conclusum, und sucht die abweichenden Meinungen der beiden Räthe zu
vereinigen. Ist solches nicht möglich, so entscheidet
das Directorium.

27) Es wird ein eigenes Bundesgericht zu
Frankfurt a. M. angeordnet, dessen Mitglieder von den
Bundesständen nach einer zu bestimmenden Form zu präsentiren sind und welches einen Senat zur Instruction,
und einen zum Spruch in erster Instanz in Streitsachen
der Fürsten und Stände unter sich enthalten soll. Mediatisirte können nur in persönlichen Sachen, oder
in solchen, die aus Verletzung des Bundesvertrags entstehen, vor diesem Bundesgericht Recht stehen. Uebrigens gehören ihre Prozesse vor die Landesgerichte. Der
Rechtsgang ist näher zu bestimmen.

28) Kein Bundesglied darf das andere bekriegen,
oder sich durch Selbsthülfe Recht verschaffen. Die
Execution der Urtheile liegt dem Kreisobristen ob,
wenn es ein zu seinem Kreis gehörendes Bundesglied
angeht. Betrifft es einen KreisObristen, so sind alle
KreisObristen schuldig die Execution zu übernehmen.

29) Recurse der Unterthanen an das Bundesgericht finden nur in solchen Fällen statt, wo sie über
Bedrückungen zu klagen haben, die dem Bundesvertrag
und den ihnen zugesicherten Rechten zuwider sind, oder
in Fällen verweigerter JustizAppellationen an das Bundesgericht; in Streitigkeiten derjenigen die der Landeshoheit unterworfen sind, unter sich, sind sie nicht zulässig;
eben so wenig in Rechtssachen gegen die Landesherren.
Solche Gegenstände gehören vor die höchsten Gerichte der
Kreisobristen, denen aber durch den Bundesvertrag die

schon in der Natur der Sache liegende Unabhängigkeit in ihren Urtheilssprüchen zu sichern ist. Nur in dem Fall daß diese gekränkt werden, findet der Recurs an die Bundesversammlung statt.

30) Die höchsten Gerichte der KreisObristen entscheiden, in letzter Instanz, in Sachen aller zum Kreis gehörenden Unterthanen, und auch in Prozessen derselben gegen ihre Landesherren. Man könnte aber anordnen, daß nach gewissen Bestimmungen, von dem höchsten Gericht eines KreisObristen an das eines benachbarten zu appelliren gestattet sey. Criminal Urtheile der Gerichte der Kreisstände über eine gewisse Strafe hinaus, sind der Revision jener höchsten Gerichte unterworfen.

31) Die MilitärVerfassung des Bundes muß stark und kräftig seyn und schnelle Hülfe gewähren. Jeder KreisObrister und wo in einem Kreise zwei sind, der erste, ist Oberbefehlshaber des ganzen Kreis-Militärs.

32) Das Contingent eines jeden, sowohl an LinienTruppen als Landwehr ist zu bestimmen. Stände die ein ganzes Regiment mit allem Zubehör oder mehr stellen können, haben nur die Befugniß, eigene Truppen zu halten, die übrigen stellen eine zu bestimmende Anzahl Recruten zu dem Heer des KreisObristen, und leisten einen verhältnißmäßig zu bestimmenden Beitrag zu den Kriegskosten desselben, doch ist ihnen verstattet, Ehrenwachen zu haben; die Contingente müssen stets vollzählig mit allen Kriegsbedürfnissen versehen und marschfertig seyn.

Wegen der Conscription und Verpflichtung zur Landwehr, und zum Landsturm, desgleichen wegen

Befreiung davon, find allgemeine Grundſätze anzunehmen, und geſetzlich feſtzuſetzen.

Dem KreisObriſten ſteht die Aufſicht über die
ganze Kreiskriegsverfaſſung und das Recht
darüber zu halten, mithin die OberInſpection und Mu-
ſterung, auch wenn es nöthig iſt die Befugniß zu, unvermeidliche Zwangsmittel anzuwenden.

33) Die zu einem Kreiſe gehörenden Truppen ſollen
eine und dieſelbe Bezahlung haben, wie die des
KreisObriſten.

34) In Friedenszeiten bleiben ſie zur Dispo-
ſition des Landesherrn. Bei entſtehenden Kriegen aber,
oder zur Execution gerichtlicher Sprüche, zur Erhaltung
der Ruhe und Ordnung im Kreiſe, hat der KreisObriſt
das Recht ſie zuſammenzuziehen und zu befehligen.

35) Daß die nöthigen Fonds zur Bezahlung
der Truppen und Behufs der Kriegsbedürfniſ-
ſe, Feſtungen ꝛc. geſichert ſind, iſt der Aufſicht und
Controlle der KreisObriſten zu unterziehen. Es ſind einzelne Einkünfte hierzu auszuſetzen, und auf andere Gegenſtände unter keinem Vorwand zu verwenden.

36) Es iſt keinem Bundesgliede erlaubt, Truppen
in den Sold eines andern Staates zu geben.
Dieſes kann nur durch einen Beſchluß des ganzen Bundes geſchehen. *)

37) Gewiſſe, näher zu beſtimmende, Plätze ſind zu
Bundesfeſtungen zu beſtimmen. Wegen ihrer Einrichtung und Erhaltung, desgleichen wegen ihrer Be-
ſatzung iſt das Nöthige feſtzuſetzen, und dazu ein ſiche-

*) NB. iſt zu ändern, ſoll heiſſen: nur von dem Rath
der Obriſten. vid. Schreiben vom 26. Jul. (Anmerk.
des Grafen von Solms=Laubach.)

rer Fond anzuweisen. Sie stehen, nach den getroffenen
Bestimmungen, unter dem Befehl des KreisObristen in
dessen Bezirk sie liegen.

38) Wird ein Bundesstaat angegriffen, so sind
alle Glieder des Bundes zu seiner Vertheidigung verpflichtet. Solche, die zugleich Länder besitzen, die nicht
zum teutschen Bunde gehören, haben in Absicht auf diese keinen unbedingten Anspruch auf die Hülfe des Bundes, in so fern das zu errichtende beständige Bündniß
mit Oesterreich und Preussen, in Absicht auf dieses nichts
hierüber bestimmt; eben so wenig wenn sie in Kriege
verwickelt werden, wo sie der angreifende Theil sind.
Der Rath der KreisObristen entscheidet ob dieses der
Fall, und ob es nöthig sey, ein besonderes Bündniß
mit den Bedrohten oder in Krieg verwickelten Bundesgenossen abzuschliessen oder nicht.

39) Bundesstaaten die nicht zugleich auswärtige
Länder besitzen, dürfen allein und ohne den ganzen Bund
weder Kriege führen, noch Theil nehmen;
eben so wenig für sich allein mit fremden Mächten
unterhandeln.

40) Die vereinigten Niederlande, und wo
möglich auch die Schweiz, sind zu einem beständigen
Bündniß mit dem teutschen Bunde einzuladen.

41) Die politische Existenz desselben ist auf dem bevorstehenden Congresse von den contrahirenden Mächten
zu garantiren.

IX.

Artikel,

welche bei der Conferenz der fünf teutschen Mächte (Oestreich, Preussen, Baiern, Hannover, Wirtemberg) zur Grundlage gedient haben *).

1) Die Staaten Teutschlands (mit Inbegriff Oesterreichs und Preussens für ihre teutschen Länder) vereinigen sich zu einem Bunde, welcher den Namen des teutschen führen wird. Jeder Eintretende leistet Verzicht auf das Recht, sich ohne Zustimmung der übrigen davon zu trennen.

2) Der Zweck dieses Bundes, ist die Erhaltung der äussern Ruhe und Unabhängigkeit, und die innere Schonung der verfassungsmäsigen Rechte jeder Classe der Nation.

3) Indem die Bundesglieder zu Erreichung dieses, auf das Wohl des gemeinsamen Vaterlandes gerichteten Endzwecks zusammentreten, behalten sie, alle und jede, den vollen und freien Genuß ihrer Regierungsrechte, in so weit dieselben nicht durch den im vorigen Artikel bestimmten Zweck eingeschränkt, und diese Einschränkungen in der Bundesurkunde namentlich ausgedrückt sind.

4) Der Zweck des Bundes wird erreicht,

a) durch die, mit einer Eintheilung Teutschlands in eine Anzahl von Kreisen verbundene, Anordnung

*) Vorgelegt im Namen der Höfe von Wien, Berlin und Hannover, in der Versammlung der Bevollmächtigten der fünf oben genannten teutschen Mächte, am 16. October 1814. A. d. H.

einer Bundesversammlung, welche aus einem Rath der Kreisobersten, und einem Rath der übrigen Stände besteht.

b) durch den Einfluß, welcher jedem Kreisobersten nach dem Inhalte der Bundesurkunde und unter der Aufsicht der Bundesversammlung über die Stände seines Kreises anvertraut wird.

5) Im Rathe der Kreisobersten erscheinen:

Oesterreich mit   2

Preussen mit   2

Baiern mit   1

Hannover mit   1

Würtemberg mit   1 Stimme.

Er ist ununterbrochen in derselben Stadt versammelt, entscheidet nach der Mehrheit der Stimmen, und es werden so viele Kreise gebildet, als Stimmen in dessen Rathe sind. Ihm gebührt

a) ausschließlich und allein, die Leitung der ausübenden Gewalt des Bundes, die Vertretung desselben, da er, als ein Ganzes gegen auswärtige Mächte erscheinen muß, die Entscheidung über Krieg und Frieden.

b) zugleich mit dem Fürsten- und StändeRath die Besorgung derjenigen Gegenstände, welche den Wirkungskreis dieses letzten ausmachen.

6) Der Rath der Stände besteht;

a) aus einer Anzahl fürstlicher Häuser, den Kreisobersten mit eingerechnet, mit Virilstimmen. Diese Häuser würde man nach dem Alter der Fürstenwürde, dem Glanz der Geschlechter und der Volksmenge dergestalt auswählen, daß ausser allen altfürstlichen Häusern, einige neufürstliche darin wären, jedoch nur solche, deren Länder in ihren verschiedenen Zweigen eine Bevölkerung von mehr als 200,000 Seelen in sich fassen.

b) aus den übrigen fürstlichen Häusern und den freien Städten, mit Curiatstimmen.

Ihm gebührt, aber nur, zugleich mit dem Rath der Kreisobersten, jedoch so, daß beide in abgesonderten Kammern rathschlagen, die gesetzgebende Gewalt des Bundes, und er beschäftigt sich daher hauptsächlich mit allgemeinen, auf die innere Wohlfahrt gerichteten Anordnungen. Er versammelt sich nur alljährlich einmal, und bleibt nur bis zu Abmachung der jedesmal vorliegenden Geschäfte beisammen.

7) Die Kreisobersten sind in ihren Rechten vollkommen gleich; nur führt Oesterreich in beiden Räthen der Bundesversammlung das Geschäfts-Directorium, worunter jedoch bloß eine formelle Leitung der Geschäfte zu verstehen ist.

8) Den Kreisobersten steht das Geschäft zu:

a) die Bundesvertretung und die Bundesbeschlüsse aufrecht zu erhalten,

b) die Kreisversammlungen zu leiten,

c) die höchste Aufsicht über das Kriegswesen des Kreises auszuüben,

d) mit ihren Gerichten die letzte Instanz für diejenigen Kreisstände zu bilden, welche nach dem Bundesvertrag nicht selbst eine höchste Instanz haben sollen.

Ihr Verhältniß zu den einzelnen Kreisständen, wird verschieden, nach der größern oder geringern Beträchtlichkeit derselben, bestimmt; wozu die obige Eintheilung der mit Viril- und Curiat-

stimmen begabten zur Anleitung dienen kann. Die Rechte, welche den Kreisobersten nach dem Bundesvertrag
zustehen, üben dieselben nicht vermöge einer eigenen, mit ihrer Eigenschaft als Landesherren verbundenen Gewalt, da vielmehr in dieser Hinsicht alle
übrigen teutschen Stände gleiche Rechte mit ihnen
haben, sondern als Beauftragte des Bundes, und
vermöge des ihnen von demselben übertragenen Amtes
aus.

9) Um zu verhindern, daß nicht ein einzelner Bundesstaat die äussere Sicherheit Teutschlands in
Gefahr bringen könne, verpflichtet sich jeder, welcher
keine Länder ausserhalb Teutschland besitzet, keine
Kriege für sich mit auswärtigen Mächten zu
führen, noch an denselben Theil zu nehmen, auch ohne
Vorbehalt der Zustimmung des Bundes keine darauf Bezug habende Bündnisse noch Subsidien, oder
andere die Ueberlassung von Truppen betreffende Verträge einzugehen. Wenn erstere Staaten,
welche auch ausserhalb Teutschland Länder besitzen, im
Kriege mit andern Mächten verwickelt werden, so bleibt
es der Berathung des Bundes überlassen, auf den Vorschlag des kriegführenden Theils daran Theil zu nehmen,
oder nicht.

10) Die teutschen Fürsten begeben sich gleichfalls des Rechts der Bekriegung unter einander, und unterwerfen ihre Streitigkeiten (nur
sofern sie sich nicht durch Austrägal Instanz abma-
chen lassen), nach festzusetzender Bestimmung, der zugleich von dem Rath der Kreisobersten und einem Bundesgericht zu erlassenden richterlichen
Entscheidung. Dieses, zu diesem Behuf anzuord-
nende Bundesgericht, spricht auch über Klagen, die

über Verletzung des Bundesvertrages in einzelnen Ländern, bei demselben erhoben werden.

11) Der Bundesvertrag setzt die Nothwendigkeit einer (land) ständischen Verfassung in jedem einzelnen Bundesstaate fest, und bestimmt ein Minimum
der ständischen Rechte, überläßt es aber übrigens
den einzelnen Ständen, ihren (Land) Ständen nicht nur
ein Mehreres einzuräumen, sondern auch ihnen eine
der Landesart, dem Charakter der Einwohner und dem
Herkommen angemessene Einrichtung zu geben.

12) Der Bundesvertrag bestimmt gewisse Rechte, welche jeder Teutsche, wie z. B. das der Auswanderung unter gewissen Beschränkungen, der Annahme Kriegs- oder bürgerlicher Dienste, in
andern teutschen Staaten, u. s. w. in jedem teutschen
Staat ungekränkt geniessen soll. Bei den zwei letzten
Paragraphen, bleibt Oesterreich und Preussen die
Berücksichtigung ihrer besondern Verhältnisse, in Hinsicht ihres grössern Umfangs und ihrer Zusammensetzung
aus Ländern, die nicht zum Bunde gehören, unbenommen.

X.

Note confidentielle

de la Russie à l'Autriche et à la Prusse.

(Wodurch der in vorstehenden 12 Artikeln enthaltene Bundes-
plan gebilligt und unterstützt wird.)

Vienne, le 11. novembre 1814.

Le soussigné secrétaire d'Etat a rendu compte
à S. M. l'Empereur son auguste maître des résultats,
que présentent les conférences relatives à l'organi-

sation future de l'Allemagne. S. M. Impériale a vu avec une vive satisfaction, que les cabinets de Vienne, de Berlin et d'Hanovre ont proposé le 14 octobre un plan de fédération, qui est conforme aux principes de justice et d'organisation sociale, au bonheur des individus et aux intérêts de l'Europe, en demandant que le droit de faire la guerre et la paix, celui de décider des contestations entre les Princes, et de veiller aux intérêts généraux soit délégué à la confédération, et qu'il soit formé des états provinciaux tutélaires de la liberté et de la propriété garantis par la fédération.

L. L. M. M. l'Empereur de Russie et le Roi de Prusse déclarèrent à Calisch, le 13. (25.) mars 1813, la dissolution de la Ligue du Rhin, et leur ferme et immuable résolution d'aider les Princes et les peuples allemands à recouquérir leur liberté et leur indépendance.

Les succès des puissances alliées eurent pour suite l'affranchissement de l'Allemagne du joug étranger. Des traités d'accession assurèrent aux Princes leur conservation, mais rien ne fut alors statué sur leurs rapports intérieurs.

Le traité de l'alliance de Chaumont et la paix de Paris stipulèrent que l'Allemagne seroit un état fédératif. Les princes d'Allemagne trouveront sans doute dans ce principe une nouvelle preuve de la sollicitude des puissances alliées et reconnoîtront d'ailleurs la nécessité d'établir un système qui les préserve de l'instabilité et de tous les dangers d'une existence isolée.

Ce n'est que dans un pareil système que l'Europe peut retrouver la garantie de la tranquillité intérieure de l'Allemagne et par conséquent l'espoir, que les forces désormais soumises à une direction concentrée, ne soient employées que pour l'intérêt général, que l'état d'irritation, qui existe encore, cesse entièrement, que les abus de l'autorité soient prévenus, les rapports de la noblesse fixés, et que les droits de tous soient déterminés et protégés par des institutions fortes, sages et libérales.

Ces principes se retrouvent, dans toute leur force et dans toute leur pureté, dans le plan de fédération proposé par les cabinets de Vienne, de Berlin et d'Hanovre. S. M. l'Empereur de Russie ne peut donc qu'y donner son entier assentiment, décidé à appuyer ce projet par son intervention, si les circonstances devoient l'exiger.

Le soussigné est chargé d'en donner l'assurance à S. A. M. le prince de Metternich (de Hardenberg), et de s'expliquer confidentiellement avec lui sur les moyens de le faire généralement adopter. L'intérêt que l'Europe prend à cette belle et noble cause est motivé par des considérations plus décisives encore pour son auguste allié et d'un pareil concours de circonstances il ne peut que résulter des décisions salutaires et dont la nature répond à l'importance de l'objet.

Le comte de Nesselrode.

XI.

Note

woburch der hannöverische Staats- und Cabinets-
Minister Graf von Münster auf dem wiener
Congreß erklärt, daß der Kurfürst von Hannover den KönigsTitel angenommen
habe, batirt Wien vom 12. Oct. 1814.

Der unterzeichnete hannöverische Staats- und Cabinetsminister ist von seiner allergnädigsten Landesherrschaft beauftragt, zur Kenntniß des . . . . . . Hofes folgende Erklärung über den Titel zu bringen, womit Se.
königl. Hoheit der Prinz Regent von Großbrittan-
nien und von Hannover den Titel eines Churfürsten
des heil. röm. Reichs ersetzen zu müssen glaubt. Da die
Mächte, welche an dem pariser Frieden Antheil genommen haben, im 6. Artikel desselben festgesetzt haben,
„daß die Staaten von Teutschland unabhängig und durch
ein Föderativband vereinigt seyn sollen“, so ist der Titel eines Churfürsten des h. r. R. den Umständen nicht
mehr angemessen. Mehrere der vornehmsten Mächte haben von Sr. königl. Hoheit dem Prinzen Regenten begehrt, daß dieser Titel aufgehoben werde, und zu erkennen gegeben, daß manche für das künftige Wohl von
Teutschland nöthige Anordnungen dadurch werden erleichtert werden, wenn der Königstitel an die Stelle
trete. Es sind diese Betrachtungen allein, welche Se.
königl. Hoheit bewogen haben, einzustimmen. Da das
Haus Braunschweig-Lüneburg eines der angese-
hensten und ältesten in Europa ist, da die hannöverische Linie desselben seit einem Jahrhunderte einen der
größten Throne einnimmt, ihre Besitzungen in Teutschland zu den beträchtlichsten teutschen Staaten gehören,

alle ältere Churfürsten des Reichs, so wie auch das Haus
Wirtemberg, ihre Staaten zum Königreich erhoben haben, und der Prinz Regent den Rang nicht aufgeben
kann, den Hannover bis zu der Auflösung des teutschen
Reichs eingenommen hat; so haben Se. k. Hoh. sich entschlossen, indem Sie für Ihr hohes Haus den kurfürstlichen Titel ablegen, durch gegenwärtige Note, welche
der Unterzeichnete den Befehl erhalten, Sr. ..... dem
...... zu übergeben, zu erklären, daß Sie die Provinzen, welche das hannöverische Land ausmachen, zu
einem Königreich erheben, und fürs künftige für
dessen Landesherrn den Titel eines Königs von
Hannover annehmen. Das Band enger Freundschaft,
welches zwischen Sr. königl. Hoheit und dem ......
Hofe besteht, läßt keinem Zweifel Platz, daß diese Erklärung mit den obgedachtem Verhältnisse angemessenen
Gesinnungen werde aufgenommen, und der Titel, den
der Prinz Regent unter den obwaltenden Verhältnissen
sich bewogen gefunden, für Sein Haus in Teutschland
anzunehmen, anerkannt werde. Der Unterzeichnete ergreift diese Gelegenheit mit besonderem Vergnügen, um
Sr. ...... dem Herrn ... seine ausgezeichneteste Hochachtung zu bezeugen. Wien, den 12. Oct. 1814.

Graf v. Münster.

XII.
Patent,
woburch der Kurfürst von Hannover seine Annehmung der königlichen Würde bekannt macht,
datirt Carltonhouse den 26. Oct. 1814.

Wir Georg, Prinz Regent, im Namen und von wegen Unsers Herrn Vaters Majestät, Georgs des

Dritten, von Gottes Gnaden Königs des vereinigten Reiches Großbritannien und Irland, auch Königs von Hannover, Herzogen zu Braunschweig und Lüneburg ꝛc. ꝛc.

Entbieten sämmtlichen Unsern Unterthanen, Prälaten, Rittern, Herren und Dienern, Unsern gnädigsten und geneigten Gruß, und thun ihnen zu Jedermanns Nachachtung hiermit kund:

Nachdem im pariser Frieden mit Unserer Zustimmung, von den vorzüglichsten Mächten Europas beschlossen worden ist, die ehemalige Verfassung des teutschen Reichs ihrer Form nach nicht wieder herzustellen, sondern an deren Stelle einen Bundes-Verein unter unabhängigen teutschen Staaten zu errichten, der dem Zwecke der Sicherstellung des gemeinschaftlichen Vaterlandes gegen auswärtige Feinde und gegen die Mißbräuche der Willkühr im Innern entsprechen möchte; so hat durch das Wegfallen eines electiven ReichsOberhaupts, der bisher von Unserm königl. Hause geführte kurfürstliche Titel aufgehört, den nunmehr beliebten staatsrechtlichen Verhältnissen angemessen zu seyn.

Bei der Wahl eines an die Stelle der kurfürstlichen Würde zu übernehmenden Titels haben Wir in Erwägung gezogen, daß die Kurfürsten des heil. röm. Reichs gesetzlich den Königen gleich geachtet wurden, und daß sie königliche Ehre genossen; daß ferner nicht nur alle übrig bleibende altkurfürstliche Häuser, sondern selbst eines der neuern*), welches im Range Unserm Hause nachstand, die königliche Würde angenommen haben, was Wir endlich in Unsern teutschen Verhältnissen um so weniger dem

*) Wirtemberg.

Glanze Unsers königl. Hauses etwas zu vergeben geneigt seyn können, als dasselbe seit mehr als einem Jahrhundert einen der größten Throne der Welt bestiegen, und durch diese Verbindung dem teutschen Vaterlande vielfältig Schutz und Unterstützung hat angedeihen lassen.

Wir haben demnach in Erwägung aller dieser Umstände Uns entschlossen, Unsere teutschen Staaten, unter Erbittung des göttlichen Segens, zu einem Königreiche zu erheben, und für dieselben den Titel eines Königs von Hannover anzunehmen.

Wie nun diese im Voraus schon von mehreren Mächten genehmigte Maasregel bereits durch eine, von Unserm Staats = und CabinetsMinister, auch Erb-Landmarschall Grafen von Münster, als Unserm ersten Bevollmächtigten beim Congreß zu Wien, daselbst am 12. Oct. den vorzüglichsten Höfen Europa's übergebene Note zu deren Kenntniß gebracht worden ist; so befehlen Wir nunmehr allen Unsern getreuen Unterthanen und den Landesbehörden, von nun an, künftig in allen zu erlassenden Verfügungen und Schreiben, statt des alten Titels, sich des nachstehenden zu bedienen: König des vereinigten Reichs Großbritannien und Irland, auch König von Hannover, Herzog zu Braunschweig und Lüneburg rc.

Gegeben Carltonhouse, ben 26. October des 1814. Jahrs, Unsers Herrn Vaters Majestät Regierung im fünf und funfzigsten.

Georg, P. R.

XIII.

Schriftliches Votum

der beiden hannöverischen CongreßBevollmächtigten, welches der Comité der fünf teutschen Höfe (Oestreich, Preussen, Baiern, Hannover,
Wirtemberg) übergeben ward, datirt
Wien den 21. Oct. 1814.

Unterschriebener Bevollmächtigter Sr. königl. großbritannisch-hannöverischen Majestät hielt sich verpflichtet, auf die von Seite der königl. baierischen und
königl. wirtembergischen Hofe geäusserten Wider-
sprüche gegen den §. 2 und 11 der zur Deliberation
gestellten 12 Puncte*), welche besonders die ständischen und individuellen persönlichen Rechte
der teutschen Unterthanen überhaupt betreffen,
diejenigen Grundsätze an den Tag zu legen, welche sein
allergnädigster Herr zu behaupten für eine heilige Pflicht
gegen das teutsche Vaterland ansiehet.

Se. königl. Hoheit der Prinz Regent von Großbritannien und Hannover können den Satz nicht anerkennen, daß selbst nach den Veränderungen, die in Teutschland vorgegangen sind, den Fürsten ganz unbedingte, oder rein despotische Rechte über ihre Unterthanen zustehen.

Der Grundsatz, daß der Verfall der teutschen
Reichsverfassung auch den Umsturz der TerritorialVerfassung teutscher Staaten (insofern diese
nicht Puncte betraf, die ausschließlich ihr Verhältniß mit
dem Reich bezweckten), im rechtlichen Sinne nach sich
ziehen, läßt sich keineswegs zugeben.

*) Es sind dieses die oben abgedruckten „Artikel" u. s. w.
A. d. H.

Ein Repräsentativ System ist in Teutschland von den ältesten Zeiten her Rechtens gewesen. In vielen Staaten beruheten dessen nähere Bestimmungen auf förmlichen Verträgen zwischen dem Landesherrn und ihren Unterthanen; und selbst in denen Landen, wo keine ständischen Verfassungen erhalten waren, hätten die Unterthanen gewisse und wichtige Rechte, welche die Reichsgesetze nicht allein bestimmt darlegten, sondern auch schützten.

Kann man nicht zugeben, daß der Verfall der Reichsverfassung die TerritorialVerhältnisse unter den Fürsten und ihren Unterthanen (insofern diese auf die Reichsverfassung keinen Bezug hatten) nothwendig aufschob, so läßt sich auch nicht behaupten, daß die zwischen den teutschen Fürsten und Buonaparte geschlossenen Verträge den Rechten ihrer Unterthanen de jure etwas vergeben konnten; sie durften kein Gegenstand der Transactionen seyn. Kein Fürst würde wünschen, in dem Licht sich darzustellen, als hätte er mit einem fremden Fürsten einen Vertrag gegen seine Unterthanen eingehen wollen, und selbst die RheinbundsActe, weit entfernt, den Fürsten despotische Rechte einzuräumen, beschränkt dieselben in wesentlichen Stücken. Ohnehin blieb die Beendigung der Bundesgesetze aus besondern Ursachen stets ausgesetzt.

Eben so wenig läßt es sich behaupten, daß die späterhin mit den alliirten Mächten geschlossenen Verträge, in denen diese die SouverainetätsRechte der dem Bunde beitretenden Fürsten sichern, diese vorhin nicht legaliter besessenen Rechte über ihre Unterthanen, ihnen hätten beilegen wollen oder können. Jene Rechte machten einmal keinen Gegenstand der Transaction aus; andern Theils liegt in dem Begriffe der SouverainetätsRechte keine Idee der

Despotie. Der König von Großbritannien ist unläugbar eben so souverain, als jeder andere Fürst in Europa, und die Freiheiten seines Volks befestigen seinen Thron, anstatt ihn zu untergraben.

Unter Voraussetzung dieser Grundsätze, müssen Unterzeichnete darauf bestehen, daß künftig in Teutschland,

1) die Rechte bestimmt werden mögen, die den teutschen Unterthanen von Alters her mit Recht zugestanden haben;

2) daß es ausgesprochen werden möge, daß die auf Gesetze oder Verträge beruhende TerritorialVerfassung, unter Vorbehalt der nöthig werdenden Modificationen, bestehen sollen;

3) daß da, wo keine ständische Verfassung gewesen, auch auf den Fall, daß Oesterreich, Preussen, Baiern und Wirtemberg, entweder wegen ihrer besondern Verhältnisse, oder auf die angeführten Tractaten gestützet, sich davon ausschliessen sollten, für die Stände, die sich zur Unterwerfung unter alle, für Teutschlands Wohl nöthige, Maasregeln verstanden haben, für die Folge, als Gesetz, erklärt werde, daß die Einwilligung der Stände,

a) zu den aufzulegenden Steuern (wohlverstanden, daß sie zu den Bedürfnissen des Staats beizutragen schuldig sind) erforderlich sey,

b) daß sie ein Stimmenrecht bei neu zu verfassenden Gesetzen,

c) die Mitaufsicht über die Verwendung der zu bewilligenden Steuern haben sollen,

d) daß sie berechtigt sind, im Fall der Malversation, die Bestrafung schuldiger Staatsdiener zu begehren.

Schließlich ist es zwar nicht der Wunsch Hannovers,
daß Civilsachen künftig durch Appellationen
an das Bundesgericht in gewöhnlichen Fällen gebracht werden sollen, oder zu verhindern, daß die Landesherrn nicht vor ihren eigenen Gerichten
Recht geben oder nehmen sollen. Nur muß man es
hannöverischer Seits für nöthig halten, daß in solchen
Fällen die Richter von ihren Pflichten von dem
Herrn entbunden, und lediglich nach den Gesetzen, mit Hintansetzung aller etwaigen Cabinets-
Rescripte, zu sprechen angewiesen seyen. In solchen
Fällen aber, wo Stände gegen den Mißbrauch
der Souverainetätsrechte der Fürsten klagen
wollen, muß nothwendig der Recurs an den Bund
ihnen offen stehen.

Nur durch solche liberale Grundsätze können wir
beim jetzigen Zeitgeist, und bei den billigen Forderungen der teutschen Nation, Ruhe und Zufriedenheit herzustellen hoffen.

Wien, den 21. October 1814.

Münster.

Hardenberg.

XIV.

Note

der bevollmächtigten Abgeordneten **neun und zwan-
zig** teutscher souverainer Fürsten und
Städte, an den kaiserlich-östreichischen
Staats- und Conferenz-Minister ꝛc., Herrn
Fürsten von Metternich, und an den
königlich-preussischen Staatskanzler,
Herrn Fürsten von Hardenberg, da-
tirt Wien den 16. Nov. 1814.

Nachdem der 6. Artikel des von den Hauptmächten
Europa's unterzeichneten Pariser Tractats, als allgemeiner Ausspruch über die künftige Verfassung Teutschlands,
den Grundsatz aufgestellt hatte, daß die teutschen Staaten unabhängig und durch ein föderatives Band vereint
seyn sollten, durften die allerseitigen Committenten der
Unterzeichneten sowohl, als andere in gleichem Verhältniß mit ihnen stehende teutsche Staaten, mit Recht erwarten, zu den Verhandlungen, welche die künftige
Verfassung und Vereinigung des gemeinschaftlichen Vaterlandes betreffen, zugezogen zu werden.

Dieß ist bisher nicht geschehen, und ausser denen,
als Paciscenten beim Pariser Frieden aufgetretenen hohen Mächten, Oesterreich und Preussen, scheinen einige, in ähnlicher Categorie mit mehrern nicht Eingeladenen stehende teutsche Höfe, als Repräsentanten für die
Mehrheit ihrer übrigen teutschen Mitstaaten auftreten zu
wollen.

In dieser Lage der wichtigsten Angelegenheiten
Teutschlands, sind die Unterzeichneten, nach nunmehr
officiell angekündigter Eröffnung des Congresses, und

nach geschehener Ueberreichung ihrer Vollmachten, der Würde ihrer Committenten, den Pflichten gegen das teutsche Vaterland und den Millionen, die auch sie zu vertreten haben, schuldig, nicht länger zu schweigen.

Die Souverainetät der teutschen Staaten ist von den hohen allirten Mächten anerkannt und garantirt worden; und wenn dagegen in den von den meisten teutschen Fürsten abgeschlossenen Accessionsverträgen dieselben versprochen haben, in dieser Hinsicht den Maasregeln beizupflichten, welche zur Behauptung der Unabhängigkeit von Teutschland für nöthig erachtet werden würden; so liegt in diesem Versprechen kein Verzicht auf das Recht, zur Anordnung jener Maasregeln mitzuwirken. Darüber, daß das Urtheil über die Frage, welche Maasregeln zu jenem höchsten Endzweck nothwendig seyen? ausschließlich und entscheidend von einigen teutschen Mächten und von der Minderzahl der Interessenten solle ausgesprochen werden, beobachten die Accessionsverträge ein gänzliches Stillschweigen, und lassen demnach die ursprünglich gleiche Befugniß aller in den Gesellschaftsvertrag des teutschen Staatenbundes eintretenden Interessenten, ihre freie Stimme zu den organischen Gesetzen der einzugehenden Staatengesellschaft abzugeben, unangetastet bestehen.

Gestützt auf diese Verträge, auf die Bestimmung des Pariser Friedens, und die Grundsätze des Völkerrechts, werden die Unterzeichneten allerseitiger Committenten ihrer Theilnahme an der Constituirung des Bundes niemals entsagen, sondern müssen darauf bestehen, daß dieses allen teutschen Volksstämmen zustehende Recht, auch von den Regierungen aller, nach billig festzusetzenden Normen ausgeübt werde, und behalten sich solches ausdrücklich bevor.

Dagegen werden sie es mit Dank erkennen, wenn Ihre Majestäten der Kaiser von Oesterreich und der König von Preussen ihnen, auf der Basis gleicher Rechte und einer vollständigen Repräsentation aller Bundesglieder beruhende Vorschläge über die künftige Verfassung, und die zur Sicherung der Freiheit und Unabhängigkeit Teutschlands und der Teutschen nothwendig scheinenden Maasregeln, zur freien Berathung und Beschlußnahme mittheilen wollen, und werden ihre Bereitwilligkeit beweisen, zum Besten des Ganzen, denjenigen Einschränkungen Ihrer Souverainetät sowohl im Innern ihrer Staaten, als im Verhältniß gegen Auswärtige, beizupflichten, welche als allgemein verbindlich für Alle, werden beschlossen werden.

Namentlich sind sie damit einverstanden, daß aller und jeder Willkühr, wie im Ganzen durch die Bundesverfassung, so im Einzelnen in allen teutschen Staaten, durch Einführung landständischer Verfassungen, wo dieselben noch nicht bestehen, vorgebeugt und den Ständen folgende Rechte gegeben werden:

1) das Recht der Verwilligung und Regulirung sämmtlicher zur Staatsverwaltung nothwendiger Abgaben;

2) das Recht der Einwilligung bei neu zu erlassenden allgemeinen Landesgesetzen;

3) das Recht der Mitaufsicht über die Verwendung der Steuern zu allgemeinen Staatszwecken;

4) das Recht der Beschwerdeführung, insbesondere in Fällen der Malversation der Staatsdiener, und bei sich ergebenden Misbräuchen jeder Art.

Wobei übrigens den einzelnen Staaten die angemessene Einrichtung der ständischen Verfassung, nach dem Character der Einwohner, den Localitäten und dem Herkommen überlassen bleibt.

Eben so ist es ihr Wunsch, daß der Justizgang, in jeder Beziehung, unabhängig von Willkühr erscheine, und insbesondere jede Classe unter ihren ordentlichen Richter gestellt bleibe oder werde.

Endlich halten sie sich überzeugt, die teutsche Verfassung würde ihren festesten Bestand alsdann erst behaupten können, wenn ein gemeinsames Oberhaupt, welches dem teutschen Verband den ersten Rang unter den europäischen Nationen gab, an der Spitze der teutschen Verbindung dem von den Ständen des Bundes gemeinsam beschlossenen die unverbrüchliche Vollziehung sichern, die Säumigen oder Weigernden ohne Unterschied, mit erforderlichem Nachdruck zur Erfüllung des Bundesvertrags anhalte, der Bundesjustiz schnelle und vollkommne Folge verschaffe, die Kriegsmacht des Bundes leite, und so im Innern und gegen Außen allen Staaten desselben, auch dem mächtigsten als Beschützer, erster Repräsentant der teutschen Nation, und Gegenstand allgemeiner Ehrfurcht, der Verfassung aber als kräftigster Garant, als teutscher Freiheit Aegide, sich darstelle.

Indem die Unterzeichneten Seiner des Herrn Fürsten von N. Hochfürstliche Gnaden gehorsamst bitten, diese ihre Erklärung zur Kenntniß Sr. Maj. zu bringen, und sonst davon zweckdienlichen Gebrauch zu machen, freuen sie sich eine Veranlassung zu haben, die Versicherung ihrer vollkommensten Verehrung zu erneuern.

Wien den 16. November 1814.

Graf von Keller, kurhessischer Staatsminister und Bevollmächtigter.

S. F. von Lepell, kurhessischer zweiter Bevollmächtigter.

Freiherr von Türkheim, großherzogl. hessischer Geheimer Rath und Bevollmächtigter.

von Wolframsdorf, Bevollmächtigter des herzoglichen Gesammthauses Anhalt.

von Schmidt-Phiseldeck, herzogl. braunschweigischer Bevollmächtigter.

Schmidt, Bevollmächtigter der freien Hansestadt Bremen.

Danz, Bevollmächtigter der freien Stadt Frankfurt.

Gries, Bevollmächtigter der freien Hansestadt Hamburg.

Hellwing, fürstl. lippe-detmoldischer Bevollmächtigter.

Hach, Bevollmächtigter der freien Hansestadt Lübeck.

Frhr. von Plessen, herzogl. mecklenburg-schwerinscher Staatsminister und Bevollmächtigter.

von Oerzen, herzogl. mecklenburg-strelitzischer Staatsminister und Bevollmächtigter.

Frhr. von Gagern, } Bevollmächtigte des nassauischen Hauses.
Frhr. von Marschall, }

von Wiese, Bevollmächtigter des Gesammthauses der Fürsten von Reuß.

von Gersdorf, Bevollmächtigter von Sachsen Weimar.

von Minkwitz, herzoglich sachsen-gothaischer Bevollmächtigter.

von Erffa, herzogl. sachsen-meinungischer Bevollmächtigter.

von Baumbach, herzogl. sachsen-hildburghausischer Bevollmächtigter.

Baron Fischler von Treuberg, herzogl. sachsen-koburg-saalfeldischer Bevollmächtigter.

von Berg, als fürstl. schaumburg-lippischer, und als fürstl. waldeckischer Bevollmächtigter.

von Weise, fürstl. schwarzburg-sondershausenscher
Bevollmächtigter.

von Keitelhodt, fürstl. schwarzburg-rudolstädtischer
Bevollmächtigter.

XV.

Verbal-Note

des herzoglich-braunschweigischen Abgeordneten, Herrn Geheimen Raths von Schmidt
genannt Phiselbeck, an den königlich-hannd-
verischen ersten Bevollmächtigten, Herrn
Staats- und Cabinets-Minister, Grafen
von Münster, datirt Wien den 16.
November 1814.

Der Unterzeichnete hat die übrigen Abgeordneten
teutscher Fürsten und Gebiete von der Privatäußerung,
welche er sich über den gemeinschaftlichen Wunsch Aller,
die Verfassung des teutschen Bundes zu dessen bessern
Zusammenhaltung durch Wiederherstellung der Kaiserwürde geknüpft zu sehen, am 11. d. M. gegen Sr.
Excellenz den königl. hannöverischen Staats-Minister
Grafen von Münster erlaubt hat, und von der ihm gewordenen Gegenäußerung unterrichtet;

„daß Sr. Excellenz zwar als Privatmann denselben
Wunsch hegten, dessen Erfüllung aber die Pariser
Verhandlungen und die Worte des Friedensschlusses entgegenständen, daher Sr. Exc. ehe sie
Ihre Meinung über die Ausführbarkeit der Sache bestimmt äußern könnten, unterrichtet seyn müßten, was
für Attributionen man der Würde eines Kai-

fers oder Bundeshauptes beigelegt zu sehen ver-
meine,"

und hat darauf nicht nur völlige und einstimmige Billi-
gung der gegen Se. Exc. gethanen Aeusserung, sondern
auch den Auftrag erhalten, in Beziehung auf vorstehende
Frage Folgendes als die gemeinschaftliche Ansicht und
Meinung zu erkennen zu geben.

Es erscheine sehr schwer und fast unthunlich, über
die dem Haupte des teutschen Bundes beizulegenden Attributionen ein vollständiges Détail vorzulegen,
weil damit zugleich ein vollkommener Entwurf
einer Constitution des Bundes verbunden werden müsse, welchen auszuarbeiten es bis jetzt an Veranlassung gefehlt habe. Inzwischen glaube man, vorläufig, folgende Attributionen der Würde eines
Bundeshauptes als wesentlich vorauszusetzen zu
müssen:

1) die Aufsicht über die Beobachtung der Beschlüsse des Bundes und deren Vollstreckung,
ohne Ansehen der Person;

2) Aufsicht über die Justizverfassung, und
besonders die richterliche Behörde, welche im Namen des Hauptes und des Bundes spricht, mit dem
Befugnisse zur Ernennung des Personals und
Vollstreckung der Erkenntnisse, wo solches nöthig seyn sollte;

3) Vorsitz in der Bundesversammlung, welche neben der Gesetzgebung besonders über Krieg
und Frieden und Bündnisse gemeinschaftlich be-
schließt, auswärts aber besonders durch das
Bundeshaupt repräsentirt wird;

4) Direction der Reichsbewaffnung und
Anführung im Reichskriege.

Man glaube dabei voraußetzen zu können, daß diese Attributionen von der Art seyen, daß sie bei weiterer Ausarbeitung eines Constitutions-Plans hinreichenden Raum liessen, und billige Ansprüche auf Auszeichnung einer oder der andern der vorzüglichsten teutschen Mächte zulaffen, so wie es sich auch von selbst verstehe, daß die vorstehenden Attributionen bei der wirklichen Ausarbeitung eines ConstitutionsPlans den Umständen nach näher bestimmt werden müßten.

Uebrigens könne man darin mit Se. Exc. nicht ganz einstimmig seyn, wenn Sie dafür hielten, daß der Pariser Frieden der Knüpfung des Bundes an ein Haupt entgegen stehe, müsse vielmehr vom Gegentheil sich überzeugt halten, indem die beabsichtigte, so wie überhaupt jede Bundesverbindung die Existenz eines Vorstandes oder Hauptes nicht ausschlöße, vielmehr die bekannten Staatenverbündnisse durch ein Haupt oder Vorsteher geknüpft werden: es auch in der Natur der Sache liege, daß selbiges viel mehr Einheit und Kraft in der Verwaltung im Innern, viel mehr Stärke von Aussen gewähre, als wenn die executive Gewalt mehreren Personen anvertraut sey, deren Berathschlagungen und Entschlüsse auf der schwankenden Mehrheit der Stimmen beruhe.

Wenn dagegen der Satz aufgestellt werden wolle, daß eine solche Uebertragung dieser Gewalt an ein aus den vornehmsten Ständen zusammengesetztes Collegium, dem Mißbrauche der Macht um so sicherer begegne, so sey zu erwägen, daß bei allen executiven und Sicherungsmaasregeln es vielmehr auf Einheit und Schnelligkeit der Ausführung ankomme, damit nicht während der Deliberationen ein unwiederbringlicher Nachtheil geschehe, und dem Mißbrauche übri-

gens durch constitutionelle Schranken hinreichend
begegnet werden könnte und müßte.

Man habe in dieser Ueberzeugung so eben eine Note
an die Höfe von Wien und Berlin übergeben, welche
denselben Vorwurf, und übrigens das Erbieten enthalte,
seiner Seits in Allem, was zur Errichtung einer liberalen Verfassung erforderlich sey, gern und willig
die Hand zu bieten, und glaube schon dadurch seine Ueberzeugung zu rechtfertigen, daß man die Idee eines Bundeshauptes so wenig an sich, als auch in den gegenwärtigen Verhältnissen für unausführbar halte.

Man glaube daher, nachdem schon gezeigt worden,
daß selbige dem Pariser Frieden nicht widerstrebe, nur
noch bemerken zu müssen, daß die jetzt in Teutschland exi-
stirenden Königskronen derselben kein Hinderniß in
den Weg legen dürften; denn es sey schon vorhin die
Krone Böhmen unter den Reichsständen und Kurfürsten gewesen, und habe selbige die im Reiche erforderlichen Maasregeln nicht als ihrer Würde entgegen strebend
angesehen. Rühmlich sey es bekannt, wie sehr der preussische Hof auch nach erhaltener Königskrone die Freiheit
Teutschlands und die Aufrechthaltung der teutschen Verfassung bei mehreren Gelegenheiten bereitwillig, befördert
habe, und daher zu erwarten, daß beide genannten
Kronen gern zu gleichem Zwecke ferner zu wirken, sich
bereit finden lässen werden. Die Krone von Baiern,
Hannover und Wirtemberg aber glaube man um so
viel mehr, als dazu vor allen andern bereitwillig annehmen zu dürfen, da alle drei lediglich teutsche
Staaten beherrschen, daher in der Aufrechthaltung der
teutschen Verfassung auch für sich selbst höchlich
interessirt seyen, und die künftige Constitution solche
Maasnehmungen enthalten könne, welche, ohne den
übrigen teutschen Ständen nachtheilig zu werden, ihnen

diejenigen Attributionen beilegte, welche ein billiges
Sachverhältniß erfordern, dagegen ihr eigener
Besitzstand durch eine kräftige Verfassung um
so viel mehr befestigt und beruhigt werde.

Es sey daher nur noch übrig, die Frage zu berüh-
ren, ob man die Würde eines Bundeshauptes,
unter welchem Titel es übrigens sey, als erblich zu
übertragen wünsche? Diese Frage aber sey an sich sehr
verschiedenen Betrachtungen unterworfen, und glaube
man, daß dieselben, von mehreren politischen
Hinsichten abhängig, für diesen Augenblick noch
unberührt gelassen werden dürfe.

Man bemerke für jetzt nur noch schließlich, daß man
sich überzeugt halte, in obigen den gemeinsamen oder
den angewohnten Begriffen der ganzen teutschen Nation gemäßen Wunsch ausgesprochen zu
haben, weil auf keine andere Weise die erforderlichen
Bedingungen des teutschen Bundes, nämlich
der Gerechtigkeit gegen Alle, der Einheit der
Nation, der Dauerhaftigkeit und Stärke, nach
Außen sowohl als im Innern, in der gehörigen Voll-
ständigkeit zu erreichen stünden, und ersuche daher Se.
Exc. den Herrn Grafen von Münster, dazu Ihrer Seits
kräftigst mitzuwirken.

Indem der Unterzeichnete, des Auftrags, dieses zur
Kenntniß Sr. Exc. zu bringen, sich hiedurch entledigt,
bittet er zugleich die Versicherung seiner vorzüglichsten
Hochachtung und verehrungsvollen Ergebenheit erneuern
zu dürfen. *)

Wien, den 16. November 1814.

Schmidt Phiseldeck.

*) Dieser Erklärung traten bei, die Fürsten von Hohenzol-
lern-Hechingen und Hohenzollern-Sigmarin-
gen, in einer Note vom 24. Nov. 1814 unbedingt, und

XVI.

Note

der bevollmächtigten Abgeordneten neun und zwanzig teutscher souverainer Fürsten und Städte
an den königl. großbritannisch-hannövri-
schen Herrn Staats- und Cabinets-Minister
auch Erblandmarschall, Grafen von Münster, mit Uebersendung ihrer, unter dem
16. Nov. 1814 an die Bevollmächtigten
der Höfe von Wien und Berlin erlassenen
Note, datirt Wien den 16. November 1814.

Die unterzeichneten Bevollmächtigten teutscher Fürsten und Städte beehren sich, Sr. Excellenz dem königl. großbritannisch-hannöverischen Herrn Staats- und
Cabinets-Minister, Grafen von Münster, diejenige
Note hierdurch mitzutheilen, welche sie dato an die beiden Höfe von Wien und Berlin zu erlassen sich für
verpflichtet gehalten haben.

Sie ersuchen Se. Excellenz, diese Mittheilung eben
so, als wenn die Note den Umständen nach an Sr. Excellenz Selbst hätte gerichtet werden können, betrachten, davon Gebrauch machen, und das ersuchen um gefällige Unterstützung des Inhalts derselben, als einen
besondern Beweis des Ihnen gewidmeten persönlichen

auch im Wesentlichen, so viel die Einführung der landständischen Verfassung nach den oben bestimmt angegebenen Grundlagen betrift, der Großherzog von Baden, in
einer Note vom 1. Dec. 1814. Beider Noten folgen hier
unten. Von Holstein-Oldenburg wird ein ähnlicher
Beitritt noch erwartet.

Zutrauens ansehen, und übrigens die Versicherung der unwandelbaren Hochschätzung und Verehrung annehmen zu wollen.

Wien, den 16. November 1814.

(Folgen die Unterschriften, wie unter der nächstvorhergehenden Note.)

***

XVII.

Antwort

des königlich großbritannisch = hannöverischen Herrn Staats = und Cabinets = Ministers und ersten Bevollmächtigten, Grafen von Münster, an die Abgeordneten neun und zwanzig teutscher souveräner Fürsten und Städte, auf diejenige Zuschrift, womit sie ihm ihre an die Höfe von Wien und Berlin gerichtete Note vom 16. Nov. 1814 übersendet hatten, datirt Wien den 25. November 1814.

Der unterzeichnete Cabinets = Minister und erste Bevollmächtigte Sr. großbritannischen und hannöverischen Majestät bei dem Congreß in Wien, hat die Zuschrift zu erhalten die Ehre gehabt, womit die Herren Bevollmächtigten mehrerer teutschen Höfe, die von Ihnen am 16. Nov. an die Höfe von Wien und Berlin gerichtete Note zur Mittheilung an Sr. königl. Hoheit den Prinzen Regenten von Großbritannien und Hannover haben zukommen lassen. Er erlaubt sich, Ihro Excellenzen, Hoch = und Hochwohlgebornen bei dieser Gelegenheit zugleich für das unschätzbare Zutrauen seinen ganz ergebensten Dank darbringen zu dürfen, womit Dieselben ihn durch den Antrag beehrt haben, im Namen Ihrer hohen Höfe Ihren Wunsch für die Wiedereinführung der Kaiserwürde in Teutschland bei dem Comité, welcher sich mit der Entwerfung des Plans zu einer Bundes-Acte beschäftigt, in Vorschlag zu bringen.

Der Unterzeichnete theilt vollkommen die Ueberzeugung, daß der zweckmäßigste Weg um zu einem befriedigenden Bundes-Verein aller teutschen Staaten zu gelangen, der gewesen seyn würde die alte Reichsverfassung als Grundlage beizubehalten, die Erfahrung der letzten verhängnißvollen Epoche zu benutzen, und Verbesserungen einzuführen, um die Gebrechen zu vermeiden, welche die Reichsverfassung vorhin untergraben hatten.

Se. Königl. Hoheit der Prinz Regent hatten diese Ansicht des Unterzeichneten vollkommen genehmigt, und dessen Instructionen in Beziehung auf die teutschen Reichsangelegenheiten dem gemäß zu ertheilen geruht.

Es wird bei dieser Gelegenheit nicht überflüßig seyn zu bemerken, daß die Absicht, die Kaiserwürde aufrecht zu erhalten mit desto größerer Consequenz von Seite Hannovers verfolgt werden konnte, als Se. Königl. Majestät von Großbritannien, in Ihrer Eigenschaft als Kurfürst des heiligen römischen Reichs, die Aufhebung dessen Verfassung niemals als gültig hatten ansehen wollen. In diesem Sinn war auf die vom kaiserl. österreichischen Hofe zu seiner Zeit erfolgte Anzeige, wegen Niederlegung der teutschen Kaiserkrone, von Sr. königl. Majestät erwiebert worden, daß Sie diesen Schritt, als einen erzwungenen, nicht anerkennen könnten, und daß Sie das Reich und dessen Haupt, als den Rechten nach fortwährend, ansehen würden.

Auf diese Vorgänge gestützt, hat der Unterzeichnete von der Zeit des Beitritts Oesterreichs, zur großen Allianz an, auf Befehl seines Hofes, alle Mittel der Ueberredung angewendet, um Oesterreich zu bewegen, die teutsche Kaiserkrone von neuem anzunehmen. Diese Bemühungen sind aber, wegen der dagegen eintretenden Schwierigkeiten vergebens gewesen und kaiserl. österreichischer Seits hat man sich auf eine Art erklärt, daß endlich im Pariser Frieden die bekannte Bestimmung erfolgt ist, daß die unabhängigen Staaten Teutschlands durch ein föderatives Band vereinigt werden sollen.

Großbritannien und Hannover sind dem Pariser Frieden beigetreten; und wenn dem ohnerachtet die Meinung und der Wunsch Sr. königl. Hoheit des Prinzen Regenten in obiger Hinsicht unverändert bleibt, so können Sie denselben dennoch jetzt nur als einen solchen ansehen, den eine freie Uebereinkunft mit den paciscirenden Theilen, allein zur Wirklichkeit bringen, der aber nicht in Widerspruch mit Negociationen durch Ihren Minister aufgestellt werden darf, die sich auf die obige Vereinigung gründen.

Wäre über die Wiedereinführung der Kaiserwürde in dem Pariser Frieden keine Negociation vorhergegangen, hätten andere Mächte nicht auf deren Aufhören Rücksicht genommen; so würde der Unterzeichnete der Ansicht, welche in der gefälligen Aeußerung, die ihm durch den herzogl. braunschweigischen Herrn Geheimen-Rath von Schmidt-Phiseldeck zugekommen, enthalten ist, nämlich die Behauptung, als schlösse der oben erwähnte Artikel des Pariser Friedens die Ernennung eines Bundeshauptes nicht aus, beipflichten. Wie die Sache aber liegt, glaubt Er sich auf die Vorlegung dieser seiner Antwort beim Comité um so mehr beschränken zu müssen, als die Absicht der teutschen hochfürstlichen Höfe, Ihren Wunsch in Ansehung jenes wichtigen Gegenstandes an den Tag zu legen, durch deren an den kaiserl. österreichischen und königl. preussischen Hof gerichteten, und auch dem Unterzeichneten für den seinigen mitgetheilten Note erfüllt ist.

Gern würde derselbe jenen Wunsch noch weiter zu unterstützen gesucht haben, wenn er dazu Erfolg versprechende Mittel vor sich sähe! Es war in dieser Rücksicht, daß er auf den ersten durch den Herrn von Schmidt-Phiseldeck ihm gewordenen Antrag das Begehren geäussert hatte, ausser von den Rechten, welche man der Kaiserwürde beizulegen gedenke, auch von den Mitteln unterrichtet zu werden, die man dem künftigen Kaiser würde anvertrauen wollen und können, um ihn in den Stand zu setzen mit Nachdruck zu handeln.

Von diesem letzten Punkt schweigt die erhaltene Antwort. Schwerlich würde selbst die geringe Gewalt, die ein römischer Kaiser im Reich, in den letzten Zeiten besaß, anders als durch die Anerkennung einer militärischen Macht, z. B. einer permanenten Reichs-Armee, ersetzt werden können. Ohne eine Verfügung der Art, würde Oesterreich eine Würde ohne Realität und Einfluß nicht leicht übernehmen. Aber die Uebertragung solcher Mittel würde auf der andern Seite in den Ansichten der grössern teutschen und einiger europäischen Höfe große Schwierigkeiten finden.

Der Unterzeichnete wird nicht verfehlen, die erhaltenen Noten der hochfürstlichen teutschen Höfe seinem allergnädigsten Herrn mitzutheilen, der darin einen schätzbaren Beweis des Zutrauens seiner hohen ehemaligen Mitstände finden und dankbarlich erkennen wird.

Der Unterzeichnete hat die Ehre, Ihro Excellenzen, Hoch- und Hochwohlgebornen bei dieser Gelegenheit seine besondere Hochachtung zu versichern.

Wien, den 25. November 1814.

C. Graf von Münster.

XVIII.

Erwiederungs-Note

der bevollmächtigten Abgeordneten 31 vereinigter teutscher souveräiner Fürsten und freien Städte, an den königl. großbritannisch-hannöverischen ersten Bevollmächtigten, Staats- und CabinetsMinister, Grafen von Münster, die Wiedereinführung der Kaiserwürde betreffend, datirt Wien den 20. Dec. 1814.

Die unterzeichneten Bevollmächtigten teutscher Fürsten und freier Städte haben die Ehre gehabt die von Sr. Excellenz dem königlich-großbritannisch-hannöverischen Herrn CabinetsMinister und ersten Bevollmächtigten am Congreß zu Wien, Grafen von Münster, auf ihre Note vom 16. Nov. erlassene gefällige Antwort am 25. desselben Monats zu erhalten. Sie haben durch deren Inhalt die an Sr. Excellenz so allgemein verehrte Eigenschaft des offenen teutschen Sinnes und patriotischen Eifers für das Wohl des gemeinsamen Vaterlandes aufs neue bestätiget befunden, und ersuchen dieselben, für die bereitwillige Mittheilung Ihrer Ansichten ihren verbindlichsten Dank anzunehmen.

Sehr erfreulich ist es gewesen, von Sr. Excellenz die erneuerte Versicherung zu erhalten, daß Sie in der

Hauptsache die Meinung theilen, daß nur durch die Wie-
berherstellung der Kaiserwürde, mit den durch
die Zeitverhältnisse erforderlich werdenden Attributionen
und Modificationen, die Verfassung des teutschen
Bundes einen sichern Bestand und eine innere Haltung
zur Wohlfart des Ganzen und aller Theile erhalten könne.
Sie finden sich über die Wichtigkeit diser Ansicht um so
mehr beruhiget, als dem zufolge Sr. königl. Hoheit der
PrinzRegent der um die teutsche Sache so hochverdienten
großbrittanischen Staaten damit gänzlich einverstanden sind.
Sie dürfen daher keinen Augenblick zweifeln, daß der
Herr Minister Sr. königl. Hoheit sich zur Beförderung
dieses gemeinsamen Wunsches fernerweit gern wirksam beweisen werde; in dieser Hinsicht ermangeln sie nicht sich
über diejenigen Punkte, welche Sr. Excellenz bei dem
betreffenden Antrage noch zur Zeit unberücksichtigt oder
unerörtert bemerklich gemacht haben, um deßwillen in
Folgenden näher zu äussern, um sich nicht dem Vorwurfe
auszusetzen, als sey in dieser für ganz Teutschland höchst-
wichtigen Angelegenheit etwas von ihnen versäumt worden.

Nach dem Inhalt Sr. Excellenz sehr geehrten Note,
liegt die erste Hauptschwierigkeit der Wiederherstellung der Kaiserwürde nicht in den Worten des
ParifserFriedens selbst, sondern in den vorhergegangenen Negociationen, vermöge deren von andern
Mächten Rücksprache darüber genommen worden, daß
diese Würde nicht wieder hergestellt werden
soll.

Unbekannt mit diesen Negociationen, können die Unterzeichneten zwar über selbige nicht mit Bestimmtheit urtheilen. Wenn sie aber auch voraussetzen möchten, daß
man die Idee einer Wiederherstellung des römisch-teut-
schen Reichs, als mit der gänzlich veränderten Lage Europa's unvereinbar aufgegeben, und wenn sie auch glauben

wollen, daß man selbst die Erneuerung der teutschen
Kaiserwürde übergangen, weil im damaligen Zeitpunkt,
ehe sich noch die nähere Bestimmungen über die Erfordernisse einer kaiserlichen Autorität entwickeln konnten, dieselbe dem kaiserlich-östreichischen Hofe nicht annehmlich geschienen haben mag, und daß man dagegen nur die Wiedervereinigung der unabhängigen teutschen Staaten durch
ein Föderativband berücksichtiget habe; so müssen sie doch
immer noch dafür halten, daß durch solche auswärtige Negociationen, der inneren Einrichtung
des teutschen Staatenbundes, und der daraus
hervorgehenden Wahl eines Bundeshauptes, auch
nicht einmal der Auszeichnung desselben durch die
kaiserliche Würde, kein Hinderniß habe entgegen gesetzt werden wollen noch mögen.

Sie halten sich zu dieser Voraussetzung um so mehr
berechtiget, wenn sie kein wohlbegründetes Interesse finden,
welches eine oder die andere der hohen contrahirenden
Mächte gegen eine von den Theilnehmenden beliebte Ver-
knüpfung des teutschen Bundes, da selbe auf keinen Fall
eine offensive Stellung annehmen kann, haben werde.
Vielmehr werden gewiß, eben so wie Großbritannien,
auch die übrigen europäischen Mächte mit der so angemessenen als edelmüthigen Erklärung einverstanden seyn, welche Sr. Majestät der russische Kaiser und König von
Preussen gleich bei dem Annähern der verbündeten Heere
an die teutschen Grenzen unterm 13./25. März 1813 gemeinschaftlich durch den Feldmarschall Fürsten Kutusow
Smolensk, in dem aus dem Hauptquartier Kalisch datir-
ten Aufrufe, feierlich gegeben, und worin sie den teutschen Völkern die Rückkehr der Freiheit und Unabhängigkeit und die Wiedergeburt ihres ehrwürdigen Reiches an-
kündigen und versichern liessen, „daß die Gestaltung dieses grossen Werkes, ganz allein den Fürsten und Völkern

Teutschlands anheim gestellt bleiben sollte, damit sie aus dem uneinigen Geiste des teutschen Volkes desto verjüngter, lebenskräftiger, und in Einheit gehaltener hervorgehen möge.

Gewiß wird der kaiserliche östreichische Hof selbst, vermöge seines anerkannten teutschen Patriotismus, immer derjenigen Einrichtung unter allen den Vorzug geben, welche bleibende Ruhe und Eintracht in Teutschland am besten befestiget, und wenn er um allen Schein eines einseitigen Interesse in dem letzten großen Kampf zu entfernen, und gefürchtete Schwierigkeiten zu beseitigen, in dem Augenblicke der großen Entscheidung auf die Ehrenstelle eines teutschen Kaisers für sich keinen Anspruch gemacht hat, so läßt sich doch mit einem hohen Grade der Wahrscheinlichkeit annehmen, daß er das Haupt des teutschen Bundes wieder zu werden nicht ferner ablehnen dürfte, wenn er glauben kann, dadurch den Wunsch einer ihm gewiß sehr werthen Nation zu erfüllen, und es unter solchen Bestimmungen geschiehet, daß er dieser Würde mit Kraft und Ehre vorstehen kann.

Auf diesen Gründen ruhet die Ueberzeugung der Unterzeichneten, daß die Verhandlungen, welche dem Pariser Frieden vorhergiengen, die Herstellung der Kaiserwürde, sobald diese von der Mehrheit der Stellvertreter der teutschen Nation beliebt wird, noch immer zulassen. Sogar der Beifall und die Einstimmung der übrigen europäischen Mächte, in so fern letztere erforderlich seyn könnte, dürften dann nicht anstehen, wenn dabei noch erwogen wird, daß man keinen ganz neuen Zustand der Dinge, sondern nur die Herstellung einer Form und Verfassung begehrt, welche unter den anzunehmenden Verbesserungen vor der jetzt glücklich gehobenen Unterdrückung Teutschlands wirklich bestanden hat.

Wenn demnach kein äusserer Grund vorhanden ist, der die Errichtung einer Verfassung in der gewünschten Art unmöglich macht, so scheint dieselbe im Inneren um so leichter ausführbar zu werden, als die unterm 16. Nov. bemerklich gemachten HauptAttributionen der Kaiserwürde nicht von der Art sind, um, wenn man ernstlich das Gute will, gegründeten Widerspruch befürchten zu lassen.

Betrachtet man, wie es die erklärte Absicht aller Theile ist, die teutsche Nation als ein einig vereintes Ganze, so wird deren Gesammtwille auf dem Bundestage ausgesprochen, und durch die kaiserliche, demnächst näher zu bestimmende Sanction, allgemeines Gesetz, dessen Ausführung dem Kaiser obliegt, und wozu derselbe vermöge seiner Würde auch berechtiget ist. Zu diesem Behuf würde ihm die gesetzmäßige Disposition über die, aus den Contingenten der Bundesglieder bestehende, und stets, so viel für den Friedenszustand nöthig ist, bereit zu erhaltende BundesArmee anvertraut, theils um selbige nach aussen dahin, wo Gefahr drohet, zu dirigiren, damit bis zur Erklärung des Bundestages über Krieg und Frieden, die nöthige Vertheidigung nicht verabsäumt werde, theils aber auch um damit auf dem gesetzmäßigen Wege Ordnung im Innern zu erhalten, und den Beschlüssen des Bundes, so wie den Erkenntnissen der oberstrichterlichen Behörde, Kraft und Nachdruck zu geben. Eine solche Disposition über die BundesArmee, dürfte zu gegründeten Besorgnissen möglichen Mißbrauches um so weniger Veranlassung geben, als durch die BundesActe selbst die Ausübung dieser Befugnisse an constitutionelle Formen gebunden und daneben den mächtigern Bundes-

ſtaaten das nöthige Gegengewicht eingeräumt werden könnte.

In der vollkommenen Ueberzeugung, daß nach Theorie
und Geſchichte ein bedeutender Staatenbund ohne
ein Oberhaupt dauernd nicht geknüpft werden
könne, und daß der Größe und Ehre der teutſchen Nation, ſo wie ihrem allgemeinen Wunſche, die Verbindung
der kaiſerlichen Würde mit der ihres Bundeshauptes am meiſten entſprechen werde, wiederholen die
Unterzeichneten ihre Bitte, daß Sr. Excellenz zur Erreichung des Zweckes, den Sie ſelbſt am zuträglichſten für
das Wohl des gemeinſammen Vaterlandes anerkennen,
Ihre Mitwirkung nicht entziehen wollen und benutzen
dieſe Gelegenheit, um Sr. Excellenz dem Herrn Grafen
von Münſter die Verſicherung ihrer hohen Verehrung zu
erneuern.

Wien, den 20. December 1814.

Graf von Keller, kurheſſiſcher Bevollmächtigter.

v Leppel ar. kurheſſiſcher Bevollmächtigter.

v. Türkheim großherzogl. heſſiſcher Bevollmächtigter.

v. Wolframsdorf, herzogl. anhaltiſcher Bevollm.

Schmidt-Phiſeldeck, herzogl. braunſchw. Bevollm.

Schmidt, Bevollm. der freien HanſeStadt Bremen.

Danz, Bevollm. der freien Stadt Frankfurt.

Grieß, Bevollm. der freien HanſeStadt Hamburg.

Frhr. v. Frank, Fürſtl. hohenzollern-heching. Bevollm.

v. Kirchbauer, fürſtl. hohenzollern-ſigmaring.
  Bevollmächtigter.

Helwig, Bevollm. von Lippe-Detmold.

Hach, Bevollm. der freien HanſeStadt Lübeck.

v. Pleſſen, StaatsMiniſter u. Bevollm. des Herzogs von Mecklenburg Schwerin.

v. Oerzen, StaatsMiniſter u. Bevollm. des Herzogs von Mecklenburg Strelitz.

Frhr. v. Gagern,⎤ Bevollmächtigte des Herzogs
v. Marschall ⎦ von Naſſau.

v. Wiese, fürstl. reuſſiſcher Bevollmächtigter.

v. Gersdorf ⎤
v. Minkewitz ⎥
v. Erfa ⎬ Bevollmächtigte der Her-
v. Baumbach ⎥ zoge von Sachſen.
v. Fiſchler ⎦

v. Berg, fürstl. Schaumburg-, Lippiſcher und
waldeckiſcher Bevollmächtiger.

v. Weiſe ⎤ fürstl. schwarzburg-, ſondershauſ.
v. Kettelhodt⎦ u. rudolſtädt. Bevollmächtigte.

Anmerkung. Der großherzoglich badiſche Bevollmächtigte
hat dieſe Note nicht unterzeichnet.

XIX.

Note

wodurch die Bevollmächtigten der Fürsten von HohenzollernHechingen und Hohenzollern
Sigmaringen, dem kaiſ. kön. öſtreichiſchen
Staats- und ConferenzMiniſter ꝛc., Herrn Fürsten
von Metternich, den Beitritt ihrer Committenten zu der Note 29 teutſcher ſouverainer Fürsten und Städte vom 16.
Nov. 1814, erklären, datirt
Wien den 24 Nov. 1814.

Dem ſichern Vernehmen nach, haben die Bevollmächtigten teutſcher Staaten, in Beziehung auf
die AcceſſionsVerträge und auf den Art. 6 des Pariſer
Tractats, am 16 d. M. eine Erklärung abgegeben.

Da das Gesammthaus Hohenzollern seine
Bereitwilligkeit zu denjenigen Maasregeln, welche Ihre
Majestäten der Kaiser von Oestreich und der König von
Preussen, auf der Basis gleicher Rechte, und
einer vollständigen Repräsentation aller Bundesglieder in Vorschlag bringen werden, an den Tag
zu legen sich beeilt, und zugleich seine Rechte ebenfalls zu
wahren sich verpflichtet findet; so haben Unterzeichnete den
besondern Auftrag erhalten, den Beitritt ihrer Committenten zu der gedachten Erklärung hiemit
zu beurkunden, und des Herrn Fürsten von Metternich
Durchlaucht unterthänig zu bitten, dieses zur Kenntniß
Sr. kaiserl. königl. Majestät zu bringen, zugleich aber die
Versicherung des vorzüglichsten Respectes zu genehmigen.

Wien den 24. Nov. 1814.

Von Seite Hohenzollern Hechingen, F. v. Frank.

Von Seite Hohenzollern
Sigmaringen, A. Ed-
ler von Kirchbauer.

XX.

Verzeichniß

der zwei und dreissig vereinigten unabhängigen teutschen Fürsten und freien Städte. (Salvo or-
dine.) Wien, im December 1814.

1) Großherzog von Baden.
2) Kurfürst von Hessen.
3) Großherzog von Hessen.
4) Herzog von Nassau.
5) Fürst von Nassau Weilburg.

6) Fürst von Nassau Oranien Diez oder Oranien
   Nassau (souverainer Fürst der vereinigten Niederlande).
7) Herzog von Sachsen Weimar.
8)   *   *   *   Gotha.
9)   *   *   *   Meiningen.
10)   *   *   *   Coburg Salfeld.
11)   *   *   *   Hildburghausen.
12)   *   *   Braunschweig Wolfenbüttel.
13)   *   *   Mecklenburg Schwerin.
14)   *   *   *   Strelitz.
15)   *   *   Anhalt Dessau.
16)   *   *   *   Bernburg.
17)   *   *   *   Cöthen.
18) Fürst von Hohenzollern Hechingen.
19)   *   *   *   Sigmaringen.
20)   *   *   Schwarzburg Sondershausen.
21)   *   *   Rudolstadt.
22)   *   *   Waldeck.
23)   *   *   Reuß Greitz.
24)   *   *   *   Schleitz.
25)   *   *   *   Lobenstein.
26)   *   *   *   Ebersdorf.
27)   *   *   Lippe Detmold.
28)   *   *   *   Schaumburg.
29) Freie Hansestadt Hamburg.
30)   *   *   Lübeck.
31)   *   *   Bremen.
32)   *   Stadt Frankfurt.

Dieser teutsche Fürsten- und Städte Verein bestand
zuerst aus 29 Fürsten und Städten, laut der Unterschriften, welche sich unter der von ihnen dem östreichischen
ersten Bevollmächtigten, Herrn Fürsten von Metternich,
übersendeten Note vom 16. Nov. 1814 befinden.

Nachher traten hinzu, die Fürsten von HohenzollernHechingen und HohenzollernSigmaringen, mittelst förmlicher BeitrittsNote vom 24. Nov. 1814. In der Sitzung des Vereins vom 9. Dec. 1814, erschien zum erstenmal ein großherzoglich-badischer Bevollmächtigter. Vorher schon hatte Baden sich dem Verein genähert, dadurch daß es in einer Note vom 1. Dec. 1814, erlassen an die kaiserl. östreichischen und königl. preussischen ersten Bevollmächtigten, sich zu Einführung einer landständischen Verfassung bereit erklärte, und in Absicht auf die wesentlichen Rechte der Landstände, wörtlich dieselben Bestimmungen zum Grund legte, welche der Fürsten- und StädteVerein in der oben erwähnten Note vom 16. Nov. feierlich ausgesprochen hatte.

Von den noch activen, ehemaligen Mitgliedern des rheinischen Bundes, sind bis jetzt (27. Dec. 1814.) diesem Verein nicht beigetreten: die Könige von Baiern und Wirtemberg, der Herzog von HolsteinOldenburg, der Fürst von Lichtenstein.

Nicht activ, oder nicht in dem Besitz der Ausübung ihrer Souverainetätsrechte sind in diesem Augenblick: der König von Sachsen, der Fürst von Isenburg, der Fürst von der Layen. Ihre politische Existenz haben seit der Schlacht von Leipzig verloren: der König von Westphalen, die Großherzoge von Frankfurt und von Berg. Früher schon (im Dec. 1810) hatte Napoleon von der Liste der Mitglieder des rheinischen Bundes weggestrichen, zugleich auch ihrer Souverainetät und Staaten beraubt, den Herzog von Ahrenberg, die Fürsten von SalmSalm und SalmKyrburg, so auch den Herzog von HolsteinOldenburg, so viel dessen Herzogthum Oldenburg betrifft. Dagegen sind, nach der Schlacht von Leipzig, in den Besitz ihrer vorigen teutschen

Staaten wieder eingetreten: der König von Preussen, der Kurfürst von Hessen, die Herzoge von BraunschweigWolfenbüttel und HolsteinOldenburg, der Fürst von NassauOranienDietz oder OranienNassau.

XXI.

Note

des großherzoglich-badischen bevollmächtigten Gesandten an dem Wiener Hofe, an den kaiserlich-östreichischen Staats- und ConferenzMinister, auch Minister der auswärtigen Angelegenheiten, Fürsten von Metternich, datirt Wien, 16. Nov. 1814.

Der Unterzeichnete hat nicht ermangelt, jene mündliche Antwort, welche Se. fürstliche Gnaden der Fürst Metternich, statt einer schriftlichen, demselben auf seine unterm 15. October überreichte Note *) zu ertheilen beliebten, seinem gnädigsten Souverain vorzutragen.

Es mußte allerdings Se. k. Hoheit sehr befremden, einen Vertrag gegen sich anführen zu hören, den Sie bisher, in hingebendem Vertrauen auf Fürstenwort, als das Palladium Ihrer Rechte ansehen mußten.

*) Wodurch der Großherzog von Baden in die Comité aufgenommen zu werden begehrte, welche Oestreich, Preussen, Baiern, Hannover und Wirtemberg für die teutschen Angelegenheiten auf dem Congreß bilden. Sie wird in dem folgenden Heft nachgeliefert werden. A. d. H.

Der vierte Artikel der in Frankfurt *) mit den hohen Alliirten abgeschlossenen Verträge, welcher Land und Souverainetät garantirt, verbindet den Großherzog von Baden, sich jene Anordnungen gefallen zu lassen, welche zu Handhabung der teutschen Unabhängigkeit würden nothwendig erachtet werden.

Wie hieraus aber fünf einzelne teutsche Fürsten sich das Recht ableiten wollen, die Gesetzgeber der übrigen zu werden, wie die Unabhängigkeit des teutschen Vaterlandes in der teutschen Abhängigkeit der übrigen bestehen soll, und wie jene Artikel zu dieser Anerkennung verbinden können, konnten Höchstdieselben durchaus nicht begreifen. Rang und Würde, Familien- und politische Verhältnisse, Größe und Bevölkerung des Großherzogthums, vorzüglich aber Aufopferungen, wie kein Fürst Teutschlands wegen des Landes eigener geographischen Lage zu des Vaterlandes Befreiung von dem fremden Joch sie leistete —, berechtigten zu andern Erwartungen als zu der Aussicht, fremde Ketten abgestreift zu haben, um vielleicht eigene zu tragen.

Se. k. Hoheit konnten ruhiger Beobachter bleiben, fest entschlossen, in keinem Falle jenem zu entsagen, was Fürstenehre und Fürstenpflicht gebietet. Sie durften sogar hoffen, man werde beide nicht länger mißkennen. Allein der Schleyer des Geheimnisses, welcher die teutschen Angelegenheiten umhüllet, der Mangel aller

---

*) Im Nov. und Dec. 1813, von den meisten teutschen Fürsten, auch von Baden. Der angeführte Artikel bewilliget diesen Fürsten die Fortdauer ihrer Souverainetät, jedoch mit der Clausel: „daß sie sich alle die Modificationen gefallen lassen müssen, welche die künftige Verfassung Teutschlands nöthig machen werde". A. d. H.

vertraulichen, allein zum Ziel zu führen vermögender Eröffnungen, muß nothwendig den Gedanken erzeugen, als wollte der Versuch gewagt werden, die feierlichst zugesicherte Souverainetät und Unabhängigkeit bedeutend einzuschränken.

So wenig auch ein solcher Versuch in den höchst gerechten und liberalen Absichten der hohen alliirten Mächte liegen kann, die sich nie erlauben werden, feierliche Verträge zu brechen, so ruhig man also über dessen Mißlingen seyn kann; so haben dennoch Se. k. Hoheit, gewohnt stets offen zu handeln, und keinen Zweifel über die Gesinnungen, die Sie beseelen, übrig zu lassen, dem Unterzeichneten ausdrücklich befohlen, Se. fürstl. Gnaden dem Herrn Fürsten von Metternich, als hochbetrautem Minister eines fürtrefflichen, von dem badischen Hofe von jeher so tief verehrten Monarchen, unumwunden und feierlich zu erklären, daß Sie sich nie dazu verstehen werden, jener Stelle zu entsagen, die Sie bisher unter den ersten Fürsten Teutschlands einnahmen, und daher nie die Ausübung einzelner, dem teütschen Bunde zustehender Rechte, an welchen Sie ganz gleiche Theilnahme zu fordern berechtigt sind, einzelnen Mitgliedern desselben zu überlassen, sondern fest und unabweichlich auf Ihrer, Ihnen so feierlich zugesicherten und garantirten, ohne diese Theilnahme nicht denkbaren Souverainetät bestehen werden.

Der Unterzeichnete ergreift diese Gelegenheit ꝛc.

Wien den 16. Nov. 1814.

Freiherr von Hacke.

XXII.

Note

der großherzoglich-badischen Bevollmächtigten an
den k. k. östreichischen Staats- und Conferenz-
Minister 2c., Herrn Fürsten von Metternich,
und eben so an den königl. preussischen Staatskanzler, Herrn Fürsten von Hardenberg
wegen Einführung einer landständischen Verfassung, datirt Wien
den 1. Dec. 1814.

Beide endesunterzeichnete Bevollmächtigte Seiner königlichen Hoheit des Großherzogs von Baden zu dem
FriedensCongreß zu Wien, haben die Ehre Sr. fürstlichen Gnaden folgende Erklärung mitzutheilen:

Daß Se. königliche Hoheit der Großherzog von dem
innigsten Wunsch von jeher beseelt, alles Mögliche zur
Wohlfahrt und für das Glück Ihrer Unterthanen beizutragen, Sich entschlossen haben, als dem Geist des
Zeitalters angemessen, eine ständische Verfassung in Ihren Staaten einzuführen, und somit
Ihren Unterthanen die Bewilligung der directen
sowohl als indirecten Steuern, die Mitaufsicht
auf deren Verwendung, die Theilnahme an der
Gesetzgebung und das Recht der Beschwerdeführung bei eintretender Malversation der Staatsdiener zu gestatten, welche, im Einklange mit dem
aus den Verhandlungen des Congresses hervorgehenden
Resultaten, ihre endliche Bildung erhalten soll.

Um jedoch hierin keine Zeit zu verlieren, haben Se.
königliche Hoheit bereits eine Commission ernannt,

welche die, auf jeden Fall den Localverhältnissen anpassenden Modalitäten in Vorschlag bringen soll.

Die Unterzeichneten ergreifen diese Gelegenheit ꝛc.

Frhr. Marschall von Biberstein.
Frhr. von Berckheim.

XXIII.

Note

der königlich-wirtembergischen Bevollmächtigten an die übrigen Mitglieder der Comité für die teutschen Angelegenheiten (Oestreich, Preussen, Baiern und Hannover), datirt Wien den 16. Nov. 1814.

Die unterzeichneten königlich wirtembergische Bevollmächtigte haben den König, ihren Herrn, sowohl durch Vorlegung der SitzungsProtokolle als durch nachträgliche BerichtErstattungen, über den Gang der Verhandlungen in gegenwärtiger Versammlung auf das genaueste in Kenntniß gesetzt.

Se. Majestät haben sich hierdurch in tiefste Bekümmerniß gesetzt zu werden, nicht erwehren können.

Von dem aufrichtigen Wunsche beseelt, den Hauptzweck dieser Versammlung, Ruhe und Ordnung im Innern, Sicherung gegen Aussen erzielt zu sehen, nahm der König die ihm gemachten mündlichen Eröffnungen, so wie die ersten Entwürfe, mit vollem Zutrauen und mit dem Wunsch auf, zu deren Ausführung nach allen Kräften beizutragen; und wenn auch durch den ersten Ueberblick bei Sr. Majestät die Ueberzeugung entstand, daß manche Modificationen eintreten würden, so glaubten Sie jedoch dem im Allgemeinen gegebenen Leitfaden folgen zu können; allein schon die ersten Sitzungen gaben Allerhöchstdenselben die traurige Ueberzeugung, daß dem nicht so seyn sollte.

Kaum hatten die Berathschlagungen über den ersten Entwurf angefangen, so trat unter Form der nöthigen Entwickelungen ein sich weit von demselben entfernender an dessen Stelle, und dann wieder ein anderer, und so fort; selbst diejenigen Puncte, über die man allgemein übereingekommen war, wurden durch neue Ansichten verdrängt, und bei allen diesen partiellen Entwürfen mangelte immer das Wichtigste, dasjenige, was allein bestimmen könnte, anzunehmen oder zu versagen:

Die Uebersicht des Ganzen.

Nicht einmal die Glieder des Bundes sind mit Bestimmtheit bekannt, nicht der Umfang ihrer Besitzungen, nicht die physischen und politischen Grenzen des Bundes, und die dadurch allein zu entnehmenden Streitkräfte desselben; und doch werden in den partiell vorgelegten Forderungen die Uebernahme von Verbindlichkeiten, die Verzichtleistung und Entsagungen auf unbestrittene Rechte verlangt, zu denen wohl nichts vermögen kann, als die wohl überlegte Erwägung der dadurch anderseit zu erhaltenden Vortheile. Der Zweck des Bundes kann, wie schon oben gesagt, kein anderer seyn, als Ruhe und Ordnung im Innern, Sicherung gegen Aussen; und wie ist die Beurtheilung, ob derselbe erreicht wird, möglich, wenn man die Bestandtheile desselben, die Verhältnisse dieser unter einander, die Kräfte der Einzelnen und des Ganzen nicht kennt, wenn man nicht weiß, mit wem man abschliessen, gegen wen man sich verbindlich machen soll?

Der König ist hierüber in der vollkommensten Unwissenheit, und wenn gleich die Bereitwilligkeit, mit welcher mehrere Mitglieder dieser Versammlung über die zwei ganz verschiedenen, von einander abweichenden, ja beinahe im Widerspruch stehenden, geschehenen Anträge eingegangen sind, bei Sr. Majestät die Meinung herbeiführen könnte, daß solche diese eben angeführte Unwissenheit nicht theilen, so können Höchstsie, jedoch aus eben diesem Grund nicht mit Ihnen gleichen Schritt halten, und haben daher unterzeichneten Bevollmächtigten aufgegeben, den Bevollmächtigten der zusammen getretenen Höfe zu erklären,

daß, so aufrichtig Ihr Wunsch ist, zu dem grossen Zweck des Bundes ferner mitzuwirken, Sie sich demungeachtet ausser Stand befinden und mit den gegen Ihren Staat und Haus obhabenden Pflichten nicht als vereinbarlich ansehen, sich fernerhin immer nur über einzelne Gegenstände zu erklären, oder angesonnene Verbindlichkeiten zu übernehmen, ehe und dann Sr. Maj. der Plan des Ganzen und die oben angeführte noch abmangelnden Erörterungen mitgetheilt worden seyn werden, und Höchstdieselben allein dadurch zur Abstimmung sich ermächtigt finden können.

Se. Majestät beglaubigen Sich, durch diese gegen Ihre HöchstVerbündeten vertrauungsvoll abgelegte Erklärung einen neuen Beweis der Aufrichtigkeit und Unbefangenheit Ihrer Gesinnungen gegen Höchstdieselben zu geben.

Die Unterzeichnete ergreifen diese Gelegenheit ꝛc. ꝛc.
Wien, 16. Nov. 1814.

Graf v. Winzingerode.   Freihr. v. Linden.

XXIV.

GegenNote

des kaiserlich-östreichischen Staats- und Con-
ferenzMinisters ꝛc. Herrn Fürsten von Metternich; auf vorstehende königlich-wirtembergische Note, datirt Wien den 22. Nov:
1814.

Der unterzeichnete kaiserlich-österreichische Bevollmächtigte hat die von Seiten der königl. wirtembergischen Herrn Minister am 16. d. den Mitgliedern der
teutschen Comité übergebene Note, gemeinschaftlich mit
dem königl. preussischen um so mehr in ernsthafte
Ueberlegung ziehen zu müssen geglaubt, als die in derselben enthaltene Erklärung der so wünschenswerthen Beendigung des Entwurfs einer BundesActe für Teutschland neue, und den Umständen nach höchst bedenk-
liche Schwierigkeiten in den Weg zu legen droht.

Diese Note enthält die Beschuldigung, daß man
von dem ersten, dem Comité vorgelegten Plane wiederholt, und namentlich bei der Ausführung der einzelnen DeliberationsPuncte abgegangen sey. Sie rügt den
Mangel einer Uebersicht des Ganzen, und schließt mit
der Erklärung, „daß Ihre Majestät von Wirtemberg es
mit ihren Pflichten für unvereinbar ansehe,
sich fernerhin über einzelne Gegenstände zu

erklären, mit dem Zusatz, daß Sie ehe, was Höchstsie den Plan des Ganzen zu kennen belieben, vorgelegt würde, sich zur Abstimmung nicht ermächtigt
finden könnten. Nebenher ist auch geäußert worden,
„daß Se. Majestät zu Uebernahme von Verbindlichkeiten,
zu Verzichtleistung auf unbestrittene Rechte nichts vermögen könne, als die wohl überlegte Erwägung der
anderseitig zu erhaltenden Vortheile."

Bei der Aufstellung des Plans zu einem teutschen
FöderativSystem haben die kaiserl. österreichisch- und
königl. preussischen Bevollmächtigten es nicht übersehen
können, daß zwei Hauptfragen in Betracht kommen müßten, nemlich:

1) der TerritorialZustand der zum teutschen
Bund gehören sollenden Staaten,

2) die politische Verfassung des Bundes selbst.

Da nun bei dem ersten, die TerritorialVerhältnisse besonders betreffenden Punct die Frage
über die vertragsmäßig zu bewerkstelligende ReichsCon-
struction der österreichischen und preussischen Monarchien,
und die erforderliche Abrundung der Grenzen der teutschen Staaten zur Frage kömmt, so gehört derselbe ohnstreitig zu den grossen europäischen Angelegenheiten, worüber die teutsche Comité nicht zu entscheiden hat. Das Verlangen, welches in der wirtembergischen Note liegt, die politische Frage bis zur endlichen
Bestimmung der TerritorialAusgleichungen aussetzen zu
wollen, würde daher eben so viel heissen, als die wichtige Aufstellung des politischen, für Teutschland zu bestimmenden Verbands auf das Ende des Congresses verschieben zu wollen.

Eine solche Absicht würde die österreichischen und
preussischen Bevollmächtigten um so mehr jetzt befremden

müſſen, als ſie es nicht verbergen können, daß der ſo
höchſtwünſchenswerthe Abſchluß der Geſchäfte der teutſchen Comité (wie ſolches die Protocolle der Seſſionen
an Tag legen) hauptſächlich durch die von wir-
tembergiſcher Seite gegen die mehrſten Vor-
ſchläge erregten Widerſprüche, oder unerle-
digt gebliebenen Reſervationen aufgehalten
worden ſind, und weil durch den eingetretenen langen Verzug nicht nur bei teutſchen Fürſten, welche nicht
Mitglieder der Comité ſind, Unzufriedenheit ent-
ſtanden iſt, als vorzüglich, weil dadurch in vielen Ge-
genden Teutſchlands ein nicht länger zu duldender Zu-
ſtand der Willführ auf der einen, und der Irritation auf der andern Seite erhalten wird.

Kaiſerlich-öſterreich- und königl. preuſſiſcher Seits
muß man dafür halten, daß die ganze ſpecielle
Kenntniß des Details der TerritorialVerän-
derungen bei Beendigung der BundesActe nicht erforderlich ſey, zumal da die gröſſern Verhältniſſe,
die eintreten, den Mitgliedern der Comité hinlänglich
bekannt ſind, weilen es ferner auf kleinere Abweichungen der TerritorialVerhältniſſe um ſo weniger ankommen wird, je feſter die Vereinigung der Bun-
desſtaaten zu einem Ganzen geknüpft wird, und endlich,
weil bei der ſpäterhin vorzunehmenden Redaction der
BundesActe, ſelbſt die etwa während der Dauer des
Congreſſes nöthig werdenden Veränderungen noch nach-
getragen werden können.

Nach Vorausſchickung dieſer Sätze, glauben die Bevollmächtigten Oeſterreichs und Preuſſens die Beſchuldi-
gung, als ob von dem erſten der Comité vorgeſchlagenen
Plan ſtets, und beſonders durch die Ausführung der einzelnen DeliberationsPuncte abgewichen worden ſey,
durch die Bemerkung erwiedern zu müſſen, daß dieſe

Abweichung nicht sowohl in der Sache selbst, als in der Vorstellung ihren Grund habe, die man königl. wirtembergischer Seits besonders Anfangs angenommen zu haben schien, und die voraussetzte, daß es die Absicht dieses Plans gewesen sey, den Mitgliedern des projectirten ersten Raths Befugnisse über die Mißstände einzuräumen, welche von den übrigen Mitgliedern der Comité einstimmig als solche angesehen worden sind, welche weder mit den Rechten der andern Fürsten Teutschlands vereinbarlich, noch zur Erreichung des beabsichtigten Zweckes erforderlich seyen.

Geringere Abweichungen vom ersten Plane sind auf Erinnerungen angenommen worden, die königl. baierischer, hannöverischer, oder wirtembergischer Seits gemacht worden sind. Es ist ja die Absicht bei den Deliberationen, die gemachten Vorschläge prüfen zu wollen, und es würde die Mächte, welche sie gethan haben, ein gerechter Vorwurf treffen, wenn Sie sich billigen Bemerkungen nicht fügen, und allen Veränderungen des Plans entgegen streben wollten.

Die Bevollmächtigten Oesterreichs und Preussens können schließlich bei dieser Gelegenheit die Bemerkung nicht unterdrücken, daß das wichtige Geschäft, zu dessen Beförderung die Comité sich constituirt hat, ohnstreitig schneller von statten gehen würde, wenn die Frage vom teutschen Bunde im gehörigen Lichte angesehen und gewürdigt würde.

Diese Frage kann keineswegs als von der Willkühr der Paiscenten in der Maase lediglich abhängend angesehen werden, daß es einem teutschen Fürsten frei stehen sollte, dem Bunde beizutreten, oder nicht, oder daß es anderer, als der Vortheile, die für das Ganze der teutschen

Nation aus dem Bunde entspringen werden, bedürfte, um die Entsagungen zu leisten, oder die Opfer zu bringen, die das Wohl des Ganzen befördern.

Der Zweck der grossen Allianz, welche Europens Befreiung von einem schimpflichen Joche beabsichtiget, und pünctlich ausgeführt hat, ist in Ansehung Teutschlands durch die alliirten Mächte feierlich und öffentlich ausgesprochen worden: Aufhebung des Rheinbundes, und Wiederherstellung der teutschen Freiheit und Verfassung unter gewissen Modificationen.

Für diese Zwecke haben die Völker die Waffen ergriffen, und die Staaten, welche der Allianz beitraten, erklärten sich durch ihren Beitritt allein schon für denselben Zweck. Der Pariser Friede hat endlich, durch den Beitritt aller an den Krieg theilnehmender Mächte, festgesetzt, daß Teutschland durch ein FöderativBand vereinigt werden soll. Europa's Interesse fordert es, daß Teutschland durch ein solches Band beruhigt und befestiget werde, und es würde eben so wenig mit dem wohlverstandenen Interesse von Europa zu vereinigen stehen, wenn man einem teutschen Staate gestatten wolle, sich durch Ausschliessung vom Bunde mit dem Wohl des Ganzen geradezu in Widerspruch zu stellen, als wenn man dieses auf indirecte Weise zulassen wollte, indem man die Verwerfung der Mittel, die allein zum Zwecke führen können, zuließe.

Wien den 22. November 1814.

Fürst v. Metternich.

XXV.

Erwiederungs Note

der königlich-wirtembergischen Bevollmächtigten, an den kaiserlich-östreichischen ersten Bevollmächtigten, datirt Wien
den 24. Nov. 1814.

Die Unterzeichneten haben aus der verehrlichen Note
vom 22. l. M. zwar mit Vergnügen entnommen, daß ihre Note vom 16. dieses mit dem königl. preussischen Herrn
Bevollmächtigten in Berathung gezogen worden ist, sie
müssen es aber sehr bedauern, daß das Resultat der gemeinschaftlichen Ueberlegung den diesseitigen eben so wohl
gemeinten als gründlichen Absichten und Wünschen nicht
entspricht.

Die in jener Note enthaltenen Anträge und Bemerkungen sind sogar von einer Seite betrachtet worden, welche die Note selbst, in Vergleichung mit dem Benehmen
Wirtembergs bei den bisherigen Verhandlungen des teutschen Comité, wie aus dessen Protocollen sich ergiebt,
nicht zeigen konnte. Die Unterzeichneten finden sich dadurch veranlaßt, über die Sache sich weiter zu erklären.

Se. königl. Majestät von Wirtemberg schon früher überzeugt von der Nothwendigkeit und Dringlichkeit
einer engen Verbindung der teutschen Staaten, haben Ihre Bereitwilligkeit des Beitritts zu einem Bunde (der
übrigens, wenn er seine Natur nicht verlieren soll, auf
freiwilliger Uebereinkunft beruhen muß), erklärt, und man hat diesseits nie aufgehört, diese Gesinnungen werkthätig zu erweisen.

Da, in der Sitzung vom 16. v. M., zur Errichtung
eines solchen teutschen Bundes ein Entwurf zur Berathung

mitgetheilt ward, so haben Se. Majestät der König denselben, seinen wesentlichen Bestimmungen nach, Ihren
Absichten gemäß befunden. Die Modificationen, welche
in den diesseitigen Erklärungen vorgeschlagen worden, lagen in einer nothwendigen Ableitung von den in dem Entwurf selbst ausgedrückten Hauptgrundsätzen, welche als
Basis der Berathschlagung kaiserl. königl. östreichischer
Seits, im Einverständnisse mit Preussen, in Antrag gebracht worden waren.

Schon damalen gaben also Se. königl. Majestät den
unläugbaren Beweis des Beitrittes und der Anerkennung der Grundzüge des mitgetheilten
Entwurfes. Nur auf Modificationen beschränkten sich die diesseitigen Ansichten, welche S. k. M. auch
mit andern Höfen theilten. Man hat diesseits selbst in
minder wesentlichen Bestimmungen einer künftigen BundesActe, sich von dem vorgeschlagenen Entwurfe nicht entfernt, sondern nur dabei solche Modalitäten in
Vorschlag gebracht, welche man nach seiner Ansicht den
Verhältnissen angemessen fand.

Die Unterzeichneten glauben dieses bemerken zu müssen, um zu zeigen, daß man königlich-wirtembergischer
Seits ganz consequent mit dem ersten Plane *); seine
Ansichten und Aeusserungen abgegeben und denselben also
gerade so, wie er mitgetheilt ward, verstanden und angewendet hat.

Voraussetzend die grossen, in der jenseitigen Note
bemerkten und andern Inconvenienzien, welche eine ver-
zögerliche Behandlung des so hochwichtigen Gegenstandes,
ein längeres Hinhalten der endlichen Berichtigung der

*) Dieses ist der oben abgedruckte „Entwurf der Grundlage
der teutschen Bundesverfassung". A. d. H.

teutschen Angelegenheiten, herbeiführen mußten, könnte man königl. wirtembergischer Seits sich nicht enthalten, ein Project zu einer BundesActe, unter Leitung des mitgetheilten Entwurfes, über alle Bestimmungen nach den beiden, in der jenseitigen Note selbst ausgedruckten Rücksichten des geographischen Umfanges des Bundes im Ganzen, so wie der einzelnen Kreise und der politischen Verhältnisse desselben, dem teutschen Comité, zur Beförderung einer gemeinschaftlichen Uebereinkunft, als die diesseitige Ansicht über das Ganze, mitzutheilen.

Aus eben diesem Gesichtspuncte gieng man aus, als man in der Note vom 16. l. M. eine Uebersicht des neuen Plans **), nach den inzwischen vorgeschlagenen Abweichungen von dem ersten, zu erhalten wünschte; indem man sich nach einer genauen Prüfung und Vergleichung überzeugt hielt, daß jene Abweichungen sogar die Wesenheit des ersten Planes änderten. So war in jenem ersten Entwurfe dem ersten Rath die ausübende Gewalt, die Entscheidung über Krieg und Frieden, ausschließlich und allein (Art. 5, lit. A. des Entwurfs) beigelegt, die Eintheilung der teutschen Staaten in Kreise unter der Leitung der KreisObristen, als eine der Hauptbestimmungen vorgeschlagen worden (Art. 4, lit. a et b des Entwurfs). Es ist bekannt, daß die nachfolgenden Vorschläge den ersten Punct änderten, und der andere, der so sehr in das Ganze eingreift, nicht zur Erörterung kam, weil statt der Kreise, eine andere Eintheilung Teutschlands durch den kaiserl. königl. österreichischen Bevollmächtigten in Vorschlag gebracht wurde, dessen Mittheilung jedoch bisher noch nicht erfolgt ist.

*) Dieses sind die oben abgedruckten „Artikel, welche bei der Conferenz der 5 teutschen Mächte zur Grundlage gedient haben".

Aus dieser veränderten Lage der Verhandlungen, mußte der Wunsch nothwendig entstehen, eine Uebersicht des Ganzen nach den neuen Ansichten, welche in einzelnen Punkten vorgelegt, in einem andern aber noch nicht mitgetheilt waren, zu erhalten, und die Sache selbst rechtfertigt die diesseitige Erklärung, daß man sich ausser Stand finde, über einzelne Bestimmungen sich zu äussern, ehe und bevor man das Ganze nach den neuern Ansichten in seinem Zusammenhange zu übersehen nicht Gelegenheit habe. Auch ward diese Ansicht von allen Mitgliedern des Comité in dem Maße getheilt, daß in der 12. und 13. Sitzung allgemein beliebt wurde, eine Zusammenstellung und Uebersicht der bisher eingegebenen Entwürfe, Erklärungen und Bestimmungen zu verfertigen, auch kaiserl. östreichischer und königl. preussischer Seits diese Darstellung übernommen, und königl. wirtembergischer Seits auf eben diesen Zweck hin eine gleiche Bearbeitung unternommen ward.

Die Natur eines Bundes spricht der weiter in der diesseitigen Note enthaltenen Bemerkung, daß es nothwendig sey, diejenigen zu wissen, mit welchen der Bund geschlossen wird, und welche als künftige Bundesglieder zu betrachten sind, so sehr das Wort, daß eine Nachfrage hierüber von selbst jede Mißdeutung um so mehr entfernen sollte, als irgend von den besondern Grenzberichtigungen dieser Staaten etwas erwähnt ward, und auch in diesem Puncte manche Abweichungen von dem im Art. 6 des VerfassungsEntwurfes angegebenen Bestimmungen statt finden zu wollen scheinen.

Es kann nicht mißkannt werden, daß bei einer so wichtigen Angelegenheit, als die Errichtung eines Bun-

des und die Entwerfung seiner VerfassungsActe ist, sich
mit umfassender Prüfung über die einzelnen
Bestimmungen nicht geäuffert werden kann, so lange man
die Verkettung des Ganzen nicht übersteht:

Geleitet von diesen Betrachtungen, welche der dieß-
seitigen Note vom 16. d. zum Grunde liegen, hatte man
nicht erwartet, daß dem diesseitigen Benehmen und jener Note Absichten beigelegt werden könnten, welche man
diesseits so wenig hatte, daß vielmehr das Gegentheil,
nämlich Beförderung einer den Verhältnissen angemessenen
BundesActe, nach wohlerwogener Prüfung, daraus her-
vorgeht.

Die Unterzeichneten glauben daher, es ihrem allerhöchsten Hofe, sich und der Wichtigkeit der Sache selbst schuldig zu seyn, diese Bemerkungen den in der Note vom
22. enthaltenen Aeusserungen entgegen zu setzen; sie finden sich daher auch verpflichtet, und durch die Lage der
Sache berechtiget, die in der diesseitigen Note vom 16.
enthaltene Erklärung und Wünsche hier zu wiederholen, die, wie sich Unterzeichnete schmeicheln,
eine entsprechende Wirkung haben werden, wenn sie aus
dem Gesichtspunkte betrachtet werden, von welchem man
königl. wirtembergischer Seits bei deren Mittheilung
ausgieng.

Wien den 24. November 1814.

Winzingerode.   Linden.

_____

XXVI.

Note

für das herzogliche arenbergische Haus, um
Wiedereinsetzung in Meppen und Recklinghausen, oder in das auf dem linken Rheinufer gelegene Herzogthum Arenberg, nebst den
dazu gehörigen unmittelbaren Graf- und
Herrschaften, datirt Wien im October 1814. Mit drei Beilagen.

Vor dem im Jahr 1793 ausgebrochenen Krieg besaß
das herzogliche Haus Arenberg, ausser verschiedenen in
Frankreich und den Niederlanden gelegenen Gütern,
das Herzogthum Arenberg und mehrere unmittelbare Graf- und Herrschaften. Es führte Sitz und
Stimme im ReichsfürstenCollegium, unter den altfürstlichen Häusern, und erfüllte mit der pünctlichsten Genauig-
keit seine Obliegenheiten als teutscher Reichsstand. Es
ward aber auch schon in den ersten Jahren des Kriegs,
mehr als jedes andere reichsfürstliche Haus, das Opfer
seiner Anhänglichkeit an Kaiser und Reich. Schon im
Jahre 1793 wurden aus diesem einzigen Grund seine Besitzungen in Frankreich mit einem Sequester belegt, das
die französische Regierung neun Jahre benutzte, ohne eine einzige der hierauf haftenden jährlichen Renten zu zahlen.

Im Jahr 1794 verlor es auf gleiche Weise seine Besitzungen in Brabant.

Als ein reichsfürstliches Haus, das sich, beim Her-
annahen der französischen Armeen in das Innere von
Teutschland und in die kaiserl. königl. Hauptstadt, zurück-
gezogen hatte, ward es überall feindselig behandelt, und
nebenher, gleich andern GüterBesitzern in Belgien,

mit Kriegssteuern beläsiget, während die französische Regierung sich aller Einkünfte bemächtigte. Unter diesem Vorwand verkaufte man von seinen in dem Herzogthum Arschot gelegenen Besitzungen, den Werth von einer Million dreimal hundert tausend Gulden. Die schönsten Gebäude wurden zu Spitälern gebraucht und verwüstet, und die darin zurückgebliebenen Mobilien veräussert.

Im October 1794 ward ebenfalls das ganze Herzogthum Arenberg von feindlichen Truppen besetzt, und dem Herzog blieb von seinem ganzen Vermögen nichts übrig, als ein Haus in der kaiserl. königl. Residenzstadt Wien, und was er an Geld und Pretiosen gerettet hatte.

Neun Jahre hindurch befand er sich mit den Seinigen in dieser äusserst drückenden Lage. Er erhielt endlich 1803 für die in Teutschland verlornen Besitzungen, das zum ehemaligen Fürstenthum Münster gehörige Amt Meppen, und die kurkölnische Grafschaft Recklinghausen, und blieb, wie so viel andere Reichsstände, die sich in gleichem Fall befanden, in Hinsicht aller übrigen in Frankreich und in den Niederlanden gelegenen, noch immer sehr beträchtlichen Gütern, seinem Schicksal überlassen.

Herzog Ludwig Engelbert erhielt endlich die Zusage, daß sie seinem Haus zurück gegeben werden sollten; aber, nach einer neuerdings angenommenen StaatsMaxime, sollte fernerhin kein auswärtiger Fürst liegende Güter in Frankreich besitzen. Der Herzog mußte also vorläufig erklären, ob er zum Vortheil seines ältesten Sohns auf die Reichslande Verzicht thun, oder diese behalten, und seinen damals noch minderjährigen Kindern die Besitzungen in Frankreich und Belgien abtreten wolle. Nach einem mehr als neunjährigen Sequester befanden sich die Güter in einer zu mißlichen Lage, als daß es möglich gewesen wäre, sie in diesem Zustand einer vormundschaftlichen Verwaltung anzuvertrauen, die ohnehin schon in Frankreich mit unendlichen Kosten verknüpft ist. Dem Herzog Ludwig Engelbert blieb also nichts übrig, als auf die Regierung der teutschen Lande Verzicht zu thun, und nach Frankreich zurückzukehren. Er ernannte seinen ältesten Sohn, den Herzog Prosper Ludwig, zu seinem Nachfolger; er legte Sr. kaiserl. königl. Majestät die Bedingungen vor, welche die französische Regierung ihm vorgeschrieben hatte, und Allerhöchstdieselbe geruheten, nicht nur seine Entschliessung zu billigen, sondern auch dem Herzog Prosper Ludwig, durch Ertheilung der Rechte der Volljährigkeit, zur Antretung der Regierung zu ermächtigen. Dieser mußte hinwiederum, für sich und seine künftige Descendenten, sich aller Successionsrechte in Frankreich und in den Niederlanden begeben.

Man sehe Bulletin des lois de la république Française, an XII, n°. 355.

Dem herzoglichen Haus konnte wohl nichts empfindlicher seyn, als auf diese Weise seine Besitzungen für immer von einander getrennt zu sehen; aber auch die Hoffnung, sich hiedurch wenigstens von einem gänzlichen Untergang gerettet, und seine Ruhe für die Zukunft gesichert zu sehen, verschwand schon wieder in etlichen Jahren.

Der Entwurf der rheinischen ConföderationsActe, welche die völlige Auflösung des teutschen Reichs zum Zweck hatte, war schon zur Reife gediehen als dem Herzog Prosper Ludwig die Errichtung eines Regiments, wovon er zum Obristen ernannt wurde, und eine in ihren Folgen äusserst unglückliche Heurath zur Bedingung gemacht wurde, um nicht seine ganze Existenz zu verlieren.

Wenn einige teutsche Reichsstände an diesem unerwarteten Bund thätigen Antheil genommen haben, so ließ man wenigstens dem Herzog Prosper Ludwig die Wahl, ihm nach vorheriger Zusage der eben ausgedrückten Bedingungen, beizutreten, oder sich und sein ganzes Haus aufs neue in denselben Zustand versetzt zu sehen, worin es sich während dem Krieg neun Jahre befunden hatte. Der Herzog glaubte es seiner Selbsterhaltung schuldig zu seyn, daß er diesmal nicht lange berathschlagte, und ehe er noch mit dem Inhalt der Conföderations-Acte bekannt war, hatte schon ein chef de division au ministère des relations extérieures für ihn unterzeichnet. Er erfüllte die ihm auferlegten Bedingungen und wenn er seitdem, erst in Schwedisch-Pommern und in Dänemark, nachher in Spanien, für Frankreichs Sache focht, so fand er sich überall in teutscher Gesellschaft. Sein Betragen, das man ihm jetzt zum Vorwurf machen möchte, war nicht unteutscher, als jenes aller übrigen im rheinischen Bund begriffenen Fürsten.

Auch diese Aufopferungen schützten gleichwohl das herzogliche Haus Arenberg nur drei bis vier Jahre lang gegen neue Angriffe. Im Norden ward plötzlich durch einen Beschluß vom 13. December 1810 ein großer Theil von Teutschland, worunter auch Meppen begriffen war, mit Frankreich vereinigt; und wie bei dieser Gelegenheit auch das Großherzogthum Berg einen kleinen District von seinem Gebiet verlor, so ward durch einen Vertrag zwischen dem französischen Minister der auswärtigen Angelegenheiten und dem Staats-Secretär Röberer die arenbergische Grafschaft Recklinghausen ihm ohne weiters zur Entschädigung angewiesen. Der Herzog erhielt diese Nachricht, als er mit andern teutschen Reichsfürsten in Spanien für Frankreichs Sache focht, und erst im Jahr 1813 ward ihm, statt aller Entschädigung, eine Erbrente von 240,702 Franken zugesagt, wovon nach den abschriftlich hier *) anliegenden Decreten jährlich ein Theil aus

*) Unter Num. I, II, III.

der Staatscasse des Großherzogthums Berg, das Uebrige aus dem öffentlichen Schatz des französischen Reichs,
vom 1. Januar 1811 an zu rechnen, gezahlt werden sollte.

So weit, scheint es, mußte Frankreichs damaliger
Herrscher seinen ganz Teutschland umfassenden Eroberungs-
Plan zur Ausführung bringen, um die europäischen Mächte von der sie bedrohenden Gefahr zu überzeugen. Ihre
Vereinigung und ihre Siege führten endlich den so lange gewünschten Frieden herbei, der für Teutschland und
die Reichsstände ohne Unterschied die merkwürdige Bestimmung enthält, que les Etats de l'Allemagne seront
indépendants et unis par un lien Fédératif.

Das herzoglich-arenbergische Haus glaubt diese Verfügung auch auf sich anwenden zu dürfen, und in der
That läßt sich nicht absehen, warum es davon ausgeschlossen seyn solle.

Nach der Abtretung des linken Rheinufers, wodurch
es das Herzogthum Arenberg und verschiedene unmittelbare Graf- und Herrschaften und eine beträchtliche Masse
dort gelegener Privatgüter verlor, ward es, zufolge des
im Jahr 1803 unter Vermittlung von Rußland und Frankreich zu Stande gekommenen Vertrags, durch Meppen
und Recklipghausen entschädiget. Sein Recht an diesen Besitzungen, konnte es durch den (französischen) Se-
natsschluß vom 13. Dec. 1810 eben so wenig, als durch
die zwischen dem (französischen Minister) Herzog von Ca-
dore und dem (großherzoglich-bergischen) StaatsSecretär Röderer abgeschlossene Convention, verlieren, und
die Absicht der allerhöchsten verbündeten Mächte war es
wohl nie, die Eroberungen, die sie auf dem rechten
Rheinufer machen würden, sich zuzueignen.

Endliche Befreiung der von Frankreich usurpirten
Gebiete, und Wiederherstellung des vorigen Zustandes,
war ihr höchster Zweck; aller übrigen Vortheile haben
Sie, wenigstens so viel Teutschland betrifft, in dem 6.
Artikel des Pariser Friedens sich ausdrücklich begeben.

Sollten aber auch politische Rücksichten es unmöglich machen, dem herzoglich-arenbergischen Haus die Landeshoheit über Meppen und Recklinghausen zu belassen, so hofft es wenigstens in Teutschland die Gerechtigkeit zu finden, die selbst in den Zeiten der Willkühr der Beherrscher von Frankreich ihm schuldig zu seyn glaubte.

Die seit dem Frieden von Lüneville in Frankreich vorgenommenen Veräusserungen aller Domänen, machen es zwar unmöglich, das Haus Arenberg in den Stand zu setzen, worin es sich zu Anfang des Kriegs im Jahr 1793 auf dem linken Rheinufer befand. Aber nichts scheint seiner Wiedereinsetzung in die Landeshoheit über das ehemalige Herzogthum Arenberg, unter Beibehaltung der in Meppen und Recklinghausen gelegenen Domänen, entgegenzustehen. Auf allen Fall würde die ihm versprochene Erbrente von 240,702 Franken, nach den Bestimmungen des 18. 19. und 21. Artikels des Pariser Friedens, ihm nicht versagt werden können. Sie ist eine von der französischen Regierung contrahirte Schuld, die, in soweit sie auf die StaatsCasse des Großherzogthums Berg angewiesen worden, von dem künftigen Regenten des Landes fürs Vergangene sowohl als für die Zukunft, im übrigen aber von Frankreich gezahlt werden muß.

Unterzeichneter schmeichelt sich indessen mit der angenehmen Hoffnung, daß diese Schuld nur für die Jahre 1811, 1812 und 1813 in Betrachtung kommen wird, und die Wiedereinsetzung des herzoglichen Hauses, sey es in Meppen und Recklinghausen, oder in das ehemalige Herzogthum Arenberg, als das gerechteste Mittel, sie für die Zukunft zu tilgen, von den allerhöchsten verbündeten Mächten werde anerkannt werden.

Wien den .. October 1814.

Frhr. Schmaus von Livonegg,
herzogl. arenbergischer Geheimer Rath.

Beilage Num. I.

Décret du 14. avril 1815.

Napoléon. etc.

Sur le rapport de notre Ministre des relations extérieures avons décrété etc.

1) Sont conservés au Duc d'*Arenberg*, en toute propriété, et comme bien allodiaux et privés, les châteaux, parcs et jardins, les maisons et edifices généralement quelconques non affectés à un service public, les forêts et bois, les terres arables, les prés et patûres, les mines et usines et généralement tous les immeubles sans distinction d'origine, le mobilier et les rentes non féodales qui, lors de la réunion du comté de *Recklinghausen* au Grand-duché de Berg, faisaient partie de son domaine dans le dit comté.

2) Lui sont pareillement conservés les droits qu'il pourroit avoir aux terres communales et bruyères, les dîmes, champarts, cens, rentes et redevances en argent, grains, volaille et gibier, et tous autres droits seigneuriaux et féodaux non actuellement supprimés par les lois, décrets ou règlemens d'administratiou publique du Grand-duché; mais ces dîmes, cens et redevances seront rachetables aux époques et au denier qui seront fixés par les lois ou décrets concernant les biens de même nature dans le Grand-duché.

3) Toutes dettes et charges inhérentes par leur nature aux biens désignés aux articles précédens, ou hypothequées sur le produit desdits biens, et notamment la dette dite des anciens domaines, la portion de la dette et des pensions de Cologne que les revenus domaniaux devoient acquitter, et les

pensions assignées aux ecclésiastiques ou membres
des couvens et chapîtres des deux sexes dont les
biens ont été réunis auxdits domaines, resteront à
la charge du Duc.

4) Ont cessé de lui appartenir, à compter du
1er janvier 1811, tous droits seigneuriaux et féodaux
autres que ceux qui sont spécifiés dans l'art. 2. ci-
dessus, les droits dits de souveraineté, ou contributions indirectes, et tout ce qui, du produit des
contributions, toutes les dépenses une fois acquittées, pourroit entrer dans son épargne.

5) La quote-part dans la dette et les pensions
du ci-devant Electorat de Cologne que, d'après le
partage desdites dettes et pensions, le Duc d'Arenberg devoit acquitter comme possesseur du Comté
de Recklinghausen, sera, à l'exception de la portion désignée en l'art. 3 ci-dessus, à la charge du
trésor du Grand-duché de Berg, à compter du 1er
janvier 1811,

6) En compensation des pertes résultant pour
le Duc de chacune des causes énoncées en l'art. 4.,
et aussi de ce que les biens qui lui sont conservés
par les art. 1. et 2., sont depuis le 1er janvier 1811
et resteront assujettis à l'impôt dont ils étoient précédemment exempts, il lui sera assigné une rente
inscrite au grand livre de la dette publique du
Grand-duché, et immobilisée de *cent-six-mille-
sept-cent-deux francs*, pour en jouir à dater du
1er janvier 1811. Ladite rente fera partie du *Majorat* que le Duc d'Arenberg est autorisé à fonder
par notre décret du 22. janvier 1811, et sera assu-
jetti aux mêmes conditions que les autres Majorats
institués dans notre Empire.

7) Notre Cousin, le Prince Archichancelier de
l'Empire, notre Intendant général du domaine ex-

traordinaire, et les ministres du Grand-duché de Berg, sont chargés, chacun en ce qui le concerne, de l'exécution du présent décret.

(Signé)   Napoléon.

Beilage Num. II.

Décret du 14 avril 1813.

Napoléon etc.

Sur le rapport du Ministre des relations extérieures, décrétons etc. etc.

1) Sont conservés au Duc d'*Arenberg*, en toute propriété et comme biens allodiaux et privés, les châteaux, parcs et jardins, les maisons et édifices généralement quelconques non affectés à un service public, les forêts et bois, les terres arables, les prés et pâtures, les mines et usines, et généralement tous les immeubles sans distinction d'origine, le mobilier et les rentes non féodales qui, lors de la réunion des comtés de *Meppen* et *Dulmen* à l'Empire, faisoient partie de son domaine dans lesdits comtés.

2) Lui sont pareillement conservés les droits qu'il pouvoit avoir aux terres communales et bruières, et les dîmes, champarts, cens, rentes et redevances en argent, grains, volaille ou gibier, en tant que ces droits n'auroient pas été ou ne seroient pas supprimés par nos décrets et règlements d'administration publique; mais ces dîmes, cens, rentes et redevances seront rachetables aux époques et au denier qui ont été ou seront fixés par les lois ou décrets concernant les biens de même nature dans les départements de l'Empire au-delà du Rhin.

3) Toutes dettes et charges inhérentes par leur nature aux biens désignés aux articles précédents, ou hypothéquées sur le produit desdits biens restent à la charge du Duc.

4) Ont cessé de lui appartenir, à compter du 1er janvier 1811, tous droits seigneuriaux et féodaux autres que ceux qui sont nominativement spécifiés en l'art. 2. ci-dessus; les droits dits de souveraineté, ou contributions indirectes, et tout ce qui du produit des contributions directes, ordinaires et extraordinaires pourroit, toutes les dépenses une fois acquittées, entrer dans son épargne.

5) La quote-part dans la dette et les pensions du ci-devant Evêché de Münster que, d'après le partage, le Duc d'Arenberg devoit acquitter, comme possédant en propriété et en souveraineté le pays de Meppen, et en souveraineté le pays de Dulmen, seront à la charge du trésor impérial, à compter du 1. janvier 1811.

6) En compensation des pertes résultant pour le Duc de chacune des causes enoncées en l'art. 4., et aussi de ce que les biens qui lui sont conservés par les art. 1. et 2. sont depuis le 1. janvier 1811 et restent assujettis à l'impôt dont ils étoient précédemment exempts, il lui sera assigné une rente inscrite sur le grand livre de la dette publique et immobilisée de *cent-trente-quatre-mille francs*, pour en jouir à dater du 1. janvier 1811.

7) La rente ci-dessus assignée au Duc d'Arenberg, ainsi que les biens qu'il conserve, entreront dans la formation du *Majorat* qu'il est autorisé à fonder par notre décret du 22. janvier 1811, et seront assujettis aux mêmes conditions que les autres Majorats institués dans notre Empire.

8) Il ne pourra être pourvu à des concessions ou appanages sur le revenu du dit Majorat que conformément à ce qui est prescrit par nos règlemens sur les Majorats.

9) Notre Cousin, le Prince Archichancelier de l'Empire, notre Intendant du domaine extraordinaire, et nos ministres des finances et du trésor sont chargés, chacun en ce qui le concerne, de l'exécution du présent décret.

(Signé)   Napoléon.

Beilage Num. III.

Extrait des Minutes de la Secrétairerie d'Etat.

Au Palais de Dresde le 4 août 1813.

Napoléon etc.

Sur le rapport de notre ministre des finances etc.

Vu notre décret impérial du 14. avril dernier, qui ordonne que le Duc d'Arenberg, en compensation de ses droits de souveraineté cédés à l'Empire, sera inscrit sur le grand livre pour une rente de cent-trente-quatre-mille francs;

Attendu que cette inscription est le prix de droits utiles abandonnés à l'Empire, et dont notre domaine reçoit un accroissement équivalent;

Nous avons décrété et décrétons ce qui suit:

Art. I.

La rente de cent-trente-quatre-mille francs, accordée au Duc d'Arenberg, sera inscrite sur le grand livre de la dette publique, sans imputation sur le crédit législatif.

Art. II.

Nos ministres du trésor impérial et des finances sont chargés, chacun en ce qui les concerne, de l'exécution du présent décret.

(Signé) Napoléon.

Acten

des

Wiener Congresses.

Erster Band,

Zweites Heft.

Erlangen 1815
bei Johann Jakob Palm.

I.

Rechtsverwahrung

des Königs von Sachsen, gegen die königlich-preussisch-provisorische Besitznehmung seiner Staaten, und gegen jede Verfügung über dieselben, datirt Friedrichsfelde (bei Berlin) 4. Nov. 1814.

Wir Friedrich August von G. G. König von Sachsen, Herzog von Warschau ꝛc.

Wir vernehmen zu Unserer tiefen Bekümmerniß, daß von Seite Sr. Maj. des Königs von Preussen zu einer provisorischen Besitznahme Unserer sächsischen Lande soll verschritten werden.

Unser fester Vorsatz, alle und jede Schicksale Unseres Landes zu theilen, Unser Vertrauen auf die Gerechtigkeit und den Edelmuth der verbündeten Monarchen, und Unsere Absicht, ihrer Verbindung beizutreten, sobald es in Unserer Willkühr stehen würde, bestimmten Uns nach der Schlacht von Leipzig, die Sieger dort abzuwarten. Aber das verlangte Gehör wurde Uns versagt, und man nöthigte Uns, das Land zu verlassen, und nach Berlin Uns zu begeben.

Se. Majestät der Kaiser von Rußland ließen Uns jedoch zu erkennen geben, daß Unsere

2

Entfernung aus Sachsen nur in militärischer
Hinsicht nöthig sey, und Sie forderten Uns zugleich auf, Ihnen ein unbeschränktes Vertrauen zu
widmen. Auch erhielten Wir von J. J. M. M. dem
Kaiser von Oestreich und dem König von
Preussen unverkennbare Beweise von Ihrer Freundschaft und Theilnahme. Wir durften Uns daher der
Hoffnung überlassen, daß Wir, sobald die militärischen Rücksichten aufgehört haben würden, in Unsere
Gerechtsame wiederum eingesetzt, und Unserm gelieb-
ten Volk zurück gegeben werden würden. Wir konnten eine baldige glückliche Veränderung Unserer Lage
mit desto grösserer Zuversicht erwarten, da Wir Unsern
aufrichtigen Wunsch, zur Herstellung der Ruhe und der
Freiheit mitzuwirken, den verbündeten Monarchen auf
das angelegentlichste zu erkennen gegeben hatten, und
in jeder Uns möglichen Maße bemüht gewesen waren,
Unsere wahre Ergebenheit gegen Ihre Personen, und
Unsere unverstellte Anhänglichkeit an der Sache, welche der Zweck ihrer Anstrengungen war, an den Tag
zu legen.

Es gereichte Uns daher zum empfindlichsten
Schmerz, als nach dem Abschlusse des pariser Friedens, Unsere wiederholten Bitten um die un-
verlängerte Zurückgabe Unserer Staaten,
keinen Eingang fanden, und Wir Unsere gerechten Erwartungen getäuscht und die Entscheidung über Unser
und Unserer Lande theuerstes Interesse, bis auf den
zu Wien zu haltenden Congreß ausgesetzt sahen. Doch
weit entfernt, den Gerüchten Glauben beizumessen, die
seit dem pariser Frieden über das, Unsere Lande be-
drohende Schicksal sich zu verbreiten anfingen, setzten
Wir ein volles Vertrauen in die Gerechtigkeit der
verbündeten Monarchen, ob Wir gleich die Ursachen
der Uns widerfahrnen Behandlung nicht
zu erforschen vermögen.

Der grosse Zweck des so glücklich beendigten Kriegs, ist die Erhaltung und Befestigung der rechtmäßigen Throne gewesen; die dazu verbündeten Mächte haben es in feierlichen Proclamationen mehrmals ausgesprochen, daß ihre Absicht nur auf Wiederherstellung des Rechts und der politischen Freiheit von Europa, nicht auf Eroberungen und Vergrösserungen gehe; es ist Sachsen insbesondere die Erhaltung seiner Integrität auf das bestimmteste zugesichert worden: und von dieser macht die Erhaltung seines Regentenstammes, gegen den die Nation ihre fortwährende Anhänglichkeit und ihren einmüthigen Wunsch der Wiedervereinigung mit ihm, öffentlich kund gethan hat, einen wesentlichen Bestandtheil aus.

Wir haben den Gang und die Gründe Unsers politischen Benehmens in der letztverwichenen Zeit den grössern Mächten von Europa offen und vollständig mitgetheilt. Wir dürfen auch zu dem einsichtsvollen und gerechten Urtheile derselben das zuversichtliche Vertrauen hegen, daß sie die Reinheit Unserer Absichten anerkannt, und davon, daß Unsere Theilnahme an dem für Teutschland unternommenen Kampfe nur durch die Lage Unserer Lande, und durch die Macht der Umstände behindert worden ist, sich überzeugt haben werden.

Die Unverletzlichkeit der auf Unsere angestammten, nur durch rechtmäßige Erwerbungen vereinigten Lande, Uns und Unserm Hause zuständigen Gerechtsame, liegt am Tage; die ungesäumte Wiedereinsetzung in diese Gerechtsame ist eine nothwendige Folge davon.

Wir würden den Pflichten gegen Unser Haus und gegen Unser Volk ungetreu werden, wenn Wir der gegen Unsere Lande im Moment der zu erwartenden gänzlichen Zurückgabe derselben beabsichtigten neuen Maßnehmung stillschweigend zusehen wollten. Wir finden Uns daher durch die königl. preussischer Seits intendirte provisorische Besitznahme Unserer sächsischen Staaten gedrungen, Unsere heiligen Rechte gegen diese Besitznahme und gegen alle daraus zu ziehenden Folgen, auf das feierlichste zu verwahren.

Wir thun dieses andurch, unter Unserer eigenhändigen Unterschrift, vor dem Congresse zu Wien und im Angesicht von ganz Europa, und Wir wiederholen dabei öffentlich die gegen die verbündeten Monarchen schon früher geschehene Erklärung, daß Wir in die Abtretung der von Unseren Ahnherren ererbten Staaten niemals willigen, und zur Annahme eines Aequivalents dafür, Uns unter keiner Bedingung verstehen werden.

Gegeben zu Friedrichsfelde, den 4. November 1814.

Friedrich August.

II.

Bekanntmachung

der kaiserlich-russischen Uebergabe der obersten
Verwaltung des Königreichs Sachsen an
Preussen, datirt Dresden den 27. Oct.
(8. Nov.) 1814.

Nachdem die oberste Verwaltung des Königreichs Sachsen, in Folge einer zwischen Rußland und Preussen geschlossenen Uebereinkunft, welcher Oestreich und England beigetreten sind, in die Hände Sr. Majestät des Königs von
Preussen gelegt, und den von Allerhöchstdemselben
hierzu ernannten GeneralGouverneurs, des Herrn
Staatsministers Freiherrn von der Reck und des
Herrn GeneralMajors Freiherrn von Gaudi Excellenzen, heute feierlich von mir übergeben worden ist;
so werden sämmtliche sächsische Behörden und Einwohner hiervon in Kenntniß gesetzt, an das neue GeneralGouvernement förmlich verwiesen, und zu eben dem
Vertrauen in dasselbe, und zu eben dem Geiste der
Ordnung und des Gehorsams aufgefordert, wodurch
sie sich während meiner Geschäftsführung ausgezeichnet haben.

Se. Majestät der Kaiser, mein allergnädigster
Herr, wird übrigens nie aufhören, Sachsen Seiner
Gnade und Seines besondern Antheils zu würdigen,
und indem Allerhöchstderselbe dessen Leitung dem
Muster eines edeln, tugendhaften und großmüthigen
Fürsten übergiebt, glaubt er den Wohlstand und das
Glück dieses durch so viele Stürme erschütterten, und
der Ruhe so bedürftigen Landes am besten gesichert
und begründet zu haben.

Sachsen, ich scheide von Euch mit gerührtem Herzen. Seid meiner Achtung und Liebe auf immer versichert, und laßt mich den Trost mit von Euch nehmen, daß mein Andenken unverändert in Euch fortlebe. Dresden am 27. October (8. Nov.) 1814.

GeneralGouverneur
Fürst Repnin.

III.

Erklärung

des kaiserlich-russischen GeneralGouverneurs in dem Königreich Sachsen, Fürsten Repnin, an die königlich-sächsischen Landesbehörden, datirt Dresden am 27. Oct. 1814.

Ein amtliches Schreiben des Herrn Staatsministers von Stein vom 24. Oct. unterrichtet mich von einer Uebereinkunft, zufolge welcher Se. Majestät der Kaiser von Rußland, mit Einstimmung Oestreichs und Englands, die Verwaltung des Königreichs Sachsen in die Hände Sr. Maj. des Königs von Preussen legen werden. Ich bin angewiesen, das Gouvernement dieses Landes den königl. preussischen Bevollmächtigten, welche erscheinen werden, zu übergeben, und die kaiserl. russischen Truppen durch königl. preussische ablösen zu lassen, um dadurch die Verbindung Sachsens mit Preussen, welche nächstens auf eine noch förmlichere und feierliche Weise bekannt gemacht werden wird, einzuleiten, und beide Völker gleichsam zu verbinden. Diese Verbindung gewährt an sich schon große und unzertrennbare Vortheile, für beide Königreiche und ganz Teutschland; sie wird aber besonders noch ganz wohlthätig durch die allerhöchste Gewogenheit und Vorsorge Sr. Maj. des Kaisers von Rußland und die wohlbekannte Milde und Gerechtigkeit Sr. Maj. des Königs von Preussen.

Nach vorläufigen, auf das Wohl des Ganzen und der Theile abzielenden Berathungen, haben nemlich Se. Maj. der König von Preussen, Friedrich Wilhelm, als künftiger Landesherr, erklären lassen, daß Sie gesonnen seyen, Sachsen nicht als eine Provinz Ihren Staaten einzuverleiben, sondern mit denselben, unter dem Namen eines Königreichs Sachsen, zu vereinigen, ihm für immer seine Integrität zu erhalten, ihm den Genuß seiner Privilegien, Rechte und Vortheile zu gewähren, welche die teutsche Constitution denienigen Ländern von Teutschland, welche einen Theil der preussischen Monarchie ausmachen, zusichern wird, bis dahin aber an seiner gegenwärtigen Verfassung nichts zu ändern. Se. Maj. der Kaiser Alexander haben hiedurch das besondere Vergnügen bezeugen lassen, welches diese Erklärung bei Höchstdenselben verursachte.

Dresden den 27. Oct. 1814,

Fürst Repnin.

Zusatz des Herausgebers.

Unter demselben Datum vom 27. October (8. Nov. neuen Styls) 1814. ließ der Fürst Repnin jedem Mitgliede der königlich-sächsischen Landstände eine Bekanntmachung zufertigen, worin nicht von einer bloß vorläufigen Besitznahme die Rede ist, sondern nach welcher das Königreich Sachsen, unter Beibehaltung dieses Namens, sofort mit Preussen vereinigt wird, und zwar mit Einwilligung Rußlands und Oestreichs. Zwar wird daselbst der Zustimmung Oestreichs ausdrücklich nicht erwähnt: allein in der oben abgedruckten Bekanntmachung an die Landesbehörden, wird sich auf dieselbe namentlich bezogen. Zugleich ward den Landständen erklärt, daß, da Sachsen vorzüglich ein Handel und Gewerbe treibender Staat sey, man sich die Beförderung dieser Industriezweige besonders werde angelegen lassen seyn.

Nach Einrückung der preussischen Regierungs-Commission in Dresden, ward, noch auf ausdrückliche Anordnung des bisherigen Gouvernements an die Dresdner KirchenInspection, am 6. Nov. 1814. zum erstenmal in dem Kirchengebet, worin bis dahin noch immer für den König Friedrich August und dessen Familie war gebetet worden, diese namentliche Erwähnung ausgelassen, und nur im Allgemeinen für die „Obrigkeit" gebetet.

In obiger Erklärung des Fürsten Repnin vom 27. Oct. (8. Nov. n. St.) 1814., wird auch einer Uebereinkunft Rußlands mit England erwähnt. Auf diese Erwähnung gestützt, forderte in dem englischen Parlament die OppositionsPartei von den Ministern eine Erklärung über die Frage: ob wirklich eine Uebereinkunft vorhanden sey, durch welche England in die Vereinigung des Königreichs Sachsen mit Preussen eingewilligt habe? Eine londner Zeitung (der Courrier) vom 7. Dec. 1814. giebt hierauf folgende Erklärung: „Die Bekanntmachung des Fürsten Rep-„nin, welche das Datum vom 31. Oct. *) enthält, „aber erst am 8. Nov. **) publicirt worden ist,

----

*) Soll heissen, 27. Oct.

**) Das Datum vom 27. Oct. alten Styls, welches die Er-
    klärung enthält, stimmt überein mit dem Datum vom

„ward zu Wien am 17. Nov. bekannt, und am 19.
„Nov. die darin angegebene Uebereinkunft mit Eng-
„land förmlich widersprochen." Dieser Widerspruch
„hatte statt, zu Folge einer von Lord Castlereagh (in
Wien) übergebenen Note.

IV.

Bekanntmachung

der königlich = preussischen provisorischen Besitznehmung des Königreichs Sachsen, datirt Dresden den 10. Nov. 1814.

Vermöge einer zwischen den verbündeten Mächten getroffenen Uebereinkunft, ist die Besetzung
und Verwaltung des Königreichs Sachsen, welche
bisher von kaiserlich = russischer Seite geschehen,
auf des Königs von Preussen Majestät übergegangen. Von Allerhöchstdemselben hiezu beauftragt,
haben Wir Unterzeichnete die Geschäftsführung
des GeneralGouvernements von Sachsen aus
den Händen des bisherigen GeneralGouverneurs, des
kaiserlich = russischen GeneralLieutenants und GeneralAd-
jutanten, Herrn Fürsten Repnin Durchl. übernommen *), und heute angetreten.

8. Nov. neuen Styls. Hienach muß obige Erklärung des
Courrier berichtigt werden.

*) Die feierliche Uebergabe des provisorischen Gouvernements
des Königreichs Sachsen, erfolgte zu Dresden am 8. Nov.
1814. früh, in den Sälen des bisherigen Gouvernements-
Hauses, des vormaligen gräflich = brühlischen Palais, wo-
bin alle sächsischen Civil) und MilitärBehörden beschie-
den waren.

Anmerk. des Herausgebers.

Wir machen dieses den LandesCollegien und übrigen Behörden, so wie sämmtlichen Einwohnern des Königreichs Sachsen hierdurch bekannt, und fordern dieselben auf, in allen, nach den bisherigen Verhältnissen und Anordnungen, vor das kaiserlich-russische GeneralGouvernement von Sachsen gehörig gewesenen Angelegenheiten und Geschäften, künftig an das unterzeichnete GeneralGouvernement sich zu wenden.

Unser eifrigstes Bestreben wird darauf gerichtet seyn, durch die uns anvertraute Geschäftsverwaltung die gnädigen und wohlthätigen Absichten in Erfüllung zu bringen, welche des Königs von Preussen Majestät, unser allergnädigster Herr, dem Königreiche Sachsen ganz besonders gewidmet haben. Wir erwarten dagegen mit Zuverlässigkeit von den LandesCollegien und andern Behörden, so wie von den sämmtlichen Einwohnern des Königreichs Sachsen, ein festes Vertrauen auf die Gewissenhaftigkeit unserer Geschäftsverwaltung, die gebührende Befolgung unserer Anordnungen, die stets das allgemeine Wohl zum Zweck haben werden, und überhaupt die Fortsetzung des, von Biedersinn und von einer richtigen Erwägung der obwaltenden Verhältnisse geleiteten Betragens, wodurch die sächsische Nation sich bisher so ehrenvoll ausgezeichnet hat.

Dresden den 10. November 1814.

GeneralGouvernement von Sachsen.

Freiherr von der Reck,
Königl. preuß. StaatsMinister.

Freiherr von Gaudi,
Königl. preuß. GeneralMajor und commandirender General in Sachsen.

V.

Mémoire raisonné

sur le sort de la Saxe et de son Souverain *).

(Am 2. Nov. 1814. von französischer Seite zu Wien ausgegeben.)

La question sur le sort de la Saxe et de son Souverain peut être envisagée sous le double rapport du *droit* et de l'*utilité*. On parle du Royaume comme d'un pays vacant, du roi comme d'un criminel qui n'a plus rien à attendre, si ce n'est peut-être de la clémence.

Le roi n'a point abdiqué, si donc il a perdu ses droits il faut nécessairement de deux choses l'une, ou que la conquête seule ait pu le lui faire perdre, ou qu'un jugement l'en ait privé.

Quand l'oppresseur de l'Europe disposa du Hannovre, qu'il avait conquis, loin de reconnaître qu'il avait pu en disposer, l'Angleterre déclara la guerre à la puissance qui avoit consenti à le recevoir de lui.

Quand par représailles celle-ci donna la Guadaloupe à la Suede, le même oppresseur de l'Europe réprouva, à son tour, la doctrine que la conquête seule peut ôter la Souveraineté. L'Angleterre et son ennemi ont donc également rejeté cette doctrine; la conquête n'a donc pas pu rendre le royaume de Saxe vacant.

*) Als Verfasser dieses Mémoire nennt man ben auf dem wiener Congreß bei der königlich-französischen Gesandtschaft angestellten Staatsrath La Besnardière.

Le roi de Saxe n'a certainement pas été jugé, car il n'a été ni cité ni entendu; il est donc tout au plus dans le simple état d'accusé c'est-à-dire dans un état où celui qui s'y trouve ne perd pas même le droit d'être tenu pour innocent jusqu'à ce qu'il ait été condamné.

Si le roi de Saxe devait être jugé, par qui le serait-il? Serait-ce par ses accusateurs? Serait-ce par ceux qui veulent profiter de ses dépouilles? Serait-ce par ceux dont la politique a seule créé cette nécessité qui l'absout de toutes les fautes qu' elle aurait pû lui faire commettre? Serait-il jugé par la Saxe? La Saxe le rappelle de tous ses voeux.

Par l'Allemagne? L'Allemagne desire avant toutes choses qu'il soit rétabli dans ses droits. Par le Congrès? Quel est celui d'entre les ministres, qui doivent le former, qui a reçu une telle mission?

Mais à quoi bon ces questions? Est-ce aux Souverains de l'Europe, qu'il faut dire que les rois n'ont d'autre juge que celui, qui juge les justices? Et doit-on craindre d'entendre les maximes contraires de la bouche des Ministres de ces Souverains?

Le roi n'a point été jugé, il ne pouvait pas l'être. Comment donc serait-il condamné?

Admettons pour un moment qu'il puisse l'être et qu'il le soit, daprés quel principe de justice la peine portée contre lui, serait-elle étendue aux princes de sa ligne, et à ceux de la ligne ducale qui ont combattu dans les rangs des alliés qui ont versé leur sang, qui ont tout sacrifié pour la cause commune? La confiscation que les na-

tions éclairées ont bannie des leurs Codes, serait-
elle introduite au 19ème Siècle dans le droit général de l'Europe? Ou la confiscation d'un Royaume serait-elle moins odieuse, que celle d'une
simple chaumière?

Quand Charles V, chef de l'Empire, dont Jean
Frédéric n'était que vassal, et dont conséquem-
ment il était justiciable, transféra l'électorat de
la Saxe, il ne le transféra point à une autre maison.

L'Europe réunie si elle pouvait juger le roi
de Saxe, serait-elle moins juste que ne le fut
Charles V? Les puissances alliées qui ont voulu
restaurer l'Europe veulent-elles d'ailleurs imiter
les exemples que leur offre le règne de Charles V?

En toute chose considérons les suites. Agir
comme si la conquête seule donnait la Souveraineté, c'est anéantir le droit public de l'Europe,
et la placer sous l'Empire exécutif de l'arbitraire
et de la force. Se constituer juge d'un Souverain,
c'est sanctionner toutes les révolutions, le tenir
pour condamné, lorsqu'il n'est pas et qu'il ne
peut pas même être jugé, c'est fouler aux pieds
les premiers principes de la justice naturelle et
de la raison même.

Maintenant, à qui la disposition que l'on prétend faire de la Saxe, serait-elle utile?

A la Prusse? Deux millions de sujets qui
d'ici à plus d'un siècle peut-être ne s'affection-
neraient point à la dynastie nouvelle, qui se sen-
tiraient apprimés et croiraient légitime tout moyen
de sortir d'oppression, serait pour elle une cause
permanente d'embarras, d'inquiétude et de danger. On veut fortifier la Prusse, on l'aura réellement affaiblie. Est-ce d'ailleurs la Prusse, qui

a droit de s'approprier les biens de ses voisins?
Oublie-t-on la protection qu'elle a donnée à
l'Allemagne par les négociations à Bâle, à Rastatt,
à Ratisbonne, en 1805 à Vienne?

A l'Allemagne? Pour savoir quels sont ses
intérêts, il n'y a qu'à consulter son voeu. Les
princes n'ignorent assurément pas ce qu'ils doivent desirer ou craindre; or tous, à l'exception
d'un seul, disent que c'en est fait de l'Allemagne
si la Saxe est sacrifiée.

La situation de l'Allemagne est un des obstacles les plus forts à la réunion de la Saxe à
la Prusse; mille feux y couvent sous la cendre.
Cette réunion seroit peut-être l'étincelle, qui em-
braseroit tout! Si cela arrivoit, la France reste-
roit-elle spectatrice tranquille de ces discordes
civiles? Il est plutôt à croire, qu'elle en profi-
teroit, et peut-être feroit-elle sagement d'en
profiter.

A l'Angleterre? Elle, à qui il faut surtout
des marchés, que gagneroit-elle, si l'une des plus
grandes villes de commerce de l'Allemagne,
théâtre d'une des plus grandes foires du pays et
de l'Europe, et jusqu'ici sous la domination d'un
prince, avec lequel l'Angleterre ne pourroit jamais
avoir des démêlés, passoit sous la domination
d'une puissance, avec laquelle elle ne peut être
sûre de conserver une éternelle paix? Un autre
prétexte allégué en faveur de la réunion de la
Saxe à la Prusse, c'est qu'on veut faire de cette
dernière une barrière contre la Russie.

Mais les souverains des deux pays sont unis
par des liens, qui font, que tant qu'ils vivront
tous deux, l'un n'aura rien à craindre de l'autre;
cette précaution ne pourroit donc regarder qu'un

avenir fort éloigné; mais que diraient ceux, qui
appuient avec tant de chaleur le projet de réunion,
si témoins de cet avenir, ils voyaient la Prusse
s'appuyer de la Russie, pour obtenir en Allemagne
une extension, qu'ils lui auraient facilitée, et appuyer à son tour la Russie dans des entreprises sur
l'Empire ottoman? Non-seulement la chose est
possible, elle est encore probable, parce qu'elle est
dans l'ordre naturel.

L'union de l'Autriche et de la Prusse est nécessaire au repos et à la sûreté de l'Allemagne;
mais la disposition qu'on prétend faire de la Saxe,
serait la chose du monde la plus propre à rallu-
mer une rivalité qui a duré jusqu'aux désastres de
la Prusse, et que ces désastres ont suspendue, mais
n'ont pas peut-être éteinte.

Ainsi ces dispositions iraient contre le but même qui les aurait fait faire, et d'un premier mal
naîtrait une foule de maux. Reconnaissons donc,
que l'injustice est un mauvais fondement, sur lequel le monde politique ne saurait bâtir que pour
sa ruine.

VI.

Erklärung

in dem pariser Amtsblatt (Moniteur universel)
am 5. Dec. 1814, betreffend die Vereinigung
Sachsens mit Preußen.

Le Journal de Bamberg contient l'article suivant sous la rubrique de Vienne, 9 novembre.

„Pendant que les gazettes allemandes annoncent comme décidé le sort de la Saxe, et que ce pays, gouverné par une des plus anciennes maisons souveraines d'Allemagne, doit tantôt appartenir tout entier au Roi de Prusse, tantôt la plus grande partie seulement, tandis que le reste, partagé en petites portions, passeroit à la branche Ernestine et à la maison d'Autriche; le fait est qu'il n'a rien paru d'officiel à cet égard; nous pouvons même assurer le contraire à nos lecteurs, et nous croyons que le sort futur de la Saxe est encore soumis à de sérieuses réflexions et discussions diplomatiques, et que, si l'on calcule d'après le nombre des puissances qui s'intéressent au maintien de la Saxe, la balance est plutôt en faveur de celle-ci. Il y a des principes généraux de droit public, qui sont reconnus par les hautes-puissances du congrès de Vienne: elles ont d'avance renoncé à tout système de pure convenance ou d'intérêt personnel, et à toute espèce d'usurpation. Tout changement dans le système politique actuel n'a d'autre but que le bien général et le maintien de l'équilibre; tout agrandissement d'une puissance quelconque est, le résultat de l'accord unanime des autres puissances. La maison d'Autriche n'abandonnera point, sans les motifs les plus pressans, les droits d'hérédité de la maison de Saxe sur ce pays; les petites puissances ont un intérêt qu'elles ne peuvent méconnoître à soutenir ces droits, et la France veut, n'importe dans quelle vue, s'opposer également à un démembrement de la Saxe; on prétend même savoir positivement, que le plénipotentiaire françois a remis une note extrèmement forte à ce sujet. La Saxe ne peut cesser d'exister que par une sorte de nécessité absolue, et peut-être verrons-nous se

confirmer dans peu, le bruit généralement répandu
ici, que la Saxe est rétablie.' Ce n'est que lorsque
les rapports de la Pologne et de la Saxe seront déterminés, que l'on pourra statuer avec quelque cer-
titude sur le sont des autres pays conquis de l'Allemagne. On dit que le souverain d'un des plus
grands états de l'Europe a déclaré, par un senti-
ment d'équité qui lui est propre, qu'il se retireroit
de la partie de la Pologne qu'il occupe, aussitôt
que la Pologne entière seroit réunie et formeroit
un royaume indépendant, qui seroit gouverné comme tel par un Roi héréditaire, choisi dans la nation polonoise. L'avenir qui déroule les évènemens, nous fera connoître si ce oui-dire est fondé.«
(*Extrait de la Gazette Universelle — allgemeine Zeitung — du 11 novembre 1814.*)

— Au milieu de tant de bouleversemens et
après les injustices qu'un seul homme a voulues,
et que tous les états de l'Europe ont tour-à-tour
ou souffertes ou tolérées, il est bien difficile que
le congrès de Vienne répare les malheurs de vingt
années remplies de sang et de larmes, et que chargé de la mission d'en préserver l'avenir, il acquit-
te toutes les dettes du passé. Mais avant de se refuser au devoir de redresser un tort, il doit démontrer aux contemporains et à la postérité la nécessité qui aura commandé un si grand sacrifice;
et si, forcé peut-être de laisser subsister des injustices, le congrès en commettoit lui-même, il
sapperoit par les fondemens son propre ouvrage,
et il perpétueroit l'anarchie de l'Europe. Aussi la
Saxe, qu'on disoit menacée de perdre son Roi et
son existence politique, n'aura t-elle point à craindre cette injustice, précisément parce qu'elle n'est
point encore commise; et l'eût elle été, l'opinion

générale proclame déja hautement le danger qu'il y auroit à la consacrer.

Comment le congrès sanctionneroit-il le droit de disposer de la Saxe conquise, lorsque le souverain légitime et ses successeurs n'y ont point renoncé, et que le peuple saxon redemande son antique dynastie? Un Roi qui, pendant près de cinquante ans, a fait bénir son administration; un Roi loyal et toujours étranger à l'ambition, heureux d'avoir, dès le commencement de son règne réparé les maux d'une longue guerre, et malheureux seulement pour avoir voulu éviter les maux de celle qui déjà atteignoit sa capitale, mérite-t-il d'être dépouillé du patrimoine de ses pères, lorsque ses sujets, victimes non de son erreur, mais de la fatalité, lui tendent les bras du milieu de leurs ruines; et d'être traité en criminel sans forme de procès et sans jugement, lorsque tous les autres souverains se sont réunis par une réciprocité de regrets, d'oubli et d'indulgence?

Il est un souverain qu'au sein du malheur et de la résignation, la Providence a préservé de la contagion générale, qui, rendu à ses droits dès l'aurore de la restauration européenne, a pu le premier se montrer étranger à l'ambition et aux vengeances; et sorti de litige par un traité qui servira de base à tous les autres, applique à son gouvernement les maximes de magnanimité et de sagesse qui vont devenir la propriété commune du monde civilisé. Ce souverain seul, peut-être, seroit en droit de juger, et il absout le Roi de Saxe.

Dira-t-on que ce jugement lui est commandé par l'intérêt de sa politique? Non, ce n'est pas la politique de la France qui le commande, c'est la politique de l'Europe; et puisqu'on rend aux rois rarement la justice de les croire guidés par des considérations morales, considérons la question sous le rapport de son influence dans le système d'équilibre général que le congrès de Vienne est appelé à établir.

On veut que la Prusse, réunie à l'Autriche, garantisse l'indépendance de l'Allemagne, qu'elle soit forte contre la France et forte contre la Russie.

„Comment l'Allemagne verroit-elle la garantie de son indépendance dans la Prusse qui, par le seul droit de la force, se seroit emparée de deux millions d'allemands, contre leur vœu et au mépris de tous les sentimens qui les attachent à leur prince? Nous ne discuterons pas ici la question de savoir si, réunis à un grand Etat, ils seroient mieux protégés, moins imposés, plus libres et plus heureux. Il paroît au moins qu'avec tous ces avantages, les Saxons mettent en balance l'existence nationale et les souvenirs par lesquels ils vivent dans l'histoire. Il est dans le caractère allemand un attachement à de saintes habitudes dont la plus sainte est d'obéir à des princes particuliers. Que de fortes institutions resserrent la fédération germanique; que l'identité de mœurs, de la langue, de la littérature crée un esprit national, et l'indépendance de l'Allemagne sera assurée.

Il est évident que le repos et la sûreté de l'Allemagne dépendront désormais de l'union de l'Autriche et de la Prusse. Sera-ce un gage de cette union de voir ces deux puissances, naguères rivales encore, se toucher par une longue ligne de frontières, tandis que la Saxe, intermédiaire, affoibliroit le contact et adouciroit les frottémens?

Que dans le système général d'équilibre de
l'Europe, la Prusse soit forte contre la France et
contre la Russie, la France y consent; mais cette
politique que lui supposent encore ceux qui se plai-
sent à confondre les tems et les intérêts les plus
dissemblables, aimeroit sans doute à voir s'opérer
une réunion qui, semant la défiance et répandant
les germes d'une longue discorde dans l'Allemagne
entière, pourroit faire naître des occasions très prochaines peut-être d'en profiter.

La Prusse sans doute a besoin d'être forte contre la Russie. Mais en ce moment une amitié per-
sonnelle lie les deux souverains; et si jamais ces
heureux rapports devoient cesser, la Prusse seule,
quelque forte qu'elle fût, ne le seroit point assez
contre la Russie. Quand un successeur du magnanime Alexandre voudroit disposer de la puissance
de cet immense Empire pour franchir les dernières
rivières qui coulent vers la Baltique, ce seroit alors
que, non un Etat isolé, non l'Allemagne seule auroit à se réunir pour conserver l'équilibre et les li-
bertés de l'Europe, et que l'ouvrage du congrès de
Vienne auroit à soutenir l'épreuve de sa solidité.
Mais la Prusse trop foible contre la Russie, trop
forte contre l'Allemagne, unie a celle-là aujourd'hui par
l'amitié, et demain peut-être par l'ambition ou par
la crainte, ne présenteroit-elle aucun danger à
celle-ci, lorsque, par l'incorporation de la Saxe,
elle auroit affoibli la garantie de ses intentions et
de son respect pour les principes du droit public?

Ce sont ces principes qu'il importe aujourd'hui
de consacrer. La morale des gouvernemens seule
peut raffermir celle des individus, sans laquelle rien
ne peut assurer le repos et la durée des Etats; et
plus, dans cette epoque si pleine d'avenir, l'Euro-

pe civilisée tend à rapprocher ses différentes sociétés politiques d'un but commun de paix et de prospérité, plus elle observe avec sollicitude la conduite de ceux à qui elle a confié d'aussi grands intérêts. Que les membres du congrès de Vienne, alliés avec la France, soient chargés de la législation la plus solennelle, mais qu'aucun d'eux n'enfreigne d'avance les lois qu'il est appelé à porter!

Ces réflexions ont été naturellement amenées par l'article de gazette que nous venons d'imprimer, et qui nous a paru d'autant plus intéressant qu'il rassurera nos lecteurs contre d'autres nouvelles concernant la Saxe, auxquelles ils auroient pu être tentés d'attribuer un caractère officiel. Nous pensons aussi que les doléances d'un certain article de la *Gazette de France* ont été prématurées, et que la Saxe et l'Europe n'ont pas encore besoin des consolations qu'elle s'est trop empressée de leur prodiguer.

VII.

Auszug

aus einer in England erscheinenden Zeitung, Polen und Sachsen betreffend, datirt London den 12. Nov. 1814.

„Le projet relatif à *l'incorporation de toute la Pologne à la Russie*, comme un royaume distinct sous un prince vice-roi, paroît avoir été concerté entre la Russie et la Prusse, lors du traité de Paris. Ce projet à trouvé de grands obstacles, principalement dans l'art diplomatique des François.

En vain la Russie et la Prusse ont-elles invoqué un *article secret* du traité de Paris, qui oblige la *France* à reconnoître le partage que les alliés feront des contrées conquises ou cédées, M. de Talleyrand a soutenu que par les alliés il faut entendre la *totalité des alliés*, et non pas telle ou telle puissance en particulier: la France ne reconnoissant que les décisions prises par le congrès en masse. Ce principe a été adopté par l'Autriche, l'Espagne, l'Angleterre, et par conséquent il a fallu soumettre l'affaire de la Pologne à une nouvelle discussion générale.

Les inconvéniens de la réunion de tout ce royaume sous un prince vice-roi russe ont fini par être sentis même par le Roi de Prusse, l'ami particulier de l'Empereur Alexandre; il n'a pas cru que l'acquisition de la Saxe et des contrées entre la Meuse et la Moselle pût balancer les dangers auxquels l'incorporation de la Pologne exposeroit sa monarchie. M. de Talleyrand a aussi cherché à démontrer aux autres puissances l'inconvénient de cet agrandissement colossal de la Russie, et il a dû proposer de *donner au Roi de Prusse tout le duché de Varsovie*, du moins jusqu'à la Vistule; ce qui a paru convenable à toutes les autres puissances, dans le cas malheureusement trop vraisemblable où l'on ne pourroit rétablir la Pologne d'une manière utile pour l'équilibre européen.

Si l'Empereur Alexandre ne cède pas sur ce point aux instances réunies des autres puissances, il est à craindre que le congrès ne dure encore long-tems avant d'amener un résultat définitif. Dans le cas où l'Empereur de Russie voudroit se refuser aux voeux de toutes les autres puissances, il pourroit compter non seulement sur ses propres ar-

mées, mais encore sur toute la Pologne, qui aime
mieux être russe que partagée. Le sort de la *Saxe* et de plusieurs autres territoires d'Allemagne dépend absolument de la décision relative à la Pologne; car *on veut porter la monarchie prussienne à
douze millions de sujets, et ne les trouvant pas en
Pologne, on les prendroit en Allemagne.*"

VIII.

Denkschrift

der deputirten Mitglieder der säculari-
sirten Erz-, Dom- und andern geistlichen
Stifte in Teutschland, auf beiden Seiten
des Rheins.

Der Länderverlust, den das teutsche Reich durch
den französischen RevolutionsKrieg gemacht hat, war
bekanntlich im Jahr 1803 die Veranlassung zur Säcularisirung der teutschen Bisthümer, Dom-
und anderer Stifter, mit deren Besitzungen diejen-
nigen Fürsten entschädigt wurden, die die ihrigen auf
dem linken Rheinufer eingebüßt haben.

Für den Unterhalt der Individuen, welchen
die Säcularisirung den Besitz und Genuß des seit so
vielen Jahrhunderten unversehrt bewahrten Erbtheils
der Kirche entzog, wurde in dem Hauptschlusse der
Reichsdeputation vom 25. Febr. 1803, durch Bestimmung ihrer Sustentationen in den §§. 48 — 58
Fürsorge getroffen.

Diese Bestimmungen des ReichsdeputationsHauptschlusses erhielten in der Folge, nach völliger Auflösung des Reichsverbandes, im zweiten Artikel des rhei-

nischen Bundesvertrags vom 12. Jul. 1806, durch welchen sonst alle Reichsgesetze für nichtig erklärt wurden, die ausdrückliche und völlige Bestätigung.

Obgleich dermal ein glücklicher Umschwung der politischen Verhältnisse der teutschen Nation, den Besitz der ihr durch den RevolutionsKrieg entrissenen Länder auf dem linken Rheinufer zurückgestellt hat, so finden sich doch bisher die sämmtlichen Individuen, welche im Jahr 1803 ihre politische Existenz zum Opfer bringen mußten, noch in dem nemlichen Verhältnisse, wie in jener Epoche, wo ihre persönliche Sustentation von der Reichsdeputation festgesetzt wurde.

Die Auflösung des rheinischen Bundes, dessen Acte die neueste Garantie der Sustentationsrechte teutscher Bischöfe, Prälaten und Mitglieder der Dom- und andern Stifter enthielt, machet es nunmehr zur Sicherstellung der Rechte dieser Individuen dringend nothwendig, daß alle dießfällige Bestimmungen des ReichsdeputationsSchlusses von 1803, in der neuen BundesActe der teutschen Staaten als verbindendes Gesetz ausdrücklich bekräftigt werden.

Da mehrere Länder und Besitzungen, auf denen diese Sustentationen haften, jetzt neuerdings ganz oder zum Theil neuen Herren zufallen, so tritt das Bedürfniß ein, durch besondere Bestimmungen fürzusorgen, daß hiedurch die Sustentationen keine Stockung noch Schmälerung erleiden.

Durch die Wiedervereinigung des linken Rheinufers mit den Ländern teutscher Nation, gelangt diese auch wieder zu dem Besitz derjenigen Länder und Güter, die den daselbst bestandenen Erz- und Bißthümern, Domkapituln und andern Stiftern angehörten. Mithin fällt nunmehr der Grund und das Bedürfniß jener SustentationsCasse hinweg, die in Gemäßheit des §. 75. des Reichsdeputations Hauptschlusses für den nöthigen Unterhalt der geistlichen Mitglieder und der Dienerschaft der auf dem linken Rheinufer bestandenen Stifter aus den Beiträgen der Doppelpräbendirten des rechten Rheinufers war gebildet, und bisher von dem Fürsten Primas verwaltet worden. In einigen Staaten Teutschlands ist seit geraumer Zeit von den Mitgliedern der säcularisirten Stifter eine willkührlich bestimmte so genannte Staats Residenz ganz gegen den Sinn des Reichsdeputations Schlusses unter der harten Bedingung gefordert worden, daß im Falle der Nichterfüllung dieser Forderung ein namhafter Theil der Sustentation werde zurückgehalten werden. Manches Individuum, welchem die Erfüllung dieser Forderung durch die Verhältnisse unmöglich war, mußte sonach eine beträchtliche Schmälerung der Sustentation, welche ihm das Gesetz zusicherte, erleiden, weil es zu Handhabung seines Rechtes des hohen Schutzes entbehrte.

Auch sind hie und da die Sustentationen nicht nur mit ausserordentlichen, sondern auch mit jährlich wiederkehrenden Steuern und Abgaben belegt worden, obgleich sie nach dem Sinne des ReichsdeputationsHauptschlusses davon frei bleiben sollten, indem die Steuern und Abgaben schon in demjenigen Zehntel des ehevorigen ganzen Einkommens begriffen sind, welches der neue Besitzer, gemäß §. 53, bei Regulirung der Sustentationen zurückbehalten hat, und weil überdieß bei der Berechnung des reinen Einkommens alle Lasten und Beschwerden in Anschlag gebracht worden sind.

Ueberhaupt befanden sich die Mitglieder der säcularisirten Stifter, seit der Auflösung des Reichsverbandes, in der unangenehmen Lage, daß sie den willkührlichen Beeinträchtigungen ihrer gesetzlich bestimmten Su-

stentationsrechte, nichts als den tödten Buchstaben des
Gesetzes entgegenstellen können, hingegen zu wirklicher
Abwendung solcher Beeinträchtigung einzig die Gnade
des dabei interessirten Souverains anstehen, nicht aber
an den Richterstuhl eines unpartheiischen Schutzherrn sich wenden durften.

Die hier dargestellten wahren Verhältnisse der
Mitglieder säcularisirter Stifter in Teutschland, werden hinreichend ihren Wunsch und Antrag rechtfertigen, daß in die Urkunde des neuen Bundesvertrags der teutschen Nation nachstehende Bestimmungen möchten aufgenommen werden.

1) Die in dem Reichsdeputations Hauptschlusse vom 25. Febr. 1803 ausgesprochenen
Grundsätze, in Betreff der ehemaligen geistlichen
Reichsstände und sämmtlicher Mitglieder der säcularisirten Erz-, Dom- und anderen Stifter im
teutschen Reiche, werden ihres vollen Inhalts
als allgemein verbindendes Gesetz bestätigt.
Das Oberhaupt des teutschen Bundesvereins wird
ermächtiget, Allen und Jeden in dieser Hinsicht
den wirksamsten Schutz zu verleihen.

2) Wo die Besitzungen eines säcularisirten Erz- oder
Bisthums, Domcapituls oder auch anderen Stifts,
unter verschiedene Herren vertheilt wurden, soll
derjenige Souverain, der bisher die Sustentation zu leisten hatte, auch dieselbe noch forthin
so lange zu leisten verbunden sey, bis zwischen
den neuern Theilnehmern eine Uebereinkunft, über
den von jedem künftig zu übernehmenden Antheil
an der ungeschmälerten Sustentation der betreffenden Individuen, abgeschlossen und zur Ausführung gebracht seyn wird.

3) Wann und wo immer die Besitzungen der säcularisirten Bisthümer und Stifter in andere Hände kommen, sollen dadurch die reichsschluß- oder vertragsmäsigen Sustentationen niemals einen Stillstand, noch den mindesten Abbruch leiden dürfen.

4) In Zukunft soll keine StaatsResidenz von den Personen, die eine solche Sustentation genießen, mehr gefordert werden dürfen, sondern es soll einem jeden seine Sustentation ungeschmälert verabfolgt werden, sofern er sich nicht in einem Staate aufhält, der mit dem teutschen Staatenbunde sich im Kriegszustande befindet.

5) Steuern und Abgaben sollen von den Sustentationen keine mehr erhoben und abgezogen werden.

6) Die Sustentationen sämmtlicher Mitglieder der säcularisirten Stifter auf dem linken Rheinufer, sollen künftig von den neuen Besitzern der betreffenden Länder, Güter und Gefälle, nach Verhältniß übernommen werden, und somit hat die SustentationsCasse, wozu die diesseit rheinischen Doppeltpräbendirten beitragen mußten, so wie diese Beiträge gänzlich aufzuhören.

Die Mitglieder der säcularisirten Stifter sind Teutsche, sind Mitbürger des jetzt mit göttlichem Beistande befreiten Vaterlandes. Schon dieß giebt ihnen hinreichenden Anspruch, an den Früchten des Sieges teutscher Nation Theil zu nehmen, wenn auch ganz davon abgesehen würde, daß sie, als die Opfer der vieljährigen schmähligen Unterdrückung Teutschlandes, durch fremde Gewalt, nach der Befreiung desselben besondere Rücksicht verdienen; daß endlich die Nachkommen der edelsten und verdientesten Geschlechter des Vaterlandes, daß die nächsten Verwandten derjenigen sich unter ihnen befinden, die mit rühmlicher Anstrengung zur Herstellung der Unabhängigkeit teutscher Nation und ihrer Fürsten mitgewirkt haben.

Die Unterzeichneten haben die Ehre, die gegenwärtige Denkschrift dem erlauchten Congreß der hohen verbündeten Mächte im allerehrerbietigsten Vertrauen vor Augen zu legen.

(Folgen die Unterschriften.)

IX.

Darstellung

des traurigen Zustandes der entgüterten und verwaiseten katholischen Kirche Teutschlands, und ihrer Ansprüche, datirt Wien den 30. Oct. 1814.

Teutschlands katholischer Kirche verdankt das Vaterland, und selbst der größere Theil des übrigen Europa's, seine Religion und Cultur.

Das Vaterland hat die hohen Verdienste seiner ehrwürdigen Kirche nicht verkannt. Seit langen Jahrhunderten steht sie da, als ergänzender Theil einer beglückenden Verfassung. Ihr Ansehen, ihr Einfluß, ihre Rechte und ihr Eigenthum sind anerkannt, geehrt und für unantastbar erkläret, die Reinheit ihrer göttlichen Lehre bewahret, und der Glaube und das Gewissen gesichert.

Die zerstörende Revolution, welche in unserer Zeit von Frankreich ausgegangen war, und fast alle

Theile Europa's entzündete, hat alle Grundprincipien der bürgerlichen Gesellschaft ergriffen, und in ihrem Geiste hat sie vorzüglich Teutschlands katholische Kirche zerstöret.

Nachdem das Vaterland in langen und unglücklichen Kriegen die Beute des Feindes geworden war, konnte es den nöthigen und lange ersehnten Frieden nur mit den schwersten Aufopferungen und Vernichtung seiner Verfassung erkaufen. Der Ersatz für das Verlorene wurde auf geistliche Staaten angewiesen, und die Säcularisation aller geistlichen Besitzungen als Grundsatz der Entschädigung sanctionirt.

Mit der Abtretung der linken Rheinseite sah nun Teutschland alle seine vorzüglichsten Erz- und Bisthümer, seine Domkapitel und Collegiatstifter, Abteyen und wohlthätigsten Institute zerfallen, und von allen diesem Vermögen blieb der so wohl fundirten Kirche nichts übrig, als zum Theil die AlmosenSpende eines kärglichen Lebensunterhaltes für ihre vorhandenen Diener. Selbst die ausdrückliche Stipulation des ReichsdeputationsSchlusses von 1803, „daß die Güter der „teutschen Kirche, wenigstens zum Theil zur Ver- „wendung und Dotation der Bischöfe und ihrer Capi- „tel dienen sollen", hat die fortwährende Zerrüttung bisher noch unausgeführt gelassen. Gegenwärtig haben die gesegneten Waffen der höchsten Verbündeten die linke Rheinseite dem teutschen Vaterlande wieder gegeben, und daher die proclamirte Ursache der Säcularisation der geistlichen Staaten aufgehoben.

Die säcularisirten geistlichen Fürstenthümer könnten demnach vor dem unparteiischen Tribunal der Gerechtigkeit auf die Restitution ihres vorigen Zustandes, ihrer Dignitäten und Rechte, den gültigsten Anspruch machen, um so mehr, als es der Weisheit erleuchte-

ter Staatsmänner nicht entgehen kann, daß dem wohlthätigen Berufe der Religion nie nöthiger gewesen ist,
im Besitz der erforderlichen Kraft und Mittel zu seyn,
um der göttlichen Lehre Christi wirksamen Eingang zu
verschaffen, das entartete Zeitalter wieder zur Religion zu erheben, zur Ehrfurcht gegen seine Regenten,
und zum Gehorsam gegen die Gesetze zurückführen.

Allein, die teutsche Kirche, stets ergeben in den
anbetungswürdigen Willen der Vorsehung, glaubt in
dem wichtigen Zeitpunkt eines zur Wiederherstellung
der Ordnung und Gerechtigkeit vereinigten Congresses,
wenigstens verpflichtet zu seyn, vorzüglich jene Rechte
vindiziren und reclamiren zu müssen, welche ihr nicht
von einer weltlichen Gewalt, sondern von Gott mit
dem ausschließlichen Befehl übertragen worden sind:
Regere Ecclesiam Dei.

I.

Die katholische Kirche, während sie in ihren Tem-
peln, vor den Stufen ihrer Altäre, den Gott der
Heerschaaren für den Triumph der errungenen Freiheit der Nationen ihre Dankgebete darbringt, be-
weint den elenden Zustand ihrer Verwaistheit, die
fremden Eingriffe in ihre wohlthätige Kirchengewalt, ja
sogar in ihre Dogmen, Gesetzgebung und Jurisdiction.

1) Ihre bischöflichen Stühle sind fast alle
   leer. Ihre Capitel, ein wesentlicher Bestandtheil der teutschen Kirchenverfassung und Freiheit,
   aufgelöset, deren Prälaten zerstreut, ihrem
   Berufe entzogen, oder veraltet und gestorben.

2) Die Grenzen der Diöcesen sind in den
   Staaten des rheinischen Bundes, willkührlich
   nach der Veränderlichkeit der weltlichen Landes-
   grenzen, größtentheils verrückt.

3) Jene religiösen Institute, welchen die Seelsorge und der öffentliche Gottesdienst seine Aushülfe, das Reich der soliden Wissenschaften und die Geschichte eine reiche Ausbeute, das ermüdete Alter und Verdienst seine Ruhe, der Arme seine Labung, der Unglückliche Trost, der Kranke und Sterbende die sorgsamste Pflege, und der europäische Wanderer die brüderliche Gastfreundschaft verdankt, sind vernichtet, und ihre alten Bewohner beiderlei Geschlechts zum größten Theil in eine Welt hinausgestoßen, die ihrem zurückgezogenen und betrachtenden Leben durchaus fremd ist.

4) Die Diener der Kirche sahen sich, immer mehr und mehr, in Ausübung ihres Amtes den Verfügungen der weltlichen Gewalt in allen Beziehungen unterworfen. — Der Drang der Zeiten ließ alle Klagen und Vorstellungen ohne Erfolg.

Ueber die Vorsteher und Diener der Kirche schien die Vorsehung die härtesten Prüfungen verhängt zu haben. Sie duldeten ohne Murren, im Geiste ihres göttlichen Stifters, nach dem großen Beispiele des heiligen Vaters.

Der Geschichte bleibt es überlassen, alle Zerstörungen der verwichenen UnglücksEpoche aufzuzeichnen. — Die Kirche sieht nur jetzt der Wiederherstellung der gesellschaftlichen Ordnung und Grundsätze entgegen, welche die Fürsten Europa's mit vereinter Kraft und mit hoher Weisheit zurückgeführt haben, und die sie jetzt durch einen dauerhaften Frieden zu befestigen eben im Begriffe sind.

In diesem großen Momente verdient die katholische Kirche eine vorzügliche Berücksichtigung. Zu ihrer beglückenden Lehre bekennt sich der grössere Theil dieser denkenden Nation, — nach ihrem angestammten Frömmigkeitssinn, durchdrungen von der Ueberzeugung, daß zu dem Seyn und Wesen ihrer Kirche die Unabhängigkeit in der Verwaltung ihres Hirtenamtes, ihrer geistlichen Gerichtsbarkeit, die freie Wahl ihrer Bischöfe, die Erziehung, Bildung und Anstellung ihrer Diener gehört.

Nur ein leichtsinniger und verwirrter Zeitgeist konnte die Heiligkeit dieser Grundsätze verkennen, die traurigen Folgen aber, welche diese Verkennung, und die Irrthümer des Zeitgeistes nach sich gezogen haben, sind der beste Beweis, wie dringend nothwendig es sey, die teutsche katholische Kirche in ihre alte Würde und in ihr wohlthätiges Ansehen wieder herzustellen. Die teutsche Kirche vertraut hierin nicht allein auf die fromme Gerechtigkeit ihrer katholischen Fürsten, sondern auch auf den gerechten Sinn und die Weisheit jener Regenten, die einer andern Confession zugethan, deren Scepter aber Millionen katholischer Christen unterworfen sind.

1) Die Gemüther der Gläubigen werden bei der Beeinträchtigung ihrer Kirche, bei der Abhängigkeit ihrer Oberhirten und Lehrer entweder in ihrem religiösen Gefühl beunruhigt und mißtrauend, oder kalt gegen alles Heilige und Ehrwürdige.

2) Ist einmal der Mensch in seiner Religion, in seinem innern Frieden gestört — oder gleichgültig für seinen Glauben und seine Hoffnung, dann kann die gefährliche Wirkung auf den Bestand der äusseren Ruhe nicht lange mehr zweifelhaft seyn.

In beiden Fällen gebietet demnach das Unglück, welches aus dem verwaiseten Zustande die Wohlfahrt des Staats mit jedem Tag bedroht, daß der würdige Bedacht genommen werde:

a) auf die vor allen Dingen nothwendige Besetzung der bischöflichen Stühle; und

b) auf die weise Ergänzung ihrer Kathedral Capitel, so wie sie für den beständigen Rath der Bischöfe und deren Wahl geeignet seyn müssen.

Da hievon die Wiederherstellung der verfallenen KirchenDisciplin, die Einrichtung der Seminarien, die sorgfältige Erziehung und Bildung der Geistlichen, die Aufsicht über den Clerus, und die Leitung des religiösen Unterrichts in den Schulen, somit das ganze Fundament der Wohlfahrt der Kirche und des Staats, vorzüglich abhängt, so ist höchst dringend, für die Besetzung der bischöflichen Stühle, ohne Aufschub, Vorsehung zu treffen.

A) In dem gegenwärtigen Zustande der teutschen Kirche fällt das Recht und die Verbindlichkeit ohnehin unbezweifelt auf das Oberhaupt der allgemeinen Kirche, für diesen Fall und vermöge seiner Autorität, für die Besetzung der bischöflichen Stühle, nach den Bedürfnissen der Zeit, durch die Wahl neuer Bischöfe die weise Vorsehung zu treffen.

Dieses wird nicht nur das zureichende Mittel seyn, die Gemüther der Gläubigen zu beruhigen, sondern auch den beiderseitigen wesentlichen Verhältnissen und Erfordernissen der Kirche und des Staats vollkommene Genüge zu leisten, deren wahre Zwecke so innig verbunden sind.

B) Sind auf solche Art die verwaiseten Stühle wieder mit vaterländischen Bischöfen besetzt, so wird es weniger schwer seyn, die Kathedral Capitel wieder herzustellen und so zu ergänzen, daß sie fähig sind, ihren Offizien und Obliegenheiten Genüge zu leisten, daß so fort aus deren Mitte und freier Wahl, würdige Bischöfe unter den erforderlichen Eigenschaften für die Zukunft hervorgehen können; wie es sowohl den canonischen Vorschriften gemäß, als auch in den Sitten und Gewohnheiten dieser biedern Nation seit so vielen Jahrhunderten gegründet ist, deren katholischer Theil diese freie und canonische Wahl der Bischöfe durch die Capitel, als das kostbarste Privilegium der germanischen Kirche betrachtet.

Um nun alle diese Hindernisse zu entfernen, welche der Freiheit der teutschen Kirche seither im Wege gestanden, und sowohl die Wiederherstellung derselben zu bewirken, als auch die Gefahr, welche auf jedem längern Verzug haftet, zu beseitigen, bietet sich kein gerechteres, berühigenderes, und zugleich angemesseneres Mittel dar, als die Gerechtigkeit und Frömmigkeit der allerhöchsten Mächte devotest zu imploriren, um vordersamst auszusprechen:

a) daß die katholische Kirche wieder in ihre eigenthümliche Rechte eingesetzt, und in den Besitz ihrer Rechte, mit Inbegriff der freien Wahl der Bischöfe durch die Capitel, gegen jeden fremden Eingriff erhalten und gesichert werde;

b) daß demnach die Verhältnisse der Kirche zum Staate, was die Ausübung der kirchlichen Rechte betrifft, ohne Rücksicht auf alle zum Nachtheil derselben statt gefundenen Neuerungen, in jenen Zustand wieder herzustellen seyen, wie sie früher in Teutschland bestanden haben; und

c) daß jener Grundsatz — der alten teutschen
Kirchenfreiheit — bei allen über diesen Gegenstand noch weiterhin zu treffenden Bestimmungen, als die Grundlage aufgestellt und angenommen werden solle.

II.

Teutschlands katholische Kirche reclamirt ihr Eigenthum, auf welches sie nie Verzicht leisten darf.

Wenn diese Reclamation jedem Privatmann erlaubt ist, so kann sie um so weniger jener ehrwürdigen Mutter übel gedeutet werden, die keinen andern
Gebrauch von ihrem Vermögen macht, als zur Be-
glückung der Menschen.

Die teutsche Kirche reclamirt demnach:

a) alle ihre kirchlichen Besitzungen, welche
noch nicht veräussert sind;

b) ihre veräusserten Besitzungen, in so
weit sie nach den bestehenden RechtsPrincipien
und Gesetzen einlösbar sind;

c) in Ansehung des Restes ihres Eigenthums, vertraut sie auf die Gerechtigkeit der
höchsten Regenten, daß der zureichende Ersatz durch angemessene Entschädigungen, in
unbeweglichen Besitzthümern, wenigstens in so weit geleistet werde, als zur Fun-
dation der Bisthümer, ihrer Capitel,
Seminarien, Pfarreien, so wie ihrer
kirchlichen und wohlthätigen Institute,
nothwendig und erforderlich ist.

Was die Kirche hier zurückfordert, war, und
ist noch ihr Eigenthum, das als solches, selbst
in der Meinung aller rechtlichen Menschen geehrt

wird. — In so weit diese Kirchengüter noch nicht veräuſſert sind, berührt ihre Rückerstattung das bürgerliche Eigenthum nicht.

Da, wo die gefoderte und anerkannte Restitution zur Ehre des Rechts und des Gesetzes geboten wird, können sich die Besitzer in ihrem Gewissen für rechtmäſige Eigenthümer ohnedieß nicht halten.

Wenn aber auch der Rechtsgrundsatz der vollen Wiedererstattung, von dem Tribunal einer rücksichtlosen Gerechtigkeit in seiner Strenge ausgesprochen werden müßte, so verbürgt der milde Geist, der zum Wesen der Kirche gehört, jede billige Mäſigung in der Anwendung.

Die Kirche besitzt ihr Eigenthum nur zum Wohl und Glück der Völker. — Ihrer hohen Bestimmung genügt die Ausübung der Liebespflichten jeder Art. Bei ihr findet jeder Stand und jede Classe erleichternde Unterstützung zum edlen Beginnen. Erziehung der Jugend, Bildung ihres Geistes und Herzens, Leitung ihrer Studien in den Grundwissenschaften, gehören in den Umkreis ihrer wesentlichen Pflichten.

Durch Ausübung der Gerechtigkeit für die wohlthätigen teutschen KirchenAnstalten, kann demnach der Staat nicht anders, als die wichtigsten Vortheile gewinnen. Der Sinn der Völker zu frommen Thaten wird wieder gewonnen; ihre Gemüther werden fortan der Wahrheit, dem Rechte und der Billigkeit wieder huldigen, und so der Zukunft ein biederes Geschlecht in Tugend und teutscher Kraft bereitet werden.

In der Harmonie gerechter und frommer Regenten mit der heiligen Kirche, werden die Nationen das Glück eines väterlichen Regiments ehren und lieben, wird sich der Grundsatz des Evangeliums nach seinen heilbringenden Wirkungen für die allgemeine Wohlfahrt immer mehr bewähren: zu geben dem Kaiser was des Kaisers und Gott was Gottes ist.

Wien, am 30. October 1814.

Für die katholische Kirche Teutschlands.

Freihr. von Wambold,
Domdechant von Worms, Capitular des mainzer MetropolitanCapitels zu Aschaffenburg.

J. Helfferich,
Präbendär bei der Domkirche zu Speyer.

Schies, Syndicus.

————————

X.

Anrede

an Se. k. k. Maj. den Kaiser von Oestreich, gehalten am 22. October 1814 von der verwitweten Fürstin von Fürstenberg, in der Audienz, welche die Deputation der Standesherren *) (der durch die rheinische BundesActe untergeordneten vormaligen regierenden reichsständischen Reichsfürsten und Reichsgrafen) bei dem Kaiser hatte.

Das Zutrauen meiner Mitstände verschafft mir das Glück, vor dem Angesichte Ew. kaiserl. Majestät

————————

*) Diese Deputation bestand aus dem Fürsten von WiedNeuwied, dem Grafen von Erbach-Erbach, dem Landgrafen von Fürstenberg, und der Fürstin Vormünderin von Fürstenberg, welche letzte das Wort führte.

zu erscheinen. Ich könnte in Verlegenheit seyn, vor dem größten Monarchen zu sprechen, wenn unsere Sache nicht die gerechteste wäre, welche je vor den Thron Ew. kaiserl. Majestät gebracht worden ist.

Die vor Ew. kaiserl. Majestät unterthänigst erscheinenden teutschen Reichsstände und ihre Familien, haben seit unvordenklichen Jahren mit unerschütterlicher Treue an Teutschlands Constitution und dem erlauchten Kaiserhause gehangen. Diese Treue an Kaiser und Reich haben ihre Völker und Ahnen zu allen Zeiten, und noch im letzten entscheidenden Feldzuge, sie selbst und ihre Kinder mit ihrem Blute besiegelt. Dafür aber sind sie von ihren angebohrnen Rechten, von dem wohlerworbenen Erbe ihrer Ahnen, ja sogar von ihrem Eigenthume entfernt, und in einen schlimmern Zustand versetzt worden, als der letzte ihrer vormaligen Unterthanen.

Aus den Händen der gerechten und weisen Monarchen, welche Europa die Ruhe nicht nur wiedergeben, sondern auch sichern wollen, erwarten sie, vertrauensvoll, die Zurückgabe ihres väterlichen Erbes und der unveräusserlichen Rechte ihrer Häuser. Indem ich Ew. kaiserl. Majestät unsern in gegenwärtiger Schrift *) enthaltene allerunterthänigste Bitte in tiefster Ehrfurcht zu Füssen lege, darf ich im Namen so vieler treuer teutscher Reichsstände das Wort aussprechen: daß wir keine Gewährleistung einer Verfassung voraussehen, wenn nicht der Vater so vieler und so grosser Völker sich bewegen läßt, auch unser Vater und Kaiser wieder zu werden. Gottes Gnade, die uns bis hieher geführt hat, wende das Herz unsers guten Kaisers wieder zu uns, und lenke seinen Willen, auf daß er zu Teutschlands Heile wie-

*) Man s. die folgende Numer.

der nach dem Besitze desjenigen greife, was in andern Händen nothwendig ein Keim zu innerer Zerrüttung, und sogar eine Waffe gegen ihn selbst werden könnte.

Anmerkung.

Die Antwort des Kaisers auf vorstehende Anrede war ungefähr folgende:

„Ich habe meine lieben Teutschen kennen gelernt, und es ist mir unendlich rührend und schmeichelhaft den Ausdruck dieser Anhänglichkeit neuerdings zu vernehmen. Glauben Sie sicher, daß ich alles, was in meinen Kräften steht, anwenden werde, um Teutschlands Ruhe und Wohlfahrt für die Zukunft zu sichern. Ich bin schon von mehreren Seiten angegangen worden, die teutsche Krone wieder anzunehmen, und es ist auch mein Wunsch, wenn dessen Erfüllung sich mit dem Interesse meiner eigenen Länder vereinigen läßt. So gerührt ich durch Ihre Anrede bin, so wenig bin ich in Verlegenheit, Ihnen zu antworten; denn ich habe keinen andern Wunsch noch Willen, als den nach Recht und Gerechtigkeit, und daß Jedem das Seinige wieder werde. Sie werden auch aus dem Verlaufe der Verhandlungen sehen, daß dieß mein steter und einziger Wille war. Ich weiß nun, was die Teutschen für ein gutes und braves Volk sind, und Sie können darauf zählen, daß ich Ihr gerechtes und billiges Verlangen, so viel an mir liegt, unterstützen werde.“

XI.

Bittschrift,

Sr. k. k. Majestät dem Kaiser von Oestreich, am 22. Nov. 1814 von einer Deputation der Standesherren, in einer Audienz übergeben.

Allerdurchlauchtigster ꝛc.

Ew. Kaiserlichen Majestät wagen es die Unterzeichneten für sich, und im Namen aller derjenigen Reichsstände, welchen die gewaltsame Auflösung der teutschen Reichsverfassung ein allgemein hartes Schicksal bereitet hat, die ehrerbietigste Bitte, um Allerhöchst Ihren mächtigen und huldreichen Schutz auf's Neue allerunterthänigst vorzulegen.

Sie wagen es mit dem unerschütterlichen Vertrauen in Ew. Kaiserlichen Majestät Gerechtigkeitsliebe, und zugleich mit den frohesten Hoffnungen, in diesem Augenblick, wo die erhabenen Zusicherungen der mächtigsten Monarchen, daß das befreite Teutschland durch eine auf Grundsätze der Gerechtigkeit gebaute, seine Unabhängigkeit und Selbstständigkeit sichernde, und eines Jeden Rechte schützende Verfassung wieder vereinigt werden solle, ihrer Erfüllung nahe sind.

An dieser Verfassung gleichen Theil zu nehmen, und demnach auch für sich einen den Grundsätzen der Gerechtigkeit gemäßen Zustand hergestellt zu sehen, dürfen die Unterzeichneten von den so oft laut ausgesprochenen gerechtesten Absichten der hohen verbündeten Mächte, und von Ew. Kaiserlichen Majestät preiswürdigen Gesinnungen insonderheit, um so mehr vertrauensvoll erwarten, je gewisser die bedrückte Lage, in welche sie und

ihre Unterthanen verſetzt worden ſind, bei der bevor-
ſtehenden Begründung der teutſchen Verfaſſung die al-
lerhöchſte Aufmerkſamkeit und Beherzigung verdient.

Die Darſtellung dieſes Verlangens iſt nicht allein
der Wunſch und die ſehnſuchtsvolle Erwartung der Unterzeichneten, ſondern auch ihrer Unterthanen, welche
eben ſo einer gleichen Berichtigung ihres zeitherigen
gewaltſamen Verhältniſſes entgegen ſehen.

In tiefſter Ehrfurcht,

Ew. Kaiſerlichen Majeſtät

Wien, den 22. Oct. 1814.   ꝛc.

(Iſt unterzeichnet von dem
        Fürſten von Wied-Neuwied,
        Grafen von Erbach-Erbach,
        Landgrafen von Fürſtenberg, und von der
        Fürſtin Vormünderin von Fürſtenberg.)

XII.

Vorſtellung

der fürſtlichen Geſammthäuſer Solms und Wied,
wegen Aufhebung ihrer Unterordnung unter Souveraine des vormaligen rheiniſchen Bundes, datirt
Wien den 27. Dec. 1814.

Wenn das gemeinſame Intereſſe der durch den
Rheinbund unterjochten Reichsſtände erheiſchte, gegen
die Eingaben mehrerer Mitglieder derſelben vom 16.
Nov. ihre Rechte zu verwahren: ſo wird dieſe Maas-
regel für die Unterzeichneten durch ihre individuelle
Lage noch beſonders zum bringendſten Gebot.

Die Ungerechtigkeit, aus welcher der Rheinbund hervorging, zeigt sich da in ihrer größten Vol-
lendung, wo sie die alten reichsständischen Geschlechter
von Solms und Wied ihren Reichsmitständen von
Hessen, und sogar Nassau, unterwarf. — Sie,
besonders die letztern, nicht einmal beruhigt bei der
Einräumung, welche ihnen ihr Bündniß über fremdes
Eigenthum gestattete, haben selbst gegen diese
Norm die schreiendsten und gewaltthätigsten Beeinträchtigungen an dem persönlichen und Eigenthums-
rechte der Unterzeichneten und ihrer Unterthanen be-
gangen; Gewaltstreiche, deren Wirkung in diesem Augenblick noch fortdauert, wo sich Teutschland der wie-
dererrungenen Freiheit rühmen sollte.

Dahin gehören alle Verfügungen, wodurch für
die Unterzeichneten die Prärogative illustrer Familien
vertilgt oder beschränkt, die Rechte der Gerichtsbarkeit,
der Polizei und anderer Landeshoheits-Gerechtsame bis
auf unbedeutende Spuren entzogen, ihre Revenüen
durch die Entreißung und Aufhebung der wichtigsten
grund- und lehenherrlichen Einkünfte, wie durch exor-
bitante Besteuerung, auf das empfindlichste geschmä-
lert, und überhaupt die unvermeidliche Erlöschung ihrer ganzen politischen Existenz, der völlige Ruin in
finanzieller Rücksicht, vorbereitet wurde.

Als Handlungen bloßer Willführ und Folgen des Rheinbundes, konnten und können sie
keine Rechte begründen. Indem daher die Unterzeichneten vor dem Throne der Monarchen, von welchen
sie mit ihren Unterdrückern ihr Recht erwarten, sich
und ihre Nachkommen von aller Rechtsverbindlichkeit lossagen, und solche widersprechen,
welche etwa daraus hergeleitet werden wollte, müssen
sie zugleich dagegen nicht nur sämmtliche, ihnen durch
die Auflösung des Rheinbundes wieder angefallenen

Rechte, sondern auch ihre unbestrittenen Ansprüche auf den gebührenden Ersatz des durch die gedachten Gewaltstreiche erlittenen Verlustes feierlich reserviren.

Dahin gehört ferner die Einführung einer landständischen Verfassung, mit welcher die vormaligen Souveraine von Nassau in den sogenannten Souverainetätslanden immer noch fürschreiten.

Die Unterzeichneten, im lebendigen Gefühl der den allerhöchsten Monarchen gewidmeten Ehrfurcht, aber auch der Rechte, welche ihnen Geburt und rechtmäßige Verfassung anwies, betrachten diese Handlung als eine Anmaaßung, wodurch den allerhöchsten Absichten vorgegriffen, und ihrer Würde zu nahe getreten wird.

Sie widersprechen also das Verhältniß, welches hierdurch, nach aufgelösetem Rheinbund, von Neuem im Geiste der Unterjochung gebildet werden soll, und erklären für sich und ihre Nachkommen, daß sie nie Landstände der Fürsten von Nassau werden weder können noch wollen, sondern sich nur demjenigen unterwürfig glauben, was von den allerhöchsten Monarchen, nach Ihrer so laut verkündeten Gerechtigkeit über ihr künftiges Schicksal beschlossen werden wird.

Endlich und vorzüglich gehört noch dahin die grausame Aushebung der Unterthanen zum holländischen Kriegsdienst, welche sich eben diese Fürsten noch immer zu Schulden kommen lassen. Mag man sie öffentlich noch so gut zu beschönigen suchen; sie bleibt, was sie ist, der schmerzlichste Eingriff in die Freiheit des teutschen Volks, dessen höchster Ruhm das lang entbehrte Bewußtseyn ist, daß teutsches Blut nur für die heilige Sache des Vaterlandes, nicht für fremdes Geld und Interesse fliesse;

sie steht in einem gehässigen Streit mit dem Geiste des NationalWehrstandsSystems, auf welches das teutsche Volk seine Sicherheit zu gründen gedenkt; sie zertrümmert die Rechte des Menschen, indem sie ihn zur Waare herabwürdigt.

Die Unterzeichneten, denen der Zustand ihrer trostlosen Unterthanen eben so nahe geht, als der ihrige immer unerträglicher wird, halten es für Pflicht, den Schutz der allerhöchsten Monarchen gegen alle diese Bedrängungen, der durch eine allergerechteste Weisung so leicht gewährt werden könnte, ehrerbietigst zu reclamiren, und indem sie Seine ꝛc. ganz gehorsamst bitten, diese ihre allerunterthänigste Vorstellung und Verwahrung zur allerhöchsten Kenntniß zu bringen, und sie wohlwollend und nachdrücklichst zu unterstützen, ersuchen sie Dieselben, die Versicherung ihrer besondern Verehrung zu genehmigen.

Wien, den 27. December 1814.

Ferdinand, Erbprinz von Solms Braunfels, Namens seines Vaters, des Gesammthauses Solms Aeltesten.

August, Fürst zu Wied, im Namen des Gesammthauses Wied.

XIII.

Note

der hessischen, herzoglich-sächsischen und nassauischen Bevollmächtigten, an die kaiserlich-östreichischen und königlich-preussischen ersten Bevollmächtigten, enthaltend den Antrag, Mainz für einen Waffenplatz und eine Festung des teutschen Bundes zu erklären, datirt Wien den 25. Oct. 1814.

Unterzeichnete hessische, herzoglich-sächsische und nassauische Bevollmächtigte sind beauftragt, nachstehende für ganz Teutschland, zunächst aber für die hessischen und nassauischen Staaten im höchsten Grade wichtigen Wünsche des Herrn Fürsten von Metternich (von Hardenberg) hochfürstlichen Gnaden nicht nur zur geneigten Berücksichtigung zu empfehlen, sondern auch als den Ansichten ihrer Höfe entsprechend auszudrücken.

Es ist bekannt, daß die Stadt und Festung Mainz auf der Seite des Rheins als der Punkt betrachtet werden muß, von dessen Besitz nicht nur die Sicherheit des nördlichen, sondern auch des mittlern und südlichen Teutschlands und zunächst der unmittelbar angrenzenden hessischen und nassauischen Staaten abhängig ist.

Die neuesten Vorgänge haben dieses bewiesen. In den Jahren 1799, 1805 und 1809 diente Mainz als Hauptwaffenplatz zur Invasion des südlichen Teutschlandes, so wie in den Jahren 1806, 1811 und 1812 zu der des nördlichen.

Die Sicherheit aller teutschen Staaten und selbst der entfernteren europäischen Reiche fordert also, daß

der Besitz der Stadt Mainz nicht an eine einzelne Macht übergehe, deren politisches Interesse und
Verbindungen in irgend einem Zeitpunkte innerer oder
äußerer Schwäche, von dem Interesse oder den Allian-
zen des ganzen, sowohl südlichen und nördlichen, als
mittlern Teutschlandes sich entfernen könnte. Nichts
kann also natürlicher und dem Interesse von ganz
Europa, insbesondere aber dem von ganz Teutschland
entsprechender erscheinen, als wenn der Besitz von
Mainz an mehrere dazu geeignete Staaten
Teutschlands übergehet, oder, mit andern Worten,
Mainz als Waffenplatz und Festung des ganzen künftigen teutschen Bundes betrachtet wird.

Es kann nicht schwer fallen, bestimmte Normen zu finden, wie von diesen Staaten des künftigen teutschen Bundes das Besatzungsrecht gemeinschaftlich ausgeübt, und dadurch der Besitz
dieses wichtigen Punktes ganz Europa und Teutschland
unter allen Umständen garantirt werden kann.

Leicht ließe sich auch mit dem gemeinschaftlichen
Besitz von Mainz, die Wiederherstellung eines, dem alten Teutschen Orden ähnlichen
Instituts verbinden, das den Wünschen der ganzen
Nation und insbesondere den gerechten Erwartungen
des teutschen, vieler Vorzüge durch die neuesten Begebenheiten beraubten Adels entsprechen würde.

Alle teutschen Staaten sind militärisch organisirt, und werden es noch mehr werden;
sie sind also geeigenschaftet zur Erreichung eines
solchen gemeinschaftlichen wichtigen Zwecks in bestimmten Verhältnissen mitzuwirken. Sie sind auch sämmtlich verpflichtet, den Aufwand, der hieraus für sie
hervorgehen würde, zu tragen, soweit derselbe nicht
durch Einkünfte des ganzen teutschen Bun-

des, wie z. B. durch die Revenüen der Rhein-Octroi, schon gedeckt ist, oder künftig gedeckt werden wird.

Insbesondere sind Unterzeichnete ermächtigt, die Bereitwilligkeit ihrer Höfe dazu auszudrücken. Es läßt sich also gegen die Ausführbarkeit dieses Vorschlags, von dieser Seite nichts erinnern.

Wenn Unterzeichnete sich dazu für berufen geachtet haben, diese vaterländische Angelegenheit in Anregung zu bringen: so sind sie außer dem allgemeinen Interesse der Sache für Teutsche, noch durch den Umstand besonders dazu aufgefordert, daß ihre Staaten Mainz zunächst gelegen sind, ja daß sich sogar ein Theil der mainzer Festungswerke, in ihrem Staatsgebiet befindet. Die Festungswerke der Mainspitze liegen zum Theil bekanntlich auf hessischem, — die Festungswerke von Cassel und der KurfürstenInsel aber auf nassauischem Gebiet, da nur durch die Uebermacht des damaligen Machthabers in Frankreich, zu Anfang des Jahrs 1806, ohne allen Ersatz Nassau gezwungen worden ist, Cassel und Kostheim sowohl als die Rheininseln an Frankreich zu überlassen.

Indem Unterzeichnete den Inhalt gegenwärtiger Note des Herrn Fürsten c. fürstlichen Gnaden nochmals empfehlen, verbinden sie damit die Versicherung ihrer verehrungsvollen Gesinnungen.

Wien, den 25. October, 1814.

(Folgen die Unterschriften.)

XIV.

Ueber die Repräsentation des nicht-königlichen Teutschlandes auf dem teutschen Bundestage, und seine Gestaltung zu diesem Zwecke.

Unter diesem Titel, und mit dem Motto: „tantaene molis esset germanam condere gentem?"— ward zu Wien in den letzten Tagen des Jahres 1814, auf 16 Seiten in Octav, gedruckt, an mehrere Congreß-Bevollmächtigte, besonders an diejenigen der souverainen Großherzoge, Herzoge und Fürsten, ein Vorschlag zu Errichtung eines neuen teutschen Fürstenbundes, als Gegengewichtes der königlichen Staaten des künftigen teutschen Bundesvereins, ausgetheilt. Der Verfasser legt das Wesentliche seines Vorschlags mit folgenden Worten dar.

*　　　　*　　　　*

Es würde höchst wünschenswerth seyn, daß ein neuer Fürstenbund das gesammte fürstliche Teutschland, mit Einschluß der Reichsstädte, zu einem Ganzen vereinigte, und dadurch die selbstständige Aufnahme dieses Ganzen in die künftige teutsche Bundes-Versammlung eben so sehr erleichterte, als sie gerecht ist.

Die Möglichkeit eines solchen Bundes muß existiren, da das gemeinschaftliche, wie das besondere Interesse aller teutschen Machthaber und der ganzen Nation sie dazu auffordert, ja diesen Verein zu einer wesentlichen Bedingung der Erreichung des grossen Zwecks macht.

Die Verfassung dieses teutschen Fürstenbundes würde auf folgenden Grundsätzen beruhen:

1) Sämmtliche Fürsten teutscher Länder, mit Ausnahme Oestreichs, Preussens, Baierns, Hannovers und Würtembergs, aber mit Einschluß der freien Reichsstädte, vereinigen sich durch ein constitutionelles Bündniß zu einer besondern Conföderation, die den Namen des teutschen Fürstenbundes führt, und, in Gemeinschaft mit den oben erwähnten fünf Staaten, das föderirte Teutschland bildet.

2) Die in diesem Fürstverein begriffenen Staaten constituiren, in allen Beziehungen zum föderirten Teutschland und die GesammtAngelegenheiten desselben, so wie in allen Verhältnissen zu andern Staaten, ein gemeinschaftliches Ganze.

3) Diesem gemeinschaftlichen Ganzen gebühren die nämlichen Verhältnisse und Rechte, wie jedem der Königreiche Baiern, Hannover und Würtemberg, und insonderheit hat dieser Fürstenbund auf dem teutschen Bundestage, gleich den oben gedachten Königreichen, eine Stimme.

4) Die GesammtAngelegenheiten des Fürstenvereins, und insonderheit das Sitz- und Stimmrecht auf dem teutschen Bundestage, werden von einem Director des Fürstenvereins geführt und der Verein durch ihn vertreten.

5) Die vereinigten Fürsten wählen diesen Oberfürsten aus ihrer Mitte, und auf gleiche Art zwei, demselben zur Seite stehende Assistenten oder VorderFürsten; alle drei sind auf Lebenszeit gewählt, letztere haben jedoch nur eine berathende Stimme.

6) Bei dem OberFürsten befindet sich ein von demselben präsidirter, permanenter Fürsten-

rath, welcher aus Abgeordneten der übrigen Fürsten und der Reichsstädte besteht.

7) Im Fürstenrath werden die Angelegenheiten des Fürstenbundes erörtert und entschieden: der OberFürst hat darin eine vierfache Stimme; die Stimmenmehrheit entscheidet, und ist die Norm für das Votum des OberFürsten auf dem Bundestage; in diesem Fürstenrath hat jeder Großherzog eine dreifache, jeder Herzog eine doppelte und jeder Fürst eine einfache Stimme; Großherzoge und Herzoge, die mehrere ehedem selbstständige Fürstenthümer besitzen, haben für jedes derselben, neben ihrer Hauptstimme, noch eine fürstliche Stimme, welche letztere auch jeder Reichsstadt gebührt.

8) Die schiedsrichterliche Gewalt über die Fürsten, steht dem Fürstengericht zu, das von einem besonders dazu auch auf Lebenszeit gewählten Fürsten präsidirt ist; diesem Gerichte ist auch der OberFürst mit seinen beiden Assistenten in Ansehung der Pflichten dieser Würden unterworfen, dergestalt, daß sie von demselben dieser Stellen wegen verletzter Pflicht entsetzt werden können. Auch die Unterthanen können ihre Fürsten bei dem Fürstengericht belangen.

9) Der OberFürst und dessen beide Assistenten leiten die diplomatischen Angelegenheiten, allein und ohne Zuziehung des Fürstenraths.

10) Die stehende Armee dieses Bundes — das teutsche Fürstenheer — kann bei einer Population von 4,522,000 Einwohnern auf 45,000 Mann angenommen werden; es besteht als gemeinschaftliches teutsches Fürstenheer,

nicht als besondere Truppen, des einen oder andern Fürsten. Der Erzfürst und die beiden Assistenten haben die Oberaufsicht und die oberste Leitung dieses Heers und legen darüber dem Fürstenrath Rechnung ab; sie bestreiten den Kostenaufwand aus der BundesCasse. Die Organisation besteht nach allgemeinen, vorher festgestellten Grundsätzen, seine Ergänzung durch regelmäßige Rekrutirung aus allen Ländern des Vereins, die OffiziersStellen besezt der Oberfürst und die Assistenten, so wie sie auch die Dislocation im ganzen Bundesumfang besorgen. Der ganze Fürstenbund wird nach der unten *) bemerkten Uebersicht in drei Divisionen oder Kreise, seiner Lage nach, am Rhein, im Norden und im

*) Volksmenge.

	Einwohner.	Einwohner
1) HessenCassel mit Seitenlinien	500,000	
2) HessenDarmstadt	572,000	
3) Baden	954,000	2,350,000
4) Nassau	272,000	
5) Hohenzollern	52,000	
6) Lippe	95,000	
7) Oldenburg	160,000	
8) Waldeck	50,000	
9) Holstein	530,000	
10) Beide Mecklenburg	366,000	1,547,000
11) Braunschweig	204,000	
12) Anhalt	124,000	
13) Hamburg		
14) Lübeck	218,000	
15) Bremen		
16) SachsenWeimar	111,000	
17) SachsenGotha	187,000	
18) Die drei andern Häuser Sachsen	140,000	625,000
19) Beide Häuser Schwarzburg	114,000	
20) Die Häuser Reuß	73,000	
	Zusammen	4,522'000

(marginal labels: die Rheinländer; die nördlichen Länder; die Herzländer)

Herzen eingetheilt, und zur Leitung der Militär Angelegenheiten jedem Kreise ein Kreis = oder Bannerfürst vorgesetzt, welche der Fürstenrath auf Lebenszeit wählt.

11) Die innere Regierung der einzelnen Bundesstaaten verbleibt, wie bisher, den Fürsten derselben, mit Vorbehalt des Num. 8. gedachten Recurses an das Fürstengericht.

Auf diese Art, glaube ich, würde ohne Beugung irgend eines höhern Interesses, den Rechten der teutschen Fürsten und der von ihnen regierten fünfthalb Millionen Teutschen und der, zwischen allen Teutschen seit einem Jahrtausend Statt gehabten Gleichheit der Rechte, dasjenige Recht wiederfahren, zu dessen Anerkennung Gerechtigkeit und eigenes NationalInteresse sich so lebhaft vereinigen.

––––––––

Nachschrift des Herausgebers.

Bei vorstehendem Personal = und TerritorialBestand des vorgeschlagenen Fürstenbundes, finden manche, zum Theil nicht unerhebliche Berichtigungen statt. Ganz ausgelassen sind NassauOranien und die freie Stadt Frankfurt, welche doch beide jetzt schon in den wiener Conferenzen der vereinigten teutschen Fürsten und freien Städte durch Repräsentanten erscheinen. Ob der mit in Ansatz gebrachte König von Dänemark, wegen Holstein, dem Bund beitreten werde? ist noch zweifelhaft. Eben so, ob nicht die nicht in Rechnung gebrachten Fürsten von Lichtenstein, Isenburg und Leyen, desgleichen der Herzog von Arenberg, und die Fürsten von Salm Salm und SalmKyrburg, so wie bisherige so genannte Standesherren, sich in der Lage finden werden, dem Bunde beizutreten? Endlich leidet auch die Einwohnerzahl hin und wieder bedeutende Berichtigungen. Zu viel ist angesetzt, bei HessenCassel, Braunschweig, Anhalt, den Hansestädten, SachsenWeimar. Zu wenig findet sich, bei Baden (es hatte 1812 eine Million 1,630), Lippe, Oldenburg, SachsenGotha. Unter diesen Voraussetzungen erhöhet sich die TotalSumme der Volksmenge des Ganzen leicht um ungefähr 300,000, und wenn man Dänemark wegen Holstein hinzurechnen darf, um noch einmal so viel, so daß im letzten Fall der ganze Bund über fünf Millionen Einwohner zählen würde.

XV.
Note

des bevollmächtigten Abgeordneten vieler teutschen fürstlichen und gräflichen Häuser, welche durch die rheinische BundesActe andern teutschen Fürsten untergeordnet wurden, an die kaiserlich - östreichischen, königlich - preussischen und königlich - großbritannisch - hannöverischen ersten Bevollmächtigten, datirt Wien den 7. Decbr. 1814.; betreffend die Rechtsverwahrung der ersten gegen die Note der bevollmächtigten Abgeordneten 29 teutscher unabhängigen Fürsten und freien Städte vom 16. Nov. 1814. (1s Heft Num. XVI.), mit Beifügung einiger Wünsche in Absicht auf die künftige Verfassung des teutschen Staatenbundes und der teutschen Länder.

Zur Kenntniß der fürstlichen und gräflichen Häuser, deren legitimirter Geschäftsträger der Unterzeichnete zu seyn die Ehre hat, ist der Inhalt derjenigen Vorstellung gekommen, welche mehrere vormalige Reichsstände und Souveraine des Rheinbundes unter dem 16. v. M. eingereicht haben.

In so fern diese Vorstellung den Endzweck hat, Hoffnungen und Wünsche für die allgemeine Wohlfahrt des teutschen Vaterlandes auszusprechen, so wie ehrfurchtsvolle Huldigungen für die mit Lorbeeren bedeckten allerhöchsten Befreier desselben darzubringen; so sind des Unterzeichneten hohe Herren Mandanten sowohl schriftlich als mündlich mit solchen Bethätigungen schon lange vorangegangen, für welche ihre unter allen Verhältnissen erprobten Gesinnungen bürgen.

Wenn aber, wie es scheint, in jener Vorstellung besondere Vorrechte angesprochen werden sollen; so hat der Unterzeichnete ausdrücklichen Auftrag erhalten, und es gebietet ihm heilige Pflicht, ehrfurchtvoll zu bemerken, daß alle die Gründe, welche jene Vorrechte motiviren sollen, für seine hohen Herren Mandanten noch unverkennbarer werden.

Denn im 6. Artikel des pariser Friedens werden nicht die Souveraine des Rheinbundes, welcher damals schon durch die Siege der von Gott gesegneten Waffen, so wie durch darauf erfolgte feierliche Entsagungen aufgelöset war, sondern die Staaten Teutschlands genannt. Unter diesen sind aber mehrere, welche vorhin ein Opfer des Rheinbundes wurden, an Seelenzahl weit ansehnlicher, als andere, welche während jener Schreckenszeit in politischer Hinsicht glücklicher waren; und da die Gesammtheit der sogenannten mediatisirten Gebiete weit über eine Million Seelen *) enthält, so kann nach

*) Nach möglichst genauer Berechnung, beträgt die Gesammt-

diesem Maasstabe das Recht ihrer politischen
Repräsentation unmöglich verkannt werden. Auf
Alter und Glanz der Häuser können ferner des
Unterzeichneten hohe Herren Mandanten auch größ-
tentheils gleiche Ansprüche gründen.

Die Grundsätze des allgemeinen Völkerrechts aber gewähren vorzüglich des Unterzeichneten
hohen Herren Mandanten die allerfestesten BeruhigungsGründe. Denn gerade aus diesen folgt ganz
evident, daß geschlossene Verträge zum Präjudiz eines Dritten, welcher darüber weder
gehört wurde, noch dazu einwilligte, keinesweges gereichen können.

Die allerhöchsten verbündeten Mächte haben, ohne Zweifel in diesem Sinne, den in Frankfurt abgeschlossenen AccessionsVerträgen die bekannte Clausel
„für Teutschlands Wohl" anzufügen geruhet.
Wollten also diejenigen vormaligen Souveraine des
Rheinbundes, welche nur in dessen Gefolge und für
dessen Dauer Oberherren eines Theils ihrer Mitstände wurden, den bekannten großmüthigen und gerechten
Absichten der allerhöchsten verbündeten Mächte offenbar
zuwider, jenen Verträgen zum Präjudiz der hohen Her-
ren- Mandanten des Unterzeichneten einen andern rechtswidrigen Sinn unterlegen; so haben dieselben sich
selbst, so wie ihren Nachkommen und Unterthanen
schuldig zu seyn geglaubt, durch unterzeichneten Bevollmächtigten dagegen eine feierliche Verwahrung hiemit
einlegen zu lassen.

heit aller vormals reichsunmittelbaren Besitzungen der
durch die rheinische BundesActe in so genannte Standesherrlichkeit herabgesetzten Fürsten und Grafen,
$450\frac{7}{8}$ QuadratMeilen, mit einer Million und 55,364 Einwohnern.   A. d. H.

So wie übrigens des Unterzeichneten hohe Herren Mandanten ihr unerschütterliches Vertrauen auf Teutschlands Retter und Regeneratoren seither unter den härtesten Prüfungen bewährt haben: eben so haben sie den Unterzeichneten beauftragt, auch in Ansehung der Herstellung einer glücklichen Verfassung für das teutsche Vaterland, welche in einem mit constitutioneller Macht ausgerüstetem Oberhaupte ihre wesentlichste Stütze finden dürfte, die Versicherung dieser erprobten Gesinnungen ehrfurchtvoll zu erneuern. Nur in dem Falle also, daß den vormaligen RheinbundsSouverainen, welche die Eingangs gedachte Vorstellung unter dem 16. v. M. eingereicht haben, bei den Deliberationen über diese Verfassung eine Mitwirkung verstattet werden sollte, glauben des Unterzeichneten hohe Herren Mandanten vertrauen und hoffen zu können, daß alsbann ihnen gleiche Befugniß nicht versagt werden wird.

Stets von gleichem Hochgefühl für das Wohl des teutschen Vaterlandes beseelt, treten sie übrigens allen, dieses höchste Ziel ihrer Wünsche wahrhaft befördernden Vorschlägen von ganzem Herzen bei. Von diesem Gesichtspunkte ausgehend, wagt daher der Unterzeichnete noch die dringende zur Erreichung des grossen Zwecks im Ganzen, so wie für alle Betheiligte gleich wichtige Bitte, daß den Beschlüssen über die teutsche Constitution unverzüglich executivische Kraft beigelegt, und dadurch dem jetzigen für Teutschland eben so verderblichen, als für dessen innere Ruhe höchst gefährlichen ZwischenZustand ein Ende gemacht werden möge. Unzertrennlich reihet sich hieran der fernere gerechte Wunsch für Herstellung eines obersten ReichsJustizgerichts, welches al-

lein die innere Freiheit, gesetzliche Ordnung und Ruhe sichern kann.

Endlich ist auch der redliche Wunsch sämmtlicher hohen Committenten des Unterzeichneten, daß dem biedern teutschen Volke eine feste, zweckmäßige, über alle Täuschung und nachtheiligen Einfluß erhabene landständische Verfassung durch die allgemeine Verfassung gewährt und garantirt werden möge. Sie werden es sich zur besondern Pflicht machen, dieselbe in ihren Landestheilen zu gründen.

Da alle diese, eben so ehrfurchtvolle als dringende, Bitten und Wünsche auf Gerechtigkeit und ächten Patriotismus beruhen; so schmeichelt sich der Unterzeichnete mit der Hoffnung, daß solche zu Ew. rc. hohem Wohlgefallen gereichen werden.

Geruhen Ew. rc. die Versicherung der unwandelbarsten Verehrung zu genehmigen.

Wien den 7. December 1814.

Fr. v. Gärtner,

bevollmächtigter Abgeordneter vieler fürstlicher und gräflicher Häuser zum Congreß.

rath, welcher aus Abgeordneten der übriegn Fürsten und der Reichsstädte besteht.

7) Im Fürstenrath werden die Angelegenheiten des Fürstenbundes erörtert und entschieden: der OberFürst hat darin eine vierfache Stimme; die Stimmenmehrheit entscheidet, und ist die Norm für das Votum des OberFürsten auf dem Bundestage; in diesem Fürstenrath hat jeder Großherzog eine dreifache, jeder Herzog eine doppelte und jeder Fürst eine einfache Stimme; Großherzoge und Herzoge, die mehrere ehedem selbstständige Fürstenthümer besitzen, haben für jedes derselben, neben ihrer Hauptstimme, noch eine fürstliche Stimme, welche letztere auch jeder Reichsstadt gebührt.

8) Die schiedsrichterliche Gewalt über die Fürsten, steht dem Fürstengericht zu, das von einem besonders dazu auch auf Lebenszeit gewählten Fürsten präsidirt ist; diesem Gerichte ist auch der OberFürst mit seinen beiden Assistenten in Ansehung der Pflichten dieser Würden unterworfen, dergestalt, daß sie von demselben dieser Stellen wegen verletzter Pflicht entsetzt werden können. Auch die Unterthanen können ihre Fürsten bei dem Fürstengericht belangen.

9) Der OberFürst und dessen beide Assistenten leiten die diplomatischen Angelegenheiten, allein und ohne Zuziehung des Fürstenraths.

10) Die stehende Armee dieses Bundes — das teutsche Fürstenheer — kann bei einer Population von 4,522,000 Einwohnern auf 45,000 Mann angenommen werden; es besteht als gemeinschaftliches teutsches Fürstenheer,

nicht als besondere Truppen, des einen oder andern Fürsten. Der Erzfürst und die beiden Assistenten haben die Oberaufsicht und die oberste Leitung dieses Heers und legen darüber dem Fürstenrath Rechnung ab; sie bestreiten den Kostenaufwand aus der BundesCasse. Die Organisation besteht nach allgemeinen, vorher festgestellten Grundsätzen, seine Ergänzung durch regelmäßige Rekrutirung aus allen Ländern des Vereins, die OffiziersStellen besetzt der Oberfürst und die Assistenten, so wie sie auch die Dislocation im ganzen Bundesumfang besorgen. Der ganze Fürstenbund wird nach der unten *) bemerkten Uebersicht in drei Divisionen oder Kreise, seiner Lage nach, am Rhein, im Norden und im

*) Volksmenge.

	Einwohner.		Einwohner
1) HessenCassel mit Seitenlinien	500,000	die Rheinländer	
2) HessenDarmstadt	572,000		
3) Baden	954,000		2,350,000
4) Nassau	272,000		
5) Hohenzollern	52,000		
6) Lippe	95,000	die nördlichen Länder	
7) Oldenburg	160,000		
8) Waldeck	50,000		
9) Holstein	330,000		
10) Beide Mecklenburg	366,000		1,547,000
11) Braunschweig	204,000		
12) Anhalt	124,000		
13) Hamburg			
14) Lübeck	218,000		
15) Bremen			
16) SachsenWeimar	111,000	die Herzländer	
17) SachsenGotha	187,000		
18) Die drei andern Häuser Sachsen	140,000		625,000
19) Beide Häuser Schwarzburg	114,000		
20) Die Häuser Reuß	73,000		
	Zusammen		4,522,000

Herzen eingetheilt, und zur Leitung der Militär Angelegenheiten jedem Kreise ein Kreis- oder Bannerfürst vorgesetzt, welche der Fürstenrath auf Lebenszeit wählt.

11) Die innere Regierung der einzelnen Bundesstaaten verbleibt, wie bisher, den Fürsten derselben, mit Vorbehalt des Num. 8. gedachten Recurses an das Fürstengericht.

Auf diese Art, glaube ich, würde ohne Beugung irgend eines höhern Interesses, den Rechten der teutschen Fürsten und der von ihnen regierten fünfthalb Millionen Teutschen und der, zwischen allen Teutschen seit einem Jahrtausend Statt gehabten Gleichheit der Rechte, dasjenige Recht wiederfahren, zu dessen Anerkennung Gerechtigkeit und eigenes NationalInteresse sich so lebhaft vereinigen.

Nachschrift des Herausgebers.

Bei vorstehendem Personal- und TerritorialBestand des vorgeschlagenen Fürstenbundes, finden manche, zum Theil nicht unerhebliche Berichtigungen statt. Ganz ausgelassen sind NassauOranien und die freie Stadt Frankfurt, welche doch beide jetzt schon in den wiener Conferenzen der vereinigten teutschen Fürsten und freien Städte durch Repräsentanten erscheinen. Ob der mit in Ansatz gebrachte König von Dänemark, wegen Holstein, dem Bund beitreten werde? ist noch zweifelhaft. Eben so, ob nicht die nicht in Rechnung gebrachten Fürsten von Lichtenstein, Isenburg und Leyen, desgleichen der Herzog von Arenberg, und die Fürsten von SalmSalm und SalmKyrburg, so wie bisherige so genannte Standesherren, sich in der Lage finden werden, dem Bunde beizutreten? Endlich leidet auch die Einwohnerzahl hin und wieder bedeutende Berichtigungen. Zu viel ist angesetzt, bei HessenCassel, Braunschweig, Anhalt, den Hansestädten, SachsenWeimar. Zu wenig findet sich, bei Baden (es hatte 1812 eine Million 1,630), Lippe, Oldenburg, SachsenGotha. Unter diesen Voraussetzungen erhöhet sich die TotalSumme der Volksmenge des Ganzen leicht um ungefähr 300,000, und wenn man Dänemark wegen Holstein hinzurechnen darf, um noch einmal so viel, so daß im letzten Fall der ganze Bund über fünf Millionen Einwohner zählen würde.

XV.
Note

des bevollmächtigten Abgeordneten vieler teutschen fürstlichen und gräflichen Häuser, welche durch die rheinische BundesActe andern teutschen Fürsten untergeordnet wurden, an die kaiserlich-östreichischen, königlich-preussischen und königlich-großbritannisch-hannöverischen ersten Bevollmächtigten, datirt Wien den 7. Decbr. 1814.; betreffend die Rechtsverwahrung der ersten gegen die Note der bevollmächtigten Abgeordneten 29 teutscher unabhängigen Fürsten und freien Städte vom 16. Nov. 1814. (1s Heft Num. XVI.), mit Beifügung einiger Wünsche in Absicht auf die künftige Verfassung des teutschen Staatenbundes und der teutschen Länder.

Zur Kenntniß der fürstlichen und gräflichen Häuser, deren legitimirter Geschäftsträger der Unterzeich-

rath, welcher aus Abgeordneten der übriegn
Fürsten und der Reichsstädte besteht.

7) Im Fürstenrath werden die Angelegenheiten
des Fürstenbundes erörtert und entschieden: der
OberFürst hat darin eine vierfache Stimme; die Stimmenmehrheit entscheidet, und
ist die Norm für das Votum des OberFürsten
auf dem Bundestage; in diesem Fürstenrath hat
jeder Großherzog eine dreifache, jeder
Herzog eine doppelte und jeder Fürst eine
einfache Stimme; Großherzoge und Herzoge, die mehrere ehedem selbstständige Fürstenthümer besitzen, haben für jedes derselben, neben ihrer Hauptstimme, noch eine fürstliche
Stimme, welche letztere auch jeder Reichsstadt gebührt.

8) Die schiedsrichterliche Gewalt über die
Fürsten, steht dem Fürstengericht zu, das von
einem besonders dazu auch auf Lebenszeit gewählten Fürsten präsidirt ist; diesem Gerichte ist
auch der OberFürst mit seinen beiden Assistenten
in Ansehung der Pflichten dieser Würden unterworfen, dergestalt, daß sie von demselben dieser
Stellen wegen verletzter Pflicht entsetzt werden
können. Auch die Unterthanen können ihre Fürsten bei dem Fürstengericht belangen.

9) Der OberFürst und dessen beide Assistenten leiten die diplomatischen Angelegenheiten,
allein und ohne Zuziehung des Fürstenraths.

10) Die stehende Armee dieses Bundes — das
teutsche Fürstenheer — kann bei einer Population von 4,522,000 Einwohnern auf 45,000
Mann angenommen werden; es besteht als gemeinschaftliches teutsches Fürstenheer,

nicht als besondere Truppen des einen oder andern Fürsten. Der Erzfürst und die beiden Assistenten haben die Oberaufsicht und die oberste Leitung dieses Heers und legen darüber dem Fürstenrath Rechnung ab; sie bestreiten den Kostenaufwand aus der BundesCasse. Die Organisation besteht nach allgemeinen, vorher festgestellten Grundsätzen, seine Ergänzung durch regelmäßige Rekrutirung aus allen Ländern des Vereins, die OffiziersStellen besetzt der Oberfürst und die Assistenten, so wie sie auch die Dislocation im ganzen Bundesumfang besorgen. Der ganze Fürstenbund wird nach der unten *) bemerkten Uebersicht in drei Divisionen oder Kreise, seiner Lage nach, am Rhein, im Norden und im

*) Volksmenge.

	Einwohner.		Einwohner
1) HessenCassel mit Seitenlinien	600,000	die Rheinländer	
2) HessenDarmstadt	572,000		
3) Baden	954,000		2,350,000
4) Nassau	272,000		
5) Hohenzollern	52,000		
6) Lippe	95,000	die nördlichen Länder	
7) Oldenburg	160,000		
8) Waldeck	50,000		
9) Holstein	530,000		
10) Beide Mecklenburg	366,000		1,547,000
11) Braunschweig	204,000		
12) Anhalt	124,000		
13) Hamburg			
14) Lübeck	218,000		
15) Bremen			
16) SachsenWeimar	111,000	die Herzländer	
17) SachsenGotha	187,000		
18) Die drei andern Häuser Sachsen	140,000		625,000
19) Beide Häuser Schwarzburg	114,000		
20) Die Häuser Reuß	73,000		
	Zusammen	4,522'000	

Herzen eingetheilt, und zur Leitung der Militär=Angelegenheiten jedem Kreise ein Kreis = oder Bannerfürst vorgesetzt, welche der Fürstenrath auf Lebenszeit wählt.

11) Die innere Regierung der einzelnen Bundesstaaten verbleibt, wie bisher, den Fürsten derselben, mit Vorbehalt des Num. 8. gedachten Recurses an das Fürstengericht.

Auf diese Art, glaube ich, würde ohne Beugung irgend eines höhern Interesses, den Rechten der teutschen Fürsten und der von ihnen regierten fünfthalb Millionen Teutschen und der, zwischen allen Teutschen seit einem Jahrtausend Statt gehabten Gleichheit der Rechte, dasjenige Recht wiederfahren, zu dessen Anerkennung Gerechtigkeit und eigenes National=Interesse sich so lebhaft vereinigen.

Nachschrift des Herausgebers.

Bei vorstehendem Personal = und Territorial=Bestand des vorgeschlagenen Fürstenbundes, finden manche, zum Theil nicht unerhebliche Berichtigungen statt. Ganz ausgelassen sind Nassau=Oranien und die freie Stadt Frankfurt, welche doch beide jetzt schon in den wiener Conferenzen den vereinigten teutschen Fürsten und freien Städte durch Repräsentanten erscheinen. Ob der mit in Ansatz gebrachte König von Dänemark, wegen Holstein, dem Bund beitreten werde? ist noch zweifelhaft. Eben so, ob nicht die nicht in Rechnung gebrachten Fürsten von Lichtenstein, Isenburg und Leyen, desgleichen der Herzog von Arenberg, und die Fürsten von Salm Salm und Salm=Kyrburg, so wie bisherige so genannte Standesherren, sich in der Lage finden

werden, dem Bunde beizutreten? Endlich leidet auch
die Einwohnerzahl hin und wieder bedeutende Berichtigungen. Zu viel ist angesetzt, bei HessenCassel,
Braunschweig, Anhalt, den Hansestädten, SachsenWeimar. Zu wenig findet sich, bei Baden (es hatte
1812 eine Million 1,630), Lippe, Oldenburg, SachsenGotha. Unter diesen Voraussetzungen erhöhet sich
die TotalSumme der Volksmenge des Ganzen leicht
um ungefähr 300,000, und wenn man Dänemark wegen Holstein hinzurechnen darf, um noch einmal so
viel, so daß im letzten Fall der ganze Bund über
fünf Millionen Einwohner zählen würde.

XV.
Note

des bevollmächtigten Abgeordneten vieler teutschen fürstlichen und gräflichen Häuser,
welche durch die rheinische BundesActe andern teutschen Fürsten untergeordnet wurden, an die kaiserlich - östreichischen, königlich - preussischen
und königlich-großbritannisch-hannöverischen ersten Bevollmächtigten, datirt Wien den 7. Decbr.
1814.; betreffend die Rechtsverwahrung der ersten
gegen die Note der bevollmächtigten Abgeordneten 29
teutscher unabhängigen Fürsten und freien Städte
vom 16. Nov. 1814. (1s Heft Num. XVI.), mit
Beifügung einiger Wünsche in Absicht auf die künftige Verfassung des teutschen Staatenbundes
und der teutschen Länder.

Zur Kenntniß der fürstlichen und gräflichen Häuser, deren legitimirter Geschäftsträger der Unterzeich-

nete zu seyn die Ehre hat, ist der Inhalt derjenigen
Vorstellung gekommen, welche mehrere vormalige Reichsstände und Souveraine des Rheinbundes unter dem
16. v. M. eingereicht haben.

In so fern diese Vorstellung den Endzweck hat,
Hoffnungen und Wünsche für die allgemeine
Wohlfahrt des teutschen Vaterlandes auszusprechen, so wie ehrfurchtsvolle Huldigungen für
die mit Lorbeeren bedeckten allerhöchsten Befreier desselben darzubringen; so sind des Unterzeichneten hohe
Herren Mandanten sowohl schriftlich als mündlich mit
solchen Bethätigungen schon lange vorangegangen, für
welche ihre unter allen Verhältnissen erprobten Gesinnungen bürgen.

Wenn aber, wie es scheint, in jener Vorstellung
besondere Vorrechte angesprochen werden sollen;
so hat der Unterzeichnete ausdrücklichen Auftrag erhalten, und es gebietet ihm heilige Pflicht, ehrfurchtvoll
zu bemerken, daß alle die Gründe, welche jene
Vorrechte motiviren sollen, für seine hohen Herren
Mandanten noch unverkennbarer werden.

Denn im 6. Artikel des pariser Friedens werden nicht die Souveraine des Rheinbundes, welcher damals schon durch die Siege der von
Gott gesegneten Waffen, so wie durch darauf erfolgte
feierliche Entsagungen aufgelöset war, sondern die
Staaten Teutschlands genannt. Unter diesen
sind aber mehrere, welche vorhin ein Opfer des
Rheinbundes wurden, an Seelenzahl weit ansehnlicher,
als andere, welche während jener Schreckenszeit in
politischer Hinsicht glücklicher waren; und da die Gesammtheit der sogenannten mediatisirten Gebiete weit
über eine Million Seelen *) enthält, so kann nach

*) Nach möglichst genauer Berechnung, beträgt die Gesammt-

diesem Maasstabe das Recht ihrer politischen Repräsentation unmöglich verkannt werden. Auf Alter und Glanz der Häuser können ferner des Unterzeichneten hohe Herren Mandanten auch größtentheils gleiche Ansprüche gründen.

Die Grundsätze des allgemeinen Völkerrechts aber gewähren vorzüglich des Unterzeichneten hohen Herren Mandanten die allerfestesten BeruhigungsGründe. Denn gerade aus diesen folgt ganz evident, daß geschlossene Verträge zum Präjudiz eines Dritten, welcher darüber weder gehört wurde, noch dazu einwilligte, keinesweges gereichen können.

Die allerhöchsten verbündeten Mächte haben, ohne Zweifel in diesem Sinne, den in Frankfurt abgeschlossenen AccessionsVerträgen die bekannte Clausel „für Teutschlands Wohl" anzufügen geruhet. Wollten also diejenigen vormaligen Souveraine des Rheinbundes, welche nur in dessen Gefolge und für dessen Dauer Oberherren eines Theils ihrer Mitstände wurden, den bekannten großmüthigen und gerechten Absichten der allerhöchsten verbündeten Mächte offenbar zuwider, jenen Verträgen zum Präjudiz der hohen Herren Mandanten des Unterzeichneten einen andern rechtswidrigen Sinn unterlegen; so haben dieselben sich selbst, so wie ihren Nachkommen und Unterthanen schuldig zu seyn geglaubt, durch unterzeichneten Bevollmächtigten dagegen eine feierliche Verwahrung hiemit einlegen zu lassen.

heit aller vormals reichsunmittelbaren Besitzungen der durch die rheinische BundesActe in so genannte Standesherrlichkeit herabgesetzten Fürsten und Grafen, 450 $\frac{7}{8}$ QuadratMeilen, mit einer Million und 55,364 Einwohnern. A. d. H.

So wie übrigens des Unterzeichneten hohe Herren Mandanten ihr unerschütterliches Vertrauen auf Teutschlands Retter und Regeneratoren seither unter den härtesten Prüfungen bewährt haben: eben so haben sie den Unterzeichneten beauftragt, auch in Ansehung der Herstellung einer glücklichen Verfassung für das teutsche Vaterland, welche in einem mit constitutioneller Macht ausgerüstetem Oberhaupte ihre wesentlichste Stütze finden dürfte, die Versicherung dieser erprobten Gesinnungen ehrfurchtvoll zu erneuern. Nur in dem Falle also, daß den vormaligen RheinbundsSouverainen, welche die Eingangs gedachte Vorstellung unter dem 16. v. M. eingereicht haben, bei den Deliberationen über diese Verfassung eine Mitwirkung verstattet werden sollte, glauben des Unterzeichneten hohe Herren Mandanten vertrauen und hoffen zu können, daß alsdann ihnen gleiche Befugniß nicht versagt werden wird.

Stets von gleichem Hochgefühl für das Wohl des teutschen Vaterlandes beseelt, treten sie übrigens allen, dieses höchste Ziel ihrer Wünsche wahrhaft befördernden Vorschlägen von ganzem Herzen bei. Von diesem Gesichtspunkte ausgehend, wagt daher der Unterzeichnete noch die dringende zur Erreichung des großen Zwecks im Ganzen, so wie für alle Betheiligte gleich wichtige Bitte, daß den Beschlüssen über die teutsche Constitution unverzüglich executivische Kraft beigelegt, und dadurch dem jetzigen für Teutschland eben so verderblichen, als für dessen innere Ruhe höchst gefährlichen ZwischenZustand ein Ende gemacht werden möge. Unzertrennlich reihet sich hieran der fernere gerechte Wunsch für Herstellung eines obersten ReichsJustizgerichts, welches al-

lein die innere Freiheit, gesetzliche Ordnung und Ruhe sichern kann.

Endlich ist auch der redliche Wunsch sämmtlicher
hohen Committenten des Unterzeichneten, daß dem biedern teutschen Volke eine feste, zweckmäßige, über alle
Täuschung und nachtheiligen Einfluß erhabene landständische Verfassung durch die allgemeine Verfassung gewährt und garantirt werden möge. Sie
werden es sich zur besondern Pflicht machen, dieselbe
in ihren Landestheilen zu gründen.

Da alle diese, eben so ehrfurchtvolle als dringende, Bitten und Wünsche auf Gerechtigkeit und ächten Patriotismus beruhen; so schmeichelt sich der Unterzeichnete mit der Hoffnung, daß solche zu Ew. 2c.
hohem Wohlgefallen gereichen werden.

Geruhen Ew. 2c. die Versicherung der unwandelbarsten Verehrung zu genehmigen.

Wien den 7. December 1814.

Fr. v. Gärtner,

bevollmächtigter Abgeordneter vieler
fürstlicher und gräflicher Häuser
zum Congreß.

XVI.

Note

des großherzoglich-badischen Bevollmächtigten, datirt Wien den 15. Octbr. 1814, worin Baden begehrt, in das Comité für die teutschen Angelegenheiten des Congresses aufgenommen
zu werden.

In Gemäßheit der von den bevollmächtigten Ministern jener, den pariser Frieden unterzeichnet habenden Höfe, gegebenen Declaration, hat sich für die teutschen Angelegenheiten eine Vereinigung gebildet, wovon Oestreich, Preußen, Baiern, Wirtemberg und Hannover die Mitglieder sind.

Es mußte für Baden, welches unter Teutschlands Fürsten immer mit den ersten Rang einnahm, dessen Land an FlächenInhalt und Seelenzahl Hannover übersteigt *), dessen Rechte Kaiser und Reich bei der jüngsten ReichsfriedensDeputation nicht mißkannten, ein kränkendes Gefühl erzeugen, sich hievon ausgeschlossen zu sehen.

Es durfte dieß um so weniger erwarten, da es mit den größten Aufopferungen zu Erreichung des großen Zwecks mitgewirkt, und also ein wohlerworbenes Recht hat, zu Berichtigung der teutschen Angelegenheiten auch mitzuwirken. Die Declaration selbst erkennt den Grundsatz, wenn sie von einzuleitenden Fragen und vertraulichen Erörterungen sämmtlicher Höfe spricht.

Der unterzeichnete Staats - und bevollmächtigte Minister Sr. königlichen Hoheit des Herrn Großher-

*) Diese Angabe wird von Andern widersprochen. A. d. H.

zogs von Baden, hatte die Ehre, jüngsthin in eine
Unterredung mit Sr. Excellenz dem königlich-preussischen, zum Congreß bevollmächtigten Staatsminister Freiherrn von Humboldt zu kommen, und, da Se. fürstliche Gnaden, der Herr Staatskanzler Fürst von Hardenberg zu beschäftigt waren, um ihn zu empfangen,
diese Gründe vorzulegen, deren Rechtlichkeit und Billigkeit Hochderselbe einräumte.

Der Unterzeichnete hat nun von seinem hier anwesenden gnädigsten Souverain den ausdrücklichen Befehl erhalten, dieses Ansinnen zu erneuern, und auf
das bringendste schriftlich zu wiederholen, da Ehre und
Pflicht gleichmäßig gebieten, als einem der ersten teutschen Fürsten seine Stelle in dieser erlauchten Versammlung fest zu behaupten.

Er schmeichelt sich um so mehr eines günstigen
Erfolgs, als von den höchsten Souverains nur die liberalsten Gesinnungen und der reinste Eifer zu Erreichung eines allgemein befriedigenden Resultats mit dem
vollsten Vertrauen zu erwarten sind.

Es gilt hier die Rechte Aller, bei welchen nach
den in der Declaration selbst aufgerufenen Grundsätzen
des Völkerrechts, keine Ungleichheit statt finden kann.

Der Unterzeichnete vereinigt hiermit die Bitte,
die Erneuerung der Versicherung seiner unbegrenzten
Hochachtung zu genehmigen.

Wien den 15. October 1814.

Frhr. von Hacke.

XVII.

Schreiben

des fürstlich-leyenschen Bevollmächtigten, Herrn
Geheimen Raths von Borsch, an den fürstlich-
nassau-oranischen Bevollmächtigten, Herrn
Staatsminister Freiherrn von Gagern, datirt
Wien den 16. Nov. 1814, betreffend den Bei-
tritt des Herrn Fürsten von der Leyen, „zu den
Schritten der altfürstlichen Häuser" auf
dem Congreß.

P. P.

Ew. ꝛc. habe ich schon vor mehreren Wochen,
mündlich zu eröffnen mir die Ehre gegeben, daß der
Fürst von der Leyen mir die Besorgung seines Interesses bei dem wiener Congresse übertragen habe.

Unerachtet es mir, so wie dem Herrn Fürsten
von der Leyen selbst, sehr begreiflich ist, daß der Beitritt desselben zu den Schritten der altfürstlichen Häuser, für die Letztere an sich kein
grosses Gewicht oder Interesse haben kann; so glaube
ich gleichwohl nicht nur gegen meinen Herrn Princi-
palen, sondern selbst gegen die bisherigen Glieder des
teutschen Bundes verantwortlich werden zu können,
wenn ich meinen Auftrag nicht zur Kenntniß ihrer
Herrn Bevollmächtigten bringen, mithin dadurch selbst
ein Hinderniß herbeiführen würde, die Zahl der sich
für die teutsche Constitution interessirenden Bundesglieder vollständiger zu machen.

Indem ich mir die Freiheit nehme, meine bei
der bekannten CongreßCommission übergebene Vollmacht Ew. ꝛc., als einen der vorzüglichsten und thä-

rigsten Mitglieder der hochfürstlichen Abgeordneten zum Congresse, in dem Beischlusse abschriftlich mitzutheilen, überlasse ich Hochdero erleuchteten Beurtheilung, ob es sich überhaupt mit den Ansichten hochbesagter Herren Abgeordneten vertrage, den Bevollmächtigten eines neufürstlichen Hauses, und besonders des Herrn Fürsten von der Leyen, an ihren das Wohl des teutschen Vaterlandes zum Zweck habenden Schritten — Antheil nehmen zu lassen.

Ew. ꝛc. bitte ich die Versicherung der vollkommensten Verehrung zu genehmigen, mit welcher ich bin

Ew. ꝛc.

Wien, 16. Nov. 1814.

ganz gehorsamster Diener,

v. Borsch.

Beilage

zu vorstehendem Schreiben.

Wir Franz Philipp, souverainer Fürst von der Leyen, Graf zu HohenGeroldseck, Herr zu Nievern, Ahrenfels ꝛc.

Nachdem Wir für nöthig erachtet haben, eine vertraute und geschäftkundige Person in Wien aufzustellen, welche bei dem daselbst bevorstehenden Congresse, Unsers und Unsers fürstlichen Hauses Interesse besorge; als geben Wir dem Hrn. Gottlieb Friedrich v. Borsch, herzoglich-sächsischem Geheimenrath zu Wien, hiemit Gewalt und Vollmacht, bei besagtem Congresse, und dessen erlauchten Mitgliedern sich als Unser Bevollmächtigter zu legitimiren, und nicht nur alle Reclamationen und Verhandlungen, welche Unser und Unsers fürstlichen Hauses Interesse nöthig

nete zu seyn die Ehre hat, ist der Inhalt derjenigen Vorstellung gekommen, welche mehrere vormalige Reichs-stände und Souveraine des Rheinbundes unter dem 16. v. M. eingereicht haben.

In so fern diese Vorstellung den Endzweck hat, Hoffnungen und Wünsche für die allgemeine Wohlfahrt des teutschen Vaterlandes auszu-sprechen, so wie ehrfurchtsvolle Huldigungen für die mit Lorbeeren bedeckten allerhöchsten Befreier des-selben darzubringen; so sind des Unterzeichneten hohe Herren Mandanten sowohl schriftlich als mündlich mit solchen Bethätigungen schon lange vorangegangen, für welche ihre unter allen Verhältnissen erprobten Gesin-nungen bürgen.

Wenn aber, wie es scheint, in jener Vorstellung besondere Vorrechte angesprochen werden sollen; so hat der Unterzeichnete ausdrücklichen Auftrag erhal-ten, und es gebietet ihm heilige Pflicht, ehrfurchtvoll zu bemerken, daß alle die Gründe, welche jene Vorrechte motiviren sollen, für seine hohen Herren Mandanten noch unverkennbarer werden.

Denn im 6. Artikel des pariser Friedens wer-den nicht die Souveraine des Rheinbun-des, welcher damals schon durch die Siege der von Gott gesegneten Waffen, so wie durch darauf erfolgte feierliche Entsagungen aufgelöset war, sondern die Staaten Teutschlands genannt. Unter diesen sind aber mehrere, welche vorhin ein Opfer des Rheinbundes wurden, an Seelenzahl weit ansehnlicher, als andere, welche während jener Schreckenszeit in politischer Hinsicht glücklicher waren; und da die Ge-sammtheit der sogenannten mediatisirten Gebiete weit über eine Million Seelen *) enthält, so kann nach

---

*) Nach möglichst genauer Berechnung, beträgt die Gesammt-

diesem Maasstabe das Recht ihrer politischen Repräsentation unmöglich verkannt werden. Auf Alter und Glanz der Häuser können ferner des Unterzeichneten hohe Herren Mandanten auch größtentheils gleiche Ansprüche gründen.

Die Grundsätze des allgemeinen Völkerrechts aber gewähren vorzüglich des Unterzeichneten hohen Herren Mandanten die allerfestesten BeruhigungsGründe. Denn gerade aus diesen folgt ganz evident, daß geschlossene Verträge zum Präjudiz eines Dritten, welcher darüber weder gehört wurde, noch dazu einwilligte, keinesweges gereichen können.

Die allerhöchsten verbündeten Mächte haben, ohne Zweifel in diesem Sinne, den in Frankfurt abgeschlossenen AccessionsVerträgen die bekannte Clausel „für Teutschlands Wohl" anzufügen geruhet. Wollten also diejenigen vormaligen Souveraine des Rheinbundes, welche nur in dessen Gefolge und für dessen Dauer Oberherren eines Theils ihrer Mitstände wurden, den bekannten großmüthigen und gerechten Absichten der allerhöchsten verbündeten Mächte offenbar zuwider, jenen Verträgen zum Präjudiz der hohen Herren Mandanten des Unterzeichneten einen andern rechtswidrigen Sinn unterlegen; so haben dieselben sich selbst, so wie ihren Nachkommen und Unterthanen schuldig zu seyn geglaubt, durch unterzeichneten Bevollmächtigten dagegen eine feierliche Verwahrung hiemit einlegen zu lassen.

heit aller vormals reichsunmittelbaren Besitzungen der durch die rheinische BundesActe in so genannte Standesherrlichkeit herabgesetzten Fürsten und Grafen, 450 7/8 QuadratMeilen, mit einer Million und 55,364 Einwohnern. A. d. H.

So wie übrigens des Unterzeichneten hohe Herren Mandanten ihr unerschütterliches Vertrauen auf Teutschlands Retter und Regeneratoren seither unter den härtesten Prüfungen bewährt haben: eben so haben sie den Unterzeichneten beauftragt, auch in Ansehung der Herstellung einer glücklichen Verfassung für das teutsche Vaterland, welche in einem mit constitutioneller Macht ausgerüstetem Oberhaupte ihre wesentlichste Stütze finden dürfte, die Versicherung dieser erprobten Gesinnungen ehrfurchtvoll zu erneuern. Nur in dem Falle also, daß den vormaligen RheinbundsSouverainen, welche die Eingangs gedachte Vorstellung unter dem 16. v. M. eingereicht haben, bei den Deliberationen über diese Verfassung eine Mitwirkung verstattet werden sollte, glauben des Unterzeichneten hohe Herren Mandanten vertrauen und hoffen zu können, daß alsdann ihnen gleiche Befugniß nicht versagt werden wird.

Stets von gleichem Hochgefühl für das Wohl des teutschen Vaterlandes beseelt, treten sie übrigens allen, dieses höchste Ziel ihrer Wünsche wahrhaft befördernden Vorschlägen von ganzem Herzen bei. Von diesem Gesichtspunkte ausgehend, wagt daher der Unterzeichnete noch die dringende zur Erreichung des grossen Zwecks im Ganzen, so wie für alle Betheiligte gleich wichtige Bitte, daß den Beschlüssen über die teutsche Constitution unverzüglich executivische Kraft beigelegt, und dadurch dem jetzigen für Teutschland eben so verderblichen, als für dessen innere Ruhe höchst gefährlichen ZwischenZustand ein Ende gemacht werden möge. Unzertrennlich reihet sich hieran der fernere gerechte Wunsch für Herstellung eines obersten ReichsJustizgerichts, welches al-

lein die innere Freiheit, gesetzliche Ordnung und Ruhe sichern kann.

Endlich ist auch der redliche Wunsch sämmtlicher
hohen Committenten des Unterzeichneten, daß dem biedern teutschen Volke eine feste, zweckmäßige, über alle
Täuschung und nachtheiligen Einfluß erhabene lund-
ständische Verfassung durch die allgemeine Verfassung gewährt und garantirt werden möge. Sie
werden es sich zur besondern Pflicht machen, dieselbe
in ihren Landestheilen zu gründen.

Da alle diese, eben so ehrfurchtvolle als dringende, Bitten und Wünsche auf Gerechtigkeit und ächten Patriotismus beruhen; so schmeichelt sich der Unterzeichnete mit der Hoffnung, daß solche zu Ew. ꝛc.
hohem Wohlgefallen gereichen werden:

Geruhen Ew. ꝛc. die Versicherung der unwandelbarsten Verehrung zu genehmigen.

Wien den 7. December 1814.

Fr. v. Gärtner,

bevollmächtigter Abgeordneter vieler
fürstlicher und gräflicher Häuser
zum Congreß.

XVI.

Note

des großherzoglich-badischen Bevollmächtigten, datirt Wien den 15. Octbr. 1814, worin Baden begehrt, in das Comité für die teutschen Angelegenheiten des Congresses aufgenommen zu werden.

In Gemäßheit der von den bevollmächtigten Ministern jener, den pariser Frieden unterzeichnet habenden Höfe, gegebenen Declaration, hat sich für die teutschen Angelegenheiten eine Vereinigung gebildet, wovon Oestreich, Preußen, Baiern, Wirtemberg und Hannover die Mitglieder sind.

Es mußte für Baden, welches unter Teutschlands Fürsten immer mit den ersten Rang einnahm, dessen Land an FlächenInhalt und Seelenzahl Hannover übersteigt *), dessen Rechte Kaiser und Reich bei der jüngsten ReichsfriedensDeputation nicht mißkannten, ein kränkendes Gefühl erzeugen, sich hievon ausgeschlossen zu sehen.

Es dürfte dieß um so weniger erwarten, da es mit den größten Aufopferungen zu Erreichung des grossen Zwecks mitgewirkt, und also ein wohlerworbenes Recht hat, zu Berichtigung der teutschen Angelegenheiten auch mitzuwirken. Die Declaration selbst erkennt den Grundsatz, wenn sie von einzuleitenden Fragen und vertraulichen Erörterungen sämmtlicher Höfe spricht:

Der unterzeichnete Staats- und bevollmächtigte Minister Sr. königlichen Hoheit des Herrn Großher-

*) Diese Angabe wird von Andern widersprochen. A. d. H.

zogs von Baden, hatte die Ehre, jüngsthin in eine Unterredung mit Sr. Excellenz dem königlich-preussischen, zum Congreß bevollmächtigten Staatsminister Freiherrn von Humboldt zu kommen, und, da Se. fürstliche Gnaden der Herr Staatskanzler Fürst von Hardenberg zu beschäftigt waren, um ihn zu empfangen, diese Gründe vorzulegen, deren Rechtlichkeit und Billigkeit Hochderselbe einräumte.

Der Unterzeichnete hat nun von seinem hier anwesenden gnädigsten Souverain den ausdrücklichen Befehl erhalten, dieses Ansinnen zu erneuern, und auf das dringendste schriftlich zu wiederholen, da Ehre und Pflicht gleichmäßig gebieten, als einem der ersten teutschen Fürsten seine Stelle in dieser erlauchten Versammlung fest zu behaupten.

Er schmeichelt sich um so mehr eines günstigen Erfolgs, als von den höchsten Souverains nur die liberalsten Gesinnungen und der reinste Eifer zu Erreichung eines allgemein befriedigenden Resultats mit dem vollsten Vertrauen zu erwarten sind.

Es gilt hier die Rechte Aller, bei welchen nach den in der Declaration selbst aufgerufenen Grundsätzen des Völkerrechts, keine Ungleichheit statt finden kann.

Der Unterzeichnete vereinigt hiermit die Bitte, die Erneuerung der Versicherung seiner unbegrenzten Hochachtung zu genehmigen.

Wien den 15, October 1814.

Frhr. von Hacke.

rath, welcher aus Abgeordneten der übrigen
Fürsten und der Reichsstädte besteht.

7) Im Fürstenrath werden die Angelegenheiten
des Fürstenbundes erörtert und entschieden: der
OberFürst hat darin eine vierfache Stimme; die Stimmenmehrheit entscheidet, und
ist die Norm für das Votum des OberFürsten
auf dem Bundestage; in diesem Fürstenrath hat
jeder Großherzog eine dreifache, jeder
Herzog eine doppelte und jeder Fürst eine
einfache Stimme; Großherzoge und Herzoge, die mehrere ehedem selbstständige Fürstenthümer besitzen, haben für jedes derselben, neben ihrer Hauptstimme, noch eine fürstliche
Stimme, welche letztere auch jeder Reichsstadt gebührt.

8) Die schiedsrichterliche Gewalt über die
Fürsten, steht dem Fürstengericht zu, das von
einem besonders dazu auch auf Lebenszeit gewählten Fürsten präsidirt ist; diesem Gerichte ist
auch der OberFürst mit seinen beiden Assistenten
in Ansehung der Pflichten dieser Würden unterworfen, dergestalt, daß sie von demselben dieser
Stellen wegen verletzter Pflicht entsetzt werden
können. Auch die Unterthanen können ihre Fürsten bei dem Fürstengericht belangen.

9) Der OberFürst und dessen beide Assistenten leiten die diplomatischen Angelegenheiten,
allein und ohne Zuziehung des Fürstenraths.

10) Die stehende Armee dieses Bundes — das
teutsche Fürstenheer — kann bei einer Population von 4,522,000 Einwohnern auf 45,000
Mann angenommen werden; es besteht als gemeinschaftliches teutsches Fürstenheer,

nicht als besondere Truppen des einen oder andern Fürsten. Der Erzfürst und die beiden Assistenten haben die Oberaufsicht und die oberste Leitung dieses Heers und legen darüber dem Fürstenrath Rechnung ab; sie bestreiten den Kostenaufwand aus der BundesCasse. Die Organisation besteht nach allgemeinen, vorher festgestellten Grundsätzen, seine Ergänzung durch regelmäßige Rekrutirung aus allen Ländern des Vereins; die OffiziersStellen besetzt der Oberfürst und die Assistenten, so wie sie auch die Dislocation im ganzen Bundesumfang besorgen. Der ganze Fürstenbund wird nach der unten *) bemerkten Uebersicht in drei Divisionen oder Kreise, seiner Lage nach, am Rhein, im Norden und im

*) **Volksmenge.**

	Einwohner.		Einwohner
1) HessenCassel mit Seitenlinien	600,000	die Rheinländer	
2) HessenDarmstadt	572,000		
3) Baden	954,000		2,350,000
4) Nassau	272,000		
5) Hohenzollern	52,000		
6) Lippe	95,000		
7) Oldenburg	160,000	die nördlichen Länder	
8) Waldeck	50,000		
9) Holstein	550,000		
10) Beide Mecklenburg	366,000		1,547,000
11) Braunschweig	204,000		
12) Anhalt	124,000		
13) Hamburg			
14) Lübeck	218,000		
15) Bremen			
16) SachsenWeimar	111,000	die Herzogländer	
17) SachsenGotha	187,000		
18) Die drei andern Häuser Sachsen	140,000		625,000
19) Beide Häuser Schwarzburg	114,000		
20) Die Häuser Reuß	73,000		
Zusammen			4,522'000

Herzen eingetheilt, und zur Leitung der Mili-
tärAngelegenheiten jedem Kreise ein Kreis = oder
Bannerfürst vorgesetzt, welche der Fürstenrath auf
Lebenszeit wählt.

11) Die innere Regierung der einzelnen Bundesstaaten verbleibt, wie bisher, den Fürsten derselben, mit Vorbehalt des Num. 8. gedachten Recurses an das Fürstengericht.

Auf diese Art, glaube ich, würde ohne Beugung
irgend eines höhern Interesses, den Rechten der teutschen Fürsten und der von ihnen regierten fünfthalb
Millionen Teutschen und der, zwischen allen Teutschen
seit einem Jahrtausend Statt gehabten Gleichheit der
Rechte, dasjenige Recht wiederfahren, zu dessen Anerkennung Gerechtigkeit und eigenes NationalInteresse sich
so lebhaft vereinigen.

———————

Nachschrift des Herausgebers.

Bei vorstehendem Personal = und TerritorialBestand des vorgeschlagenen Fürstenbundes, finden manche, zum Theil nicht unerhebliche Berichtigungen statt.
Ganz ausgelassen sind NassauOranien und die
freie Stadt Frankfurt, welche doch beide jetzt schon
in den wiener Conferenzen der vereinigten teutschen
Fürsten und freien Städte durch Repräsentanten erscheinen. Ob der mit in Ansatz gebrachte König von
Dänemark, wegen Holstein, dem Bund beitreten
werde? ist noch zweifelhaft. Eben so, ob nicht die
nicht in Rechnung gebrachten Fürsten von Lichtenstein, Isenburg und Leyen, desgleichen der Herzog von Arenberg, und die Fürsten von Salm
Salm und SalmKyrburg, so wie bisherige so
genannte Standesherren, sich in der Lage finden

werden, dem Bunde beizutreten? Endlich leidet auch
die Einwohnerzahl hin und wieder bedeutende Berichtigungen. Zu viel ist angesetzt, bei HessenCassel,
Braunschweig, Anhalt, den Hansestädten, SachsenWeimar. Zu wenig findet sich, bei Baden (es hatte
1812 eine Million 1,630), Lippe, Oldenburg, SachsenGotha. Unter diesen Voraussetzungen erhöhet sich
die TotalSumme der Volksmenge des Ganzen leicht
um ungefähr 300,000, und wenn man Dänemark wegen Holstein hinzurechnen darf, um noch einmal so
viel, so daß im letzten Fall der ganze Bund über
fünf Millionen Einwohner zählen würde.

XV.
Note

des bevollmächtigten Abgeordneten vieler teutschen fürstlichen und gräflichen Häuser,
welche durch die rheinische BundesActe andern teutschen Fürsten untergeordnet wurden, an die kaiserlich - östreichischen, königlich - preussischen
und königlich - großbritannisch - hannöverischen ersten Bevollmächtigten, datirt Wien den 7. Decbr.
1814.; betreffend die Rechtsverwahrung der ersten
gegen die Note der bevollmächtigten Abgeordneten 29
teutscher unabhängigen Fürsten und freien Städte
vom 16. Nov. 1814. (1s Heft Num. XVI.), mit
Beifügung einiger Wünsche in Absicht auf die künftige Verfassung des teutschen Staatenbundes
und der teutschen Länder.

Zur Kenntniß der fürstlichen und gräflichen Häuser, deren legitimirter Geschäftsträger der Unterzeich-

nete zu seyn die Ehre hat, ist der Inhalt derjenigen
Vorstellung gekommen, welche mehrere vormalige Reichsstände und Souveraine des Rheinbundes unter dem
16. v. M. eingereicht haben.

In so fern diese Vorstellung den Endzweck hat,
Hoffnungen und Wünsche für die allgemeine
Wohlfahrt des teutschen Vaterlandes auszusprechen, so wie ehrfurchtsvolle Huldigungen für
die mit Lorbeeren bedeckten allerhöchsten Befreier desselben darzubringen; so sind des Unterzeichneten hohe
Herren Mandanten sowohl schriftlich als mündlich mit
solchen Bethätigungen schon lange vorangegangen, für
welche ihre unter allen Verhältnissen erprobten Gesinnungen bürgen.

Wenn aber, wie es scheint, in jener Vorstellung
besondere Vorrechte angesprochen werden sollen;
so hat der Unterzeichnete ausdrücklichen Auftrag erhalten, und es gebietet ihm heilige Pflicht, ehrfurchtvoll
zu bemerken, daß alle die Gründe, welche jene
Vorrechte motiviren sollen, für seine hohen Herren
Mandanten noch unverkennbarer werden.

Denn im 6. Artikel des pariser Friedens werden nicht die Souveraine des Rheinbundes, welcher damals schon durch die Siege der von
Gott gesegneten Waffen, so wie durch darauf erfolgte
feierliche Entsagungen aufgelöset war, sondern die
Staaten Teutschlands genannt. Unter diesen
sind aber mehrere, welche vorhin ein Opfer des
Rheinbundes wurden, an Seelenzahl weit ansehnlicher,
als andere, welche während jener Schreckenszeit in
politischer Hinsicht glücklicher waren; und da die Gesammtheit der sogenannten mediatisirten Gebiete weit
über eine Million Seelen *) enthält, so kann nach

*) Nach möglichst genauer Berechnung, beträgt die Gesammt-

diesem Maasstabe das Recht ihrer politischen
Repräsentation unmöglich verkannt werden. Auf
Alter und Glanz der Häuser können ferner des
Unterzeichneten hohe Herren Mandanten auch größ-
tentheils gleiche Ansprüche gründen.

Die Grundsätze des allgemeinen Völkerrechts aber gewähren vorzüglich des Unterzeichneten
hohen Herren Mandanten die allerfestesten BeruhigungsGründe. Denn gerade aus diesen folgt ganz
evident, daß geschlossene Verträge zum Präjudiz eines Dritten, welcher darüber weder
gehört wurde, noch dazu einwilligte, keinesweges gereichen können.

Die allerhöchsten verbündeten Mächte haben, ohne Zweifel in diesem Sinne, den in Frankfurt abgeschlossenen AccessionsVerträgen die bekannte Clausel
„für Teutschlands Wohl‟ anzufügen geruhet.
Wollten also diejenigen vormaligen Souveraine des
Rheinbundes, welche nur in dessen Gefolge und für
dessen Dauer Oberherren eines Theils ihrer Mitstände wurden, den bekannten großmüthigen und gerechten
Absichten der allerhöchsten verbündeten Mächte offenbar
zuwider, jenen Verträgen zum Präjudiz der hohen Her-
ren-Mandanten des Unterzeichneten einen andern rechtswidrigen Sinn unterlegen; so haben dieselben sich
selbst, so wie ihren Nachkommen und Unterthanen
schuldig zu seyn geglaubt, durch unterzeichneten Bevollmächtigten dagegen eine feierliche Verwahrung hiemit
einlegen zu lassen.

heit aller vormals reichsunmittelbaren Besitzungen der
durch die rheinische BundesActe in so genannte Standesherrlichkeit herabgesetzten Fürsten und Grafen,
$450\frac{7}{8}$ QuadratMeilen, mit einer Million und 55,364 Einwohnern.   A. d. H.

So wie übrigens des Unterzeichneten hohe Herzen Mandanten ihr unerschütterliches Vertrauen auf Teutschlands Retter und Regeneratoren seither unter den härtesten Prüfungen bewährt haben: eben so haben sie den Unterzeichneten beauftragt, auch in Ansehung der Herstellung einer glücklichen Verfassung für das teutsche Vaterland, welche in einem mit constitutioneller Macht ausgerüstetem Oberhaupte ihre wesentlichste Stütze finden dürfte, die Versicherung dieser erprobten Gesinnungen ehrfurchtvoll zu erneuern. Nur in dem Falle also, daß den vormaligen RheinbundsSouverainen, welche die Eingangs gedachte Vorstellung unter dem 16. v. M. eingereicht haben, bei den Deliberationen über diese Verfassung eine Mitwirkung verstattet werden sollte, glauben des Unterzeichneten hohe Herzen Mandanten vertrauen und hoffen zu können, daß alsdann ihnen gleiche Befugniß nicht versagt werden wird.

Stets von gleichem Hochgefühl für das Wohl des teutschen Vaterlandes beseelt, treten sie übrigens allen, dieses höchste Ziel ihrer Wünsche wahrhaft befördernden Vorschlägen von ganzem Herzen bei. Von diesem Gesichtspunkte ausgehend, wagt daher der Unterzeichnete noch die dringende zur Erreichung des grossen Zwecks im Ganzen, so wie für alle Betheiligte gleich wichtige Bitte, daß den Beschlüssen über die teutsche Constitution unverzüglich executivische Kraft beigelegt, und dadurch dem jetzigen für Teutschland eben so verderblichen, als für dessen innere Ruhe höchst gefährlichen ZwischenZustand ein Ende gemacht werden möge. Unzertrennlich reihet sich hieran der fernere gerechte Wunsch für Herstellung eines obersten ReichsJustizgerichts, welches al-

lein die innere Freiheit, gesetzliche Ordnung und Ruhe sichern kann.

Endlich ist auch der redliche Wunsch sämmtlicher hohen Committenten des Unterzeichneten, daß dem biedern teutschen Volke eine feste, zweckmäßige, über alle Täuschung und nachtheiligen Einfluß erhabene landständische Verfassung durch die allgemeine Verfassung gewährt und garantirt werden möge. Sie werden es sich zur besondern Pflicht machen, dieselbe in ihren Landestheilen zu gründen.

Da alle diese, eben so ehrfurchtvolle als dringende, Bitten und Wünsche auf Gerechtigkeit und ächten Patriotismus beruhen; so schmeichelt sich der Unterzeichnete mit der Hoffnung, daß solche zu Ew. 2c. hohem Wohlgefallen gereichen werden.

Geruhen Ew. 2c. die Versicherung der unwandelbarsten Verehrung zu genehmigen.

Wien den 7. December 1814.

Fr. v. Gärtner,

bevollmächtigter Abgeordneter vieler fürstlicher und gräflicher Häuser zum Congreß.

XVI.

Note

des großherzoglich-badischen Bevollmächtigten, datirt Wien den 15. Octbr. 1814, worin Baden begehrt, in das Comité für die teutschen Angelegenheiten des Congresses aufgenommen zu werden.

In Gemäßheit der von den bevollmächtigten Ministern jener, den pariser Frieden unterzeichnet habenden Höfe, gegebenen Declaration, hat sich für die teutschen Angelegenheiten eine Vereinigung gebildet, wovon Oestreich, Preussen, Baiern, Wirtemberg und Hannover die Mitglieder sind.

Es mußte für Baden, welches unter Teutschlands Fürsten immer mit den ersten Rang einnahm, dessen Land an FlächenInhalt und Seelenzahl Hannover übersteigt *), dessen Rechte Kaiser und Reich bei der jüngsten ReichsfriedensDeputation nicht mißkannten, ein kränkendes Gefühl erzeugen, sich hievon ausgeschlossen zu sehen.

Es dürfte dieß um so weniger erwarten, da es mit den größten Aufopferungen zu Erreichung des grossen Zwecks mitgewirkt, und also ein wohlerworbenes Recht hat, zu Berichtigung der teutschen Angelegenheiten auch mitzuwirken. Die Declaration selbst erkennt den Grundsatz, wenn sie von einzuleitenden Fragen und vertraulichen Erörterungen sämmtlicher Höfe spricht.

Der unterzeichnete Staats- und bevollmächtigte Minister Sr. königlichen Hoheit des Herrn Großher-

---

*) Diese Angabe wird von Andern widersprochen. A. d. H.

zogs von Baden, hatte die Ehre, jüngsthin in eine Unterredung mit Sr. Excellenz dem königlich-preussischen, zum Congreß bevollmächtigten Staatsminister Freiherrn von Humboldt zu kommen, und, da Se. fürstliche Gnaden der Herr Staatskanzler Fürst von Hardenberg zu beschäftigt waren, um ihn zu empfangen, diese Gründe vorzulegen, deren Rechtlichkeit und Billigkeit Hochderselbe einräumte.

Der Unterzeichnete hat nun von seinem hier anwesenden gnädigsten Souverain den ausdrücklichen Befehl erhalten, dieses Ansinnen zu erneuern, und auf das dringendste schriftlich zu wiederholen, da Ehre und Pflicht gleichmäßig gebieten, als einem der ersten teutschen Fürsten seine Stelle in dieser erlauchten Versammlung fest zu behaupten.

Er schmeichelt sich um so mehr eines günstigen Erfolgs, als von den höchsten Souverains nur die liberalsten Gesinnungen und der reinste Eifer zu Erreichung eines allgemein befriedigenden Resultats mit dem vollsten Vertrauen zu erwarten sind.

Es gilt hier die Rechte Aller, bei welchen nach den in der Declaration selbst aufgerufenen Grundsätzen des Völkerrechts, keine Ungleichheit statt finden kann.

Der Unterzeichnete vereinigt hiermit die Bitte, die Erneuerung der Versicherung seiner unbegrenzten Hochachtung zu genehmigen.

Wien den 15. October 1814.

Frhr. von Hacke.

XVII.

Schreiben

des fürstlich-leyenschen Bevollmächtigten, Herrn
Geheimen Raths von Borsch, an den fürstlich-
nassau-oranischen Bevollmächtigten, Herrn
Staatsminister Freiherrn von Gagern, datirt
Wien den 16. Nov. 1814, betreffend den Bei-
tritt des Herrn Fürsten von der Leyen, „zu den
Schritten der altfürstlichen Häuser‟ auf
dem Congreß.

P. P.

Ew. 2c. habe ich schon vor mehreren Wochen,
mündlich zu eröffnen mir die Ehre gegeben, daß der
Fürst von der Leyen mir die Besorgung seines Interesses bei dem wiener Congresse übertragen habe.

Unerachtet es mir, so wie dem Herrn Fürsten
von der Leyen selbst, sehr begreiflich ist, daß der Beitritt desselben zu den Schritten der altfürstlichen Häuser, für die Letztere an sich kein
grosses Gewicht oder Interesse haben kann; so glaube
ich gleichwohl nicht nur gegen meinen Herrn Princi-
palen, sondern selbst gegen die bisherigen Glieder des
teutschen Bundes verantwortlich werden zu können,
wenn ich meinen Auftrag nicht zur Kenntniß ihrer
Herrn Bevollmächtigten bringen, mithin dadurch selbst
ein Hinderniß herbeiführen würde, die Zahl der sich
für die teutsche Constitution interessirenden Bundesglieder vollständiger zu machen.

Indem ich mir die Freiheit nehme, meine bei
der bekannten CongreßCommission übergebene Vollmacht Ew. 2c., als einen der vorzüglichsten und thä-

tigsten Mitglieder der hochfürstlichen Abgeordneten zum Congresse, in dem Beischlusse abschriftlich mitzutheilen, überlasse ich Hochdero erleuchteter Beurtheilung, ob es sich überhaupt mit den Ansichten hochbesagter Herren Abgeordneten vertrage, den Bevollmächtigten eines neufürstlichen Hauses, und besonders des Herrn Fürsten von der Leyen, an ihren das Wohl des teutschen Vaterlandes zum Zweck habenden Schritten — Antheil nehmen zu lassen.

Ew. ꝛc. bitte ich die Versicherung der vollkommensten Verehrung zu genehmigen, mit welcher ich bin

Ew. ꝛc.

Wien, 16. Nov. 1814.

ganz gehorsamster Diener,

v. Borsch.

Beilage
zu vorstehendem Schreiben.

Wir Franz Philipp, souverainer Fürst von der Leyen, Graf zu HohenGeroldseck, Herr zu Nievern, Ahrenfels ꝛc.

Nachdem Wir für nöthig erachtet haben, eine vertraute und geschäftkundige Person in Wien aufzustellen, welche bei dem daselbst bevorstehenden Congresse, Unsers und Unsers fürstlichen Hauses Interesse besorge; als geben Wir dem Hrn. Gottlieb Friedrich v. Borsch, herzoglich-sächsischem Geheimenrath zu Wien, hiemit Gewalt und Vollmacht, bei besagtem Congresse, und dessen erlauchten Mitgliedern sich als Unser Bevollmächtigter zu legitimiren, und nicht nur alle Reclamationen und Verhandlungen, welche Unser und Unsers fürstlichen Hauses Interesse nöthig

nete zu seyn die Ehre hat, ist der Inhalt derjenigen
Vorstellung gekommen, welche mehrere vormalige Reichsstände und Souveraine des Rheinbundes unter dem
16. v. M. eingereicht haben.

In so fern diese Vorstellung den Endzweck hat,
Hoffnungen und Wünsche für die allgemeine
Wohlfahrt des teutschen Vaterlandes auszusprechen, so wie ehrfurchtsvolle Huldigungen für
die mit Lorbeeren bedeckten allerhöchsten Befreier desselben darzubringen; so sind des Unterzeichneten hohe
Herren Mandanten sowohl schriftlich als mündlich mit
solchen Bethätigungen schon lange vorangegangen, für
welche ihre unter allen Verhältnissen erprobten Gesinnungen bürgen.

Wenn aber, wie es scheint, in jener Vorstellung
besondere Vorrechte angesprochen werden sollen;
so hat der Unterzeichnete ausdrücklichen Auftrag erhalten, und es gebietet ihm heilige Pflicht, ehrfurchtvoll
zu bemerken, daß alle die Gründe, welche jene
Vorrechte motiviren sollen, für seine hohen Herren
Mandanten noch unverkennbarer werden.

Denn im 6. Artikel des pariser Friedens werden nicht die Souveraine des Rheinbundes, welcher damals schon durch die Siege der von
Gott gesegneten Waffen, so wie durch darauf erfolgte
feierliche Entsagungen aufgelöset war, sondern die
Staaten Teutschlands genannt. Unter diesen
sind aber mehrere, welche vorhin ein Opfer des
Rheinbundes wurden, an Seelenzahl weit ansehnlicher,
als andere, welche während jener Schreckenszeit in
politischer Hinsicht glücklicher waren; und da die Gesammtheit der sogenannten mediatisirten Gebiete weit
über eine Million Seelen *) enthält, so kann nach

*) Nach möglichst genauer Berechnung, beträgt die Gesammt-

diesem Maasstabe das Recht ihrer politischen Repräsentation unmöglich verkannt werden. Auf Alter und Glanz der Häuser können ferner des Unterzeichneten hohe Herren Mandanten auch größtentheils gleiche Ansprüche gründen.

Die Grundsätze des allgemeinen Völkerrechts aber gewähren vorzüglich des Unterzeichneten hohen Herren Mandanten die allerfestesten BeruhigungsGründe. Denn gerade aus diesen folgt ganz evident, daß geschlossene Verträge zum Präjudiz eines Dritten, welcher darüber weder gehört wurde, noch dazu einwilligte, keinesweges gereichen können.

Die allerhöchsten verbündeten Mächte haben, ohne Zweifel in diesem Sinne, den in Frankfurt abgeschlossenen AccessionsVerträgen die bekannte Clausel „für Teutschlands Wohl" anzufügen geruhet. Wollten also diejenigen vormaligen Souveraine des Rheinbundes, welche nur in dessen Gefolge und für dessen Dauer Oberherren eines Theils ihrer Mitstände wurden, den bekannten großmüthigen und gerechten Absichten der allerhöchsten verbündeten Mächte offenbar zuwider, jenen Verträgen zum Präjudiz der hohen Herren Mandanten des Unterzeichneten einen andern rechtswidrigen Sinn unterlegen; so haben dieselben sich selbst, so wie ihren Nachkommen und Unterthanen schuldig zu seyn geglaubt, durch unterzeichneten Bevollmächtigten dagegen eine feierliche Verwahrung hiemit einlegen zu lassen.

heit aller vormals reichsunmittelbaren Besitzungen der durch die rheinische BundesActe in so genannte Standesherrlichkeit herabgesetzten Fürsten und Grafen, 450$\frac{7}{8}$ QuadratMeilen, mit einer Million und 35,364 Einwohnern.   A. d. H.

So wie übrigens des Unterzeichneten hohe Herren Mandanten ihr unerschütterliches Vertrauen auf Teutschlands Retter und Regeneratoren seither unter den härtesten Prüfungen bewährt haben: eben so haben sie den Unterzeichneten beauftragt, auch in Ansehung der Herstellung einer glücklichen Verfassung für das teutsche Vaterland, welche in einem mit constitutioneller Macht ausgerüstetem Oberhaupte ihre wesentlichste Stütze finden dürfte, die Versicherung dieser erprobten Gesinnungen ehrfurchtvoll zu erneuern. Nur in dem Falle also, daß den vormaligen RheinbundsSouverainen, welche die Eingangs gedachte Vorstellung unter dem 16. v. M. eingereicht haben, bei den Deliberationen über diese Verfassung eine Mitwirkung verstattet werden sollte, glauben des Unterzeichneten hohe Herren Mandanten vertrauen und hoffen zu können, daß alsdann ihnen gleiche Befugniß nicht versagt werden wird.

Stets von gleichem Hochgefühl für das Wohl des teutschen Vaterlandes beseelt, treten sie übrigens allen, dieses höchste Ziel ihrer Wünsche wahrhaft befördernden Vorschlägen von ganzem Herzen bei. Von diesem Gesichtspunkte ausgehend, wagt daher der Unterzeichnete noch die dringende zur Erreichung des großen Zwecks im Ganzen, so wie für alle Betheiligte gleich wichtige Bitte, daß den Beschlüssen über die teutsche Constitution unverzüglich executivische Kraft beigelegt, und dadurch dem jetzigen für Teutschland eben so verderblichen, als für dessen innere Ruhe höchst gefährlichen ZwischenZustand ein Ende gemacht werden möge. Unzertrennlich reihet sich hieran der fernere gerechte Wunsch für Herstellung eines obersten ReichsJustizgerichts, welches al-

lein die innere Freiheit, gesetzliche Ordnung und Ruhe sichern kann.

Endlich ist auch der redliche Wunsch sämmtlicher
hohen Committenten des Unterzeichneten, daß dem biedern teutschen Volke eine feste, zweckmäßige, über alle
Täuschung und nachtheiligen Einfluß erhabene landständische Verfassung durch die allgemeine Verfassung gewährt und garantirt werden möge. Sie
werden es sich zur besondern Pflicht machen, dieselbe
in ihren Landestheilen zu gründen.

Da alle diese, eben so ehrfurchtvolle als dringende, Bitten und Wünsche auf Gerechtigkeit und ächten
ten Patriotismus beruhen; so schmeichelt sich der Unterzeichnete mit der Hoffnung, daß solche zu Ew. 2c.
hohem Wohlgefallen gereichen werden:

Geruhen Ew. 2c. die Versicherung der unwandelbarsten Verehrung zu genehmigen.

Wien den 7. December 1814.

Fr. v. Gärtner,

bevollmächtigter Abgeordneter vieler
fürstlicher und gräflicher Häuser
zum Congreß.

XVI.

Note

des großherzoglich-badischen Bevollmächtigten, datirt Wien den 15. Octbr. 1814, worin Baden begehrt, in das Comité für die teutschen Angelegenheiten des Congresses aufgenommen zu werden.

In Gemäßheit der von den bevollmächtigten Ministern jener, den pariser Frieden unterzeichnet habenden Höfe, gegebenen Declaration, hat sich für die teutschen Angelegenheiten eine Vereinigung gebildet, wovon Oestreich, Preußen, Baiern, Wirtemberg und Hannover die Mitglieder sind.

Es mußte für Baden, welches unter Teutschlands Fürsten immer mit den ersten Rang einnahm, dessen Land an FlächenInhalt und Seelenzahl Hannover übersteigt *), dessen Rechte Kaiser und Reich bei der jüngsten ReichsfriedensDeputation nicht mißkannten, ein kränkendes Gefühl erzeugen, sich hievon ausgeschlossen zu sehen.

Es dürfte dieß um so weniger erwarten, da es mit den größten Aufopferungen zu Erreichung des grossen Zwecks mitgewirkt, und also ein wohlerworbenes Recht hat, zu Berichtigung der teutschen Angelegenheiten auch mitzuwirken. Die Declaration selbst erkennt den Grundsatz, wenn sie von einzuleitenden Fragen und vertraulichen Erörterungen sämmtlicher Höfe spricht.

Der unterzeichnete Staats- und bevollmächtigte Minister Sr. königlichen Hoheit des Herrn Großher-

---

*) Diese Angabe wird von Andern widersprochen. A. d. H.

zogs von Baden, hatte die Ehre, jüngsthin in eine Unterredung mit Sr. Excellenz dem königlich-preussischen, zum Congreß bevollmächtigten Staatsminister Freiherrn von Humboldt zu kommen, und, da Se. fürstliche Gnaden der Herr Staatskanzler Fürst von Hardenberg zu beschäftigt waren, um ihn zu empfangen; diese Gründe vorzulegen, deren Rechtlichkeit und Billigkeit Hochderselbe einräumte.

Der Unterzeichnete hat nun von seinem hier anwesenden gnädigsten Souverain den ausdrücklichen Befehl erhalten, dieses Ansinnen zu erneuern, und auf das dringendste schriftlich zu wiederholen, da Ehre und Pflicht gleichmäßig gebieten, als einem der ersten teutschen Fürsten seine Stelle in dieser erlauchten Versammlung fest zu behaupten.

Er schmeichelt sich um so mehr eines günstigen Erfolgs, als von den höchsten Souverains nur die liberalsten Gesinnungen und der reinste Eifer zu Erreichung eines allgemein befriedigenden Resultats mit dem vollsten Vertrauen zu erwarten sind.

Es gilt hier die Rechte Aller, bei welchen nach den in der Declaration selbst aufgerufenen Grundsätzen des Völkerrechts, keine Ungleichheit statt finden kann.

Der Unterzeichnete vereinigt hiermit die Bitte, die Erneuerung der Versicherung seiner unbegrenzten Hochachtung zu genehmigen.

Wien den 15, October 1814.

Frhr. von Hacke.

XVII.

Schreiben

des fürstlich-leyenschen Bevollmächtigten, Herrn
Geheimen Raths von Borsch, an den fürstlich-
nassau-oranischen Bevollmächtigten, Herrn
Staatsminister Freiherrn von Gagern, datirt
Wien den 16. Nov. 1814, betreffend den Bei-
tritt des Herrn Fürsten von der Leyen, „zu den
Schritten der altfürstlichen Häuser" auf
dem Congreß.

P. P.

Ew. ꝛc. habe ich schon vor mehreren Wochen,
mündlich zu eröffnen mir die Ehre gegeben, daß der
Fürst von der Leyen mir die Besorgung seines Interesses bei dem wiener Congresse übertragen habe.

Unerachtet es mir, so wie dem Herrn Fürsten
von der Leyen selbst, sehr begreiflich ist, daß der Beitritt desselben zu den Schritten der altfürstlichen Häuser, für die Letztere an sich kein
grosses Gewicht oder Interesse haben kann; so glaube
ich gleichwohl nicht nur gegen meinen Herrn Princi-
palen, sondern selbst gegen die bisherigen Glieder des
teutschen Bundes verantwortlich werden zu können,
wenn ich meinen Auftrag nicht zur Kenntniß ihrer
Herrn Bevollmächtigten bringen, mithin dadurch selbst
ein Hinderniß herbeiführen würde, die Zahl der sich
für die teutsche Constitution interessirenden Bundesglieder vollständiger zu machen.

Indem ich mir die Freiheit nehme, meine bei
der bekannten CongreßCommission übergebene Vollmacht Ew. ꝛc., als einen der vorzüglichsten und thä-

rigsten Mitglieder der hochfürstlichen Abgeordneten zum Congresse, in dem Beischlusse abschriftlich mitzutheilen, überlasse ich Hochdero erleuchteten Beurtheilung, ob es sich überhaupt mit den Ansichten hochbesagter Herren Abgeordneten vertrage, den Bevollmächtigten eines neufürstlichen Hauses, und besonders des Herrn Fürsten von der Leyen, an ihren das Wohl des teutschen Vaterlandes zum Zweck habenden Schritten — Antheil nehmen zu lassen.

Ew. 2c. bitte ich die Versicherung der vollkommensten Verehrung zu genehmigen, mit welcher ich bin

Ew. 2c.

Wien, 16. Nov. 1814.

ganz gehorsamster Diener,

v. Borsch.

Beilage
zu vorstehendem Schreiben.

Wir Franz Philipp, souverainer Fürst von der Leyen, Graf zu HohenGeroldseck, Herr zu Nievern, Ahrenfels 2c.

Nachdem Wir für nöthig erachtet haben, eine vertraute und geschäftkundige Person in Wien aufzustellen, welche bei dem daselbst bevorstehenden Congresse, Unsers und Unsers fürstlichen Hauses Interesse besorge; als geben Wir dem Hrn. Gottlieb Friedrich v. Borsch, herzoglich-sächsischem Geheimenrath zu Wien, hiemit Gewalt und Vollmacht, bei besagtem Congresse, und dessen erlauchten Mitgliedern sich als Unser Bevollmächtigter zu legitimiren, und nicht nur alle Reclamationen und Verhandlungen, welche Unser und Unsers fürstlichen Hauses Interesse nöthig

machen wird, sowohl mündlich als schriftlich anzubringen und auszuführen, sondern auch — im Falle bei Festsetzung neuer teutscher Bundesverhältnisse, und den dießfalls vorgehenden Berathschlagungen und Beschlüssen, Wir etwa zu einer Mitwirkung und Stimmenabgabe aufgefordert werden sollten, — alles Nöthige dießfalls für Uns, und in Unserm Namen zu thun und zu verrichten.

Wir versprechen, Alles dasjenige was ermeldeter Unser Bevollmächtigter, nach den ihm ertheilten oder noch zu ertheilenden Instructionen, thun und handeln wird, jeder Zeit so, als ob es von Uns selbst geschehen wäre, anzuerkennen, oder zu genehmigen.

Urkundlich dessen haben Wir diese Vollmacht eigenhändig unterschrieben, und mit Unserm fürstlichen Insiegel bekräftiget.

So geschehen Steelbach im Breisgau, den 20. October 1814.

(L. S.)   Philipp, Fürst von der Leyen.

_____

XVIII.

Antwort
auf vorstehendes Schreiben, datirt Wien den 21. Nov. 1814.

Ew. ꝛc. Erlaß vom 16. d. M. ist gänzlich ausser der Sphäre meiner Entscheidung. Nicht die Bedeutenheit, oder Alt- und Neufürstlichkeit, scheint mir hier den Ausschlag zu geben; sondern das Anerkenntniß der Mächte und der Besitzstand. Um solche Fragen zu umgehen, Allen Rechte zu reserviren, hat man Niemand zusammenberufen. Immer waren einige abwesend. Auch Lichtenstein ist nicht erschienen.

Glauben Sie übrigens, daß das Wohlergehen der fürstlichen Familie mir am Herzen liegt; so wie die Versicherung meiner vollkommensten Hochachtung.

Wien, den 21. Nov. 1814.

v. Gagern.

XIX.

Nöte

des fürstlich-oranischen und nassauischen Bevollmächtigten, Freiherrn von Gagern, an den königlich-hannöverischen ersten Bevollmächtigten, Herrn Grafen von Münster, als individueller Nachtrag zu der an diesen, unter dem 20. Dec. 1814 von den Bevollmächtigten der vereinigten teutschen Fürsten und Städte erlassenen Erwiederungs-Note *); datirt Wien den 13. Jänner 1815.

Die freundliche Erwiederung Ew. Excellenz vom 25. Nov. berechtigte und verpflichtete zugleich die Bevollmächtigten teutscher Fürsten und Städte, zur Fortsetzung dieser vertraulichen Aeusserungen über den dermaligen und zukünftigen Zustand unsers gemeinschaftlichen Vaterlandes.

In diesem auch von mir unterschriebenen Erlaß vom 20. Dec., an dessen Fassung ich weiter keiner

*) Diese findet sich im 1ten Heft S. 87. unter Num. XVIII.

Theil hatte, war es jedoch nicht thunlich, die Sache von allen Seiten zu betrachten, noch zu entwickeln, wie die Verhandlungen der fünf königlichen Höfe in unsern Augen erscheinen mußten. Viele Fürsten scheuen heftig oder bitter, die Absichten mächtiger Staaten, oder die Handlungsweise ihrer Bevollmächtigten zu bekämpfen. Denn die nackte Wahrheit selbst würde, wegen ihrer Stärke, schon diesen Schein der Bitterkeit annehmen, und von ihnen leicht verübelt werden.

Mein anderer Standpunkt, als Bevollmächtigter einer über ihre künftigen Verhältnisse mit Teutschland noch ungewissen Macht, die jedoch durch die Kränkung des nassauischen Hauses alsobald betheiligt ist, erlaubt mir jene Rücksichten bei Seite zu setzen.

Um so offener darf ich zu Ew. Excellenz sprechen, da unsere politischen Ansichten im Wesentlichen harmoniren, der Drang der Umstände allein Sie selbst zur Theilnahme bewog, und Ihr rechtlicher Sinn sich im Laufe des Geschäftes am meisten bewährte. Mit kurzen Worten: Sie giengen dort ein, weil Sie nicht heraus bleiben konnten, mit dem durchschimmernden Vorsatze, Alles zum Bessern zu wenden; und darin will ich Sie bestärken.

Wir sind sämmtlich, jeder in seiner Sphäre, mit Pflichten auf diesen großen politischen Schauplatz gekommen; mit den Pflichten, Ruhe, Ordnung, Vertrauen, Eintracht, Gerechtigkeit in Europa und in Teutschland wieder herzustellen, oder zu begünstigen. Wie ist es möglich, daß man hier den ganz entgegengesetzten Weg einschlug, im Widerspruch mit allen verkündeten Absichten, mit den genährten Erwartungen, und den ausdrücklichen Zusicherungen des pariser Friedens!

Das ganze Werk des Congresses sollte dahin zie-
len, das falsche, angemaßte Recht des Stärkern
in gesezliches ächtes Recht und Gleichgewicht
aufzulösen. Und nur vermöge dieses Rechts des Stärkern, constituirten sich alsbald fünf Höfe, um Ge-
sezen den andern vorzuschreiben und sich eine Gattung
von Oberherrlichkeit, Befugnisse, die ihr sehr ähnlich
sehen, anzumassen.

Gesezt, sie hätten nichts als das Gute bezweckt,
und hervorgebracht, so wäre selbst das ein Eingriff
in gegründete Befugnisse. Denn seinem Vaterlande
ein besseres Loos bereiten, gehört zu den herrlichsten
Empfindungen, so wie zu den heiligsten Verpflichtungen, die Niemand dem Andern, so lange keine gesezliche Formen bestimmt sind, vorzuenthalten oder zu
erschweren sich erlauben soll.

Der Vorwand, daß diese Absicht, wenn sie rein
war, durch mehrere Theilhaber erschwert würde, war
theils unerfindlich, weil diese Zahl so groß nicht ist,
theils war sie, durch Repräsentation und Wahl nach
Millionenzahl, sehr leicht zu haben.

Sobald sie sich aber versammelten, giengen sie
augenscheinlich, wie es vorauszusehen war, von ganz
verschiedenen Absichten und Gesichtspunkten aus, die
etwas Gedeihliches niemals erwarten liessen.

Es mögen wohl Teutsche seyn, denen, theore-
tisch, die strenge Alleinherrschaft die liebste wäre,
wenn sie ihnen die sicherste schien. Der Zweiherrschaft aber ist der Stab durchaus gebrochen. Es ist
das gehässigste und gefährlichste, ein Wurzelübel in
Europa, eine Spaltung unserer Nation, ein ewiger
Saamen des BürgerKrieges, deren wir, einschließlich
des siebenjährigen, in den letzten Jahrhunderten nur
zu viele gehabt haben. Und dennoch nahm Alles, die

betrübte Tendenz zu eben dieser Zweiherrschaft. Zum
Beweis dürfen wir uns nur auf das frühere Beginnen, auf die vier Stimmen gegen drei im Rath der
fünf Könige, auf den untergeschobenen Sinn der BeitrittsVerträge, und auf die nur zu deutliche Note des
Herrn Fürsten von Metternich vom 22. Oct. abhin,
an den StaatsCanzler Fürsten von Hardenberg beziehen.

Oestreich beklagt in dieser Note zwar die
Theilung in Nord- und Süd-Teutschland, indem es sie zuläßt, und die Grenzen bezeichnet. Aber
ist es denn wirklich im Fall, so schwere Opfer zu
bringen? und sind wir im Fall es zu leiden? und können sich die Höfe von München, Stuttgard und Hannover über den Sinn — nein über so klare Worte —
auch nur einen Augenblick täuschen?

Sobald die Höfe zu Wien und Berlin sehr
einig waren; wo ist noch der Fall gewesen, daß sie
die andern nicht mit sich fortgezogen hätten? Und worin liegt, durch das was jetzt vorgeht, das Unterpfand
dieses Einverständnisses, auch nur für die nahe Zukunft? Worin die Hoffnung, wenn einmal erst solche
Verhältnisse der Scheidung zugelassen werden? Schon
sagten die demagogischen und tumultuarischen Blätter,
unter dem Einfluß des einen Theils (Rheinischer Merkur, Num. 100, vom 10. Aug. 1814): Das Vaterland aber ist am besten dadurch berathen, wenn alle
Kraft einstweilen in die Zweiheit zusammen läuft,
da die Einheit spätern Zeiten aufbehalten
bleibt u. s. w.

Und nun bei dem rechten Lichte betrachtet, was
bedeuten sowohl in jener Note, als in den Artikeln,
oder in den dreizehn Protokollen, was bedeuten —
grammatisch oder politisch — jene gleißnerischen Worte:
„leiten, protegiren, executive Gewalt und

Einfluß haben?" Sie sind gänzlich ohne klaren
Sinn und Begriff, denn sie heissen Alles oder Nichts.

Der Vorwand der vormaligen Untauglichkeit des
Reichs und seiner Verfassung, ist gänzlich nichtig.
Vorerst ist diese Anzahl der Stände ungemein geschmol-
zen, und dann ist der Zeitraum zu kurz, als daß wir
uns nicht der Begebenheiten unserer Tage vollkommen
erinnern sollten.

Wer sind denn die Reichsstände, die ihre Pflicht
nicht erfüllt haben? Wer war abtrünnig vom baseler
Frieden? Haben nicht die Festungen der mindermächtigen Fürsten, Philippsburg, Ehrenbreitstein,
auf das äusserste und bis zum Aushungern sich vertheidigt, während dem die der grössern Staaten fielen,
als sie kaum berennt waren; und Mainz selbst, dieser Schlüssel des Reichs, ohne Noth gegen Venedig
dahin gegeben wurde? Worin bedarf es einer Leitung?
Werden künftig die Hessen von Andern Tapferkeit
und Waffenübung lernen? Baden von Wirtemberg, wie man die Völker beglückt, und die Menschen schont? Ist das OberAppellationsgericht zu Celle
besser, als das zu Cöln und Diez? Sollen wir im
Nassauischen erfahren, wie man den Forst behandelt, den Weinstock pflegt, den Bergbau treibt? Nein;
denn man kommt weit und breit zu uns, um es zu
lernen. Werden Andere die freien Städte, über
Handelsmaximen und die Führung ihrer Messen unter-
richten wollen? Es ist fürwahr nur allzuleicht, der
Sache ihre scherzhafte Seite abzugewinnen.

Verwechselt man aber, im Sprachgebrauch, executive Gewalt — die an sich mit der monarchischen
im ganzen Umfange einerlei ist — mit der Execution oder blossen Vollziehung gerichtlicher Erkenntnisse;
wie leicht war das von jeher gegen die Mindermäch-

tigen, und wie schwer gegen die Mächtigen? Wie wenig hat man in den Sitzungen der fünf Höfe dafür
gesorgt? Wie wenig haben sie sich ernstlich mit gericht-
lichen Einrichtungen befaßt? — Der einzige vernünftige Weg Andere zu leiten ist, ihr Vertrauen zu gewinnen, und das ist nicht' in System und Theorie zu
bringen; man muß es ernstlich wollen!

Wäre jene Leitung etwas heilsames, warum wid-
meten sie ihre Vorsorge nur den 4 Millionen, und so
wenig den weit zahlreichern? Was schirmt die Baiern
und Wirtemberger? Oder sind Mißbräuche dort nicht
denkbar?

Wenn die Contingente werden fixirt, und ihre
Inspection — Aller über Alle, in den gehörigen Proportionen wird beliebt seyn, so ist es damit genug. Geht man weiter, und räumt dem Stärkern über den Schwächern constitutionelle Rechte
ein, so ist militärische Willkühr und Unterdrückung eine unausbleibliche Folge. Das oberste
Commando wird kosten, und bald die Steuer-
casse, die damit verwandt ist, und diese die ständische Versammlung, und endlich die Landesherrn selbst nach sich ziehen, oder zu unzähligen
Händeln und Reibungen Anlaß geben, wie jede ein-
geräumte, aber nicht definirte Gewalt, die sich unter
so übeln Auspicien ankündiget.

Wenn aber einmal der Krieg des Reichs oder
des Bundes ausgesprochen ist, so hat der eben geschlossene gezeigt, wie leicht es sey, dann Alle zu ihren Leistungen und zur Folge zu bewegen. Die anhaltischen oder nassauischen Anführer werden es nicht
als ein Recht ansprechen, die östreichischen oder preussischen Heere zu befehligen.

Oder ist unser Verdacht und Besorgniß gänzlich leer, und unerfindlich? Die königlich-wirtembergischen Abstimmungen sind zwar unstreitig an sich die tadelswerthesten, umgekehrt aber auch die besten und treuherzigsten, weil sie am unumwundensten sprechen, und die arrière-pensée in etwas im Voraus Angekündigtes verwandeln.

Diese Herren vermeinten im dritten Protokoll.

„daß die Zahl fünf das so wichtige Princip der Einheit nicht störe.“

Vor Kurzem haben uns die cinq directeurs zu Paris das vortrefflich gezeigt! Wenn wir in unserer Religion von der Dreeinigkeit reden; so nennen wir es demüthig ein Geheimniß. Bei einer politischen Fünfeinigkeit, sind uns aber die skeptischen Fragen wohl erlaubt.

In demselben Protokoll protestiren sie gegen die Festsetzung der Rechte der Unterthanen, sondern wollen die volle Souverainetät.

Man sollte ja nicht eine Nation aus uns machen, das sey gegen die ernsten Zwecke. Wessen Zwecke? — damit wir ja nicht in die alten Fehler der Reichsverfassung verfallen, vermeinen sie, und sprechen an:

„daß dem bestimmten Einfluß des Kreis-
„Obersten, eine die ausübende Gewalt in je-
„dem Kreise vereinigende Wirksam-
„keit gegeben werde!“

Die eigenen Worte!! hear him, hear him!

Bei den ausgesprochenen vier Stimmen gegen drei, widersetzt sich Wirtemberg — als gegen eine Nachsetzung und Unterordnung. — Vergessend des

alten Denkspruchs: Quod tibi non vis fieri, alteri
ne feceris.

Der Rath der übrigen Stände scheint ihnen ent-
behrlich — von dem Geschäft der KreisDirectoren
soll nicht die Frage seyn, sondern von ihrem Rechte und Befugniß. — Kein Reichs- und Bundesgericht wollten sie nicht haben; Landstände
zwar, aber nach eigener Art.

In dem vierten Protokoll erläutert es seine
Ansicht immer mehr. Der Bund soll nur aus den
fünf Königen bestehen; die übrigen Staaten aber
nur als Kreismitglieder angesehen werden, und
damit man nicht länger im Zweifel bleibe, wie das
gemeint sey, werfen sie schon die Bedenklichkeit in
dem achten Protokoll auf: die Kreisversammlungen
scheinen dem neuen Zustand der Dinge nicht
mehr anzupassen, da die Kreise sich größtentheils
nur auf wenige Stände concentriren.

Nach dem sechsten Protokoll sollen die Kreisdirectoren, wenn sie ihre Schuldigkeit verabsäumen, oder übertreten, bei den vier andern angeklagt
werden. Was würde man in England sagen, wenn
gegen den einen Minister, die übrigen seiner Gattung
das judicium parium formiren sollten, ohne andere
Verantwortlichkeit!

Die wichtigste wirtembergische politische Ent-
deckung, ist jedoch in der folgenden Note jenes achten
Protokolls enthalten:

„die gegen Norden und Osten befindlichen
„Kreise sind durch ihre Ländermasse stark genug,
„um dem Zweck des Bundes durch schleunige
„Hülfe in dringenden Fällen zu entsprechen. Da-
„mit nun die gegen Westen vorliegenden Kreise

„durch innere Kraft gleichfalls in den Stand
„gesetzt werden, Widerstand gegen Angriffe zu
„leisten, so wird es nöthig seyn, daß ein sol-
„cher aus Ländern, welche zusammen eine Bevöl-
„kerung wenigstens von drei bis vier Millionen
„Menschen enthalten, bestehe."

Und als letzte grosse erleuchtete Betrachtung, will es
eine militärische Subordination in ihrem
größten Umfange — die Verfügung von Mu-
sterungen und Waffenübungen! Im Badischen ohne Zweifel, — denn wo sonst? — Zu Allem dem fehlt auch selbst der vernünftige Vorwand.

In andern Beziehungen spricht man so gern von
den Fürsten, ihren Personen und Fehlern, den Bal-
ken im eigenen Auge nicht sehend, und gänzlich ver-
fehlend, daß hier nicht von der Gegenwart und dem
Augenblicke, sondern von der ganzen Zukunft,
daß hier nicht von den Herren, sondern von den Völkern die Rede ist, ihrer Ehre, Ruhestand, Unabhängigkeit; und wie sehr es wahr ist, daß man nicht
zweien Herren dienen kann.

Diese Gefühle der Völkerschaften sind ewig und
permanent. Kaum ist ein Monat verflossen, als ein
sehr beredter Mann unserer Zeit im französischen gemeinen Rath der Deputirten so sprach (Mr. Rey-
nouard, séance du 4. nov. 1814):

„né dans un pays depuis longtems associé
„aux destins de l'antique France, non par
„le funeste droit des armes, mais par le
„voeu libre du dernier comte de *Provence*,
„par le consentement solemnel des citoyens,
„et par l'acceptation obligatoire du monar-
„que françois, non pour être dépendant,
„mais à la condition expresse *de n'être point*

subalterne, je me souviens avec orgueil"
etc.

Entsinnen Sie sich, daß auch dieses Land einst zu unserm Reichsverband gehörte! Darum meine Behauptung, daß eine aufrichtige Mediatisirung für diese Völkerschaften ungleich wünschenswerther sey, als ein so schwankendes Verhältniß, womit uns hier gedroht wurde!

Solito inter accolas odio — sagte von uns, einer der klügsten Männer auf der Erde, und statt dieses Unkraut auszurotten, wollen wir es in solcher Masse ausstreuen? Welchem Mißmuth, welchen Unordnungen öffnen wir Thür und Thore? Welchen höchst traurigen Zustand bereiten wir allen Individuen, allen Familien so vieler Millionen, wenn erst diese Reibungen anfangen werden! Dumme Köpfe und Verstockte werden sie heissen, die das allgemeine Wohl verabsäumen, hängen sie ihrem Landesherrn nach alter Sitte an. Treulose und Verräther des Landes, wenn sie sich zu dem Leiter, Protector oder Kreisdirector hinneigen? Wo wird Friede und selbst häusliches Glück mehr in diesen Provinzen zu finden seyn? Und welche Provinzen trifft das eben? Sachsen, Hessen, Rheinländer, die an Bildung den meisten der übrigen bei weiten vorgehen, wenigstens augenscheinlich sie bisher übertrafen.

Solche Völker werden also gerechtfertigt erscheinen, wenn sie zuversichtlich solche Unbill versagen, und einen Angriff gelassen abwarten.

Es ist möglich, daß man bei den politischen Discussionen zu Paris davon ausgieng, und daß Oestreich selbst entweder im Irrthum, oder zu bescheiden war, oder auch diese Stimme der Teutschen minder

wußte. Wem wächst daraus ein Recht zu? Wo ist
die Acceptation, wo die Beschränkung unserer Unabhängigkeit? Warum wären die Mittel so schwer,
fremden Nationen und ihren Monarchen die Ansichten
zu erläutern und zu rechtfertigen, wenn es ihnen
wirklich Ernst ist, Frieden und Ordnung auf die Erde zurückzuführen? Beweißt ihnen das Mißlingen
der bisherigen Versuche nicht schon hinlänglich die
Nothwendigkeit jener einzigen vernünftigen Aus-
kunft?

Verbliebe aber auch dieser Zustand, dieses un-
überwindliche Hinderniß, nun wohlan; so giebt es
noch bessere Mittel als dieses zwei- oder fünffache Directorium. Dann mögen Oestreich und Preussen ganz ausscheiden, wie dann die Ausdrücke
des pariser Friedensschlusses: „les états de l'Alle-
„magne seront indépendans et unis par un lien
„fédératif" — auf sie wenig zu passen scheinen.

Oder lassen Sie uns im rechten Maas alle
Theile nehmen, und nur die Proportion suchen!
Durch diese Proportion räumt man viel, vielleicht zu
viel ein, und die schweizer Cantone kennen sie nicht.

Beides sind wahrscheinliche Mittel, Dänemark
und die Niederlande wieder zur Theilnahme zu bewegen, denen dieses fünffache Directorium, seiner Lieblichkeit wegen, gar nicht wird angemuthet;
nicht angeboten werden. — Und das ist fürwahr ein
sehr sicherer Probierstein!

Weder einer, noch fünf, noch Alle können
jura singulorum beschränken noch angreifen. Sie
können keinen Festungsbau anbefehlen, ohne die Mittel zu verwilligen, und mit diesen verhältnißmäßigen
Mitteln wird in keinerlei Form irgend ein Widerspruch

erscheinen, ohne zugleich etwas Besseres in Vorschlag
zu bringen.

Von diesen mannichfaltigen Seiten bitte ich
Ew. Excellenz, diesen hochwichtigen Gegenstand zu betrachten, und daraus neue Stählung Ihrer frühern
Ueberzeugung zu schöpfen. Niemand ist mehr geeignet,
als Ihr Hof, und Sie persönlich, die Verwilligung
zu übernehmen, und das Bessere zu erreichen, womit
ich Ew. Excellenz meiner oft bewährten, ganz vorzüglichen Verehrung versichere.

Wien, am 13. Januar 1815.

Freiherr von Gagern.

XX.

Note

der großherzoglich-badischen und hessischen,
dann herzoglich-nassauischen Bevollmächtigten,
an den Staatsminister Freiherrn von Stein, als
Vorsteher des obersten VerwaltungsDepartements,
enthaltend den Antrag auf ungesäumte Niederschlagung der KriegskostenLiquidation ꝛc., datirt
Wien den 21. Nov. 1814.

Die neue Norm und Form, welche der KriegskostenLiquidation, in Beziehung auf die deßfalls
aufgestellte Schuldverschreibung, gegeben werden
wollen, die mit peremtorischen Bedrohungen ausgesprochene Eile, in welcher alle noch rückständige Rechnungen vorgelegt werden sollen, setzten Unterzogene in
den Fall, Sr. Excellenz dem Herrn Minister Frhrn.
von Stein Folgendes zu erklären:

Die Schuldverschreibung hat nach der Urkunde ihrer Entstehung keinen andern Zweck, als
die verhältnißmäsige Gleichstellung der
Kriegskosten unter denen der Schuldverschreibung beitretenden Staaten, und die aus der HauptSchulds
verschreibung hervorgehende SpecialObligationen
sollten die Mittel zum Zwecke seyn; jede andere
Absicht, die früher oder später damit verbunden worden seyn mag, jede andere Verwendung, so lange die
liquidablen KriegsPrästationen nicht gedeckt sind, ist
auch dem Sinne und dem Wortleut der Schuldverschreibung fremd; jeder spätere Vertrag mit einzelnen Staaten, welche dem ObligationsSysteme
nicht beigetreten sind, eingegangen, und einen Antheil
dieser SpecialObligationen zusichernd, kann als den
früheren Verträgen und den juribus quaesitis entgegen, wenigstens in diesem Wege nicht realifirt werden;
es liegt vielmehr in den frühern Verträgen und in
dem Geist der Schuldverschreibung selbst, daß, so weit
der Mehrbetrag der liquidirten KriegsPrästationen, im
Verhältniß der Einlage zur Schuldverschreibung, durch
die SpecialObligationenen nicht gedeckt werden kann,
die verbündeten hohen Mächte selbst Entschädigung leisten werden.

Die von dem Chef der LiquidationsCom-
mission, Herrn Grafen von Solms-Laubach, ver-
langten und bereits in dessen Händen befindlichen Ge-
neralUebersichten, mögen schon als zulängliche
Beweise dienen, daß wenigstens Baden, Hessen
und Nassau auf derartige substdiarische Entschädigungen immer noch unwidersprechlichen Anspruch zu machen haben, wenn auch bei einigen dieser
Staaten viele Tausende, bei dem andern sogar Millionen noch in Contestation gezogen werden wollen.

Aus diesem Vertrags- und Thatverhältnissen geht das unverkennbare Resultat hervor, daß das ganze Schuldverschreibungs Wesen, und mit diesem das ganze Liquidations Wesen, von selbst falle, wenn die betheiligten Staaten, deren Gleichstellung damit bewirkt werden soll, erklären, daß sie die Niederschlagung der ganzen Schuldverschreibung, jedwelcher Entschädigung, welche von daher kommen soll, vorziehen, und daß sie jede Entschädigung, welche in jedem Falle aus den Mitteln der hohen verbündeten Mächte noch bethätigt werden mußte, sowohl nach: Ob? als nach Wie? der Erhabenheit und dem allerhöchsten Gutfinden der verbündeten Mächte mit vertrauender Resignation unterstellen wollen.

Diese Erklärung legen nun hiermit die Unterzogenen, im Namen ihrer höchsten Committenten, welche sowohl nach dem Verhältniß ihrer Einlage zur Schuldverschreibung, als nach dem Uebermaas von KriegsErlittenheiten die Majorität der Betheiligten repräsentiren, in die Hände Sr. Excellenz des Herrn Ministers von Stein, mit dem Ersuchen, dieselbe, nach ihrem wahren Werth von Rechtlichkeit und ächt teutscher Ergebenheit, allerhöchsten Orts zu unterstützen, und zur baldigen Gewährung, das ist: zur gleichbaldigen Niederschlagung der KriegskostenLiquidation zu empfehlen.

Es muß bei allen betheiligten Höfen die unangenehmsten Gefühle erregen, daß

A) man die Vorlage aller Rechnungen, deren Beschleunigung das eigene Interesse der liquidirenden Staaten erheischt, mit peremtorischen Terminen übereilen, und Unmöglichkeiten, wie leicht ausführbare Dinge behandeln will.

B) daß man wesentliche Punkte der Liqui-
dationsInstruction, welche bereits allen
Liquidanten zur Norm mitgetheilt und gleichsam
ein Documentum commune geworden ist, nun
noch einmal abändern will.

C) daß man die Prästationen an Truppen
jener Staaten, welche dem ObligationsSy-
stem nicht beigetreten sind, an dieselben
verweisen will; da Wirtemberg auf die
deßfallsigen Anwürfe, die Baden und Hessen dahin gemacht haben, gar keine Antwort ertheilt, und Baiern die Zahlung der Spi-
talkosten in Ettenheim-Münster, welches rein
für baierische Truppen etablirt war,
schon bestimmt von der Hand gewiesen hat.

D) daß man sogar versuchen wolle, die Spital-
kosten von dem Jahr 1813, von der Liquidation der übrigen Prästationen in selbigem
Jahre zu trennen, und sie, was durchaus
nicht geschehen kann, mit jenen von dem Jahr
1814, wofür eigene Fonds und eigene Beitrags-
Normen bestimmt sind, zu vermengen.

Diese dem Recht, wie dem Ansehen der betheiligten Staaten, auch der Heiligkeit der von ihnen mit
verfochtenen teutschen Sache, widerstrebenden Versuche,
gegen deren Verwirklichung man hiermit auf allen
Fall feierlich protestirt, sind, offen zu gestehen, die
secundäre Veranlassung, vorstehender, einer
baldigen allerhöchsten Entschliessung eben so bedürfen-
den, als des allerhöchsten Beifalls würdigen Erklärung.

Die Unterzeichneten benützen diese Gelegenheit
St. Excellenz dem Herrn Minister Freiherrn von
Stein ihrer vorzüglichen Hochachtung zu versichern.

Wien, den 21. November 1814.

Anmerkung des Herausgebers.

Zur Erläuterung vorstehender Note dient Folgendes. Im December 1813, schlossen zu Frankfurt die verbündeten Mächte mit den unten verzeichneten teutschen Fürsten einen Vertrag, worin jeder der letzten den einjährigen Betrag des BrutoEinkommens (der Staatseinkünfte) seines Landes — nach einer ungefähren, nicht sehr strengen Berechnung dieses Einkommens — zu den Kriegskosten beitragen sollte, mittelst Ausstellung einer HauptObligation, deren Betrag er in 24 Terminen von 3 zu 3 Monaten, also binnen drei Jahren, zu tilgen hätte *).

Vorzüglich Natural- und andere Lieferungen sollten mit den, in Gemäßheit der HauptObligation auszustellenden PartialObligationen vergütet, oder auch diese auf die zu leistenden Beiträge in Abzug gebracht werden. In den letzten Fall kamen die meisten Fürsten, da ihre Unterthanen starke Lieferungen an die Heere der verbündeten Mächte zu leisten hatten.

Die verbündeten Mächte garantirten die zu Frankfurt am Main am 2. Jan. 1813 von den Bevollmächtigten jener teutschen Fürsten unterzeichnete HauptObligation, und es sollte zu deren Versicherung ein eigener Artikel in den Friedensschluß kommen.

Die HauptObligation ward vertheilt in PartialObligationen zu 5000, 2000, 1000, 500, 200, 100 und 50 Gulden im 20 Guldenfuß, mit Zinsen zu sechs pro Cent. Der vier und zwanzigste Theil, welcher in jedem Vierteljahr zu bezahlen war, sollte durch das Loos bestimmt werden.

*) Man vergl.: Die CentralVerwaltung der Verbündeten unter dem Freiherrn von Stein. Deutschland 1814. gr. 8.

Von diesen PartialObligationen erhielt Oestreich $\frac{5}{16}$, Rußland $\frac{5}{16}$, Preußen $\frac{5}{16}$, Schweden $\frac{1}{16}$. Hannover sollte, wenn es dem Plan beitreten würde, für sich so viele Obligationen erhalten, als es zu seinem Antheil schaffen würde; und dasselbe sollte auch auf Baiern und Wirtemberg anwendbar seyn*).

Die HauptObligation beträgt, im zwanzig Guldenfuß, die Summe von siebenzehn Millionen, 116,500 Gulden. Daran sollten bezahlen:

Baden	4 Mill.	791,666$\frac{2}{3}$	Gulden
HessenDarmstadt	3 »	166,666$\frac{2}{3}$	»
HessenCassel	2 »	500,000	»
NassauUsingen und Weilburg	1 »	250,000	»
SachsenGotha	1 »	083,333$\frac{1}{3}$	»
» Weimar		792,000	»
AnhaltDessau		416,666$\frac{2}{3}$	»
NassauOranien		393,250	
Gesammthauß Reuß		333,333$\frac{1}{3}$	» !
AnhaltBernburg		292,000	»
LippeDetmold		288,333$\frac{1}{3}$	»
SachsenMeiningen		275,000	»
Waldeck		266,666$\frac{2}{3}$	»
SchwarzburgRudolstadt		210,000	»
» Sondershausen		210,000	»
AnhaltCöthen		200,000	»
SachsenCoburg		166,666$\frac{2}{3}$	»
HohenzollernSigmaringen		150,000	»
SachsenHildburghausen		125,000	»
SchaumburgLippe		108,333$\frac{1}{3}$	»
HohenzollernHechingen		77,583$\frac{1}{3}$	»
Lichtenstein		20,000	»

17 Mill. 116,500 Gulden.

*) Vergl. Journal de Francfort, 1814, no. 30. Handlungs-Zeitung v. 1814, Num. 17.

XXI.

Rechtliche Bitten,

und ehrfurchtsvollste Wünsche der Katholiken Teutschlands *).

Die Rathschlüsse der göttlichen Vorsehung hatten in einem Zeitpunkte von einigen zwanzig Jahren fast unglaubliche und wunderbare Abwechslungen in politischen und kirchlichen Verhältnissen Europens herbeigeführt; Staaten verschwanden, und lebten wieder auf. Die ganze hierarchische Ordnung des katholischen Religionsgebäudes schien einem Zusammensturz nahe; durch eine unvermuthete Umwendung der Dinge trat das ehrwürdigste Oberhaupt der katholischen Kirche, das ganz aus der politischen Welt vertilgt zu seyn schien, so zu sagen ganz unbemerkt, ohne Beiwirkung eines Menschen, mit vollem Glanze in seine vorige Laufbahn wieder ein.

Die ganze Welt schien zu einer vollständigen Umwandlung bestimmt zu seyn. Plötzlich nahm der Gang der Zerstörung eine unerwartete Wendung; dem Strom des Verderbens wurde Stillstand geboten; und unsere erhabenen Souveraine stehen nun an dem Punkte, auch die aufgelöseten Bande der teutschen Staatsverfassung wieder in eine feste und dauerhafte Ordnung zu knüpfen.

Der Grund zu dieser beruhigenden Hoffnung wurde von unsern erhabenen Staatsoberhäuptern schon in jenem Zeitpunkte gelegt, da unsere alten Verfassungen besonders der geistlichen Länder, durch das unaufhaltbare Schicksal aufgelöset wurden, und den weltlichen Fürsten die Zügel der Regierung über neue Länder in die Hände fielen.

---

*) Ward, unter diesem Titel, dem Congreß gedruckt übersendet.

Schon dazumal erklärten sie feierlich, daß sie nicht, als unumschränkte Herren, sondern als Souveraine, das ist, als oberste Regenten freier Staaten diese Regierungen antreten würden. Weit entfernt, sich als Despoten anzukünden, sicherten sie selbst ihren neuen Staaten, und besonders den darin befindlichen KirchenGemeinden, auf die humanste Weise den Schutz ihrer bisher genossenen Rechte öffentlich zu.

Auf dieses gegebene Wort unserer Souveraine gestützt, treten wir nun bei den herbeigeführten glücklichern Zeitumständen ehrfurchtsvoll vor ihre Throne, um Sie nun dieser Zusicherungen wieder zu erinnern, und um die Erfüllung derselben nunmehr, da die bisherigen Hindernisse hinweggeräumt sind, mit kindlichem Vertrauen zu bitten.

Da wir gegenwärtig bloß als Glieder einer religiösen und kirchlichen Gemeinde, der katholischen, auftreten, so ergiebt sich von sebst, daß unsere Bitten und Wünsche sich ausschlüssig auf Religion und Kirche beziehen; und in diesem Gesichtspunkte wird es uns dann erlaubt seyn, vorzüglich unser rechtliches Gesuch auf alles dasjenige auszudehnen, auf das wir als Katholiken, nach der allgemeinen Zusicherungen des lünéviller Friedens, und nach den darauf gegründeten Reichsabschlüssen und Recessen, sowohl als nach den besondern ausdrücklichen Versprechungen unserer höchsten Landesväter, rechtliche Ansprüche machen zu können, beglaubt sind.

I. Nach dem Inhalte, und den wiederholten Zusicherungen und Bestätigungen des Friedens von Lünéville, nach den ausdrücklichen Aeusserungen der französischen Regierung, und nach den eigenen Stipulationen der teutschen Fürsten, ist die katholische Religionsausübung und Kirchenverfassung zu sammt dem äussern Gottesdienste, den dieses Religionsbekenntniß als zweckmäßig anerkannt, und festgesetzt hat, ihren Bekennern, sie mögen ganze Gemeinden oder einzelne Individuen seyn, feierlich verbürgt.

Die bisherigen Fürstenthümer, Länder und Herrschaften, welche in dem teutschen Reiche unter dem Titel geistlicher Staaten bekannt waren, wurden zwar mit ihren Revenuen, Staatsgefällen, Rechten und Regalien zur Entschädigung der weltlichen Fürsten, für ihren in dem französischen Krieg erlittenen Länderverlust, mit allen Souverainetäts Rechten überlassen; aber eben diese erhabenen Fürsten übernahmen bei diesem Uebergange der geistlichen Staaten unter ihre Landesherrschaft die Erfüllung der in der Natur der Sache von selbst gegründeten gerechten Bedingniß:

daß mit einem Theile dieser Revenuen die künftige Erhaltung der katholischen Kirchenverfassung und des katholischen Gottesdienstes bestritten, und derselbe zu diesem Zwecke den katholischen Kirchengemeinden überlassen werden solle.

Unter dieser Bedingung kann nun wahrlich nichts anders begriffen und verstanden seyn, als daß die Bisthümer mit den dazu erforderlichen Seminarien, so wie die mit denselben verbundenen Lehranstalten, welche zumal größtentheils eigene besondere Fundationen hatten, wieder zweckmäßig hergestellt werden.

Aus eben diesen den katholischen Kirchengemeinden auszuwerfenden Revenuen und Gefällen, sollen dann auch die Bischöfe, die Domkapitel, die bischöflichen Räthe, die Lehrer und Aufseher der Seminarien wieder salarirt, sohin auf dem Ertrage dieser reglen Fonds die künftige Verfaffung der katholischen Hierarchie dauerhaft gegründet werden.

II. Mit den Fürstenthümern sammt ihren Einkünften und Gefällen, wurden auch die Stifter, Klöster, und ihre Einkünfte zur Entschädigung für den Länderverlust der weltlichen Fürsten bestimmt.

Mit der nemlichen Zusicherung, welche den Gottesdienst und die Kirchenverfassung den Katholiken verbürgt, steht dann auch die weitere stillschweigende Zusicherung, in engster Verbindung, daß wenigstens einige Corporationen, Klöster oder Institute, welche zur Besorgung des Gottesdienstes, oder zur Aufrechthaltung und Beförderung des Cults, oder zur religiösen und sittlichen Erziehung als nothwendig oder zweckmäßig anerkannt werden sollten, wieder aus den nemlichen Revenuen und eingezogenen Klostergütern in einer, dem Zeitpunkte angemessenen Gestalt hergestellt werden.

Sollte daher der Geist der katholischen Religion, dessen richtige Bestimmung die Katholiken nur von der Kirche und ihrem Oberhaupte allein mit unbezweifeltem Glauben erwarten, zur wirklichen Aufrechthaltung ihrer ReligionsVerfassung, die Wiederherstellung wenigstens einer bestimmten Anzahl von Klöstern und geistlichen Instituten als nothwendig oder zweckmäßig erfordern, so finden wir in der obgedachten allgemeinen und unbeschränkten Zusicherung unserer gerechten Souveraine auch die Hoffnung auf die gerechte Wiederherstellung dieser geistlichen Corporationen gegründet.

Diese Wiederherstellung können wir auch von jenen teutschen Landesfürsten um so zuverläßiger erwarten, welche selbst Mitglieder unserer Kirchen-

gemeinde sind; bei denen wir sohin, ihrem erhabenen Charakter gemäß, schon eine eigene pflichtmäßige
Theilnahme und Achtung für Alles dasjenige voraussetzen dürfen, was immer der Geist unserer Religion
als achtungswerthes Beförderungsmittel der Religionsausübung empfiehlt.

III. Aus dem nemlichen Grunde der nothwendigen
Verbindung mit unserer Kirchenverfassung und Gottesdienste, dürfen wir auch von den gerechten Gesinnungen unserer Souveraine erwarten, daß die unmittelbare Aufsicht und Leitung, und die allenfalls
nothwendigen Verbesserungen unserer Kirchenverfassung, die Aufrechthaltung unserer Glaubenslehre, die Bestimmung und
Handhabung unserer gottesdienstlichen Ze-
remonien, Gebräuche, Kirchensatzungen,
Feste, Andachten, der kirchlichen Ordnung
und Disciplin, so wie auch die Aufsicht und
Einrichtung der Seminarien und anderer
katholischer Lehrinstitute und Korporatio-
nen, die Wahl, Leitung und Prüfung aller
zu unserm Cult unmittelbar oder mittelbar besonders
zur Seelsorge erforderlichen Individuen, die Untersuchung, Verbesserungen und Rügen in
Religions- oder Kirchendienstsachen, als Gegenstände, welche mit der Wesenheit der innern
und äussern ReligionsVerhältnisse in engster, unzertrennlicher Verbindung stehen, unseren Kirchenvorstehern und dem Oberhaupte der Kirche um so
unbedenklicher in ihrem ganzen Umfange überlassen bleiben, als diese Befugnisse in nothwendiger
und consequenter Ableitung aus der allgemeinen, von
ihrem Ursprunge an anerkannten Unschädlichkeit unsers
Cults von selbst hervorgehen.

Man würde das zarte Ehrgefühl unserer höchsten Landesväter selbst beleidigen, wenn man Ihnen auch nur die Vermuthung beimessen wollte, daß ihre durchlauchtigsten Vorfahrer, oder auch diejenigen Fürsten, welche diesen Beispielen der Vorzeit nachahmen, und überhaupt diejenigen Staaten, welche unbegrenzte Achtung der katholischen Religionsübung bezeigen, und die Leitung und Aufsicht über die katholischen KirchenPersonen und Angelegenheiten den Kirchenvorstehern ganz überlassen, etwas Ungeziemendes, oder wohl gar Ungerechtes und Schädliches gegen den Staat oder die Menschheit sich zu Schulden kommen ließen. Denjenigen Fürsten, welche sich als Mitglieder unserer Kirche selbst bekennen, dürfen wir die besondere Achtung unsers Cults von selbst zutrauen, und die Fürsten, welche einer andern ReligionsGemeinde zugethan sind, werden sich mit dem allgemeinen Inspectionsrechte des Staats beruhigen, welches ganz gewiß zureichend ist, um jede aufsteigende Besorgniß eines Mißbrauches zu beseitigen, und um durch angemessenes Benehmen mit dem Kirchen-Oberhaupte nach dem von jeher bestandenen Herkommen, die allenfalls sich einschleichende Mißgriffe, deren Entstehung doch nur einzelnen Individuen wird zugerechnet werden können, gleich in ihrem ersten Keime zu ersticken.

Lassen doch auch selbst Staaten, die gar nicht mit uns in Kirchengemeinschaft stehen, wie z. B. die erlauchte russische Nation, ja sogar Reiche, die nicht einmal im entferntesten ReligionsVerbande mit uns sind, wie z. B. das ottomanische Reich, den in ihren Ländern sich aufhaltenden katholischen Christen die obbeschriebenen Befugnisse ungestört über, ohne zu befürchten, daß dem Staate dadurch ein Nachtheil oder etwas Schädliches zugehen würde.

IV. Nebst dieser unsern Kirchenvorstehern zu überlassenden Aufsicht und Leitung der zu unserm Kirchen-, Gottes- und Unterrichtsdienste bestimmten Personen, glauben wir auch rechtlich erwarten zu dürfen, daß die unbeschränkte Verwaltung des Kirchenguts, der Kirchenstiftungen, und der zum Cult überhaupt gehörigen Fonds, als unantastbaren Eigenthums der ganzen Kirchengemeinde, der Obsorge unserer Kirchenvorsteher eingeräumt werde, so wie solches der Natur der Sache, dem Herkommen und der Intention der Stifter gemäß ist.

Der katholischen Kirchengemeinde werden die Rechte moralischer Staatsbürger in Gemäßheit der angeführten feierlichen Zusicherungen unserer Staatsoberhäupter in Hinsicht auf GemeindeVermögen (auf das Eigenthum sowohl, als Administration) nicht angesprochen, und eben deßwegen gebühret auch der Kirche gerechter Anspruch auf den Schutz dieser Rechte, so wie andern Bürgern und LocalGemeinden; nur mit dem Unterschiede, daß LocalGemeinden, deren Hauptzweck der ruhige und sichere Genuß gemeinschaftlicher Rechte ist, zusammt ihrem Vermögen, unter der Leitung und OberAdministration des Staats, als obersten Schützers aller Rechte der Bürger, unmittelbar stehen, wo entgegen die Kirchen- und ReligionsGemeinden, deren Hauptzweck die Erhaltung ihrer religiösen Verhältnisse, und der sittlichen Vervollkommnung ist, mit ihrem Vermögen, und Fundationen unmittelbar unter der Leitung und Verwaltung ihrer geistlichen Vorsteher und des höchsten Kirchen-Oberhauptes sich befinden, und dann erst des unmittelbaren Schutzes des Staats sich zu erfreuen haben, wenn ihnen die von dem Staate verbürgte Ausübung ihres Hauptzweckes rechtlich bestritten, oder gewaltsam angegriffen wird.

Wir haben daher auf die gerechten Gesinnungen unserer Souveraine das volle Zutrauen, daß sie das CultVermögen unserer Kirche in seinem ganzen Umfange, wie es vor Jahrhunderten gebräuchlich war, und dem Begriffe eines KirchengemeindeVermögens vollkommen entspricht, unsern Kirchenvorstehern zur Verwaltung und Disposition ohne Hinderniß wieder überlassen, und gegen alle Angriffe und ungerechte Anmassungen schützen werden.

Zu diesen rechtlichen Bitten gesellen sich nun noch einige besondere Wünsche, die sich in einem Zeitpunkte auf unsere Lippen dringen, in welchem uns einer Seits mehr als zwanzigjährige Unfälle über den wahren Grund des eingebrochenen physischen und moralischen Verderbens belehret haben, anderer Seits die glücklichen Ereignisse Eines Jahres das menschliche Geschlecht wieder in den Stand gesetzt haben, die Quellen zu verstopfen, aus denen die Fluth so vieler und grosser Uebel auf selbiges sich ergoß.

Wir richten uns mit diesen Wünschen vorzüglich an diejenigen Herrscher der europäischen Staaten, die selbst unsere Glaubensgenossen sind, und eben darum, als solche, unserer Kirche in Hinsicht auf religiöse und sittliche Gegenstände besondere Achtung zugestehen. Diese erhabenen Fürsten flehen wir um ihre Mitwirkung an, daß

erstens, der Hebung der bestehenden Uneinigkeiten zwischen Kirche und Staat, in Hinsicht auf die Grenzen der wechselseitigen Gewalt, auf eine der Natur der Sache angemessene Art die Hände geboten werden;

Daß dann besonders, unter Anleitung des höchsten KirchenOberhauptes, der Grund gelegt werde, um die eingerissenen Hindernißse der moralischen Erziehung zu beseitigen, und so manche sich widersprechende neue Lehren, besonders im sittlichen und religiösen Gesichtpunkte zu berichtigen; daß endlich auch eine den Zeitbedürfnissen angemessene DisciplinarOrdnung der Geistlichkeit, unter der nemlichen Anordnung des höchsten Kirchenvorstehers, eingeführet, und die strenge Handhabung derselben festgesetzt und ausgeführt werde.

Der zweite Wunsch, den wir unsern Souverains zur weisesten Beherzigung vorlegen, besteht darin, daß die Erziehung der Jugend wieder einem zu diesem Hauptzwecke der moralischen Menschenbildung, vorzüglich und aus ganz uninteressirten Absichten gewidmeten Institute*), unter festen und bleibenden Normen wieder eingeräumet, und daß sohin dieser wichtige Gegenstand nicht mehr unstäten, schwankenden Einrichtungen überlassen, oder von Seite der Erziehenden als blosser Erwerb- und Gewerbzweig betrachtet, und behandelt werden könne.

Diese unsere Wünsche legen wir dann unserm heiligsten KirchenOberhaupte, unseren Souverainen, und den sämmtlichen Fürsten und Potentaten, welche sich zur Wiederherstellung einer allgemeinen politischen Ordnung der Staaten, besonders unsers Teutschlandes demnächstens in einem allgemeinen Congreß versammeln werden, in tiefster Ehrfurcht zu Füssen, und bitten Gott um die Erleuchtung dieser erhabenen Versammlung, damit diese so wichtigen Gegenstände zum Besten der Menschheit endlich wieder

*) Ohne Zweifel sind hier die Jesuiten gemeint.
Anm. d. H.

einmal auf eine feste und dauerhafte Art bestimmt, be=
gründet und gehandhabet werden.

Die Katholiken Teutschlands *).

XXII.

Articles séparés et secrets

du traité d'alliance, entre l'*Autriche* et la *Bavière*, conclu à Ried le 8. octobre 1813.

Le but des puissances en guerre contre la
France ne pouvant être atteint, et les heureux résultats de leurs efforts ne pouvant être assurés que
par une juste répartition des forces respectives des
puissances et par l'établissement de leurs limites
sur des bases naturelles et réciproques convenables,
L. L. M. M. l'Empereur d'*Autriche* et le Roi de
Bavière voulant écarter dorénavant toutes les difficultés qui, dans l'application de ce principe à l'é-

---

*) Hier wird man keine specifike Unterzeichnung er=
warten. Sie würde ins Unendliche gehen. Es ist aber
auch selbst einzelnen Gliedern moralischer Körper nicht
zu verdenken, wenn sie ihre innigste Tendenz, Wünsche
und Sehnsucht nach vollständiger Vereinigung des Gan=
zen, zu dem sie gehören, in so fern es durch unglückliche
Zeitperioden auch nur scheinbar zerrissen worden ist, in
ihrer Mitglieder Namen, zur Bezeugung ihres le=
bendigen Eifers, öffentlich darstellen. Die Glieder der ka=
tholischen Kirchen überlassen indeß ihrem heiligsten Ober=
haupte, das nun glücklich wieder von seinen Fesseln be=
freit ist, die Prüfung und Unterstützung dieser ihrer Bit=
ten und Wünsche. (Diese Anmerkung befindet sich am
Schlusse des Originals.)

poque de la paix, pourraient se présenter entre elles, sont convenues des arrangemens suivans, savoir:

Art. 1er. Les deux hautes puissances contractantes regardent comme un des objets principaux de leurs efforts, dans la guerre actuelle, la dissolution de la confédération du Rhin, et *l'indépendance entière et absolue de la Bavière*, de sorte que, dégagée et placée hors de toute influence étrangère, *elle jouisse de la plénitude de sa souveraineté.*

Art. 2. Sa Majesté le Roi de Bavière se prêtera à toutes les cessions, qui seront jugées nécessaires pour assurer aux deux états une ligne militaire convenable.

Art. 3. S. M. l'Empereur d'Autriche s'engage en retour, pour elle-même et de concert avec ses alliés, à employer son intervention la plus efficace, et s'il en est besoin, toutes ses forces à l'effet de procurer à S. M. le Roi de Bavière l'indemnité la plus complète et calculée sur les proportions géographiques, statistiques et financières des provinces cédées; ladite indemnité devra être à la bienséance du Royaume de Bavière, et de manière à former avec lui un contigu complet et non interrompu.

Art. 4. La situation géographique des deux états exigeant une nouvelle démarcation entre eux, S. M. I. et R. A. promet, de concert et sous la garantie des puissances alliées, à Sa M. Bavaroise une pleine et entière indemnité pour les cessions qu'en suite de ce principe la Bavière seroit dans le cas de faire à l'Autriche. Tout changement dans l'état des possessions actuelles de la Bavière est toutefois expressément réservé à l'époque de la paci-

fication future, et ne pourra avoir lieu que par un
arrangement de gré à gré entre les deux puissances.

Art. 5. Quoique S. M. l'Empereur d'Autriche
et S. M. le Roi de Bavière aient consacré au soutien de la cause qu'ils défendent la totalité
de leurs forces, ils prennent encore l'engagement
formel de maintenir leurs armées au plus grand
complet pendant toute la durée de la guerre actuelle. Cependant pour préciser davantage leurs engagemens à cet égard, ils promettent de tenir chacun
constamment en campagne, savoir S. M. l'Empereur d'Autriche pour le moins $\frac{150}{m}$ hommes, et S.
M. le Roi de Bavière pour le moins $\frac{36}{m}$ hommes,
les garnisons des places de l'intérieur non comprises, et d'augmenter le nombre en autant que leurs
moyens le permettront.

Art. 6. Les hautes puissances contractantes
se réservent de convenir, le plutôt que faire se pourra, des arrangemens militaires détaillés, que pourroit exiger la coopération de l'armée bavaroise avec
l'armée autrichienne.

Art. 7. Les opérations militaires exigeant,
que le Tyrol soit ouvert aux troupes autrichiennes,
S. M. le Roi de Bavière n'y mettra aucun obstacle,
et promet d'y traiter lesdites troupes, comme les
siennes propres, et de leur prêter tous secours nécessaires pour atteindre le but devenu désormais
commun entre les puissances contractantes. Si, par
la suite de circonstances inattendues, l'armée passeroit de l'offensive à la défensive, S. M. le Roi
de Bavière, dans le cas que ses troupes ne fussent
pas à portée de défendre le Tyrol bavarois, ne
mettra aucun obstacle à ce que celles de S. M.

l'Empereur d'Autriche se portent partout où les intérêts de la Bavière l'exigent, en observant les stipulations particulières dont on est convenu à cet égard.

Art. 8. En conséquence de l'union intime de principes et d'intentions, qui règne entre les puissances alliées, S. M. l'Empereur d'Autriche prend sur Elle de promettre en leur nom, que du moment que le présent traité aura reçu sa sanction, les hostilités cesseront entre les troupes alliées et celles de S. M. le Roi de Bavière. S. M. I. et R. d'Autriche est également prête à interposer ses bons offices auprès de L. L. M. M. l'Empereur de Russie et le Roi de Prusse, pour faciliter la restitution réciproque des prisonniers faits sur l'armée bavaroise par les puissances alliées.

Art. 9. Dans le cas, que S. M. le Roi de Bavière désireroit l'entreprise des bons offices de l'Autriche, pour faciliter un arrangement avec l'Angleterre, l'Autriche est prête à les faire valoir auprès de cette puissance.

Art. 10. Sa M. l'Empereur d'Autriche prend également l'engagement de faire accéder L. L. M. M. l'Empereur de Russie et le Roi de Prusse, par un acte formel d'adhésion et de garantie aux articles tant patents que secrets du présent traité.

Art. 11. Les articles secrets auront la même force et valeur, que s'ils étaient insérés dans le traité présent.

En foi de quoi nous soussignés, en vertu de nos plein pouvoirs, les avons signés et munis du cachet de nos armes.

Fait à Ried le 8. octobre 1813.

HENRI XV, Prince de REUSS.
Le comte de WREDE.

XXIII.

Extrait

du traité préliminaire d'alliance entre *l'Autriche* et la *Bavière*, conclu à Ried le 8. octobre 1813.

Art. 2. L'alliance entre les deux hautes parties contractantes, aura pour but la coopération la plus active des deux puissances pour le rétablissement d'un ordre des choses en Europe, qui assure à toutes l'indépendante, et leur tranquillité future. La Bavière en conséquence se dégage des liens de la confédération du Rhin, et elle joindra immédiatement ses armées à celles des puissances alliées.

Art. 4. S. M. l'Empereur d'Autriche garantit, tant en son nom qu'au nom de ses alliés, à S. M. le Roi de Bavière la jouissance libre et paisible, ainsi que la souveraineté pleine et entière de tous ses états, villes, domaines et forteresses, dont Elle se trouvoit en possession avant le commencement des hostilités.

Fait à Ried le 8. octobre 1813.

Henri XV, Prince de Reuss.   Le comte de Wrede.

XXIV.

Articles séparés et secrets

du traité d'alliance, entre *l'Autriche* et le Roi de *Wirtemberg*, conclu à Fuld le 2. novembre 1813.

Eingang und Art. 1er wie oben bei Baiern, bis .. du Rhin. S. M. le roi de Wirtemberg, dégagé de tout lien constitutionnel étranger, *jouira en conséquence de toute sa souveraineté*, sous la garantie des rapports politiques qui devront être la suite des arrangemens à prendre à l'époque de la paix future, dans la vue de rétablir et assurer l'indépendance et la liberté de l'Allemagne.

Art. 2. Sa M. le roi de Wirtemberg se prêtera à toutes les cessions qui seront jugées nécessaires, pour atteindre le but indiqué dans l'article précédent, et fixer des rapports géographiques, militaires et politiques des états de l'Allemagne d'une manière conforme à ce but. S. M. l'Empereur d'Autriche donne néanmoins à S. M. le roi de Wirtemberg la garantie formelle, que ces cessions ou reviremens ne sauroient point être étendus à d'anciennes possessions Wirtembergeoises.

Art. 3. Sa M. l'Empereur d'Autriche s'engage en retour, pour Elle-même et de concert avec ses alliés, à procurer à S. M. le Roi de Wirtemberg, en échange des cessions qu'Elle pourroit être dans le cas de faire, une indemnité aussi complète que le permettra la masse des objets disponibles à la paix, et la plus rapprochée des dimensions présentes du royaume. Cette indemnité sera fixée, autant que possible, à la convenance du royaume de Wirtemberg et de manière à former avec lui un contigu complet.

Fait à Fuld le 2. novembre 1815.

Le Prince de METTERNICH.   Le comte de ZEPPLIN.

XXV.

Extrait

du traité préliminaire d'alliance entre *l'Autriche* et le *Wirtemberg*, conclu à Fuld le 2. novembre 1813.

Art. 2. wie oben bei Baiern.

Art. 4. S. M. l'Empereur d'Autriche garantit, tant en son nom qu'au nom de ses alliés, à S. M. le roi de Wirtemberg *la souveraineté* et *la jouissance libre et paisible de ses états.*

Fait à Fuld le deux novembre l'an de grace mille huit cent treize.

Le Prince de METTERNICH.   Le comte de ZEPPLIN,

XXVI.

Antwortschreiben

des königlich-großbritannisch-hannöverischen ersten Bevollmächtigten, Herrn Grafen von Münster, auf die unter dem 27. Dec. 1814*) im Namen der Gesammthäuser Solms und Wied an ihn erlassene Vorstellung, datirt Wien den 6. Jänner 1815.

Durchlauchtige Fürsten,
insonders hochzuverehrende Herren!

Ich habe die Note zu erhalten die Ehre gehabt, welche Ew. hochfürstlichen Durchlauchten, Namens der

*) Oben, Num. XII. dieses Hefts.

Gesammthäuser Solms und Wied, unter dem 27. Dec. an mich gelangen zu lassen gefällig gewesen ist. Hochdero Verlangen gemäß werde ich diese an meinen allergnädigsten Herrn gelangen lassen.

Ich bin indessen im Voraus befugt, Namens St. königlichen Hoheit, des Regenten, zu jeder Erleichterung mitzuwirken, welche für die Fürsten zu erlangen seyn wird, die unschuldige Opfer des Rheinbundes geworden sind.

Ich habe die Ehre mit vorzüglicher Hochachtung zu seyn,

Ew. Durchlauchten

Wien, den   ganz gehorsamster Diener,
6. Jan. 1815.   Graf von Münster.

XXVII.

Erklärung

des gewesenen Königs von Schweden Gustav IV. Adolphs, welche derselbe an den königlich-großbritannischen Admiral Sir Sidney Smith nach Wien gesendet hat, um dieselbe dem Congreß zu übergeben, datirt im November 1814.

Fort de mes droits, ainsi que des devoirs sacrés qui m'ont été imposés, j'ai toujours été aussi fier d'observer les premiers, que scrupuleux à remplir les derniers. Ayant été victime de la révolution de 1809, où la nation suédoise crut devoir sacrifier son Roi à ses intérêts politiques, mon acte d'abdication en fut une suite. Comme prisonnier,

je l'ai écrit et signé de ma main, en déclarant que
cet acte étoit libre et volontaire. Mais vu cet état
des choses, je me fais à présent un devoir de réi-
térer cette déclaration: incapable de tergiverser sur
mes droits, je ne me suis jamais laissé forcer à
signer un acte contraire à mes principes et à ma
manière de penser.

Je déclare de même que je n'ai jamais abdiqué au nom de mon *fils*, ce que des bruits répandus dans le public ont voulu faire croire. Je n'y
avois aucun droit; donc je n'aurois pu agir ainsi
sans me déshonorer. Mais j'espère que mon fils
Gustave, au jour de sa majorité, saura se prononcer d'une manière digne de lui, de son père et de
la nation suédoise, qui l'a exclu du trône de Suède.

Fait et signé par moi, au mois de novembre,
l'Ere de notre Seigneur Jésus Christ, la 1814e.

Gustave-Adolphe,
Duc de Holstein-Eutin.

XXVIII.

Vorstellung und Bitte

des Bevollmächtigten des gräflichen Hauses Stolberg, betreffend die vollständige Entschädigung dieses Hauses für den Verlust der Grafschaft Rochefort und seiner Ansprüche auf Königstein, datirt
Wien den 6. Dec. 1814.

Indem der unterzeichnete Bevollmächtigte der
Grafen zu Stolberg in der Anlage*) das aus dem

*) Diese Anlage folgt unten, unmittelbar auf gegenwärtige.

ReichsdeputationsHauptschluß vom 25. Febr. 1803
hervorgehende Gesuch derselben zu überreichen die Ehre
hat, bittet er um Erlaubniß noch Folgendes hervor-
heben und bemerken zu dürfen.

Das erwähnte Reichsgesetz gab dem Hause Stolberg:

> „für die Grafschaft Rochefort und die pré-
> tentions sur *Königstein*, eine jährliche
> Rente von dreissig tausend Gulden
> aus der RheinschiffahrtsOctroi,"

also für Landverlust bloß Geldersatz, und setzte
dadurch dasselbe gegen alle andere verlierende Reichsmitstände zurück.

Dazu war diese Entschädigung ganz unzureichend,
da Rochefort bei fünf QuadratMeilen Inhalt, nach
Abzug der Erhebungskosten, 18,004 Gulden Einkünfte, und das dem Hause Stolberg mit Recht gebührende Königstein, bei zehn QuadratMeilen und
50 Ortschaften, aber wenigstens 100,000 Gulden jährlich abwarf. Von der angewiesenen Rente, ist bis
zum Anfang dieses Jahres nur ein halber Jah-
resbetrag entrichtet worden, wie die Anlage dieses
alles genauer ausführt und begründet.

Das Gesuch des Hauses Stolberg geht nun
jetzt dahin:

1) Auf Anweisung des Rückstandes jener Rente, welcher, ohne die Zinsen in Anschlag zu
bringen, vom 1. Dec. 1803 bis Ende 1813
die Summe von 317,500 Gulden beträgt.

> Zu Berichtigung desselben bringt der Unterzeich-
> nete in Vorschlag, ihn aus den bedeutenden
> Ueberschüssen der Rheinschiffahrts-
> Octroi allmählich abzutragen, und daß der-

selbe bis dahin als ein auf die Octroi
fundirtes verzinsliches Kapital anerkannt und constituirt werde. Dieser Antrag
scheint um so billiger, da die Octroi von selbst
für die Berichtigung der Rückstände verhaftet
ist. Man würde deshalb in der Anlage schon
hierauf angetragen haben, wenn man aus der
buchstäblichen Erklärung des pariser Friedens
(§. 5.) schon mit Gewißheit hätte ersehen können, daß die Octroi fortbestehen sollte. Die
Gewährung dieses Vorschlags ist zugleich
um so gerechter, da die andern verlierenden,
und auf die Octroi angewiesenen Reichsstände
ausserdem Landesentschädigung erhalten haben, also kein so trauriges Loos gänzlicher
Entbehrung sie getroffen hat, wie das Haus
Stolberg.

2) Auf Verwandlung dieser Rente in eine Entschädigung an Landesbesitzungen und Grund-
eigenthum, mit einem Ertrage bis zum Be-
laufe derselben (S. 3 der Anlage).

Hierzu würde der Unterzeichnete Theile des
noch nicht vergebenen Fürstenthums Ful-
da, oder, wenn es nicht anders seyn könnte,
Theile des linken Rheinufers in Vorschlag bringen; auch würde man sich allenfalls
mit Domainen, ohne Unterthanen und
Hoheit, in dieser Hinsicht begnügen.

3) Auf billige und gerechte, dem Verluste gemäße
Vermehrung des EntschädigungsBe-
trages (S. 8 der Anlage).

Auch hiezu würden die so eben erwähnten
Objecte hinlängliche Mittel darbieten, und
vor allen andern die noch nicht verkauf-

ten Domainen der Grafschaft Roche-
fort. Dieselbe ist zum Theil wieder zu Teutschland erworben, und das Haus Stolberg hofft
mit Gewißheit, daß man daßelbe, so wie es
schon den Grafen von Leiningen und Sickin-
gen bewilligt worden, ebenfalls in den Besitz
der noch vorhandenen Domainen und Theile
der Grafschaft Rochefort setzen werde.

4) Aufnahme einer von dem Kurfürsten Erzkanzler
schon für liquid erklärten mainzer Staatsschuld von 15,900 Gulden, unter die noch zu
vertheilenden Staatsschulden dieses Kurthums,
welches einige Theilnehmer verweigern.

5) Daß dem Hause Stolberg wegen der übrigen,
in der anliegenden Deduction ausgeführten Rechts-
ansprüche, so weit solche hier nicht erlediget
werden können, den Rechtsweg vorzubehalten
gestattet sey.

Der Unterzeichnete empfiehlt die gerechte und wohlwollende Beherzigung dieser Wünsche und Bitten des
gräflichen Hauses Stolberg eben so angelegentlich als
ehrfurchtsvoll.

Wien, den 6. December 1814.

Fr. v. Gärtner,
Bevollmächtigter des Gesammthauses Stolberg.

XXIX.

Ueber die EntschädigungsBerechtigung des Hauses Stolberg, nach dem DeputationsHauptschluß vom 25. Februar 1803.

Ein furchtbares, unverdientes Schicksal ist nicht müde geworden, seit zwei Jahrhunderten Eigenthum und Rechte der Grafen zu Stolberg mit einer Gewalt und einem Umfange zu vernichten und zu zertrümmern, wie beides schwerlich ein anderes reichsständisches Haus erfuhr. Eine lange Reihe von Verlusten, deren Aufzählung hier unterbleiben möge, wo die nächste Vergangenheit schon den Beweis übernimmt; nur die herbesten, das treffliche Amt Elbingerode, das Fürstenthum Blankenburg, die Grafschaften Lohra, Clettenberg, Scharzfeld, Lauterberg mit Andreasberg, ein großer Theil des königlich sächsischen Amtes Kühndorf im Hennebergschen, des Amtes Münnerstadt im Wirzburgschen, sollen Theilnahme und Mitleid ansprechen. Beim Reichsdeputationshauptschluß noch sahen sie, von allen Reichsständen, welche uralte Besitzungen dahinten lassen mußten, mit Ausnahme eines einzigen Unglücksgenossen, sich allein, die nicht wieder mit Land bedacht, sondern bloß auf Renten gewiesen wurden, die Verfügung der vermittelnden Mächte, Rußland und Frankreich, und des Reichs ganz ohne Wirksamkeit und Nutzen bleiben. Für ihren Verlust haben sie nur das trügerische Bild einer Entschädigung gewonnen.

Wie gegründet diese Klagen sind, wie gerecht die Hoffnungen zur Abhülfe, zeigt die folgende kurze Darstellung.

Jener DeputationsHauptschluß über die Entschädigungen der am linken Rheinufer verlierenden Stände setzte §. 17.

dem Fürsten und den Grafen zu Stolberg für
die Grafschaft Rochefort und ihre Ansprüche
auf Königstein eine immerwährende Rente von
30,000 Gulden auf die RheinschiffahrtsOctrot

aus.

I.

Den Besitz der Rochefortschen Herrschaften,
im lüttichschen, luxemburgschen, oder als unmittelbar
(terre neutre) zwischen beiden gelegen, vernichtete in
den verflossenen für Teutschland so unglücklichen Tagen
die Gewalt der französischen Waffen. – Zur Hälfte
besaß sie das Haus Stolberg, die andere das Haus
LöwensteinWertheim. Jene bestanden aus zwei
Grafschaften und 5 Herrschaften; und warfen über
18000 Gulden ab; diese aus 6 Herrschaften mit einer
Einnahme von mehr als 78000 Livres. Die Nachfolge war wechselseitig ausbedungen. (Die Anlage 1
weiset das Nähere nach.)

Der DeputationsHauptschluß gab §. 17 für das
Land eine, bloß die ehemaligen reinen Einkünfte be-
achtende Rente von 15000 Gulden jährlich, indem er
die Verwaltungskosten abzog, die zufällig und abhängig
sind von den vortheilhaften oder nachlässigen Anordnungen der Besitzer. Er nahm sogar die Landentschädigung wieder, die der §. 24 des EntschädigungsEnt-
wurfs verhieß (die Klöster Rockenberg und Engel-
thal), und behandelte das Haus Stolberg also drückender als andere Stände.

II.

Die reichen trefflichen Herrschaften der Grafen
zu Königstein, aus dem Eppensteinschen Geschlecht,
nahm nach dem kinderlosen Tode eines Grafen zu Stolberg, fideikommissarischen Besitzers derselben, mit einer

Gewalt, die bis dahin unerhört war, 1581 der Kurfürst von Mainz, der erste Fürst des Reichs, als
Erzkanzler Bewahrer seiner Gesetze. Umsonst riefen
die Vertriebenen die Reichsgerichte zu Hülfe, ihr Ausspruch erfolgte nicht, und Mainz erhielt sich im Besitz des Geraubten. Gustav Adolphs von Schweden
Gerechtigkeit gab das Erbe zurück, als die Waffen ihm
den Besitz des Erzstiftes verschafft hatten; das Ueber-
gewicht des Kurfürsten, die List entriß sie abermals.

Für einen Theil dieses mütterlichen Erblandes
hat der DeputationsHauptschluß eine Entschädigung bewilligt, da er den streitigen Gegenstand selbst dem
Hause Nassau zuweisen wollte. Teutschland hatte längst
überall über die Rechtmäßigkeit dieser Forderung entschieden, und wenn es noch einen Zweifel daran hätte geben können, durch die Bewilligung einer Entschädigung hat die höchste Behörde, Kaiser und Reich,
ihn entfernt, das klare Recht auch öffentlich anerkannt.

Aber indem die 2. Anlage die vorwaltenden Umstände näher ausführt, beweist sie

1) daß der Ersatz von 15000 Gulden jährlich un-
zulänglich sey, für ein Land das vor länger
als zwei Jahrhunderten schon eine weit größere
Summe abwarf;

2) daß auch für den Theil der Königsteinschen Herrschaften, welcher unter dieser Entschädigung nicht
begriffen ist, aus gleichem Grunde Ersatz erfol-
gen, oder er in die Hände seiner rechtmäßigen Herren zurückkehren müsse;

3) daß die Fassung der Worte: „Ansprüche auf
Königstein, undeutlich sey, und zu den nach-
theiligsten Erklärungen für das Haus Stolberg
verleiten könne, also einer allerhöchsten Auslegung bedürfe;

4) daß die bisher entbehrten Nutzungen von
zweihundert Jahren nicht beachtet sind, aber unter die Schulden des Kurthums Mainz aufgenommen werden müssen;

5) daß eine Rente des Kurthums Mainz von 100
Gulden jährlich, mit Kapital und lange unter-
bliebener Zahlung, eine Staatsschuld desselben sey, und von den Theilnehmern daran übernommen werden müsse.

III.

Wenn die, nach oben, für Theile des Königsteinschen und für Rochefort ausgeworfene, aus der RheinschiffahrtsOctroi zu entrichtende Rente von 30,000
Gulden auch unverhältnißmäßig und gering war, sie blieb
ein Zeichen der Gerechtigkeit, die der Ruhm der Teutschen ist; sie war der Trost und die Hoffnung eines
Hauses, das so unglücklich gewesen war. Doch welche schreckliche Täuschung! Seit dem 1. December
1802 sollte diese Rente gezahlt werden; aber die
RheinschiffahrtsOctroi gab bei des Herrschers in Frankreich ungeheurem Kontinentalsystem, der absichtlichen
Zerstörung alles Handels, seiner rasenden Habsucht,
noch nicht die Unterhaltung des Kurfürsten Erzkanzlers, die zuerst darauf angewiesen war. Endlich legte jener dem Großherzogthum Frankfurt diese Bürde
auf, die wenigen übrig gelassenen Domainen sollten die
Renten des DeputationsHauptschlusses zahlen. Auch
hier machte der Großherzog eine nachtheilige Anordnung, doch zahlte er etwas — da stockte plötzlich wieder alles. Die Domainen sind wieder zurückgekehrt in
die Hände der rechtmäßigen Eigenthümer, Teutschlands
schönster Strom liegt fortan nicht mehr in den Fesseln
unerschwinglicher Zölle, frei haben ihn Europas Mächte erklärt, nur Abgaben, welche seine Unterhaltung erfordern, sollen den Fürsten der Ufer gebühren.

So bedarf es denn nun

a) der Bestimmung einer andern Zahlungs=
quelle, es bedarf

b) eines sichern Unterpfandes, es bedarf
endlich

c) der Ausmittelung einer ähnlichen Quelle,
woraus der Rückstand berichtigt werden kann,
der nach überall bezahlten 15000 Gulden durch
den Großherzog von Frankfurt, seit dem 1. De=
cember 1802 bis zum Anfang des Jahres 1814
noch 317,500 Gulden beträgt.

Die Gerechtigkeit, das Wohlwollen der hohen
verbündeten Monarchen verspricht den unglücklichen
Eigenthümern die Erhörung ihrer gerechten Wünsche.
Ja eben diese erhabenen Eigenschaften der Retter Eu=
ropas machen kühn zu noch größern Hoffnun=
gen. Ja, nicht eine Rente werden sie daurend si=
chern, sie werden für das verlorne aufge=
opferte Land, auch Landentschädigung ge=
ben, sie werden den durch sie aufs neue zu gründen=
den Wohlstand eines altteutschen Hauses auf Grund=
eigenthum stützen.

Zwar die siegreichen Waffen der hohen Streiter
für Vaterland und Recht, haben Rocheforts Boden
wieder gewonnen, jedoch zum Theil wieder an Frank=
reich abgetreten; sie würden gerecht und wohlwollend
ihn an die alten Eigenthümer zurückkehren lassen; aber
die Einkünfte der Besitzungen sind dahin, als Natio=
nalgut von Frankreichs Regierung verschleudert, und
nun milde den Inhabern bestätigt. Bloß ein kleiner
Theil der Forsten ist übrig vom ganzen alten Grund=
besitz. Nothwendig bleibt daher die Fortdauer
einer Entschädigung für den Verlust der Roche=
fortschen Herrschaften.

Vom Recht der Billigkeit und dem Mitleiden für so großen langen Verlust, dürfen daher die Grafen zu Stolberg erwarten:

1) die Verwandlung der ihnen durch den Reichsdeputationshauptschluß versicherten Rente von 30,000 Gulden jährlich, in eine Entschädigung an Landen und Grundbesitzungen mindestens bis zum Belauf jener Summe;

2) die Vermehrung des Betrags der Entschädigung, welcher den Verlust nicht deckt;

3) die Anweisung des klaren Rückstandes, von 317,500 Gulden;

4) die Aufnahme einer unläugbaren Schuld des Kurthums Mainz von 15900 Gulden, unter die zu vertheilenden Schulden desselben;

5) die Abwendung von mancherlei Nachtheilen, durch eine authentische Erklärung der sie betreffenden Worte des Deputationshauptschlusses.

Anlage 1.

Die Rochefortschen Herrschaften.

Die Rochefortschen Herrschaften sind der Nachlaß eines Zweiges der Grafen von der Mark in Westphalen, welche sich, nachdem die Erbtochter von Rochefort diese Grafschaft auf sie gebracht hatte, von ihr nannten. Diese Erbschaft verdanken die Grafen zu Stolberg ebenfalls ihrer Stammmutter Anna, der Erbtochter von Königstein (Beilage 2.), durch ihre Mutter Louise von der Mark, einzige Erbin ihres Vetters Ludwig 3, letzten Grafen von (der Mark) Rochefort.

Auch dieser Nachlaß kam durch einen Vergleich der Gräfin Anna zuerst an ihren Sohn Ludwig, dessen Töchter nach den Hausgesetzen von ihm ausgeschlossen blieben, so lange noch Mannsstamm vorhanden war. Eine Bestimmung, die der Bruderverein von 1548 namentlich für Königstein und Rochefort bestätigte. Dennoch nahmen Ludwigs Töchter, nach des Vaters Tode, von allen Rochefortschen Herrschaften unter dem Vorwande eines Unterpfandes Besitz. Anna die jüngste überlebte ihre Schwestern und brachte die Inhabung auf ihre Söhne, die Grafen von Löwenstein Wertheim.

Ein langer Streit begann am Reichskammergericht gegen die letztern — am 20. October 1732 erfolgte endlich das Urtheil, welches die Lande und alle Nutzungen Stolberg zusprach. Der Bischof von Lüttich wurde gezwungen in seinen Lehen die Entscheidung zu vollziehen; doch die Regierung der Niederlande dachte nicht so günstig, und Stolberg sah sich genöthiget unter den Auspicien des Kaiser Franz I. und der Kaiserin Marie Therese am 9. Jul. 1755 zu Wien einen Vergleich abzuschliessen. (Moser Staatsarchiv 1755 Th. XI. S. 802.). Die Nutzungen blieben verloren, und das Land wurde getheilt. Nach Absterben eines männlichen Stammes tritt der andere in diesem Lande an die Stelle.

Von da an besaß Stolberg seine Hälfte ruhig, (die Aeste zu Gedern von der ältern, und zu Rosla vom jüngern Zweige in Gemeinschaft,) bis die Teutschland überschwemmenden Heere sie entzogen. Zwar die jüngere Linie sollte ihren Antheil zurückerhalten, doch nie sind die Versprechungen erfüllt, vielmehr überhaupt alles zerstört und das Eigenthum verkauft.

Vor diesen traurigen Ereignissen bestand die Stol-
bergsche Hälfte aus folgenden Stücken (Beil. 116 zum
Protok. der ReichsDeput. 2. 95.):

1) die Grafschaft Rochefort meistentheils im Lüttichschen gelegen, zum Theil auch im Luxen-
burgschen;

2) die Grafschaft Montagu;

3) die Herrschaft Briquemont;

4) die Herrschaft Ochamp;

5) die Herrschaft Haverenne;

6) die Herrschaft Bertrix, welche unmittelbar,
unter dem Namen terre neutre, keinem Theil,
weder Frankreich noch den Niederlanden, unterworfen;

7) die Herrschaft Neufchateaux, mit Löwenstein
und Aremberg gemeinschaftlich;

Die Löwensteinsche Hälfte aber enthielt, auf-
ser diesem Antheil von Neufchateaux (Beil. I.
tableau S. 183.):

8) die Herrschaft Chassepierre;

9) die Herrschaft Eugnon, beide unmittelbar;

10) die Herrschaft Herbemont;

11) die Herrschaft Orgeo;

12) die Herrschaft Haveresse;

13) die Herrschaft Feully;

also zwei Grafschaften und 10 Herrschaften, ohne die
andern kleinen Landes- und Gütertheile zu rechnen.
Die Einkünfte der Stolbergschen Hälfte be-
trugen über 18,000 Gulden, wovon schon die Erb-

tungskoſten abgezogen waren. Dennoch nahm der DeputationsHauptſchluß noch die Gehalte davon, und
bewilligte nur eine Rente von 15,000 Gulden für
dieſen Verluſt, während das Haus Löwenſtein, wie
billig, eine Landentſchädigung erlangte.

Nach obigen Beſtimmungen hat das Haus Stolberg das Nachfolgerecht in die letztere; da jedoch der DeputationsHauptſchluß die Entſchädigung für
den Rochefortſchen Antheil nicht namentlich ausdrückt,
ſo würden die hohen verbündeten Monarchen eine wohlthätige Handlung mehr verrichten, wenn ſie nachträg-
lich eine ſolche Beſtimmung ergehen laſſen wollten.

───────

Anlage 2.
Entſchädigung wegen der gräflich könig-
ſteinſchen Herrſchaften.

1.

Geſchichtserzählung.   Einkünfte der königſteinſchen
Lande.

Es iſt überflüſſig, die nähern Umſtände der Ent-
reiſſung der königſteinſchen Lande, durch den Kurfürſten Daniel zu Mainz 1581, die Vorenthaltung
derſelben, des Rechtsſtreites darüber, die Gründe des
Rechts, welche ſo klar und ſiegreich für das Haus
Stolberg ſprechen, abermals darzulegen, nachdem in
Teutſchland darüber nur eine Stimme herrſcht; überall
wo die Rede auf die Gewaltthat fällt, (eine der erſten, durch welche Teutſchlands Verfaſſung einen ſicht-
baren Stoß erlitt), Gefühl für Wahrheit und Mitleid für den grauſam beraubten Reichsſtand in der allgemeinen Meinung das Urtheil ſchon geſprochen hat.
Die Archive faſt aller Stände bewahren noch die Ver-

wendungen auf, mit welchen sie vormals umsonst den
Unterdrückten zu Hülfe kommen wollten; die öffentlichen Reichstagsverhandlungen enthalten die Ermahnung
des Reichs an den Kaiser, in einer Sache, wo er
Partei geworden wäre, einen verfassungsmäßigen Weg
zu gehen; Gustav Adolph hat die allgemeine Stimme
gehört und geachtet; der DeputationsHauptschluß hat
durch die für einen Theil ausgeworfene Rente
nun öffentlich das Recht anerkannt und über alle Zweifel erhoben. — Es ist genug, hier nur in Erinnerung zu bringen, daß die weitgestreckten schönen Herrschaften des Hauses Eppenstein, Grafen zu Königstein, in der Wetterau und am NiederMain,
durch mehrfache Beerbungen der reichsten Landeigenthü-
mer der Gegend in eine Hand vereinigt, meistentheils reines Allodium waren, zu einem kleinen
Theil Reichslehn, das nach einem in drei oder gar
vier Fällen bewährten Uebergänge an die Erbtöchter
und deren Nachkommen beiderlei Geschlechts, unzweifelhaft die Natur von Kunkellehen angenommen
hatte, wenn sie auch in frühester Zeit einmal, worüber alle Nachrichten fehlen, anders gewesen seyn
sollte. Andere Lehen hingen von den kleinen oder
großen Stiftern umher ab, unter dem Krumstab
aber war die Nachfolge der Töchter noch früher und
zweifellöser gesetzlich geworden. In Hinsicht der
Reichslehn hatte Karl V. im Jahr 1521 das Erb-
folgerecht der königsteinschen Töchter, und ihrer Nachkommen beiderlei Geschlechts, zu allem Ueberfluß nochmals bestätigt; die Willebriefe aller Kurfürsten gaben
eine Genehmigung und eine Kraft, die nicht stärker
seyn konnte.

Stolb. Deduction über Königstein Beil. 23. ff.

Lünig R. A. P. sp. cont. p. 323.

Der letzte männliche Nachkomme dieses Hauses von (Eppstein) Königstein, Graf Eberhard, (er starb 1537) hatte nur eine Schwester, Anna, vermählt an den Graf Botho zu Stolberg und Stammmutter aller Grafen dieses Namens seit dem Anfang des 16. Jahrhunderts. Auf sie erbte der ganze Nachlaß ihres Hauses, wie Karl V. es bestätigt hatte; aber sie gab dem Wunsch ihres Bruders nach, der diesen ungetheilt bei einander sehen wollte; sie erlaubte, daß er, um anderer Vortheile willen, einen aus ihren Söhnen (Ludwig) zu seinem Nachfolger erwählen und diesem noch einen andern (Christoph) substituiren durfte, und daß nach deren sohnlosen Tode erst ihre andern Söhne zur Erbschaft kämen. Doch behielt sie ausdrücklich, auf den Fall des Erlöschens des ganzen Stolbergschen Mannsstamms, sich und ihren Töchtern und deren Nachkommen ihr durch Blut und Verträge zustehendes Erbrecht vor. Die Grafen Ludwig und Christoph herrschten nach einander in den Königsteinschen Gebieten — beide hatten keine Söhne. Da lockte die Aussicht auf die vor den Thoren seiner Kathedrale wohlgelegenen Lande, den Kurfürsten Daniel von Mainz zu ihrer Erwerbung. Er hinterging den Kaiser, indem er den Heimfall des Reichslehns auf den Tod des letzten der im Testament zunächst zur Erbfolge berufenen Grafen vorspiegelte, so vielen klaren Anerkennungen entgegen durch die grundloseste Auslegung erzwingen wollte, daß nur auf diese beiden die Vererbung des Lehns erstreckt sey. Maximilian II. gab 1. März 1575 eine Anwartschaft. Mehr noch bewirkte der einflußreiche Kurfürst Daniel nachher, — sich ließ er vom Kaiser zum Kommissarius ernennen, um, Namens desselben, sich selbst in den Besitz des Lehns zu setzen. Doch die Grafen zu Stolberg waren zuvorgekommen. Sie waren im Besitz. Da kam Erzbischof Daniel mit gewaffneter

Macht, fiel in das Land, umschloß die Feste Königstein, zwang durch Hunger den Grafen zur Verlassung.
— und das alles beschönigte er dadurch, daß bei einem so notorisch heimgefallenen Lehn (wir haben es
oben gehört!) den Landerben nicht gebühre, dasselbe
dem Kaiser vorzuenthalten, und daß also gar kein Besitz durch die Grafen habe ergriffen werden können.

Nicht bloß die Reichslehen nahm er auf die
Weise, auch die Mainzischen, die er selbst 1565
noch allen Grafen zu Stolberg geliehen hatte,
wo er noch nicht an jene Sophismen dachte; alle Allodien gab er für Zubehör derselben aus, und nur
wenige fremde Lehen oder entfernt liegende Allodien
ließ er unangetastet; selbst das MobiliarVermö-
gen entgieng der Habsucht nicht, und mit allen Urkunden und Papieren entzog er den Grafen den
richterlichen Beweis der Allodialität, der Kunkellehn-
Eigenschaft, der Vergünstigungen der Kaiser und Lehn-
herrn.

Unter solchen Umständen wurden die Grafen ver-
leitet, einen Vergleich mit Daniels Nachfolger annehmlich zu finden, der ihnen (1590) für die von
Mainz entzogenen Güter 300,000 Gulden versprach.

Diese Summe zeugt klar genug, wie wenig Recht
der Erzbischof von Mainz auf die Landschaften haben
konnte, die er ansprach. Aber der Vergleich war
nichtig, weil er die Grafen, denen die Urkunden
ihres Rechts vorenthalten wurden, unkundig ihrer
Gerechtsame, weit über die Hälfte verletzte.
(Die Besitzungen trugen damals über 22,000 Gulden; der Rückstand seit 9 Jahren; alle bedeutenden
Mobilien; der Werth der keine Einkünfte gebenden
höhern Rechte; der unterdessen heimgefallenen Lehen;
des großen Lehnhofs; der reichen Klöster, deren vor-

theilhaftere Benutzung oder Einziehung dem Landesherrn zustand: das Alles bildet eine Summe, gegen
welche jene Abkaufung nicht in Betracht kommt, wodurch jene Behauptung unwiderleglich bewiesen wird.)
Mehr noch, weil ein Minderjähriger, Unbevormun-
deter unter den Theilnehmern war, Christoph der
Jüngere, der nämliche, von dem alle jetzigen Grafen
zu Stolberg zunächst abstammen; endlich hielt Mainz
selbst den Vertrag nicht, das Geld wurde nicht gezahlt,
Land und Geld zu behalten war vorzüglicher.

Sofort wurde der Vertrag am Reichshofrath angefochten — was hülfe die Klage, daß der Prozeß
nicht zum Ende gebracht, gegen den ersten Kurfürsten
des Reichs kein Recht erlangt werden konnte! Im
Jahr 1802 wurde zum letzten Mal darin gehandelt —
da ward durch die Entschädigungsbestimmungen das
Todesloos über ihn geworfen! Die uralte Burg seiner
mütterlichen Ahnen sollte das Haus Stolberg zum Opfer
bringen; der Fürsten zu Nassau Besitzungen sollte die
Grafschaft Königstein runden helfen — sein Erbe und
Eigenthum sollte es hoffnungslos mit dem Rücken ansehen! Für ein so schönes Land, sollte eine schmale
Rente genügen! Was überdies davon zu erwarten
sey, haben zwölf Jahre des leeren Nachsehens
bewiesen!

Und was ist die Rente von 15,000 Gulden für
ein Land das 1581 schon 22,000 Gulden abwarf!
welch ein Ersatz für dieses, für die Gerechtsame, die
Würde, das Ansehen, welche damit verbunden waren!
welch ein Ersatz für die Entbehrung von nun nahe an
drittehalb Jahrhunderten! für so lange erduldetes Unrecht!

2.

Nur von der eigentlichen Grafschaft Königstein handelt der Deputations-Hauptschluß. Nothwendigkeit einer authentischen Erklärung desselben.

Nicht über den ganzen Raub des Erzstiftes hat der Deputationshauptschluß indeß verfügt, nur über einen Theil, die Grafschaft Königstein. Sehr verschieden nach allmähliger Erwerbung, wie los am innern Verbande, waren die Gebiete und Herrschaften, welche ein Fideikommiß auf die Grafen zu Stolberg, als Enkel des Hauses Eppenstein, erbten.

Der von Arnsburg altes Eigenthum, der von Hagen weite Besitzungen, vermehrt (seit 1170) mit der Grafschaft Nuringen (die später unter dem Namen Königstein auflebte), bildeten den Nachlaß der reichbegüterten Reichserbkämmerer von Münzenberg (um 1256). — Durch Erwerbungen ihrer Nachfolger, der Grafen von Falkenstein, vergrößert, wurden sie meistentheils der alten Eppsteinschen Stammherrschaft (1419) zugefügt.

Als verschiedene, getrennte, in keinem gemeinschaftlichen Bande stehende Herrschaften, kam die ganze Masse an die Grafen zu Stolberg, und blieb auch unter ihnen getheilt, obgleich ein Inhaber sie besaß. So wollte es der Geist jener Zeit, die rechtlichen Grundsätze, welche der neuen Erwerbungen Verhältnisse gegen das alte Stammland leiteten; so sprach Kaiser Karl V. als er diese Gebiete zu einem Stolbergschen Fideikommiß machte, (1521) ausdrücklich:

Als Graf Eberhard zu Königstein etliche Grafschaften und Herrschaften, Stück und Güter von uns zu Lehn hat — daß alle uns jegliche vorgemelte Grafschaften ꝛc. auf die von Stolberg erben sollen — ;

so wiederholte er im Wappenbrief 1548,

daß ihnen über ihre Grafschaften Stolberg und Wernigerode, etliche andere Graf- und Herrschaften, als nemlich Königstein, Eppstein, Münzenberg, Rochefort, Mark und Agimont anererbt — — ;

so führten die Grafen die verschiedenen Titel fort, zum deutlichen Beweise, daß auch sie die uralte Trennung fortdauren lassen wollten, wenn nicht schon die geographische Lage, die staatsrechtlichen Verhältnisse, indem einige dieser Besitzungen mit andern Ständen gemeinschaftlich waren, dieß gefordert hätten.

Darum mag man unter einem Namen nicht die ganze Masse begreifen, und die Grafschaft Königstein, ein einzelner, wenn gleich der vornehmste und, indem er dem Geschlecht den Namen gab, wichtigste Theil, kann nicht die Herrschaften Eppstein, Münzenberg, die Aemter Neuenhain und Sulzbach, die Rechte am Kloster Arnsburg u. s. w. einschließen, die nicht zu ihr gehörten, sondern selbstständige Reichsgebiete sind.

Als Königsteinsche Erbschaft zusammengefordert, sahen weniger Unterrichtete endlich alle einzelnen Stücke derselben als Theile und Zubehör der Grafschaft Königstein an, übersahen sie einen Unterschied, der wesentlich war und blieb. Nur die Grafschaft Königstein forderte das Haus Stolberg, als dieselbe mit andern Mainzischen Besitzungen 1802 zur Entschädigung gegeben werden sollte, zurück, oder Ersatz. Denn auch nur das Mainzer Amt Königstein war (§. 12) namentlich erwähnt, nicht Eppstein oder Münzenberg, nicht was Mainz vertauscht, verkauft hatte, und worauf Stolberg eben auch den gerechteſten, wenn gleich erſt nach der Gewinnung der Hauptſache geltend zu machenden Anſpruch hat. Ueberdieß war die Eile, der Drang zu groß, um gegen Alles auf der Stelle zu wahren, alle in dem Lauf von zwei Jahrhunderten ſo ſehr verdunkelten einzelnen Stücke der ganzen Erbſchaft aufzählend zu fordern; noch nachher Zeit, ſofort die falſche Anſicht zu verbeſſern.

Für dieſe Grafſchaft — les prétentions sur Königstein — gab der DeputationsHauptſchluß §. 17 die Rente von 15,000 Gulden, und tilgte die Anſprüche dadurch. Aber für alle übrigen Beſitzungen und Gerechtſame, namentlich auch das ſtiftungsmäßige Recht am Kloſter Arnsburg, welches der §. 16 dem Hauſe Solms gab, ohne die Stolbergſchen Gerechtſame aufzuheben, iſt kein Erſatz gegeben, die Rechte an dieſe ſind nicht aufgehoben, ſie beſtehen noch, und entweder müſſen auch ſie noch getilgt werden, oder dem Haus Stolberg muß die Befugniß ungeſchmälert zuſtehen, ſeine Rechte im Wege des Proceſſes zu erſtreiten. Dazu wandte es ſich gleich damals, als es von der irrigen Auslegung jener Worte unterrichtet wurde, an die hohen Vermittler, und bat um authentiſche Erklärung dieſes Paragraphs. Die politiſchen Verhältniſſe vereitelten damals die Hoffnung, dieſe zu erlangen. Jedoch ſind, zu ſeiner Zeit, dieſerhalb die nothwendigen Proteſtationen den Häuſern Naſſau und Solms eingereicht, in deren Händen ſich nun die reiche Erbſchaft meiſt befindet, und das Recht ſelbſt alſo dadurch gewahrt worden.

2.
Die zweihundertjährigen Einkünfte müſſen unter die Mainzer Schulden aufgenommen werden.

Auch zu der Aufgebung der von Mainz 220 Jahr lang widerrechtlich erhobenen und genoſſenen Einkünf-

te, hat der DeputationsHauptschluß das Haus Stolberg nicht verpflichtet; unter die Schulden des
Erzstiftes müssen auch diese aufgenommen, und von
den Fürsten, welche Theile desselben erworben haben,
an das Haus Stolberg bezahlt werden — wenn das
Reich sie nicht dieser Last durch anderweite Entschädigung des letztern überheben will. In jedem Fall wird
das Haus Stolberg zeigen, daß die größte Billigkeit
und Nachgiebigkeit eine schnelle Beendigung dieses
Streitpunkts herbeiführen wird. Mögte nur gleiche
Geneigtheit, unbestreitbare Rechte anzuerkennen, auf der andern Seite gefunden werden! Was
gefordert werden kann, liegt hinlänglich in den Einkünften zur Zeit der Wegnahme — nach oben damals
schon 22,000 Gulden. Wie viel mag eine sorgsame
Wirthschaft in den letzten Jahren gegeben haben?

4.

Die Rechte der Königsteinschen Erben sind nicht
niedergeschlagen. Zweite Nothwendigkeit einer Erklärung des DeputationsHauptschlusses.

Eben so unstreitig ist es auch, daß durch die
Niederschlagung der Ansprüche auf Königstein keiner der Ansprüche, keine der Forderungen zugleich hat
vernichtet werden sollen, welche den Grafen zu Stolberg als gräflich Königsteinschen Erben zustehen, und welche aus diesem Erbrecht, nicht
aus dem Besitz der Lande (man begreife nun darunter
die eigentliche Grafschaft Königstein allein, oder alle
von Mainz weggenommenen Gebiete) fließen, wohin
z. B. die Einlösung versetzter Besitzungen u. s. w.
gehört. Unstreitig ist es, daß auf die neuen Besitzer
der Königsteinschen Lande nicht Rechte übergehen können, welche einen Dritten betreffen, selbst wenn
sie zwischen Mainz und Stolberg streitig gewesen seyn
sollten. Denn nicht Familienrechte, sondern Länder

wurden 1805 ausgetheilt; durch Vernichtung der Ansprüche auf ein Land, sind die erstern, welche den alten Besitzern desselben zustanden, nicht mit vertilgt und den neuen Landherrn gegeben, und dadurch weder deren Loos, wider die Absicht des Reichs, vergrößert, noch die Verpflichteten dadurch von ihren Verbindlichkeiten befreiet — eine Schenkung die Niemand beabsichtigte. Indeß so klar das auch ist, so dürfte doch eine authentische Erklärung der Worte prétentions sur Königstein noch immer nothwendig und daher der gerechte Wunsch der Grafen zu Stolberg seyn.

5.

Forderung an das Kurthum Mainz, wegen einer nicht bezahlten jährlichen Rente.

Am füglichsten findet hier, als Anhang zu dem Königsteinschen Verlust, auch noch seine Stelle eine Geldforderung an das Erzstift.

Nach dem Absterben des Grafen von Rhineck, erhielten die Grafen zu Stolberg 1565 gegen Einräumung wichtiger Rechte, also durch einen lästigen Vertrag, das Erzkämmeramt des Erzstifts Mainz, womit eine Rente von 100 Gulden (damaliger Währung) aus dem Zolle zu Höchst verbunden wurde, deren Ablösung mit 2000 Gulden das Erzstift sich jedoch vorbehielt. Die Einwilligung des Domkapitels hat diese Zahlung zu einer wahren Landesschuld erhoben. Biß zur Aufhebung des Erzstiftes, sind die Belehnten im Besitz der Würde geblieben. Aber die Rente, stockte im Jahr 1674, der Streitigkeiten wegen über das geraubte Königstein. Vertröstungen auf bessere Zeiten, Versprechungen der Untersuchung, der Abhülfe in den jüngst verflossenen Tagen, war alles was erlangt werden konnte. Das Haus Stolberg meldete sich bei der zur Ausmittelung und Austheilung der Mainzer Schulden niedergesetzten Kommission des Herrn Kurfürsten Erzkanzler und von Hessen. Der Herr Kurfürst Erzkanzler, der doch wohl am besten von der Lage der Sachen unterrichtet seyn mußte, und gewiß seinem Lande keine größere Schuld unnöthig aufbürden wollte, erklärte sogleich, mit löblicher Gerechtigkeit, den Rückstand von 1674 bis 1802, wie das Ablösungskapital,

mit 12,800 Gulden und 2000 Gulden für liquid, als wahre alte Staatsschuld,

und sich zur Uebernahme des auf Aschaffenburg fallenden Antheils bereit, und erklärte dies auf dem Kongresse der betheiligten Herrn Fürsten wiederholt, besonders noch am 11ten Junius 1805:

„man habe geglaubt, daß die Liquidität dieser „Forderung nicht in Abrede gestellt werden kön„ne."

Anders urtheilten jedoch die durch Theile an Mainz entschädigten Herren Fürsten, namentlich Nassau Usingen, auf welches der bis zur Ablösung der 2000 Gulden verhaftete Zoll zu Höchst übergegangen war, der seit 1802 die 100 Gulden zahlen muß; bald sollte eine (nicht erfolgte und nichts bewirkende) Kündigung des Kapitals im Jahr 1681 diese Forderung beseitigen, bald (durch die Belehnung!) keine Hypothek auf den Zoll begründet seyn, der Rückstand den arrérages des Erzkanzlers zur Last fallen, mit der Auflösung des Fürstenthums die Lehn aufhören — Gründe, deren Widerlegung unnöthig ist, deren Aufstellung aber hinlänglich zeigt, daß dem Schwächern nur die gerechte Hülfe und das Einschreiten der hohen verbündeten Mächte seine klare Forderung verschaffen kann.

XXX.

Ehrerbietigste Vorstellung und Bitte

an den hohen Congreß zu Wien. Von dem Grafen Christian Ernst von Benzel-Sternau, Staats- und Finanzminister des vormaligen Großherzogthums Frankfurt; datirt Aschaffenburg den 30. October 1814.

Der ehrerbietigst Unterzeichnete trat 1791 in die Dienste des Kurstaates Mainz (in welchen er von Vater auf Sohn der vierte seines Namens ist, der eine MinisterialStelle bekleidet) als Regierungsrath zu Erfurt.

Während der zwei letzten Jahre dieser eilfjährigen Anstellung versah er, mit höchster Bewilligung seines Kurfürsten, zugleich die Stelle als geheimer Rath und schwäbischer Kreisgesandter des Herrn Fürsten von Constanz, damals Koadjutors von Mainz.

1802 wurde er zum kurmainzischen geheimen Rath, 1803 zum wirklichen und das Fürstenthum Regensburg dirigirenden geheimen Staatsrathe ernannt.

1806 führten ihn das Vertrauen des höchstsel. Kurfürsten von Baden und Familienverhältnisse in badensche Dienste.

Hier war er als geheimer und Staatsrath, Director des Ministeriums des Innern, Oberkurator der beiden LandesUniversitäten, und Vorstand der GeneralStudienCommission, dann als HofgerichtsPräsident in der Pfalzgrafschaft, fünf Jahre lang wirksam, bis ihm

mit Anfange 1812 das Vertrauen seines angebohrnen Landesfürsten das FinanzMinisterium, und 1813 nebst diesem das GeneralCommissariat in Kriegssachen des vormaligen Großherzogthums Frankfurt übertrug.

Zu Ende 1813 beschloß sich eine 24jährige Geschäfts- und insbesondere 17jährige Dienstzeit für den alten und neuen mainzer Staat, in der allgemeinen Auflösung der Ministerien und des Staatsrathes, und der provisorischen Beschränkung des dekretmäßigen Gehaltes von 10,000 Gulden auf 2000.

Bis jetzt unterließ der ehrerbietigst Unterzeichnete jede ehrfurchtsvolle Vorstellung oder Reclamation bei den allerhöchsten Behörden.

Gerechtes reines Selbstbewußtseyn, unbeschränktes ehrfurchtvolles Vertrauen auf die allerhöchste Gerechtigkeit der erhabenen verbündeten Souverains, und bescheidene Unterordnung seiner, allein ihm wichtigen Verhältnisse unter den Drang der allgemein wichtigen Angelegenheiten legten ihm diese Entsagung auf; so empfindlich ihm übrigens die, seinen Collegen im Ministerium und Staatsrath so wie ihm, abgehende Erklärung der Ursachen seines Geschickes fallen mochte.

Denn, lagen diese Ursachen in seiner Straffälligkeit, so gebrach es nicht nur an Urtheil und Rechtsspruch, sondern auch an jeder Einleitung zu einer rechtlich vorgängigen Untersuchung, und noch mehr an dieser selbst.

Lagen sie aber in dem Erfordernisse aller Staatskräfte für den Kriegszweck, so stand ihm das Bewußtseyn zur Seite, nie die treue Erfüllung seiner Amtspflicht an die pünktliche Entrichtung seines Gehaltes geknüpft zu haben.

Nunmehr aber, da der Abdruck — (mit welchem Rechte? ist dem ehrerbietigst Unterzeichneten unbekannt) — mehrere offizielle Actenstücke, namentlich aber die allerhöchste Uebereinkunft vom 21. October 1813, zur öffentlichen Kenntniß bringt, nunmehr liegen ihm Quelle der Erklärung, Rechtsprincip für die Beurtheilung seines Verhältnisses, und die Ehrenpflicht vor, auch seine ehrfurchtsvolle Berufung an die erhabene Versammlung, welche Wohl des Ganzen und Wohl der Einzelnen in höchster Gerechtigkeit umfaßt, andurch zu bringen.

Artikel 18 der vorgedachten allerhöchsten Convention vom 21. Oct. 1813 sagt nämlich wörtlich:

„Il sera établi en principe constant, que „les gouvernements (généraux) laisseront sub„sister partout les autorités existantes, et n'agi„ront que par elles."

„Les motifs les plus importans pourront „seuls justifier une exception à cette règle gé„nérale."

Diese Ausnahme fand, durch die vorhin allergehorsamst angeführte Auflösung der Ministerien und des Staatsrathes in dem Großherzogthum Frankfurt, für des ehrerbietigst Unterzeichneten Collegen und ihn Statt.

Ohne in die nach dem Wortlaute der allerhöchsten Uebereinkunft erforderliche Wichtigkeit der Beweggründe sich ein anmaßliches Eindringen erlauben zu wollen, darf der ehrerbietigst Unterzeichnete bei der nunmehrigen Kundbarkeit dieses Princips nicht verkennen, wie wesentlich die bis jetzt beruhende Erörterung einer nur factisch ausgetragenen Sache wird.

Daher erscheint in der tiefverehrten Gerechtigkeit der allerhöchsten Souverains dessen so ehrerbietigste als angelegentlichste Bitte begründet:

die unverweilte, strengste, aber unparteiische Untersuchung seines amtlichen Benehmens, und demnächst die ihm zukommende Entschädigung allergnädigst eintreten zu lassen.

Sollte jedoch über die Motive der für das Großherzogthum Frankfurt gemachten Ausnahme von dem 18. Art. der allerhöchsten Convention vom 21. Oct. 1813 seiner Zeit kein sachgemäßer Vortrag an die allerhöchsten Behörden erstattet worden seyn, so ergeht des ehrerbietigst Unterzeichneten weitere allergehorsamste gerechte Bitte dahin:

den Freiherrn von Stein, als Haupt der CentralVerwaltung, zu der conventionsmäßigen Verantwortung der Legalität seines Benehmens, und der Leistung der angemessenen Entschädigung allerhuldreichst anzuhalten.

Mit unwandelbarem ehrerbietigsten Vertrauen auf die allerhöchste Gerechtigkeit, welche die Entwickelung der siegreich erfochtenen Zeitverhältnisse in Schutz nimmt; mit reiner Ueberzeugung von seiner guten Sache und mit tiefster Ehrfurcht harrt der ehrerbietigst Unterzeichnete der schon lange ersehnten Entscheidung entgegen.

Aschaffenburg den 30. October 1814.

Ch. E. Graf von BenzelSternau.

Anmerkung.

Diese Vorstellung hat eine kleine Druckschrift veranlaßt, worin das Gesuch des Bittstellers und dessen Beweggründe beleuchtet werden, und welche ebenfalls auf dem Congreß ausgetheilt ward. Ihr Titel ist:

Schreiben eines Correspondenten in Wien an den Grafen Christian Ernst von BenzelSter nau, in Beziehung auf deſſen „ehrerbietigſte „Vorſtellung und Bitte an den hohen Congreß „zu Wien". 1814. 12 S. in 8.

Nebſt dieſer Druckſchrift ward zugleich, unter dem Titel:

Aus dem rheiniſchen Merkur No. 147 vom 12. Nov. 1814.

ein gedrucktes OctavBlatt ausgegeben, welches eine Art von Critik der Vorſtellung enthält.

XXXI.

Memoire

der Bevollmächtigten des ehemaligen unmittelbaren teutſchen Reichsadels, enthaltend politiſche Gründe für Erhaltung des unmittelbaren alten teutſchen Reichsadels, datirt Wien den 28. Jan. 1815.

§. 1.

Die gehorſamſt unterfertigten legitimirten Bevollmächtigten des immediaten ReichsAdels in Teutſchland haben bisher die Rechtsgründe, welche für die Zuſtändigkeit ihrer Committenten ſprechen, Einem hohen Congreß ausführlich vorzutragen die Ehre gehabt.

Bei dem immer näher heranrückenden Augenblick der Entſcheidung des Schickſals von Teutſchland, glauben ſie auch noch verbunden zu ſeyn, einige nicht unerhebliche politiſche Motive für die Erhaltung des immediaten alten teutſchen Reichsadels hinzufügen zu müssen, des festen und hellen Vertrauens, daß solche, nach der Weisheit und den tiefen Einsichten des hohen Congresses, einer Berücksichtigung gewiß nicht unwerth werden gehalten werden.

§. 2.

Diese politischen Gründe werden in nachfolgenden vier Sätzen auseinander gesetzt und vorgetragen werden

I. der Zeitgeist erfordert nichts weniger als eine Unterdrückung des Erbadels, und eine Gleichstellung aller Stände;

II. die Fürsten und die Staaten haben durch die bisherige Unterdrückung des Erbadels nichts gewonnen, sondern im Gegentheil

III. gar viel verloren, und insbesondere ist

IV. nicht nur der Adel selbst, sondern auch das Volk durch diese Unterdrückung demoralisirt worden.

§. 3.

In dem ersten dieser Sätze soll bewiesen werden,

daß der Zeitgeist die Unterdrückung des Erbadels eben so wenig, als eine Gleichstellung aller Stände verlange.

Der Zeitgeist ist die öffentlich ausgedrückte, allgemein gefühlte Meinung und Ansicht von einer Sache.

Dieser Zeitgeist ist stets richtig, gut und edel; er kann nie Ungerechtigkeit in Schutz nehmen, nie Unterdrückung predigen, denn er ist der Finger Gottes, und kräftig zeigte sich dieser Zeitgeist in dem letzten blutigen Kampf um die rechtliche Freiheit der Völker.

Hierin ist der Begriff eines Zeitgeistes vollständig ausgedrückt.

Ganz verschieden von diesem Zeitgeist ist der Parteigeist, der von Eigennutz, Verblendung, Unterdrückungssucht geleitet wird, und den man sehr oft mit dem Zeitgeist verwechselt. Er ist aber von dem letztern dadurch sehr leicht zu unterscheiden, weil ihm das Attribut der Allgemeinheit durchaus fehlt.

Nirgends lauter, als in der französischen Revolution, hat sich dieser Unterschied zwischen Zeitgeist und Parteigeist ausgesprochen.

Der letztere hat Thronen untergraben, die Unschuld gemordet, die Redlichen verfolgt, die Gerechtigkeit verscheucht, die Glücklichen unglücklich gemacht, die Kinder des Vaterlandes vertrieben, alle Abscheulichkeiten in Schutz genommen, ein ganzes Meer von Blut vergossen, Tyrannei und Willkühr auf den Thron gesetzt.

Erst nachdem dieser Parteigeist ausgetobt hatte, dann ist ein gesegneter Zeitgeist erschienen und hat das französische Volk mit ihrer dermaligen milden und freien Regierung beglückt.

Wenn der Parteigeist Alles zerstört, Alles unterdrückt, Alles leidenschaftlich vernichtet und zur unumschränktesten Despotie führt; so schützt hingegen der Zeitgeist das Eigenthum; er geht stets mit der Gerechtigkeit Hand in Hand, er beglückt die Völker. So ist es z. B. ein wahres Erforderniß des Zeitgeistes, daß der Adel, in der gegenwärtigen Staatennoth, nicht steuerfrei seyn, und gewinnen soll, während dem Alles verliert und Alles verarmt.

Dieß fühlt Jeder, und hier liegt das Princip der Allgemeinheit Jedermann vor Augen. Der Erbdel fühlt dieß selbst, und concurrirt freiwillig, so lange die gegenwärtige Noth dauert. Wie kann man aber nunmehr dazu kommen, demselben aus-

ser dieses freiwilligen Anerkenntnisses, auch noch
seine übrigen Vorzüge und Auszeichnungen,
und sein ganzes politisches und kirchliches
Eigenthum zu nehmen? Wo ist nur ein scheinbarer Grund zu diesem Verfahren? Wie läßt sich solches
mit der Gerechtigkeit, selbst mit der Staatsklugheit
vereinigen? Und wird nicht hiedurch offenbar der Vorwand des Zeitgeistes zum Deckmantel des häßlichsten
Parteigeistes mißbraucht?

Nach diesen aufgestellten, und nicht zu mißken-
nenden Grundsätzen ist es daher sehr leicht, die gegenwärtige Frage zu entscheiden.

Kein Zeitgeist wird die ungerechte Unterdrückung
und Vertilgung eines ganzen Standes, mithin auch des
Erbadels je verlangen können noch verlangt haben;
selbst die Regenten können sie nicht fordern, und fordern sie nicht, denn sie sind weit entfernt einen Grundsatz aufzustellen, der laute Ungerechtigkeit predigt, und
der zur reinen Despotie führt.

Der Regent kann nie vom Parteigeist geleitet
werden. Wenn es daher auch in den verschiedenen
Staaten hie und da Rathgeber giebt, welche die
Unterdrückung und Zernichtung des Erbadels anrathen,
so handeln diese wider den Willen der Regenten, sie
handeln wider die GrundMaximen einer liberalen Regierung, sie rathen gegen das Interesse ihres eigenen
Vaterlandes, sie handeln in dem Sinne eines verwerf-
lichen Parteigeistes, und der wahre Zeitgeist mißbilligt
laut ihre Handlungsweise.

Früher oder später werden unfehlbar dem erleuchteten Regenten die Augen geöffnet werden; er
wird die Handlungen seiner bösen Rathgeber beim
Licht und Recht näher beurtheilen, und jede deßfallsige
Mißleitung sicher bereuen und schnell abändern; denn
eine jede Handlung, die mit der Gerechtigkeit nicht

pereinbarlich ist, kann unmöglich haltbare Resultate hervorbringen.

Alles dieß wird aber den Erbadel nicht abhalten, allenthalben demunerachtet die höchste Folgsamkeit und Unterwürfigkeit gegen die Gesetze des Staats zu bethätigen, wenn sie ihm auch noch so hart scheinen; er hält sich verbunden, andern Ständen in dieser Unterwürfigkeit und Folgsamkeit gegen die Gesetze voranzugehen und um so mehr als Beispiel zu dienen, je mehr er heute noch die öffentliche Meinung für sich hat, so sehr man sie ihm auch zu entziehen sucht, und je allgemeiner das Bedauern der Redlichen ist, welches ihm wegen des ihn betreffenden harten Schicksals wahrhaft tröstet und aufrichtet.

Dieß Gesetz legt ihm das Princip der Ehre auf, welches ihn so fest an den Staat bindet. Man hat ihm zwar den Glanz der Geburt genommen, und von allen Gelegenheiten sich um den Staat verdient zu machen weggedrängt; allein das Verdienst der größten Folgsamkeit und innigsten Anhänglichkeit an den Staat, kann ihm keine menschliche Gewalt entreissen.

Hierin liegt aber durchaus kein Anerkenntniß des ihm zugefügten Unrechts, keine Verzichtung auf seine Zuständigkeiten; er fühlt sich vielmehr streng verpflichtet, auf die Erhaltung der letztern alle mögliche rechtliche Beharrlichkeit zu verwenden; er muß die gegenwärtgen Stürme der Unterdrückung mit felsenfestem grossen Muth ertragen; die Morgenröthe des vorigen Glücks wird und muß ihm früher oder später wieder lächeln, und hierdurch erst erfüllt er seine Pflichten gegen sich selbst, gegen die Regenten und das Vaterland; die seinen Wohlstand kränkenden Stürme werden und müssen vorübergehen, weil jeder Parteigeist früher oder später in seinem eigenen Meer von Ungerechtigkeiten erstickt wird, und nur die Gerechtigkeit ewig siegt.

§. 4.

II. Der zweite hier aufgestellte Grundsatz ist der:

> die Fürsten und die Staaten haben, durch
> die bisherige Unterdrückung des Erbadels,
> nichts gewonnen.

Die Fürsten haben zwar grosse Besitzungen als vormaliges Eigenthum des Adels, und respective der Kirche, ihren Staaten einverleibt, und sie sind dadurch wirklich grösser und mächtiger geworden; allein nicht reicher und glücklicher.

Die Grösse und Macht sind relative Begriffe, und so lange beide nicht so independent sind, daß sie für sich selbst und ohne alle fremde Beihülfe bestehen können, so haben sie immer den wünschenswerthen Grad von Hoheit, von Grösse und Unabhängigkeit nicht erreicht, welcher das Staatenglück ausmacht.

Dieß möchte schwerlich bei denen Fürsten der Fall seyn, die sich in Teutschland durch Wegnahme der geistlichen und adelichen Güter, vergrössert haben; reicher und glücklicher sind diese Staaten vollends sicher nicht geworden; sie haben zwar grosse Besitzungen und grosse Schätze, besonders aus den alten adelichen Erzstiftern und Stiftern gezogen; allein der Zufall hat gewollt, daß diese Schätze zum Theil zerstreut sind; daß viele Besitzungen bereits in andern Händen sich befinden, und der Augenschein lehrt, daß durch alle jene Kostbarkeiten und Liegenschaften die Staatscassen eher ärmer als reicher geworden sind.

Niemand hat durch die bisherige Umwälzung gewonnen, ausser einige wenige Individuen, die die Kunst verstanden, ihren Parteigeist für einen Zeitgeist auszugeben, und so auf kurze Zeit das Ohr der Regenten zu gewinnen wußten.

Die Fürsten haben an ihrer Ruhe, an ihrer Zufriedenheit unendlich verloren; nie ist ihr Wille, das Volk glücklich zu machen mehr getäuscht worden; nie war ihre Existenz precärer, als in dem eben abgelaufenen Zeitpunkt, nie waren ihre Finanz-Nöthen grösser.

Die Armeen haben Ströme von Blut für gerade entgegenstehende Zwecke vergossen, und der Teutsche mußte den Teutschen bekriegen; der Civilstand wurde durch beständiges Organisiren und Desorganisiren hin und hergeworfen, und in seinen Grundsätzen irre gemacht; fremde Gesetzbücher haben das Volk gedrückt; ungeheuere Kriegslasten und eine allgemeine Theuerung liegen noch schwer beinahe auf ganz Europa. Bei den allerdrückendsten Abgaben ist nicht e i n e Staatscasse ohne Deficit, und sollte es daher nicht für den Erbadel eine unermeßlich schmerzhafte Empfindung seyn, wenn man denselben so auszieht, wie man ihn ausgezogen hat, so unterdrückt und vernichtet, wie geschehen ist, während dem durch alle diese grossen Opfer durchaus nichts Gutes und Wohlthätiges für irgend Jemand erzweckt wird?

Die ganze Welt trauert und fühlt sich unglücklich, und in dem Augenblick dieser allgemeinen Calamität hat man den E r b a d e l ausersehen, noch zehnfach unglücklicher als alle übrigen Stände zu machen.

Ist es wohl möglich, dieß mit den Grundsätzen der allgemeinen Staatsklugheit zu vereinigen?

Der Parteigeist spricht zwar, daß die Folgen dieser Unterdrückung sich erst in der Zukunft wohlthätig äussern würden. Allein hiegegen walten grosse Zweifel ob; aus ungerechten Maasregeln entsteht nie was Gutes, wenigstens nichts Haltbares.

Dergleichen Unterdrückungen sind nur in einem fieberhaften und krampfhaften Staaten-Zustand denkbar; so bald der Zustand der Genesung und der Ruhe wieder eingetreten ist, verlangt ganz unfehlbar die Gerechtigkeit, die sich früher verschleiert zurückzog, ihr Eigenthum wieder zurück, und das Truggebäude des Parteigeistes, welches auf lauter Illusion gebaut war, zerfällt in sich selbst.

§. 5.

Man hat den Erbadel alle seine persönlichen Vorzüge genommen, man hat ihn den Bürgern und Bauern gleich gemacht, man hat ihn der Jurisdiction entsetzt, alles policeilichen Einflusses beraubt, man verhindert ihn der Freund, der Berather, der Beistand, der Unterstützer seiner Unterthanen zu seyn, man entzieht ihm einen grossen Theil seines Einkommens, man erschwert ihm den Bezug desjenigen, was man ihm übrig gelassen hat, man macht ihn im AbgabenSystem den übrigen Unterthanen gleich, ja besteuert ihn gegen die übrigen Staatsangehörigen in manchen Ländern wohl doppelt ja dreifach; und kann man wohl mit Grund sagen, daß durch alle diese Einrichtungen der Staat wirklich gewonnen habe? Sind die Staaten in dem Augenblick nicht ärmer, als sie je waren, und sind die Unterthanen nicht in dem nemlichen Augenblick, wo jenes geschieht, mit sechsfachen Abgaben gegen die vorige Zeit belästigt?

Der Parteigeist, nicht der Zeitgeist, hat alle diese Veränderungen herbeigeführt. Nachdem sie nun aber einmal unglücklicherweise da sind, so will der Adel freiwillig die dermalen bestehenden öffentlichen Lasten mittragen helfen.

Hiedurch ist alle Beschwerde beseitigt. Es ist Niemand eingefallen, sich je über die übrigen Prärogative des Adelstands zu beschweren; sie sind: Niemand lästig — im Gegentheil Vielen nütz-

ch; man hat sie ihm ohne Grund und ohne alle
eranlassung genommen; für die teutschen Staaten,
e nie unabhängige Puissancen werden können, sind
ganz gleichgültig; sie treten keiner Herrschergewalt
den Weg, und doch hat man sie ihnen genommen.

Ist es wohl mit der Staatsklugheit, wir wollen
cht sagen mit der StaatenMoral, vereinbarlich, einen
tand, der so viele Verdienste aufzuweisen hat, der
viele Jahrhunderte ausgeübte Prärogative in ruhi-
m und ungestörtem Besitz hatte, der selbst in neuern
eiten so viel patriotische Opfer brachte, auf einmal,
ne die mindeste Veranlassung, ohne allen Schein
echtens und ohne positiven Nutzen für den Staat,
vertilgen, und kann eine Maasregel dieser Art in
r Zukunft bestehen?

Der Parteigeist wendet hiergegen ein, daß alles
eß des Uniformirungs Princips wegen geschehen
isse.

Die Uniformität ist zwar an sich allerdings
ätzbar; allein sie kann im strengsten Sinn des Worts
r da mit Gerechtigkeit statt finden, wo allenthal-
n gleiche Rechte und gleiche Standpunkte sind.

So ist z. B. in den grossen östreichischen und
reussischen Staaten durchaus keine Uniformität
ngeführt, weil die gerechten Monarchen einem jeden
tand bei seinen wohlerworbenen Gerechtsamen unge-
änkt und ruhig belassen wollen, und diese nemliche
niformität sollte so unerläßlich nothwendig in denen
ndermächtigen Staaten des nun aufgelößten Rhein-
ndes seyn, der aus den verschiedenartigsten Bestand-
eilen zusammengesetzt ist?

Die Uniformität kann und darf niemals das
chtmäßige Eigenthum der Einzelnen kränken und nie
s Zerstörungsmittel dieses Eigenthums gebraucht

werden. Sobald sie dieß thut, hört sie auf Staats-
zweck zu seyn, und artet in Staatsmißbrauch aus.

§. 6.

III. Der dritte Satz, welcher hier staatswirth-
schaftlich beleuchtet werden soll, ist der:

> daß der Regent und der Staat, durch die
> gänzliche Unterdrückung des immediaten Reichs-
> adels, einen bedeutenden positiven Scha-
> den leide.

Der Erbadel war bisher

a) derjenige Stand, der den Glanz der Höfe
unterhalten mußte; dort haben viele altadeliche Familien ihr Vermögen großen Theils zur Ehre der Fürsten verzehrt.

Wird dieser Adel nun vermögenslos gemacht,
so ist es ihm unmöglich diese Stellen ferner auszu-
füllen, und die Fürsten werden die Repräsenta-
tionen, welche der Erbadel beiderlei Geschlechts
früher aus persönlicher Anhänglichkeit mit
einem großen Kostenaufwand machte, theils unendlich theurer bezahlen müssen, und theils werden
sie gewiß nicht so umgeben seyn, wie es die
Würde ihres Standes erheischt.

Verarmung zieht nothwendig schlechtere Kin-
dererziehung nach sich; mithin wird es an den
ersten Grundlagen zu dieser fernern Bestimmung fehlen, und das Gefühl seiner vorsetzlichen Vernichtung
ohne allen Grund und Veranlassung muß den Erbadel nothwendig von den Thronen zurückscheuchen.

b) Ganz der nemliche Fall tritt bei der Diploma-
tie ein; auch hier verlangen die Fürsten mehr
Aufwand als die gegebene Gehalte decken.

Viele reichsadeliche Familien haben sich auf Gesandschaftsposten, der Ehre der Fürsten wegen, von denen sie abgeschickt waren, in grosse Schulden gesteckt; und wenn der Stand, dem eigentlich dergleichen Missionen zum Theil als eine wahre Last zugeschieden waren, verarmt ist, so werden entweder die Gesandschaftsposten sehr kärglich ausgefüllt werden, oder dem Staat werden bedeutende neue Erogationen nothwendig zuwachsen.

c) Besonders bei dem Militär Stand, zu dem der Adel vorzüglich gehört, wird von Seite des Staats, bei allen SubalternStellen, in Ansehung der Gage, die größte Sparsamkeit beobachtet.

Ein junger Militär muß wenigstens in den ersten 15 Jahren seines Dienstes einen jährlichen bedeutenden Zuschuß von Haus zu seiner Existenz erhalten.

Ein armes OfficierCorps bleibt in der wissenschaftlichen Bildung sowohl, als in der Humanität und dem guten Weltton immer sehr weit zurück, und die Unterdrückung des Adels muß daher nothwendig auch auf die Armeen den allernachtheiligsten Einfluß haben, weil es demselben an Mitteln fehlen wird, seine Kinder in dieser Cariere mit Ehren weiter zu bringen.

Diese dreifachen Nachtheile für den Staat, die aus der gewaltsamen Vernichtung des alten teutschen Erbadels hervorgehen, werden noch anschaulicher, wenn man sie mit der Uebung der vorigen Zeiten vergleicht.

Hatte ein Adelicher durch zu grossen Aufwand am Hof seine Finanzen zerrüttet; war er durch einen Gesandschaftsposten ruinirt worden, wurde er im Krieg zum Krüppel geschossen, so kehrte er auf seine Güter, oder seine Commende oder Präbende zurück, ohne daß der Staat nöthig hatte, sich um ihn oder die Seinigen zu bekümmern; und der anfangende junge Militär wußte nicht anders, als daß ihm seine Familie wenigstens die doppelte Gage auf mehrere Jahre zuschiessen mußte, um seinen Stand mit Ehren zu führen und die nöthige militärische und Weltbildung zu erhalten.

Die Vorzeit hat Beispiele aufzuweisen, wo ganze Armeen der Fürsten von einzelnen reichsadelichen Generalen geraume Zeit aus eigenen Mitteln unterhalten wurden, weil es dem Staat an Geld fehlte.

Alles dieß wird künftig nicht mehr aus dem einzigen sehr natürlichen Grund statt finden können, weil die neuern Grundsätze eines vorgespiegelten Zeitgeistes besonders den immediaten Reichsadel zur bittersten Armuth verdammen.

§. 7.

Ein weiterer Nachtheil, der dem Staat durch die Unterdrückung des Adels zugeht, ist der

daß ihm dadurch eine Hülfsquelle in unvorhergesehenen Bedürfnissen und Unglücksfällen entzogen wird.

Der Erbadel, seine Stifter, hatten früher grosse Freiheiten, und besonders war die Exemtion von den öffentlichen Lasten ein sehr bedeutender Vortheil.

Dieser Vortheil aber war mehr scheinbar als wirklich, denn eben hierin lag ein Sparpfennig für den Staat, über den er in den Zeiten der Noth unbedingt disponiren konnte.

Mit Freuden waren der Adel und die Stifter
erbötig, den Staat bei jeder Gelegenheit zu retten, und die grossen Summen, die in den ehe-
malig teutschen Kaiserstaaten angelegt sind, geben hievon einen sprechenden Beweis.

Nun ist Alles ganz anders.

Die Staatsangehörigen sind sich alle
gleich gemacht; sie tragen die ungeheuern Staats-
lasten mit, wiewohl nur scheinbaren, gleichen Schul-
tern; sie werden von der Last erdrückt, und wenn
neue Unglücksfälle zu den gegenwärtigen kommen sollten, so ist in Teutschland keine Hülfe denkbar, weder
in den StaatsCassen, noch in dem Beutel der Unterthanen, weil alle gleich erschöpft sind und weil keine
Hülfe für unvorhergesehene neue Noth aufgespart ist.

Ist es aber nicht eine der vordersten Pflichten
der Staatsklugheit, sich solche Sparpfennige für den
Nothfall sorgsam zu erhalten?

Ehedem waren die Stifter und die Klöster
die natürlichen KornMagazine der verschiedenen
Staaten; sie haben Teutschland in den 1770r Jahren
vor dem Hungertod gerettet; auch diese Wohlthat ist
verschwunden, und es wird dem Staat grosse Anstrengungen und Aufopferungen kosten, wenn er dergleichen Institute herstellen will, die bei jenen Anstalten
als ein gewöhnliches Opfer der Menschenfreundlichkeit
angesehen wurden, welches sie dem Staat zu bringen
sich gleichsam schuldig erachteten.

§. 8.

IV. Nicht nur der Adel selbst, sondern auch
das Volk, wird durch

die gewaltsame Unterdrückung des Erbadels demoralisirt werden.

Die Geschichte hat einen Ueberfluß an Großthaten aller Art, an Hingebungen für Fürsten und Vaterland, an kaum glaublichen Aufopferungen für das Volk aufzuweisen, welche die altadelichen Geschlechter zieren.

Diese Thaten waren bei Vielen theils der Grund des ihnen verliehenen Adels, theils haben sie ihren Geburtsadel später auf diese Art geheiligt.

Sie waren der Schutz der Thronen, die Dollmetscher des Volks bei dem Regenten, die Pflanzschule edler und erhabener Thaten, und die ihnen verliehenen Vorzüge und Auszeichnungen waren die Aufmunterung zu fernern Bethätigung eines edlen Sinnes.

Nun soll auf einmal Alles, was die frühere Zeit besonnen und systematisch eingerichtet hat, das so laut anerkannte Verdienst, die öffentliche Dankbarkeit soll vernichtet, mit Füssen getreten, die Belohnung der Tugend, der Tapferkeit, der Verdienste um Fürsten und Vaterland soll mit einem Federstrich vertilgt seyn.

Die Entziehung solcher grossen Vorzüge erzeugt mit der Armuth zugleich nothwendig Verachtung, wenigstens beim grossen Haufen; und in dieser Verarmung, an die sich besonders die Jugend schwer gewöhnen wird, liegt nicht selten, besonders wenn sie schnell auf die vorige Wohlhabenheit folgt, der Keim zu einer Menge moralischer Uebel, wie die Beispiele mancher Staaten lehren.

Wird aber nicht Jedermann die ganz natürliche Frage einfallen: womit hat der Erbadel diese enorme harte Strafe verdient?

Die Fürsten scheinen zwar hierauf einen neuen Zuwachs von mehr centralisirter Kraft zu bauen; aber werden sie sich nicht eben dadurch den lauten Vorwurf von Ungerechtigkeit, von grossem politischen Undank, zuziehen, und sich einem allgemeinen Mißtrauen aussetzen?

Was heute dem Erbadel geschieht, kann morgen einem andern Stand widerfahren, und es giebt auf der Welt keine reichhaltigere und wirklich nicht zu tadelnde Quelle des Mißtrauens, als der Mangel des Respects für das Eigenthum.

Welch ein kostbares Kleinod ist für den Regenten das öffentliche Vertrauen? Es giebt keine unerschütterlichere Grundpfeiler des Staats, als dieses Vertrauen; in ihm beruht die ganze Glückseligkeit der Regenten, der Segen und die leichte Wirksamkeit der Regierung.

Es wird nur einmal in der Welt verloren; jeder Preis des Verlusts ist zu theuer, weil dieser Verlust gewöhnlich unwiderbringlich ist.

Wenn auch schon nunmehr ein Theil des Pöbels die Trümmer des Wohlstandes der Adelichen vielleicht mit Wohlbehagen bemerkt; so wird er dennoch über kurz oder lang von dem Gedanken ergriffen werden, ist es auch recht, daß man das Andenken des alten Verdienstes so mißhandelt?

Der Hauptnachtheil der hieraus für den Erbadel folgt, ist die Unterdrückung eines jeden edlen und grossen Sinns; man nimmt ihm durch seine Zernichtung jede Möglichkeit, sich ferner für den Staat und das Vaterland auszuzeichnen, und der Zustand der Knechtschaft und Verachtung, in den er gestürzt worden ist, macht ihn für die Zukunft zu jeden grossen und edlen Thaten durchaus unfähig, indem man ihm Gelegenheit und Mittel zugleich entzieht.

Der neue Adel, der nun erst geschaffen werden
soll, und der so mächtig und eifrig an der Unterdrückung
des alten Adels arbeitet, wird, sobald er seine Absicht erreicht hat, und dazu ist es nicht mehr weit, sich
durch das Beispiel der Unterdrückten sicher warnen lassen, und, wie schon hie und da Beispiele zu lehren
scheinen, mehr für sein pecuniäres Interesse,
als für Ehre, Fürst und Vaterland arbeiten.

Das wahre Ehrgefühl, die reine Anhänglichkeit an den Thron, an die Familie der Fürsten wird
nicht so leicht geschaffen, als man glaubt.

Hat doch der ganze neue Adel, den Napo-
leon mit so verschwenderischer Freigebigkeit schuf, ihn
in dem kritischen Augenblick des Unglücks ganz verlassen, während dem es dem königlichen Haus der Bour-
bons nie an treuen Anhängern aus den alten adelichen Geschlechtern in Frankreich, die Alles, was ihnen
lieb und theuer war, verliessen und ihrem Könige
folgten, fehlte?

Dieß ist der Unterschied zwischen der neu
geschaffenen Ehre und derjenigen Ehre, die durch
Generationen erhalten, durch Erziehung befestigt,
durch Beispiele erneuert, und durch mehr als einen
Tod der Vorfahren besiegelt worden ist.

§. 9.

Man könnte die obigen Ansichten noch mit manchen interessanten Betrachtungen vermeh-
ren, wenn man die Aufmerksamkeit des hohen Congresses nicht durch zu grosse Ausführlichkeit zu
ermüden befürchten müßte.

So ist z. B. der Erbadel, für den verlornen
Ueberrhein, an die Reichsfürsten als Entschädigungs-

zugabe geopfert worden, anstatt dieser Adel hätte selbst entschädigt werden sollen: Man hat ihm Entschädigung versprochen, aber kein Wort gehalten; der Ueberrhein ist wieder erobert, und warum soll das unschuldige und überflüssige Opfer fortdauern?

Ist es nicht die höchste Gerechtigkeit und Billigkeit, daß man den Geopferten wieder restituire, und ihm Alles das wieder zurückgebe, was er als Opfer verloren hat, nachdem der Grund, oder vielmehr der Vorwand des Opfers wegfällt?

Nachdem die Fürsten dem Erbadel alle seine Vorzüge nehmen, und ihn dem gemeinen Mann gleichstellen, mißbilligen sie nicht nur das, was ihre Vorfahren mit Recht gethan haben, sondern sie verwandeln zugleich jeden Act der Gerechtigkeit, der Großmuth und des öffentlichen Dankes ihrer Vorfahren für den Adel, in eine schmachvolle Bestrafung, indem er weit glücklicher gewesen wäre, wenn er seine Vorzüge gar nicht gehabt hätte, als daß er sie nun wie ein Ehrunwürdiger verlieren soll.

Reicht wohl die Herrschergewalt so weit rückwärts, in den Staatsverhältnissen? Ist es wohl räthlich, den ehrwürdigen Beherrscher der teutschen Nation ein solches offenes Dementi vor allem Volk zu geben?

Kein Staat kann ohne Adel bestehen, dieß hat die napoleonische Regierung bewiesen, am wenigsten ein teutscher Staat.

Man vernichtet den Erbadel, um einen neuen persönlichen Adel zu schaffen; sollte die Freiheit, die Gesetzlichkeit, die Unabhängigkeit, die das teutsche Volk und mit ihm der Erbadel im heiligen Kampf erkämpft hat, wohl hiezu berechtigen?

§. 10.

Durch alles bisher Gesagte, sind nun nachfolgende Grundsätze der Staatsklugheit und StaatenMoral festgesetzt, und durch Thatsachen unwidersprechlich bewiesen:

1) Kein Zeitgeist kann die Unterdrückung des Erbadels verlangen. Er spricht

2) bloß Beiträge zu den öffentlichen Abgaben, von demselben in der gegenwärtigen Noth an, die man ihm nicht verweigert.

3) Nur der verwerfliche Parteigeist kann die Unterdrückung des Erbadels verlangen; dieser kann und wird aber nie siegen, denn er ist

4) ein unsauberer Geist der Ungerechtigkeit, der größte Feind der Fürsten und Thronen, welcher den erstern das Vertrauen des Volks, den letztern ihre Haltbarkeit raubt und zur Despotie führt.

Dieser Parteigeist kann sich

5) vermöge der Verwerflichkeit seiner Grundsätze, nur kurze Zeit erhalten; er wird schmählich untergehen, und es ist daher

6) heilige Pflicht des Erbadels für Regenten und Vaterland, sich diesem Parteigeist mit aller ordentlichen, gesetzlichen Festigkeit entgegenzustemmen, indem die nahe oder ferne unparteiische Zukunft Recht und Licht sicher beschützen wird.

7) Die Fürsten werden erleuchtet einsehen, daß ihnen die willkührliche Unterdrückung des schuldlosen Erbadels, gegen die Grundsätze des Rechts, weder Vortheil, noch Gedeihen, noch Segen bringen werde.

8) Sie werden die Rechte des Adels für unverjährbares und unveräusserliches Eigenthum wieder anerkennen. Sie werden

9) den grossen Nachtheil, der ihnen daher sowohl in staatswirthschaftlicher, als staatsklugheitlicher Rücksicht erwächst, unfehlbar früher oder später würdigen,

Sie werden

10) die Ueberzeugung erhalten, daß es mit der Klugheit richtiger Staats-Maximen unvereinbarlich sey, um diesen Preis das öffentliche Vertrauen, als das höchste Kleinod der Regenten, zu verlieren. Sie werden

11) jeden Schein, der zum Despotismus führen kann, klug vermeiden, das Recht vom Unrecht, den Zeitgeist vom Par

teigeist richtig unterscheiden; dem ersten folgen, der
Gerechtigkeit huldigen, den letzten verachten und verwerfen;
und so werden

as) die Gerechtsame des immediaten Reichsadels,
die er bisher bloß von der rechtlichen Seite vertheidigt hat,
nunmehr auch durch neue Gründe der Philosophie, der
Staatswirthschaft so kräftig unterstützt, daß an ihrer
sicheren und unfehlbaren Erhaltung gar kein moralischer Zweifel mehr übrig bleiben kann.

Die gehorsamst Unterzeichneten ergreifen diese Gelegenheit,
sich zu beharrlichem hohen Wohlwollen abermal ehrerbietigst zu
empfehlen.

Wien, den 28. Januar 1815.

Acten

des

Wiener Congresses.

Erster Band,

Drittes Heft.

Erlangen 1815
bei Johann Jakob Palm.

I.

Pro Memoria

der Stadt Frankfurt, betreffend die von der Stadt Mainz gegen Frankfurt auf dem Rhein behauptete Stationfahrt und Umschlaggerechtigkeit, datirt vom 21. Sept. 1814.

(Dieses ProMemoria ist wörtlich eingerückt, unten in Nr. III.)

II.

Das

StaffelRecht oder die Stationsfahrt auf dem Rheine, insbesondere die StaffelGerechtsame der Stadt Mainz, in geschichtlich-rechtlicher und polizeilicher Hinsicht dargestellt *).

Inhalt.

Vorerinnerung.

Erste Abtheilung.

I. Geschichte und Gesetzlichkeit des Staffelrechts.

§. 1. Das Staffelrecht der Stadt Mainz und seine Beschaffenheit.

*) Ward von den Deputirten der Stadt Mainz dem Congreß gedruckt mitgetheilt. 1814. 66 S. in 4.

§. 2. Dessen Entstehungsgrund.

§. 3. Der Staffel wird zur Gerechtsame. — Privilegium des Kaisers Maximilian I. — Friedensschlüsse, WahlCapitulationen, und besondere Tractate, zuletzt der RheinschifffahrtsOctroiVertrag erkennen und bestätigen denselben.

II. Verhältnisse zwischen Mainz und Frankfurt rücksichtlich des Staffels.

§. 4. Tägliches Marktschiff, dermal zwei Marktschiffe, von Mainz nach Frankfurt, und umgekehrt.

§. 5. Ansprüche der Stadt Frankfurt. — XI. Artikel der OctroiConvention.

§. 6. Die Stadt Frankfurt verlangt auch noch für sich eine directe Fahrt nach Cölln, während ihrer Messen und ausser denselben.

§. 7. Fortsetzung. — VI. Art. der Convention, desfalsige Entscheidung der AppellationsCommission.

§. 8. Jüngstes Beginnen und Eingriff der Stadt Frankfurt.

§. 9. Fortsetzung.

Zweite Abtheilung.

III. Nothwendigkeit und Nützlichkeit des Staffelrechts.

§. 10. Die Schifffahrt eines grossen Flusses, wie jene des Rheins, ist Gegenstand der StaatsPolizei.

§. 11. Das Staffelrecht erfüllt alle diese Bedingnisse, es ist also nothwendig.

§. 12. Nähere Entwicklung der Nothwendigkeit und übrigen Vortheile desselben.

§. 13. Es befördert die Sicherheit der Transporte.

§. 14. Durch dasselbe kommen die Transporte viel schneller an den Ort ihrer Bestimmung.

§. 15. Die Ausnahme im XI. Art., da sie die Schnelle der Transporte hindert, beweist noch mehr für die Regel.

§. 16. Die Stufenfahrt, verbunden mit der Tourladung, gewährt billige Frachten, und hebt im Ganzen den Credit des Rheinhandels.

§. 17. Weder die Freiheit des Flusses noch der Handel werden dadurch beschränkt.

§. 18. Der Staffel ist also ganz und ohne alle Ausnahme als allgemeine StaatsPolizeiMaasregel beizubehalten.

§. 19. Die OctroiConvention ist als eine solche vortreffliche StaatsPolizeiMaasregel beizubehalten.

§. 20. Schluß.

Vorerinnerung.

Durch die zwischen dem teutschen Reiche und Frankreich im Jahr 1805 abgeschlossene Convention über den RheinschiffahrtsOctroi, wurden die alten Einrichtungen des Umschlags, das Einlaufen und Umladen der Fahrzeuge, welche in den Städten Mainz und Cölln Statt haben, und die unter dem Namen des Staffelrechts bekannt sind, feierlichst beibehalten und genau bestimmt.

Diese beiden Städte fuhren also fort auf die Beobachtung dieses Rechts zu wachen, und dasselbe, wie ehemals, nach den Vorschriften der Convention auszuüben.

Wie nützlich und förderlich inzwischen dies Staffelrecht dem rheinischen Handel sey, wie sehr die so nöthige Ordnung, Sicherheit und Geschwindigkeit der Transporte auf dem Rheine, blos durch dasselbe gehandhabt werden könne, hat die seit mehreren Jahrhunderten ununterbrochene Ausübung und Befolgung desselben bewiesen.

Auch ward es nie bei den vorhergehenden Friedens-Schlüssen angefochten; unverändert erhielt es sich bis jetzt in seiner vollen Ausübung.

Erst nach abgetretenem linken Rheinufer an Frankreich kam bei den Unterhandlungen zu Rastadt dieses Staffelrecht zur Sprache; und es ist nur zu gewiß, daß blos allein einige Städte des rechten Ufers hierzu die Veranlassung gaben, indem sie durch kleinere, damals ausgestreute Schriften das Staffelrecht der Städte Mainz und Köln zum erstenmal in seinem Grundsatz als einen der Freiheit des Handels und der Schifffahrt höchst schädlichen Zwang zu verschreien sich bemühten, im Grunde aber dabei nichts anders zum Zwecke hatten, als in der damaligen, ihnen dazu schicklich scheinenden Epoche ihren PrivatVortheil, und zwar blos jenen einiger Dutzend Spediteurs für sich durchzusetzen.

Aus übel verstandener Freiheit des Flusses trug daher die ReichsDeputation auf Aufhebung des Staffels an, und die französische Gesandschaft, noch unbekannt mit der Wichtigkeit dieses Rechts für die Schifffahrt und den Handel, war bereit, dieses nachzugeben, verlangte aber ihrer Seits, als conditio sine qua non, die Aufhebung der Zölle deutscher Seits auf dem Rheine.

Zum allgemeinen Wohl des Handels und der Schifffahrt kam aber auf dem Congresse deßhalben nichts zu Stande, indem die zur Bedingniß gesetzte Aufhebung der Zölle nicht angenommen wurde *).

*) Die Antwort der R. Deputation war: so glaubte man von Seiten der R. Deputation dahin antragen zu müssen, daß alle, die Rheinschifffahrt den Leinpfad, den Uferbau, die

Der lüneviller Friede folgte auf die abgebrochenen Rastadter Unterhandlungen; allein auch dieser entschied nichts, weder über die Schifffahrt auf dem Rheine, weder über die Zölle, noch über das Staffelrecht, und so verblieb es in Hinsicht dieser Gegenstände bei dem Status quo, bis zu dem RheinschifffahrtsOctroiVertrag, welcher das Staffelrecht beider Städte feierlichst sanctionirte.

Die Stadt Frankfurt oder vielmehr, wie man gewiß weiß, nur einige ihrer Spediteurs, glaubten nun den gegenwärtigen Zeitpunkt benutzen zu müssen, um ihren vorgesetzten Zweck erreichen zu können. Sie veranlaßten durch einseitige Vorstellungen, daß nach kaum aufgehobener Blocade der Feste Mainz, dem StationsControleur dieser Stadt eine Weisung von der OctroiBehörde in Frankfurt zugienge, gemäß welcher, als eine ältere Befugniß erlaubt wurde, Güter von Frankfurt aus nach Kölln verführen zu dürfen, ohne im Hafen von Mainz umzuladen. Und doch ist eine solche directe Fahrt in dem VI. Artikel des RheinschifffahrtsOctroiVertrags, und die Berufung auf ältere Befugnisse in dessen CXXVIII. Artikel *) deutlich untersagt.

Zölle, die Mauthen und den Handel überhaupt betreffende Punkte, bis zu einem abzuschliessenden eignen Handels- und SchiffahrtsTractat auszusetzen, in so lange aber alles noch einstweilen in statu quo zu belassen seye. M. S. Geschichte der Rastadter Friedensverhandlungen. 4 Th: S. 60.

*) Art. 128. Man darf sich, um gegenwärtigen Vertrag auszuweichen, oder ihn zu ergänzen, oder auszulegen, weder auf vorherige Tractaten, weder auf Grund- oder andere Gesetze, noch Verordnungen, Verfügungen oder Herkommen, von wem und von welchen Gewalten diese Gesetze erlassen, und so alt und allgemein dieses Herkommen seyn möge, berufen, sondern der gegenwärtige Vertrag soll zur einzigen Richtschnur in allem dienen, was sich auf die Rheinschifffahrt, deren Polizei und die zu entrichtenden Gebühren bezieht.

Diese Vorgänge lassen keinen Zweifel übrig, daß das Staffelrecht der Städte Mainz und Kölln, und die RheinschifffahrtsVerhältnisse dermal bei dem erlauchten Congresse der hohen verbündeten Mächte zur ernstlichen Sprache kommen werden.

Man will daher von Seiten der Stadt Mainz, deren künftiger Landesherr und Beschützer noch unbekannt ist, den hohen Gesandschaften die Gründe vorzulegen sich bestreben, welche für die Gesetzlichkeit, Nothwendigkeit und Nützlichkeit des Staffels und der Stationen auf dem Rheine das Wort reden, und anschaulich darlegen, daß ohne diese Einrichtungen die vollkommenste Anarchie in der Schifffahrt herrschen, der fremde WaarenEigenthümer aber nie gesichert seyn würde; daß endlich diese Stufenfahrt, verbunden mit der Rangladung, indem sie schnelle und sichere Transporte befördert, indem durch sie allein die möglichst billigen Frachten bestimmt werden können, der Freiheit des Handels nicht allein nicht hinderlich sey, sondern dieselbe in jeder Hinsicht befördere.

Erste Abtheilung.

I. Geschichte und Gesetzlichkeit des Staffelrechts zu Mainz.

§ 1.

Das Staffelrecht der Stadt Mainz, seine Beschaffenheit.

Seit den ältesten Zeiten übt die Stadt Mainz das sogenannte Staffelrecht (jus stapulae, droit d'échelle) aus. Dieses Recht enthält die Verbindlichkeit, für alle

den Rhein hinauf- oder hinabfahrende Schiffe, in dem
Hafen zu Mainz anzulanden, und ihre Ladungen in andere Schiffe umzuladen, welche dort in Bereitschaft stehen, um auf die fernere Station, oder in die Zwischenhäfen ungesäumt der Reihe nach abzufahren. Anfangs
war auch damit das Recht verbunden, einige Gattungen
von Waaren, besonders Lebensmittel, auf bestimmte
Zeit zum Verkaufe ausstellen zu lassen; allein dieser unter dem eigenen Namen des Stappelrechts bekannte Zwang
hat schon längstens aufgehört, und von diesem kann keine Rede mehr seyn.

§. 2.

Deffen Entstehungsgrund.

Die besondere Beschaffenheit des Rheins, die vielen ungleichen Tiefen, die unzähligen Felsen und Sand-
bänke, die öfteren Veränderungen durch Ueberschwem-
mungen, die man auf demselben von Basel bis Nimwe-
gen trifft, erforderten von jeher, um diesen großen
Fluß mit Sicherheit befahren zu können, Fahrzeuge von
verschiedener, dessen besondern Eigenheiten angemessener
Größe.

Die auffallende Verschiedenheit der ober- und niederrheinischen Schiffe in Hinsicht ihrer Größe und Bauart giebt davon den augenscheinlichsten Beweis; auch
sind die den Rhein befahrende Schiffer nur jener Strecken wohlkundig, die sie mit ihren dazu geeigneten Schiffen von jeher befahren.

Die Natur des Flusses selbst machte daher schon bei
dem Aufkeimen der Handlung und Schifffahrt auf demselben gewisse abgetheilte Strecken oder Stationen nöthig, wo umgeladen und mit andern Schiffen gefahren
werden mußte.

Diese Orte wurden nun der Mittelpunkt der Betriebsamkeit; Handelsleute und kundige Schiffer ließen sich dort nieder, sichere Häfen, gemächliche Einrichtungen zum Ein- und Ausladen und Aufbewahren der Güter, genaue Aufsicht zur Erhaltung der Ordnung in denselben, boten die gewünschtesten Vortheile für die Handlung und Schifffahrt dar. Die Städte Mainz und Köln vereinigten gleich Anfangs alle diese Vortheile; ihre gleichsam durch die Natur für die verschiedene Distanzen abgemessene Lage bestimmte sie zu den bequemsten Umladungsorten; und da auch schon zu Zeiten des großen rheinischen StädteBundes vom Jahr 1255 in diesen am Rhein Handel treibenden Städten Schifferzünfte sich zu bilden anfiengen, so wurden der Hafen von Mainz, als Mittelpunkt der obern und niedern *) Rheinfahrt, und Köln für Holland und die obere **) Fahrt, Hauptstationen auf dem Rhein.

§. 3.

Der Staffel wird zur Gerechtsame. — Privilegium des Kaisers Maximilian I. — Friedensschlüsse, Wahlcapitulationen und besondere Tractate, zuletzt der RheinschifffahrtsOctroiVertrag erkennen und bestätigen denselben.

In der Folge bildete sich die Rheinschifffahrt und die Oberpolizei auf diesem Flusse noch mehr aus. Das, was die Natur bereits als nothwendig und nützlich angedeutet hatte, ward zum allgemeinen Besten Gerechtsame, und die erwähnter Maßen lange vorher schon zu Mainz bestandene Staffel- oder StationsFahrt ward nun durch ein Privilegium von Kaiser Maximilian I. zu Worms unterm 14. Jul. 1495 in ihrem ganzen Umfan-

*) Soll vermuthlich heissen: der mittlern. A. d. H.
**) Soll vermuthlich heissen: die mittlere. A. d. H.

ge bestätigt. (M. S. dies Privilegium in der Anlage
Nr. 1.)

Dies Mainzische Staffelrecht ward daher im ganzen
deutschen Reiche als ein Regale anerkannt, und in den
Wahlcapitulationen mit allen übrigen den Churfürsten
und Ständen ertheilten Privilegien jedesmal unwider-
ruflich bestätigt. Ununterbrochen ward dieses Recht bis
jetzt ausgeübt; die Reichsgerichte handhabten dasselbe jedesmal, die Friedensschlüsse zu Ryswick, Rastadt und
Baden erhielten dasselbe aufrecht *). Verträge mit
Straßburg vom 24. Mai 1681, mit Churpfalz vom 10.
Febr. 1749 und der gemeinschaftliche Vertrag, wo die
Krone Frankreich beitrat, vom 29. Mai 1751, befestig-
ten dasselbe, und weit entfernt, wie einige neuere Wi-
dersacher desselben behaupten wollen, daß es durch den
Lüneviller Frieden mit Bezug auf die vorhergegangenen
aber unterbrochenen Unterhandlungen aufgehoben worden

*) In allen diesen Friedensschlüssen wurden alle Neuerun-
gen und neuerdings einzuführende Zölle u. d. g. auf dem
Rheine untersagt, die bereits rechtlich bestehenden
aber gehandhabt. M. S. den 34. Art. des Friedens von Baden, und den 52. jenes zu Ryswick, wo es heißt: Redeant
quoque mox a subscripta pace commercia durante bello pro-
hibita in eam quae ante fuit libertatem, fruantur-
que utrinque omnes et singuli nominatim urbium imperia-
lium et emporiorum hanseaticorum cives, et incolae terra
marique plenissima securitate, pristinis juribus, im-
munitatibus, privilegiis et emolumentis, per
solennes tractatus aut vetustam consuetu-
dinem obtentis. — Wollte man im Gegentheile diese
Friedensschlüsse anders verstehen, und darin die Aufhebung
der Staffelrechte finden, wie könnte man sich es erklären,
daß die Städte Mainz und Köln nach diesen Friedensschlüssen im Angesichte von ganz Europa ihr Staffelrecht wie von
jeher ungestört ausgeübt haben?

wäre, ward es in Gemäßheit des 39. Artikels des teutschen ReichsDeputationsSchlusses vom 17. April 1803
durch die Convention über den RheinschifffahrtsOctroi
vom 4. Mai 1805 *(ausdrücklich mit seinen alten Einrichtungen des Umschlags und Umladens der Fahrzeuge
beibehalten und bestätigt. (M. S. die Art. 3, 4, 5 und 6
dieser Convention in der Anlage Nro. 2.)

Hiernach theilt sich also der Strom in den Oberrhein, oder die Strecke von Straßburg bis Mainz, in
den Mittelrhein, zwischen Mainz und Köln, und in
den Niederrhein, zwischen Köln und Holland.

Mainz ist als StationsStadt des Ober- und Mit-
telrheins, Köln als solche für den Mittel- und Niederrhein angenommen.

II. Verhältnisse zwischen Mainz und Frankfurt
rücksichtlich des Staffels.

§. 4.

Tägliches Marktschiff, dermal täglich zwei von Mainz nach Frankfurt gehende Marktschiffe, und umgekehrt.

Nie war die Stadt Frankfurt bey der Rheinschifffahrt betheiligt, noch weniger hatte sie eine eigene Fahrt
auf dem Rheine, sondern sie erhielt durch das tägliche
Marktschiff von Mainz ihre Waaren und versaudte dorthin andere auf dem nämlichen Wege zur weitern Beförderung. Dieses Marktschiff, ehemals ein Regale des
Churfürsten von Mainz, ward besonders zu diesem Endzwecke und zur schnellen Beförderung der in Mainz für
Frankfurt angekommenen, oder der von Frankfurt den
Rhein hinab weiter zu versendenden Güter errichtet;
deswegen bestimmte auch die Rheinschifffahrts-Octroi-

---

*) 27. Thermidor au XII, das heißt 15. Aug. 1804. A.d.t.H.

Convention deren zwei, so daß täglich von Frankfurt und Mainz ein Marktschiff abfahren muß *).

Es durften daher in Gemäßheit des StaffelRechts niemals Mainzer Schiffer Ladungen von Frankfurt herab den Mainzer Hafen vorbei nach Kölln führen. Nur aus besonderer Gnade und Vergünstigung der Churfürsten ward dieses bei drückenden Ereignissen und besonderm Nothstande der Mainzer Schiffer auf bestimmte Zeit und Wiederruf jedoch selten verstattet. Denn im Jahr 1714, wo die Mainzer Schiffer dem Churfürsten die Bitte einreichten, ihnen zu erlauben, nach Frankfurt zu fahren, dort Waaren einzuladen und sie herabbringen zu dürfen, schlug derselbe diese Bitte ab, weil, wie er sich im Decrete ausdrückt: „Dieß den Gerechtsamen und Regalien des Erzstifts zuwider, und dem Marktschiffe allein erlaubt ist, die Waaren von Frankfurt nach Mainz zu bringen." — Inzwischen ließ doch in der Folge der Churfürst den Mainzer Schiffern, seinen Unterthanen, eine solche Vergünstigung und Ausnahme von der Regel durch ein Decret vom 4. September 1748 (M. S. Anlage Nro. 3.) wegen den damaligen churpfälzischen Irrungen auf ihr mehrmaliges Suppliciren als nöthiges Neti

*) Art. 24. der OctroiConvention: Gleichwohl ist man in Hinsicht des Mains übereingekommen, daß die Schifffahrt dieses Flusses zwischen Mainz und Frankfurt gemeinschaftlich von den Schiffern dieser beiden Städte ausgeübt werde, und daß sowohl der eine als der andere Hafen von der Einrichtung der Wasserdiligence, bekannt unter dem Namen Marktschiff, mit völliger Gleichheit Theil haben soll: so daß nämlich ein Marktschiff dem Hafen von Mainz gehörig, in derselben Zeit nach Frankfurt fahren wird, wenn ein anderes, welches dem Hafen von Frankfurt zugehört, sich nach Mainz begeben wird, und so vice versâ. — Hiemit verbinde man auch den 6. Art. besagter Convention.

tungsmittel in so lange angedeihen, als wegen der churpfälzischen Hemmungen diese Nothhülfe erforderlich seyn
würde.

Die Stadt Frankfurt suchte nun erst in den neuesten
Zeiten hieraus für sich ein Befugniß zu folgern; allein
mit welchem Ungrunde, zeigt die Sache selbst. Denn
diese von dem Churfürsten zu Mainz, der damals privilegirte Rechte über den Main hatte *), seinen Unterthanen ertheilte precäre Erlaubniß sollte und konnte für
die Stadt Frankfurt keine Wohlthat noch weniger ein
Recht seyn, da dieselbe keinen Theil an der Rheinschifffahrt hatte; auch ward diese Vergünstigung nicht ihr
verstattet; eben so wenig war diese Erlaubniß ein den
Mainzer Schiffern zugestandenes Recht, weil dieselbe
nach dem deutlichen Inhalt des Decrets, wegen temporä-
rer Ereignisse, aus bloßer Gnade und widerruflich verstattet worden ist.

Auch hat in vordern Zeiten die Stadt Frankfurt diese Fahrt nie als ein Recht prätendirt. Wenn auch in der
Folge Mainzer Schiffer nach aufgehörtem Beweggruude
der ertheilten Erlaubniß zuweilen noch derley Fahrten un-
ternahmen, und auf die landesherrliche Gnade sündigten,

*) M. s. die Confirmation aller Privilegien des Erzstifts Mainz
von Karl IV. de 1356, wo es heißt: Universa privilegia —
Super quibuscunque possessionibus — aquis, aquarum de-
cursibus tam Rheni quam Moeni, rivis et fluminibus in iis-
dem navigandi transportandique juribus et jurisdictionibus
omnimodis etc. Bei Lunig, Spicileg eccles. Cont. P. 1.
P. 53. — Diese Confirmation ist von König Rupprecht 1400,
von Kaiser Sigismund 1434 wiederholt. Im Lehnbrief Kaisers Maximilian II. von 1563 heißt es: Verleihen dem ob-
gemeldten Erzbischoff Daniel — Gericht, Zoll, Geleid,
Obrigkeit — und Jurisdiction, sie seyn auf Wasser oder
Land, Rhein oder Main rc. Bei Lunig c. l. p. 236.

so konnten solche einzelne, sehr oft von der Beamtung nicht bemerkte, oder um deßwillen connivirte Fälle, weil man ein Präjudiz zu fürchten keine Ursache fand, noch lange kein Recht für die Stadt Frankfurt begründet haben, da Mainzer Schiffer für sich und zu ihrem Vortheile, nicht aber im Nahmen der Stadt Frankfurt, und um derselben ein Recht zu begründen, diese Fahrten gemacht haben.

Sehr oft sind aber auch derley Uebertretungen von Seiten der Mainzischen Behörden mit dem Thurme oder Suspendirung von den Fahrten bestraft worden, und man könnte aus den ältern Acten der ChurMainzischen Rente, welches die für die Rheinschifffahrts-Polizei vorzüglich beauftragte Stelle war, eine Menge solcher Untersuchungen, und von der Regierung auf ergangenen Bericht verfügter Strafen anführen, wenn man nicht überzeugt wäre, daß fernere Belege dießfalls überflüßig wären, und bei diesen Bewandsammen kein für Frankfurt erworbenes Recht denkbar seyn könne.

§. 5.

Ansprüche der Stadt Frankfurt XI. Art. der Convention.

Erst nachdem die Franzosen Mainz occupirt hatten, versuchte es die Stadt Frankfurt, oder vielmehr unter ihrem Nahmen einige Spediteurs, eine directe Fahrt durch dazu leichterdings gewonnenene Mainzer Schiffer sich zu verschaffen.

In dem damaligen Wirrwarr der Länderoccupationen, und bei dem so sehr mißverstandenen Freiheits-Systeme, das alten ehrwürdigen Rechten und guten alten Gewohnheiten den Umsturz brachte, schien hierzu der gewünschte Zeitpunkt gekommen zu seyn. Allein diesem allen ungeachtet, war die Stadt Mainz doch so glücklich, ein so unbefugtes Beginnen zu vereiteln, und die alte gute Ordnung beizubehalten. Die Stadt Frankfurt inzwischen

ruhte nicht und war späterhin bey der zum Entwurf der Rheinschifffahrts-Octroi-Convention niedergesezten Commission auf alle Art thätig; erhielt auch, zwar nicht was sie gesucht hatte, doch immer eine Ausnahme und Vergünstigung gegen die allgemeine Regel des Staffelrechts durch den XI. Artikel der Octroi-Convention (M. S. denselben in der Anlage Nro. 2.) In diesem Artikel ward verstattet, daß die in der Stations-Stadt Kölln von Mainzer Schiffern, für Rechnung der Frankfurter Kaufleute geladene, und nur für die Stadt Frankfurt bestimmte Waaren unmittelbar, ohne in Mainz umladen zu müssen, nach Frankfurt gebracht werden können.

Wie sehr an und für sich diese gestattete Ausnahme dem Zwecke der Stufenfahrt hinderlich ist, wird man unten noch näher auseinander setzen und zeigen, daß dadurch alle von Kölln den Rhein hinauf bestimmte Güter viel später ankommen, als wenn alle Güter in die zur Station bestimmten Schiffe geladen, und diese dadurch eher vollästig würden; aber nebst diesem wichtigen Hinderniß in der für den Handel im allgemeinen so nöthigen einförmigen Ordnung, überschritt die Stadt Frankfurt diese eingeschränkte Begünstigung; sie dehnte sie zur Ungebühr auf alle von ihr nach ganz Deutschland zu spediren übernommene Güter aus, und ließ sogar dießfalls gedruckte Circularien austheilen.

§. 6.

Die Stadt Frankfurt verlangt auch noch für sich eine directe Fahrt nach Kölln während ihrer Messe und außer derselben.

Nicht zufrieden, durch die Convention im XI. Artikel eine Ausnahme von der Regel erhalten zu haben, suchte die Stadt Frankfurt späterhin unter dem Vorwand der im X. Artikel im allgemeinen aufrecht erhaltenen Meßfreiheiten, während derselben durch Mainzer und andere

Schiffer, und dann auch noch außer denselben durch Mainzer-Schiffer ausschließlich eine directe Fahrt zu erzwingen. Rücksichtlich der Meßfreiheiten ward durch den X. Artikel bestimmt, daß die Freiheiten der Frankfurter-Messen künftighin, wie dieß Zeither der Fall war, fortwährend bestehen sollten.

Die Entstehung dieser Meß-Freiheiten kann man füglich von der Frugalität der Vorzeit herleiten, wo viele Kaufleute des Nieder-Rheins sich friedlich und begnüglich zu Schiffe frachteten, nach Frankfurt mit den leeren Kisten gemächlich hinauf fuhren, und mit dort eingekauften Waaren behaglich wieder auf dem nämlichen Schiffe nach Hause steuerten. Die Personen waren der Haupt-Artikel, Staffelrecht und Umschlag aber hierbei nicht denkbar; und so blieben dann auch in der Folge, da von mehreren Orten unterhalb Mainz die FrankfurterMessen mehr und mehr besucht, die Schiffe auch bei dem ausgedehntern Handel im Hinauffahren mit Waaren befrachtet wurden, diese von dem Umschlage zu Mainz befreit; die Städte Düsseldorf, Hettorf, Kochheim, Trier, Koblenz, St. Goar, Bacharach, Boppart, Braubach und Bingen, welche auf diese Art die Messe bezogen, erhielten daher diese sogenannten Meßfreiheiten rücksichtlich des Staffels zu Mainz.

Es ist also offenbar, daß diese Vergünstigung auf keine Art der Stadt Frankfurt zukam, daß sie nur obenerwähnten Städten und nur für Meßwaaren verstattet war. Die Stadt Frankfurt kann also während ihrer Messen für sich eine directe Fahrt nach Kölln auf keine Art rechtfertigen.

Inzwischen veranlaßten dießfalsige Beschwerden, sowohl von Frankfurter Seite als auch von Seiten Mainz besonders, weil die GeneralDirection des Rheinschifffahrts Octroi eine Fracht für die directe Fahrt von Frankfurt

nach Kölln gegen den Sinn der Convention bestimmt hatte,
daß der Minister des Innern von Frankreich, durch einen
Beschluß vom 22. Juli 1808 dem General Director des Rhein-
schifffahrts Octroi den Auftrag ertheilte, ein öffentliches
Zeugenverhör über den Umstand abhalten zu lassen: ob vor
der Vereinigung des linken Rheinufers mit Frankreich die
Fahrzeuge, welche zu Frankfurt für die unterhalb
Mainz am Rhein gelegenen Städte bestimmte
Waaren eingeladen, während der Frankfurter
Messen zu Mainz hätten umschlagen müssen, oder ob sie
von diesem Umschlage befreiet gewesen seyen, und auf wie
viele Tage jedes Jahres? (M. S. Anlage Nro. 4.)

Diese Zeugenverhöre wurden nun von den Beamten
der Direction veranstaltet, und die Schiffer abgehört; von
Seiten der Stadt Mainz aber ward Niemand weder bei den
Verhören zugezogen, noch auch das Resultat davon bekannt
gemacht; inzwischen hat man in der Folge erfahren, daß
auch in den Aussagen die obengenannten Städte angeführ-
ter Maßen als zu diesen Freiheiten berechtigt angegeben
worden; man konnte aber unmöglich denken, daß, wie es
sich kürzlich bei Gelegenheit der Mittheilung eines Berichtes
des Octroi Inspectors Herrn Ockart vom 26. November
1808 gegen alles Erwarten zeigte, man von Seiten der Octroi Beamtung das Zeugenverhör über die vom Minister bestimmte Frage ausgedehnt, und auch auf die ausser den
Meßzeiten von Seiten Frankfurts verlangte directe Herabfahrt Fragstücke gerichtet hatte.

Da nun Mainzer Schiffleute die abgehörten Zeugen
waren, welche bei der von der Octroi Direction in das Ungeheure getriebenen Anzahl der aufgenommenen Gilde Schiffer
sich durch ihr Zeugniß einen Verdienstzweig öffnen zu können
die Gelegenheit fanden, so ist leicht zu denken, wie unpar-
theyisch ihre deßfalsige Angaben seyn konnten; besonders

wo sie die oben (§. 4.) erwähnten preußer Vergünstigungen itzt als immer bestandenes Recht oder Observanz geltend machen zu können glaubten.

§. 7.

Fortsetzung. VI. Art. der Convention. — Desfallsige Entscheidung der Apellations-Commission.

Nebst dem, daß die Stadt Frankfurt erwähnter Maßen die in der Convention gehandhabten Meßfreiheiten zu ihrem besondern Vortheil ausdehnen wollte, behauptete sie trotz der deutlichen Bestimmung des V. Artikels, auch noch außer den Meßzeiten, eine directe Fahrt nach Köln durch Mainzer-Schiffer ausüben zu können. Sie bezog sich in ihren deßfalls überreichten Denkschriften auf eine vorgebliche Observanz, die sie aber nur in den Mainzer-Schiffern vom Kurfürst ertheilten Vergünstigungen finden konnte; sie führte sogar zu ihrem Behuf die Analogie mit der im XI. Artikel ihr Ausnahmsweise gestatteten Fahrt an.

Dieser Gegenstand kam also vor der im Artikel 123 der Convention angeordneten Commission zur Entscheidung, und diese wies durch ihren Beschluß vom 18ten Februar 1808 die Stadt Frankfurt und ihren Handels-Vorstand nach dem klaren Buchstaben des VI. Artikels *)

*) VI. Art. der Convention: die nämlichen Vorschriften (der im vorhergehenden Artikel bestimmten Verbindlichkeit des Umladens) sollen für jene Fahrzeuge gelten, welche den Rhein hinunter fahren; dem zu Folge sollen alle diejenigen, welche ebenfalls oberhalb Mainz geladen worden sind, nicht weiter fahren können, als in den Hafen dieser Stadt, woselbst sie ihre Ladungen in andere Fahrzeuge übersetzen müssen, so wie jene, welche zu Mainz oder an einem andern Orte zwischen Mainz

Acten d. Cong. I. Bd. 38 St.

und dem Geiste der Rhein-Schifffahrts-Octroi-Conven-
tion mit ihrer unbefugten Forderung definitif ab. (M.
S. diesen Beschluß nebst Entscheidungsgründen in der
Anlage Nro. 5.)

§. 8.

Jüngstes Beginnen und Eingriff der Stadt Frankfurt.

Nach einer so bestimmten, auf das Rheinschifffahrts-
Gesetz gegründeten, und dasselbe authentisch erklärenden
Entscheidung, hätte man glauben sollen, daß die Stadt
Frankfurt sich beruhigen, und dem pecuniarischen Vor-
theile einiger ihrer Spediteurs die wohldurchdachte, dem
rheinischen Handel und Schifffahrt so lange wohlthätige
allgemeine Ordnung endlich vorziehen würde: — auch
blieb von dieser Entscheidung an, die Herabfahrt von
Frankfurt in der gesetzlichen Ordnung, bis, zum größten
Erstaunen der durch eine fünf monatliche Blocade hart
bedrängten Stadt Mainz, kaum einige Tage nach dem
Einzuge der verbündeten Heere in ihre Mauern, eine
Weisung von der Rheinschifffahrts-Octroi-Behörde, dd.
13. May l. J., an den Stations-Controleur zu Mainz
anlangte, in welcher erklärt wird, „daß man sich aus
„mehrfachen Gründen veranlaßt gesehen habe, dem
„Frankfurter Handelsstande die von demselben nach-
„gewiesene Befugniß wieder einzuräumen, wor-
„nach sie ihre Güter durch Mainzer Schiffer in Mainzer
„Schiffen von Frankfurt nach Kölln bringen lassen dür-
„fen, ohne in Mainz zur Umladung gezwungen werden
„zu können.‟

und Kölln geladen worden sind, an dem Hafen von Kölln
nicht vorbeyfahren können, ohne ihre Ladung in andere große
oder kleine Schiffe übergesetzt zu haben.

§. 9.

Fortsetzung.

Die Stadt Mainz durch die Blocade von allen Communicationen abgeschnitten, ohne einen Beschützer, der sie hätte vertreten können, war leider in die Unmöglichkeit versetzt, ihre Gründe und Widerlegung gegen die von dem Handelsstande zu Frankfurt nachgewiesene Befugniß vorzubringen; und sie ist überzeugt, daß diese Weisung nicht erfolgt seyn würde, wenn sie vorher gehört worden wäre.

Der Frankfurter Handelsvorstand konnte daher sehr leicht durch einseitige Vorlegung scheinbarer Besitzausübungen, deren wahre Beschaffenheit aber oben zergliedert worden, und durch Verschweigung aller gegen die prätendirte Fahrt obwaltender unwiderleglicher Gründe, eine Art von Befugniß erkünsteln, und eine Weisung erwirken, wodurch, in einem provisorischen Zustande der Dinge, bestehende und so feyerlich sanctionirte Rechte mit einem Federzug in dem Augenblicke vernichtet werden sollten, wo man deren Aufrechterhaltung und besondern Schutz auf das zuversichtlichste zu hoffen die froheste Aufmunterung hatte.

Die Stadt Mainz glaubte daher, es dem allgemeinen Wohl und ihrem künftigen Landesherrn schuldig zu seyn, in ihrem noch zur Zeit verwaisten Zustande alles aufzubiethen, eine so gesetzlich und wohlthätig bestehende Gerechtsame nach Kräften zu wahren. Sie machte daher bei dem damahligen General-Commissariat und bei der darauf gefolgten vereinigten Regierung die dringendsten Verwendungen, um bis zur endlichen Entscheidung der hohen verbündeten Mächte den Status quo unverändert zu erhalten, wobei sie dann auch geschützt worden ist.

Zweite Abtheilung.

III. Nothwendigkeit und Nützlichkeit des Staffelrechts.

§. 10.

Die Schifffahrt eines großen Flusses wie die des Rheins ist ein Gegenstand der Staats-Polizei.

Der Rhein, einer der größten Flüsse Europa's, ist zugleich auch das belebendste Verbindungsmittel des rheinischen und deutschen Handels für die Länder zwischen dem Rhein, der Mosel, dem Main, dem Neckar, der Lahn, der Lippe und der Maas. Vor dem Kriege war dieser Handel sehr bedeutend, und es ist nicht zu zweifeln, daß bei dem nunmehr zurückgekehrten Frieden, und den zuversichtlich für die Zukunft zu hoffenden weisen Einrichtungen, derselbe aufs neue wieder aufleben werde. Man kann ihn füglich in **Activ-, Passiv-** und **Transit-Handel** eintheilen. Der **Activhandel** begreift den Waarenversand nach Holland aus den Ländern Jülich, Berg, Cleve, Mainz, Trier und Cölln, ferner aus dem Nassauischen, aus Franken, Schwaben, Elsaß und der Schweiz; diese Waaren bestanden vorzüglich in Wein, Weinessig, frischen und trockenen Früchten, Korn, Dörrgemüßen, Hirsen, Hanf, Nürnberger Waaren, Mineralwasser, Bauholz, Meubel, und auf alle Art verarbeitetes Holz. Der **Passivhandel** bestand in allem, was diese Länder aus Holland bezogen, als Gewürzen, Medicamenten, indischen Waaren ꝛc., und die Transportirung dieser Waaren in die verschiedenen Länder auf dem Rhein und den Nebenflüssen, bildete den **Transithandel,** der entweder durch die Besorgung des Eigenthümers oder durch die Dazwischenkunft dritter Personen geschieht, welche die weitere Versendung der ferne herkommenden Güter gegen eine gewiffe Belohnung, und gegen Erfatz der Koften und Auslagen, übernehmen, welch letzterer Handel den Speditions-Handel ausmacht.

Man könnte füglich das Jahr durch 1300 Schiffe von verschiedenen Größen zu 2000, 1500, und 1000 Centner annehmen, welche mit diesem Handel beschäftigt waren.

Wie wichtig nun für das allgemeine und befondere StaatsIntereffe diefer Handel fei, zeigt fich von felbft; der Fluß, der ihn allein belebt und unterhält, erfordert daher die befonderfte Aufmerkfamkeit der Staats-Gewalt. Es ift fchon oben bemerkt worden, und die Erfahrung beftätigt es, daß die Schifffahrt auf dem Rhein mit vielen Befchwerlichkeiten verbunden ift. Diefer Fluß ift reiffend und tief, feine öfteren Ueberfchwemmungen ändern faft jährlich an fehr vielen Orten fein Bett, er nimmt Infeln weg, und bringt wieder andere hervor, abgeriffene, und in ihm verfteckte Bäume, Felfen und Untiefen, machen feine Fahrt äußerft gefährlich, und erfordern unnachläßig ein jährliches Studium diefer verfchiedenen Strecken; deßhalben können auch nur, wie bereits angemerkt worden, jene Schiffer ihn mit Sicherheit befahren, die fich blos allein auf diefe Diftanzen mit den der Wafferhöhe angemeffenen Fahrzeugen befchränken, woher dann von den älteften Zeiten her die Stufen- und Stationsfahrt die einzige Sicherheit gewährt.

Wie könnte nun bei diefen Bewandfamen, bei der Wichtigkeit des rheinifchen Handels für ganz Teutfchland, und bei der befondern Befchaffenheit diefes Fluffes, die Staats-Gewalt müßig feyn, und die Schifffahrt auf demfelben ohne wohlthätige Aufficht, und beftimmte Ordnung fich felbft und der Willkühr der Schiffleute, oder den Speculationen der Transport-Uebernehmer, überlaffen!

Eine Staats-Polizey auf demselben ist also unentbehrlich; sie ist Pflicht, damit der Waaren-Empfänger auf alle Art gesichert, und der Credit des Flusses wie seither erhalten werde.

Dieses kann aber nur dadurch bezweckt werden, wenn die Fahrt auf dem Rheine nach den Localitäten und nach der bisherigen Erfahrung auf das sicherste eingetheilt, wenn bei den Verladungen die genaueste Ordnung eingeführt, wenn für gute Aufbewahrungs-Orte in den Ein- und Ausladungshäfen, für gute Vorrichtungen in denselben, als Krahnen, Waagen und geschickte Arbeiter gesorgt wird, wenn endlich die genaueste Aufsicht besteht, daß weder schadhafte Schiffe zum Transporte gebraucht, noch auch diese durch untaugliche Schiffer geführt werden.

§. II.

Das Staffelrecht erfüllt alle diese Bedingnisse, es ist also nothwendig.

Die schon seit den ältesten Zeiten den rheinischen Churfürsten über den Rhein und die Schifffahrt theils durch Kaiser und Reich übertragene, theils durch landkündige Observanz ausgeübte Gerechtsame, die wegen der Sicherheit, Ordnung und Bequemlichkeit des Handels und der Schifffahrt auf dem Rhein zwischen diesen Churfürsten geschlossene Vereine *) und dann das dabei seit mehr

---

*) Diese Vereine hatten bekanntlich und zwar jene nach dem Landfrieden vorzüglich die Erleichterung und Bequemlichkeit des Commerzes zum Gegenstande, als die Beschlüsse für Anlegung und Verbesserung der Leinpfade, die Verfügungen für die Unterkunft der Schiffe beim Eisgange, für die sichere Ausladung der Waaren durch Krahnen, die Verordnungen, wie die Ladungen in den Schiffen selbst sollen vorgenommen werden, für die geschwinde Fortschaffung der Güter ꝛc. M. s. Verein von 1717.

dann fünf Jahrhunderten bestehende Staffelrecht der Städte Mainz und Kölln, alles dies liefert den anschaulichsten
Beweis, daß von jeher eine Staatspolizei auf dem Rheine existirte, und daß diese Polizei nicht besser und nicht
zweckmäßiger, als durch die staffelmäßige Fahrt, und die
so vortrefflich gelegenen Stationsplätze ausgeführt werden
konnte. Nichts spricht unwiderleglicher dafür, als die
durch eine so lange Erfahrung erworbenen wohlthätigen
Resultate, und würde diese wegen ihrer offenbaren Nothwendigkeit und Nutzen in der Folge zu einem Recht erho-
bene Staffel- und StationsFahrt sich durch die unruhig-
sten Zeiten hindurch, bei allen bisherigen Friedensschlüssen, Wahlcapitulationen und übrigen Reichsgesetzen erhalten haben, wenn dies Recht dem Handel und der
Schifffahrt schädlich gewesen, oder denselben Fesseln angelegt hätte?

Dieses Recht erfüllt alle Bedingnisse, die eine wohl-
geordnete StaatsPolizei über den Rhein fordern kann,
darum ward es auch, trotz den Widersprüchen, welche einige Speditionsplätze, unter dem Vorwande der vorgeblich
herzustellenden Freiheit des Handels und der Schifffahrt,
begründen wollten, in der Convention über den RheinschifffahrtsOctroi als Hauptbasis unverkennbar zum Grunde gelegt. Die aufgeklärten Verfasser dieses Vertrags
konnten nicht deutlicher die Nothwendigkeit der als Ober-
polizeiMaasregel beizubehaltenden alten Einrichtungen des
Umladens aussprechen, als es im 3. Art. geschieht, wo
sie ten Grund hinzufügen: „Dergestalt, daß die Schifffahrt in dem obern, mittlern und untern Theile
des Rheins durch diejenigen Fahrzeuge, deren
Bau und Ladungsfähigkeit am besten einem jeden
dieser Theile des Flusses gemäß eingerichtet ist,
und durch diejenigen Schiffer ausgeübt werden soll,
welche die meiste Kenntniß und Erfahrung da-

von zu besitzen Gelegenheit haben" und dann ferner im
Eingange des 3. Art., wo es heißt: „Da die Anordnungen der vorhergehenden Artikel bloß das
Beste des Handels zum Zwecke haben, dem daran
gelegen ist, daß die weitern Versendungen der
Waaren geschwind, ordentlich und sicher geschehen 2c. 2c." Endlich im 14. Art. „Da die Rheinschifffahrt
große Geschicklichkeit und Erfahrung erfordert, so wird
die aus den zwei StationsStädten gehende Schifffahrt einer besondern Schifffahrtsgilde ausschließlich anvertraut."

Es ist daher ausser allen Zweifel, daß das Staffelrecht sowohl nach seiner Natur betrachtet, als auch gemäß
einer langjährigen Erfahrung, zur Handhabung einer wohlverstandenen Staatspolizei unumgänglich nothwendig ist.
Eine genauere Zergliederung von dessen unbestreitbaren
Wirkungen auf Handel und Schifffahrt wird dieß noch in
ein helleres Licht setzen.

§. 12.

Nähere Entwicklung der Nothwendigkeit und der übrigen Bau-
theile desselben.

Da es unwidersprechlich erwiesen ist, daß wegen
der besondern Beschaffenheit des Rheins derselbe mit der
nämlichen Gattung von Schiffen in seiner ganzen Länge
nicht befahren werden kann, und der Augenschein es zeigt,
daß von Strecke zu Strecke verschiedene Fahrzeuge erfordert werden, die der jedesmaligen Tiefe angemessen sind,
da die Natur und die Erfahrung seit Jahrhunderten gezeigt hat, daß diese Strecken richtig zu Mainz und Köln
abgetheilt sind, und an beiden Orten von jeher passende
Schiffe und erfahrne Schiffer sich befinden, so wird niemand mehr zweifeln, daß die bis jetzt bestandene Staffel-
oder StufenFahrt nöthig, und eine unumgängliche Poli-

zei Maasregel seye, die die Natur selbst befohlen und angedeutet hat.

Dieß ist so wahr und in der Sache selbst gegründet,
daß, wie man sich zu Mainz fast täglich überzeugen kann,
die Schiffe, welche in Gemäßheit der im 11. Artikel der
OctroiConvention der Stadt Frankfurt zugestandenen Ausnahme direct den Hafen von Mainz vorbei nach Frankfurt fahren dürfen, diese directe Fahrt nicht fort-
setzen können, sondern genöthigt sind, ihre Ladung in
andere Schiffe umzuladen, weil das von Kölln kommende
Schiff mit seiner Ladung unmöglich in den Main und
nach Frankfurt fahren kann. Diese nöthige Umladung geschieht nun in der Entfernung von einer viertel Stunde
über Mainz im Angesichte des Hafens der letztern Stadt
an der sogenannten Mainspitze; diese ist aber von aller
menschlichen Wohnung und Hülfe entblößt, sie ist gegen
keinen Wind gedeckt; auch ereignete sich schon bei unverse-
hens hereingebrochenem Sturme manches Unglück an derselben. — So weit kann Eigensinn, geglaubter Vortheil
eines SpeditionsMonopol und übel verstandene Freiheit
führen! Allein der Staatsgewalt kann es nicht gleichgültig seyn, wenn auf solche Art mit Hintansetzung der nah-
gelegenen Hülfsmittel die allgemeine Sicherheit der Transporte und fremdes Eigenthum unverantwortlich gefährdet
ist. Der Erfolg zeigt vielmehr zu deutlich, daß die Ausnahme des 11. Artikels, da sie nicht in der Absicht ausgeübt werden kann, in welcher sie gegeben worden, nämlich wegen der directen Fahrt nach Frankfurt, von den ge-
fährlichsten Folgen in Rücksicht der Sicherheit der Transporte ist, und um deswillen schon es zu wünschen und zu
hoffen ist, daß bei der künftigen Revision der OctroiConvention dieselbe wieder zurückgenommen und es bei der
allgemeinen Regel zum Wohl des Ganzen belassen werde.

Wie wichtig dieser Umstand der AppelCommission des

Octroi geschienen habe, beweist ihr motivirter Beschluß, (M. S. Anlage Nro. 6) der zwar nichts ins Besondere entscheiden konnte, weil kein nahmhafter Fall angeführt war; dessen angeführte Gründe aber hinlänglich darthun, wie sehr diese directe und jede über die Stationen hinaus gehende Fahrt dem allgemeinen SicherheitsGrundsatz zuwider läuft, und die größte Aufmerksamkeit der Staats-Gewalt erregen muß.

§. 13.

Es befördert die Sicherheit der Transporte.

Die erwiesene Nothwendigkeit der Staffel - oder Stufen Fahrt und des Umladens an den StationsOrten, wenn diese Einrichtungen gehörig angewandt und als unwandelbarer StaatsPolizeiGrundsatz befolgt werden, begreift in sich schon die größt möglichste Sicherheit der Transporte, und man kann bestimmt behaupten: ohne Umladungsplätze sind die WaarenTransporte auf dem Rheine nicht gesichert.

In den seit so vielen Jahrhunderten zu Stations- und Umladungsplätzen bestimmten Städten Mainz und Kölln, sind von jeher alle Erfordernisse der sichersten Ein- und Ausladungen in dem immerwährend besten Zustande vorhanden. Krahnen, Magazine, Lagerhäuser und Wagen entsprechen daselbst allen Bedürfnissen; mit der strengsten Aufsicht wird unter den Augen und Beiwirkung der Handlung auf die Ordnung beim Ein- und Ausladen gewacht, die angekommenen und zum Umladen bestimmten Waaren werden sorgfältig untersucht, ob sie nicht beschädigt worden, und der allenfallsige Schäden wird verbessert; kein Schiff darf zum Einladen beigestellt werden, ohne daß es von den von der Handlung selbst gewählten und dazu beeideten Kunstverständigen genau untersucht worden, ob es zur Fahrt tauglich sey. Die in dem StationsHafen die fernere Fahrt in der Tour oder der Reihe nach übernehmenden Schiffer sind anerkannt der zu befahrenden Strecke kundig, und müssen durch ihr Betragen und Redlichkeit das öffentliche Zutrauen der Handlung besitzen, ohne deren desfallsiges Zeugniß sie als Rheinschiffer nicht angenommen werden. Durch die StationsHäfen bildet sich eine ausgesuchte Pflanzschule von geschickten Schiffern, und wird sich immer in dem Maaße erneuern und erhalten, als die Stationsfahrten gehandhabt werden. Alles dieses, das man nur bei der StaffelFahrt und in den StationsHäfen vereinigt antreffen kann, bietet die vollste Sicherheit dar; hierzu kömmt noch, daß da, wie noch weiter unten erläutert werden wird, durch das staffelmäßige Umladen der Güter diese in verschiedene Fahrzeuge vertheilt werden, auch die mögliche Gefahr getheilt ist, wo sonst immer bei einem sich ereignenden Unglück die sämmtlichen zusammen verladenen Güter dem Eigenthümer zu Grunde gehn.

§. 14.

Durch dasselbe kommen die Transporte viel schneller an den Ort ihrer Bestimmung.

Aber nicht allein gewährt diese Stufenfahrt und das damit verbundene UmladungsRecht volle Sicherheit, sondern es befördert auch noch vorzüglich die Schnelligkeit, mit welcher die Waaren an ihre verschiedenen BestimmungsOrte gebracht werden können. Den Grad von Geschwindigkeit der Transporte, welcher durch diese Stufenfahrt erreicht wird, kann in den bestehenden Verhältnissen des rheinischen Handels keine andere an die Stationen nicht gebundene Fahrt leisten; denn vermittelst dieser Stationenfahrt kommen alle Berg- und Thalgüter in den StationsPlätzen schneller zusammen, weil jeder dorthin aus den Zwischenhäfen fahrende Schiffer nicht auf ein bestimmtes Quantum zu sehen braucht, indem er gewiß

ist, in dem StationsHafen Rückladung zu erhalten; er
fährt also aus seinem Hafen mit einer geringeren Ladung
dorthin ab, als er es ohne diese Einrichtung mit seinem
Schaden thun müßte. Die auf solche Art von der andern
Station und der Zwischenhäfen eingebrachten Güter werben nun in die zur fernern Station bereit liegenden Tour-
oder RangSchiffe verladen *) und da durch die von allen Orten her sich versammelnden Güter natürlicher Weise eine volle Ladung schnell sich bildet, so ist es augen-
fällig, daß auch die Abfahrt der Tourschiffe zur andern
Station schneller von Statten geht. Diejenigen Schiffer
aber, welche Güter in den StationsHafen gebracht haben, laden dort wieder die Güter ein, welche für ihre
Häfen auf der Station angekommen und dort sich gesamm-
let haben; und so geht der Transport der Waaren aus
den Zwischenhäfen unaufgehalten fort, während dem in
den Stationshäfen sehr schnell eine volle Ladung sich
bildet.

Wie viel anders würde es sich aber verhalten, wenn
die StufenFahrten und die StationsPlätze aufgehoben
werden sollten, wenn die Verladungen nach willführlichen
Bestimmungen gemacht und übernommen werden könnten?

*) Die Tour- oder Rangladung ward wegen der damit ver-
knüpften Ordnung, Sicherheit und Geschwindigkeit der Transporte in den StationsHäfen eingeführt. Sie ist eine Art
von Vertrag zwischen der Handlung und dem Schiffer, also
eine wohlthätige Anwendung der kaufmännischen Freiheit. In
Gemäßheit dieser Einrichtung werden die ankommenden Schiffer nach ihrer Ankunft verzeichnet, und kommen nach dieser
Reihenfolge in Ladung. Sie ist daher eine den Handelsstand
zunächst angehende LocalEinrichtung, und die Aussetzliste
ward Anfangs von einer gemischten Commission von zwei
Handelsleuten und einem Schiffer jedesmal gemacht, und
der Erfolg rechtfertigte vollkommen diese Einrichtung.

Der bisherige ordentliche Gang dadurch würde gänzlich umgeändert werden.

Der Schiffer, welcher seine Nahrung nur auf den StationsHafen berechnen konnte, und die Einfuhr in denselben als Nebensache betrachtete, kann nun bei aufgehobenen StationsFahrten nicht mehr wie vorher auf Rückladung rechnen. Er ist daher genöthigt, volle Fracht in seinem eigenen Hafen zu suchen, die aber bei den vielen EinladungsPlätzen längs dem Rhein, wohl ohne Vergleich länger zurückbleiben muß, als dies in den StationsHäfen geschähe, weil diese bei der bestehenden Stationsfahrt den allgemeinen Sammelplatz von Gütern bilden.

Ein Beispiel wird dies noch anschaulicher machen. Der Mannheimer Schiffer, welcher mit erweislichem Schaden nicht unter 2000 Centner eine Fahrt unternehmen kann, geht bei bestehender Stufen- und StationsFahrt schon mit 300 Centner zu Thal, und begnügt sich also mit dem siebenten Theil seiner gewöhnlichen Ladung. Wenn er aber bei Aufhebung der StationsFahrt nicht mehr auf volle Rückladung rechnen kann, wie dies alsdann sicher der Fall seyn würde, so müssen die 300 Centner, mit denen er sonst ohne Bedenken abgefahren wäre, zurückbleiben, bis sich in seinem Hafen eine volle Ladung für ihn anhäuft, welches aber aus leicht begreiflichen Ursachen mehrere Monate lang andauern kann; indem nur in den StationsHäfen, und vermittelst der Stufenfahrt, Güter, die aus den ZwischenHäfen und NebenFlüssen kommen, hinreichend sich sammeln, um volle Ladungen zu bilden, während in diesen einzelnen Häfen eine solche Menge nie vorhanden seyn kann, folglich auch dieser Schiffer in dem gegebenen Falle so lange warten muß, und nicht eher als mit voller Ladung abfahren kann, wenn er nicht den größten Schaden leiden will.

Dies nämliche gilt nun auch für alle übrigen Rheinhäfen, bald mehr bald weniger, und beweißt unwidersprechlich, daß nur durch die StufenFahrt und das Umladen in den StationsHäfen die größte Schnelligkeit der Transporte auf dem Rhein bezweckt werde.

§. 15.

Die Ausnahme im XI. Artikel, da sie die Geschwindigkeit der Transporte hindert, beweißt daher noch mehr für die Regel.

Den besten Beweis, daß nur durch allgemeine Beobachtung der Stufenfahrt und des staffelmäßigen Umladens Geschwindigkeit der Transporte erzielt werde, liefert die der Stadt Frankfurt im XI. Artikel der OctroiConvention gestattete Ausnahme. Es ist notorisch, und kann durch die HafenRegister von Kölln und Mainz belegt werden, daß, so wohl die directen Ladungen nach Frankfurt selbst, als auch wegen dieser die übrigen nach Mainz bestimmten, und in der Tour zu ladenden Güter ausserordentlich verspätet werden. Die Ursache davon liegt offen am Tage; denn da ohne diese Ausnahme im XI. Artikel alle zu Kölln angekommene Güter ohne Unterschied den nach Mainz ausgesetzten Tourschiffern verladen worden wären, folglich ihre Ladung sich schneller completirt hätte, so wird nun wegen dieser Ausnahme das nach Frankfurt bestimmte Gut von dem übrigen gesondert; hierdurch sammelt sich viel langsamer eine volle Ladung nach Frankfurt, und die der Tourladung entzogene Frankfurter Güter verspäten diese ebenfalls, wodurch dann seit diesem Artikel eine Stockung für die Oberfahrt sich zeigt, die dem Handel nicht vortheilhaft seyn kann; oft war der Schade unberechenbar, der durch die verspätete Ankunft die Eigenthümer der Transporte für Schreck und Straßburg, für den Neckar und den Main traf. Man weiß auch bestimmt, daß die Frankfurter Handelsleute selbst über die Langsamkeit ihrer directen Fahrt klagen, und einige von ihnen, welche Güter über Mainz empfingen, solche, trotz der erwähnter Maßen gelähmten Tourfahrt, viel eher vermittelst des Marktschiffes erhielten, als die zu gleicher Zeit in Köln angekommenen, aber direct eingeladenen, zu Frankfurt anlangten. Verbindet man nun diesen Umstand mit jenen oben §. 12. angeführten, rücksichtlich der nöthigen Ausladung dieser sogenannten directen Fahrt, unter Wegs an der Mainspitze; so wird man die richtige Folgerung ziehen, daß nur die reine Befolgung des Staffels die wohlthätigen Resultate der Sicherheit und Geschwindigkeit für den Rheinhandel gewähre; hingegen jede Ausnahme davon, die nur einzelnen Expediteurs nützlich seyn kann, Eines oder das Andere, gewöhnlich Beides, gefährde, folglich nie gestattet werden sollte.

§. 16.

Die StufenFahrt, verbunden mit der Tourladung, giebt billigere Frachten; sie hebt im Ganzen den Credit des Rheinhandels.

In den StationsHäfen sammeln sich alle Güter; dort sammeln sich ebenfalls die Schiffer aller Distanzen; und jeder kann darauf zählen, daß er in seiner Tour eine Ladung erhält, und wenn die Anzahl Schiffer verhältnißmäßig ist *), so trifft ihn auch in kürzerer Zeit die Rei-

---

*) Die dermalige Anzahl der Schiffer ist durch die zu leichterdings von der ehemaligen OctroiDirection bewilligten Aufnahmen in die Gilde zu der unverhältnißmäßigsten Größe angewachsen. Vergebens wurden Erinnerungen dagegen von Seiten der Handelskammern zu Köln und Mainz gemacht. Der Fehler war geschehen. Es müßte daher in Zukunft keine Aufnahme ohne das Gutachten des Handelsstandes geschehen; für jetzt aber müßte die SchifferAnzahl reduzirt und die unthätig gewordenen durch eine von den beibehaltenen Schiffern, durch Beiträge von ihren Frachten, zu bildende Kasse unterstützt werden, bis sie durch Todesfälle oder sonstige Eröffnungen wieder einrücken könnten.

he, und er kann allenfalls im Laufe von zwei Monaten auf eine Berg- und eine Thalfahrt rechnen. Der auf diese Weise ununterbrochen beschäftigte Schiffer fährt um einen kleinen Verdienst und wird doch wohlhabend, weil dieser Verdienst sich so oft wiederholt.

Hierdurch müssen denn die Frachtpreise nothwendiger Weise viel niedriger werden, und daher gewährt die Stufenfahrt auch noch nebst den erwähnten Vortheilen der Transporte auf dem Rhein, auch jene der Wohlfeilheit; und da diese von Messe zu Messe regulirt werden, so sind auch desfalls keine Unterschleife denkbar.

Wie sehr durch alles dieses der öffentliche Credit des Rheinhandels gewinnen müsse, leuchtet zu sehr in die Augen, als daß deßfalls ein fernerer Beweis nöthig seyn sollte. — Sicherheit, Geschwindigkeit und billige Frachten, was könnte der WaarenEmpfänger noch mehreres fordern und wünschen! — und dieß alles leistet das Staffelrecht zu Mainz und Köln, aber auch dieses allein. —

Denke man sich nun im Gegentheil gänzliche Aufhebung dieses Rechts; gestatte man jede Fahrt und jede Art der Verladung auf dem Rheine nach Willkühr der Schiffer und des Handelsmanns, welche Unordnungen, und endlich welche Anarchie müßte nicht daraus entspringen! — Die Ungleichheit des Rheins würde immerhin Ausladungen und Umladungen nöthig machen, wenn man ihn mit grossen Schiffen befahren, und doch nicht weder Mainz noch Köln als AusladungsPlätze benutzen wollte: aber wo sind solche Punkte wie Mainz und Köln von der Natur selbst zu UmladungsPlätzen durch die passende Entfernung und Wassertiefe bestimmt?

Entweder müssen also die in beiden Häfen bereits bestehenden kostbaren Vorrichtungen anderwärts mit ausserordentlichen Kosten erst errichtet, und dadurch Frachten

und sonstige Abgaben auf Kosten der WaarenEmpfänger
erhöht werden, oder die Ladungen würden in kleinere
Fahrzeuge vertheilt werden müssen, und mancher Handlungs=
Commis, und mancher gewinnsüchtige Spediteur, wenig
um die Sicherheit und Erhaltung des Guts bekümmert,
für welches er nach der Verladung nicht mehr haftet,
und das alsdann blos dem Eigenthümer, nach der bekann=
ten Regel, zu Grunde geht, macht nur mit jenem Schif=
fer Accord, der ihm am meisten auf die Fracht vergütet,
und so wird das Gut des Eigenthümers oft einem schlech=
ten Schiffe, einem ungeschickten Schiffer, und dennoch um
hohe Fracht anvertraut werden.

Hierdurch also würde fürs Erste alle Sicherheit in
Hinsicht des Fahrzeugs und dessen Führers verschwinden,
aber zugleich auch, nach dem bereits oben §. 15 Gesagtem,
müßten die Waaren viel langsamer sich sammeln und viel
später ankommen, oder endlich, was eben so schlimm für
den Handel wäre, um etwas mehr Geschwindigkeit in
diese freyen Transporte zu bringen, würden sich Gesell=
schaften von TransportUnternehmern bilden, die die wenigst=
nehmenden, folglich auch die unzuverläßigsten Schiffer sich
zugesellten, und würden ein dem rheinischen Handel äus=
serst drückendes Monopol errichten, wodurch nothwendig
der Credit dieses Handels gänzlich aufhören müßte.

Wie viel anders verhält es sich in jeder Hinsicht bei
genauer Befolgung des so weislich eingeführten, und so
lange gut und zweckmäßig befundenen Staffelrechts! Dieß
allein ist auf Ordnung, Sicherheit, Geschwindigkeit und
Billigkeit der Frachten berechnet, dieß allein giebt und
erhält den Credit des rheinischen Handels und der Trans=
porte. Der ferne wohnende Kaufmann ist dadurch wegen
seiner Waaren beruhigt, er kann durch die vermittelst des
Staffels gehandhabte Ordnung im Voraus schon alle sei=

ne NebenSpesen berechnen, er weiß die Stunde der Ankunft seiner Güter, er erwartet sie ruhig und kann auf
keine Art übervortheilt werden.

§. 17.

Weder die Freiheit des Flusses noch der Handel werden dadurch
beschränkt.

Alle vorhergegangene Friedensschlüsse, wie bereits
erwähnt worden, bedingten die Freiheit der Flüsse besonders des Rheines, und doch blieben die auf denselben bestehenden Gerechtsame gehandhabt, und nur vorzüglich die
Anlegung neuer Zölle und Einführung neuer Rechte wurden untersagt. Dieß beweißt schon hinreichend, daß man
den Staffel der beiden Städte nichts weniger als der
freien Schifffahrt hinderlich, sondern als das Wohlthätig-
ste für dieselbe und den rheinischen Handel von jeher angesehen, und denselben als eine nothwendige Maasregel
gehandhabt habe, deren treffliche Resultate denn auch
die längste Erfahrung bestätigt hat. Man hat in den vorhergehenden §. §. gezeigt, wie sehr diese Einrichtung des
Umladens und der StufenFahrt alles das befördere, was
die Schifffahrt sichern und die Handlung beruhigen kann;
durch sie wird Niemanden der Gebrauch des Flusses untersagt; sie schreibt nur die Art und Grundsätze vor, nach
welchen der Fluß, zur allgemeinen Sicherheit und zum
allgemeinen Besten des Handels, befahren werden muß;
sie ist die höchstnöthige Polizei dieses großen Flusses, ohne welche selbst sogar keine Freiheit denkbar ist. Jeder
Bürger in einem Staate opfert gerne einen Theil seiner
natürlichen Freiheit auf, um die Vortheile einer guten
gesellschaftlichen Ordnung zu genießen; wie viel mehr
muß dies bei einem Flusse Statt finden, der, wie alle
Seen, Ströme und alle in dem Staatsgebiet befindliche
Gewässer, unter der Oberherrschaft des Staats steht, der

so vielen Staaten gemein ist, und um deßwillen schon eine allgemein begründete StaatsPolizei und allgemeine Gesetze haben muß, damit keine oft sich einander störende ParticularVerfügungen das Ganze verwirren, und eine höchst schädliche Anarchie hervorbringen.

Man würde daher den Begriff von Freiheit zu weit ausdehnen, wenn man alle die Schifffahrt auf dem Rhein so wohlthätig leitende Einrichtungen und bestehende FundamentalGesetze als dieselbe beschränkend ansehen wollte, da im Gegentheile diese, erwiesener Maßen, unumgänglich nöthig sind, und nur erprobte gute Zwecke haben.

Gerade dasjenige, was einige Spediteurs und Speculanten dermal als Freiheit so sehr anpreisen, was sie, geleitet von PrivatInteresse, so sehr wünschen, dies wäre nichts weniger als Freiheit: nebst dem, daß, wie bereits erwiesen worden, durch Hinwegschaffung aller so gut berechneten und durch den Erfolg gerechtfertigten Einrichtungen der Stufenfahrt, Sicherheit, Geschwindigkeit der Transporte, kurz der ganze Credit des Rheinstromes verschwänden, würden Monopole der Transporte und der Schifffahrt entstehen, und diese sammt dem Handel in Ketten legen.

§. 18.

Der Staffel ist also ganz und ohne alle Ausnahme als allgemeine StaatsPolizeiMaaßregel beizubehalten.

Aus allem, was bisher von der wichtigen, höchstnöthigen, der Rheinschifffahrt und Handel so wohlthätigen Einrichtung des Staffels und Umladens in den Städten Mainz und Cölln gesagt worden, kann keinen Zweifel mehr übrig lassen, daß dieselbe als allgemeine StaatsPolizeiMaaßregel beibehalten werden müsse. Man hat aber auch dargethan, wie mit jeder Ausnahme die GüterSamm-

lung sich mindert, wie die Abfahrt des Tourschiffers verspätet, und die so beruhigende sich schnell folgende Vertheilung der Waaren vereitelt wird, wie dadurch Kaufleute leiden, welche eigene Güter dem Rhein anvertrauen;
besonders sind diese verderblichen Folgen bei der Ausnahme im XI. Artikel der OctroiConvention für das Ganze in
die Augen fallend; denn durch dieselbe befindet sich das
schnelle Sammeln der Güter von allen Richtungen her,
und das geschwinde Abfahren des StationsRangschiffers
durch die Menge Güter, welche dem Tourschiffer entzogen werden, ganz besonders gelähmt, und das allgemeine
Wohl der Schifffahrt und Handlung wird dem Wohle
einzelner Individuen aufgeopfert.

Soll nun, wie es nach richtigen Grundsätzen nicht
wohl bezweifelt werden kann, diese Staffelfahrt und Umladung in beiden Städten ferner als nöthige FlußPolizei
beibehalten werden, so muß dieselbe ohne alle Ausnahme
und besonders mit Aufhebung des XI. Artikels in der
OctroiConvention, so wie es von jeher gewesen, als
Grundlage festgesetzt, und blos allein die den erwähnten
niederrheinischen Städten vergünstigten Meßfahrten belassen werden.

Die Stadt Frankfurt ist dadurch im mindesten nicht
gefährdet, vielmehr erhält dieselbe ihre von Kölln kommenden Waaren vermittelst des Marktschiffes zwischen
Mainz und Frankfurt viel eher, und sie kann die den
Rhein hinab zu versendenden Güter viel geschwinder auf
dem nämlichen Wege befördern. Dieß lehrte die so lange
vorher bestandene Ordnung der Dinge. Nur einige Frankfurter Spediteurs, die sich in neueren Zeiten durch dies
directe Geschäft einen nahmhaften Vortheil zu verschaffen
wußten, würden darunter leiden. Allein wie wäre es
denkbar, daß, um Mittelpersonen zu begünstigen, ein
nur durch das Zusammenwirken Aller wohlthätiges Prin-

tip durch Ausnahmen zerstört, daß das, was Zweck ist, aufhören, und eine bloße Nebensache begünstigt werden könnte?

§. 19.

Die OctroiConvention ist als eine solche vortreffliche StaatsPolizeiMaaßregel beizubehalten.

Der nach dem Lüneviller Frieden und in Gemäßheit des §. 39. des ReichsdeputationsSchlusses errichtete OctroiVertrag, befaßt die Commerzial- und Schifffahrtsverhältnisse des Rheinstromes, und enthält zwei Gegenstände, die Einrichtung und Erhebung der Rheinzölle, und eine RheinschifffahrtsPolizei über den Transport der Güter, sowohl aus den Intermidiär- als aus den StationsHäfen Mainz und Cölln.

In Hinsicht des letztern Gegenstandes wurden durch diesen Vertrag die alten Einrichtungen des Staffels und Umschlags in Mainz und Cölln beibehalten, und dieselben als StationsStädte für den Ober-, Mittel- und Niederrhein bestimmt; (Artikel 3, 4, 5, 6) die Schifffahrt ward in die große und kleine eingetheilt, und für Erstere eine gemeinschaftliche Gilde ausschließlich errichtet; die kleine Schifffahrt, welche die Stationen nicht passiret, aber allen Schiffern beider Ufer frei belassen (Artikel 14 —21.). Die Frachten wurden nach diesem Vertrage von der OctroiDirection, nach vorläufig eingeholtem Gutachten der betheiligten Handelskammern und Obrigkeiten, von einer Frankfurter Messe zur andern regulirt, (Artikel 13.) die Form, unter welcher die Schifffahrt betrieben werden soll, ist durch die mit jedem Schiffe zu führenden Manifeste vorgeschrieben (Artikel 9:.). Alle diese und noch mehrere, auf die Ordnung, Sicherheit und Geschwindigkeit der Transporte abzweckende Vorschriften der Convention sind unverkennbar vortrefflich, und ver-

38

dienen in jeder Hinsicht als Basis auch fernerhin zum
Grunde gelegt zu werden, indem, einige nöthige Veränderungen abgerechnet, diese Convention als Muster einer
unter mehreren Staaten gemeinsamen FlußPolizei angesehen werden kann.

Es müssen aber immer bei deren Anwendung beide
obenerwähnte in derselben enthaltene Gegenstände und
Rechte der OctroiDirection von einander unterschieden
bleiben, um die jedem Staate zukommenden eigenthümli-
chen landesherrlichen Rechte nicht zu beeinträchtigen.

Im eigentlichen Sinne hat das SchifffahrtsOctroi
bloß die Erhebung der statt des Zolles eingeführten Oc-
troiGebühren und die ZollPolizei in ihrem ganzen Umfange zum Gegenstand; dann hat die OctroiDirection
die Aufsicht und die Handhabung des Ganzen, sowohl in Ansehung der GebührenErhebung, als auch der
übrigen die FlußPolizei und die desfallsigen Einrichtungen betreffenden Vorschriften *).

Diese Aufsicht und Handhabung darf daher nicht mit
der TerritorialHoheit und Gewalt der Landesherren der
Rhein- und StationsHäfen in Collision kommen, diesen
muß die Polizei auf ihrem Ufer nach dem Geiste der Convention selbst ungekränkt belassen bleiben, wie dieß der
17. Artikel derselben deutlich verfügt, indem er verord-
net, daß die Reglements von der StaatsGewalt erlassen

*) Art. 43. Das Octroi erhält einen GeneralDirector, des-
sen Geschäft seyn wird, das Ganze zu leiten, über die Einrichtung und Erhebung der SchifffahrtsOctroiGebühren zu
wachen, die Einförmigkeit und die vorgeschriebene Erhebung
zu handhaben, und auf alles ein wachsames Auge zu haben,
was auf das Octroi Bezug haben kann, so wie für die Vollziehung der gegenwärtigen Convention besonders zu sorgen.

werben müssen, unter welcher die Häfen gelegen sind *).
Eben so wenig soll auch die Octroi-Verwaltung sich in die
den Handel allein interessirenden Gegenstände einmischen,
indem dadurch derselbe, dem Endzweck einer gesunden
StaatsPolizei zuwider, unnatürliche Hindernisse finden
würde.

§. 20.
Schluß.

Die Vortheile dieser einfachen, für Handel und
Schifffahrt allgemein nützlichen Einrichtungen des Staffels der Städte Mainz und Köln können nun nach dem
bis jetzt Gesagten keinem Zweifel mehr unterliegen. Die
richtige, von der Natur selbst den besondern Eigenschaften des Flusses angemessene Abtheilung der Stationen und
nöthigen UmladungsPlätze; die in deren Häfen sich befindenden Vorrichtungen, die dort sich immer fort bildende
und erhaltende Pflanzschule der Schiffer; die Vorsichts-
Maaßregeln, welche über die Tauglichkeit der Fahrzeuge,
über das Ein- und Ausladen und den Zustand der Güter daselbst angewandt werden, geben die möglichste und
beruhigendste Sicherheit. — Das Sammeln aller Güter in den StationsHäfen, deren schnelle Umladung und

*) Art. 17 Die Anordnungen, welche die Organisation und
   Polizei dieser (der Schiffer) Gilde betreffen, sollen für Köln
   durch den Präfecten des RuhrDepartements und für Mainz
   durch den Präfecten vom DonnersbergerDepartement bestimmt werden. Beide Präfecten werden zu diesem Ende
   zwei Mitglieder der Handelskammern, zwei alte Schiffmei-
   ster und einen von den bei dem Octroi angestellten Inspec-
   toren von der rechten Rheinseite zu Räthe ziehen. Diese
   Anordnungen sollen dem GeneralDirector des Octroi mitgetheilt, und der Genehmigung der französischen Regierung
   deswegen unterworfen werden, weil die Stations-
   Städte auf dem linken Rheinufer liegen.

Vertheilung in die bereit stehenden Tourschiffe, der un-
aufhaltsame Transport bis zur nächsten Station, gewährt
eine Geschwindigkeit, die auf keine andere Art erzielt werden kann, und nur Ausnahmen von der allgemein bestehenden Regel können, wie man bereits zur
Genüge dargethan hat, dies aus diesen Einrichtungen
entspringende Gute lähmen und gänzlich aufheben.

Diese Einrichtungen, weit entfernt eine vernünftige
und mit dem allgemeinen StaatsWohl vereinbare Freiheit
zu beschränken, unterstützen, beleben den Handel und die
Schifffahrt, indem sie diese beiden Zweige des Wohlstandes der Staaten einer nothwendigen Ordnung und Poli-
zey unterwerfen, ohne welche keine gemeinnützige Zwecke
erreicht werden können; dies ist so wahr, daß, wenn
diese Einrichtungen nicht von jeher schon bestanden hätten,
dieselben noch eingeführt werden müßten. Endlich würde
die OctroiVerwaltung selbst wegen der richtigen Erhebung
ihrer Gebühren nicht die volle Garantie haben, die sie
durch die Stations- und StaffelStädte findet.

Allein diese Einrichtungen des Staffels und des Umladens, um den ganzen Zweck derselben zu erreichen, müssen ganz in ihrer Reinheit erhalten werden; eine
Ausnahme, die Vergünstigung für eine Stadt,
würde erwiesener Maaßen hinreichend seyn, die Güter-
Sammlungen beträchtlich zu mindern, die Abfahrt der
Tourschiffer zu verspäten, und Stockung in das Ganze zu
bringen. Es würde daher, ehe solche Ausnahmen gestattet werden sollten, viel besser seyn, alsdann die ungebun-
denste Freiheit der Verladungen zu belassen, und
zwar dergestalt, daß bei Aufhebung der bisherigen StationsFahrten die Verladungen ohne irgend eine fremde
Einmischung nach Willkühr und Uebereinkunft des Handelsmanns mit dem Schiffer geschähen, hierdurch würde

wohl Anarchie entstehen, allein sie würde in ihren Folgen weniger schädlich seyn, als nur h a l b e Maßregeln
durch gestattete Ausnahmen, die nur Einzelnen nützen
könnten, dem Ganzen aber verderblich seyn müßten.

Doch dieß wird unmöglich zu befürchten seyn, indem
die Sache für sich selbst spricht, und die Stadt Mainz in
der frohesten Ueberzeugung ist, daß die durch eine so lange Erfahrung gut und wohlthätig befundene Einrichtung
des Staffels und des Umladens in den Häfen Mainz und
Köln in ihrem reinem Princip ohne alle Ausnahme werde beibehalten und gehandhabt werden.

Franz Graf von Kesselstatt.
Baron Heinrich Mappes.
Philipp Heinrich Habamay,
Dr. der Rechte.
Abgeordnete der Stadt Mainz.

Anlage Nro. 1.

Königlich Privilegium über die Staffel zu Mainz.

Wir Maximilian von Gottes Gnaden Römischer Kö-
nig, zu allen Zeiten Mehrer des Reichs, zu Hungern,
Dalmatien, Croatien, zc. König, Erzherzog zu Oestreich
Herzog zu Burgunt, lotrigk zu Brabant zu Steuer, zu
Kernden zu Crain zu Lutzenburg und zu Geldern Graf zu
Flandern zu Habspurg zu Tirol zu Pfirt zu Kyburg zu
Artys und zu burgunt Phellenz Grave zu hennegau zu
hollandt zu Selandt zu Namur und zu Tyhen, Margraf-
fe des heiligen Römischen Reichs und zu Burgunt, Land-
graf zu Elsaß, Herr zu Frießland auf der Windischen
Mark zu Vertenau zu Solms und zu Mecheln, Beken-
nen, und thun kundt allermenniglich mit diesem Briff,

daß der Erwürdige Bertoldt Erzbischoff zu Maynz unser
und des heyligen Reichs Erzkanzler lieber Neve und Churfürst uns hätt fürbracht, wie bey seinen fürfahren Erzbischoffen zu Mainz in der Statt Mainz lange Zeit,
ein staffel mit der niderlag und umbschlage der Kaufmann-
schaften übung undt gebräuch seyn herkommen und mit
ihrer Ordnung und maßgehalten worden, und uns unter-
theniglich angeruffen und gebetten, daß wir seiner Liebe
Nachkomme undt Stifft Mainz die gemelte Staffel mit
allen und jeden Uibungen und Gebräuch, wie die unzhero geübt, gehalten und gebraucht worden ist zu besteten und confirmiren genediglich gerüheten; deshalben wir
angesehen, des gemelten Erzbischoven Bertolds vleise,
bede undt ihme seine Nachkomment und Stifft Mainz
solche Staffel zu der Stat Mainz mit allen
und jeden rechte Uebungen herkommen, Bezirk und Gebräuch bestetiget confirmirt,
und erneuwert, besteten, confirmiren auß
besonderen Genaden, und geben ihme auch die von
neuwem uß römisch Königlicher macht vollkommenheit eigener Bewegnuß und rechter Wißen in, und mit Craft
dißes Briefs, also daß der genannt unser lieber Neve
und Churfürst sein Nachkhommen, und Stifft, solche staffel sollen und mögen hinfürder ewiglich halten üben und
gebrauchen mit Niederlage, Umschlage, und aller Gerech-
tigkeiten, wie die unzhero gehalten, geübt und gebraucht
worden ist, von allermeniglich ohnverhindert; und erstat-
ten auch hirmit, uß vorgemelter macht und wißen, alle,
und jede mängell undt gebrechen, wie und in weßwegen
die möchten hirwider gesein oder angezeigt werden, auch
ahngehindert und hindannen gesetzt Obladungen von uns,
gegen den gemelten Erzbischoffen Bertholdt auf jemandes
Ansuchen der gemelten Staffel halb außgangen und die
sach zurecht anhängig gemacht, were, daß, undt alles

andere wie hirmit auß vorgemelter macht und bewegnuß
wollen hindan gesetz haben;

Und gebieten darauß allen, und jeden Churfürsten,
Fürsten, Praelaten, Grafen, Herrn Ritterschaft undt
Stätten bei einer peen, nämblich tausent Mark löttiges
feines golts halb zu unser königlicher Cammer und den
anderen halben theil, dem gemelten unserm lieben Ne-
ven, seinen Nachkhommen, und Stifft ahn übung und
gebrauch solcher staffell nit irret verhindert, oder enget,
sondern sie den, ohne Irrung und Eintrag beruret, gebrauchen und niessen lasset, als lieb euch und euwerem
jeden sey unsere undt des Reichs schwere Ungenadt, und
die vorgemelte peen zu vermeidten mit Urkundt dieß
briffs besiegelt, mit unserem Königlichen Insiegel, geben
in unser undt des heylichen Reichs Statt wormbs, ahm
Vierzehnten Tag des Monats July nach Christi geburt
vierzehnhundert fünf und neunzigsten, unserer Reiche
des Römischen im zehenden und des hungerischen im
Sechsten Jahren.

Ad Mandatum Dni Regis proprium.

Daß gegenwerdig Copia aus dem Ersten Lägen oder
Commun Buch Dni Archiepisc. Bertholdi so in dem
Churf. Maingischen Archivi befindtlich Extrahirt, undt
nach vleißiger collationnirung von wort zu worten allerdings gleichlautendt befunden worden. Attestor ego.

Jodocus Stumpff Registrator.
Moguntinus. m. pria.

Anlage Nro. 2.

Auszüge aus der Rheinschifffahrts Octroi Convention.

Art. 3.

Man ist ausdrücklich übereingekommen, daß die alten Einrichtungen des Umschlags, das Einlaufen und Umladen der Fahrzeuge betreffend, welche in den Städten Mainz und Köln Statt haben, mit Vorbehalt der in gegenwärtigem Vertrage ausgedrückten Einschränkungen, beibehalten werden sollen, dergestalt, daß die Schifffahrt, in dem obern, mittlern und untern Theile des Rheins durch diejenigen Fahrzeuge, deren Bau und Ladungsfähigkeit am besten einem jeden dieser Theile des Flusses gemäß eingerichtet ist, und durch diejenigen Schiffer ausgeübt werden soll, welche die meiste Kenntniß und Erfahrung davon zu besitzen Gelegenheit haben.

Art. 4.

Kraft vorhergehender Uebereinkunft wird die Stadt Köln fortfahren, die Station der Schifffahrt zwischen Holland und Mainz zu seyn; die große und kleine Schiffe und andere Fahrzeuge, welche von einem unterhalb Köln liegenden Orte kommen, sollen verbunden seyn, in dem Hafen dieser Stadt anzuhalten, daselbst auszuladen und ihre Ladungen in andere Fahrzeuge überzuschlagen.

Art. 5.

Die Stadt Mainz wird ebenfalls zufolge gedachter Uebereinkunft fortfahren, die Station der Schifffahrt zwischen Köln und Straßburg zu seyn; die großen und kleinen Fahrzeuge sollen ebenfalls gehalten seyn in dem Hafen dieser Stadt nach dem vorhergehenden Artikel umzuladen.

(

Art. 6.

Die nämlichen Vorschriften sollen für jene Fahrzeuge gelten, welche den Rhein hinunter fahren; dem zufolge sollen alle diejenigen, welche ebenfalls oberhalb Mainz geladen worden sind, nicht weiter fahren können, als in den Hafen dieser Stadt, woselbst sie ihre Ladungen in andere Fahrzeuge übersetzen müssen, so wie jene, welche zu Mainz oder an einem andern Orte zwischen Mainz und Kölln geladen worden sind, an dem Hafen von Kölln nicht vorbeifahren können, ohne ihre Ladung in andere große oder kleine Schiffe übergesetzt zu haben.

Art. 10.

Die Freiheiten der Frankfurter Messe sollen, was die StationsStädte angeht, künftighin fortwährend bestehen, wie dies zeither der Fall war.

Art. 11.

Ausser den Freiheiten, deren die Frankfurter Messen genießen, erhalten die dem Hafen von Mainz zugehörigen Schiffe, welche von Mainzer Schiffern geführt werden, und welche in der StationsStadt Kölln für Rechnung der Frankfurter Kaufleute geladen worden sind, und worin sich nur für die Stadt Frankfurt bestimmte Waaren befinden, die Begünstigung, sich unmittelbar nach Frankfurt begeben zu können, ohne in Mainz umladen zu müssen; jedoch sind die Schiffsmeister der gesagten Schiffe gehalten, in dem Hafen von Kölln eine Erklärung von sich zu geben, daß sie Willens seyen, diesen Vortheil benutzen zu wollen.

Sie werden in diesem Falle auf dem Büreau zu Wellmich über das gewöhnliche OctroiRecht noch den zehnten Theil desselben entrichten, und zu Mainz die Hälfte des Wag- und Krahnengeldes bezahlen, welches sie ihrer Ladung nach hätten bezahlen müssen, falls sie in dieser Station aus- und umgeladen hätten.

Die Schifführer werden gehalten seyn, die Manifeste ihrer Ladung vorzulegen.

Gegenwärtige Ausnahme darf in keinem Falle auf solche Schiffe ausgedehnt werden, welche einem andern Hafen als dem Mainzer zugehören, eben so wenig als auf jene Schiffe, welche im Ganzen oder auch zum Theile mit Waaren beladen sind, welche eine andere Bestimmung als nach Frankfurt haben.

Anlage Nro. 3.

Copia Decreti ahn Commercien Rath Engel und Rathsverwandten Schorr ddo. Mainz d. 4. 7bris 1748.

Nachdemahlen Ihro kurfürstl. Gnaden, unser allerseits gnädigster Herr auf mehrmaliges unterthäniges Suppliciren der hiesigen Schifferzunft forthin über derselben Zustand und allerdings nöthiges Rettungsmittel nach eingelangter pflichtmäßigen Zeugniß deren der Sachen Kundigen aus landesväterlicher Milde gnädigst bewilligt haben, daß dermalen

Erstens der hiesigen Schifferzunft sämtliche unterrheinische Gütern gleich denen oberrheinischen zu Beschiffung nach und von Frankfurt zu Berg und Thal zugelegt und davon

Zweit. allein dasjenige ausgenommen und denen hiesigen Marktschiffern beibehalten seyn solle, was aus dahiesiger Stadt nacher Frankfurt, oder von daselbsten anhero für hiesige Stadt an Waaren, Gütern sofort auch Wein und Früchten abzuführen vorkommt; wo benebens

Dritt. dann auch besagten Marktschiffern die Passagiers und zugehörige Bagage und Effecten bevorbleiben, als wird dem kurfürstl. Commercien Rath Engel und Rathsverwandten Schorr hiemit anbefohlen, bei der diesen Nachmittag gleich zu berufenden Schifferzunft mit Zuziehung des Beseher, Nachgänger und Uiberschläger die vorbersame Einricht und Vorkehr dahin zu thun, und solche demnächst schriftlich dahier einzubringen, damit nunmehro wegen beständig ohnklagbarer Befriedigung deren besagten niederrheinischen Gütern auf Frankfurt und zurück ebenwohl die genugsame Sicherheit ohhanden seyn möge, als bis daher wegen deren oberrheinischen keine Beschwerden zu vernehmen gewesen, wobei dann besonders die mehrgedachte Schifferzunft vor die gute und ohnmangelhafte Beförderung der Kaufmannschaft in solidum zu haften, weniger nicht den Frachttar zu beobachten hätten, und so viel.

Vier. die Verzollung anbelangt, ob zwar dießfalls wegen denen oberrheinischen Gütern der sonst gewöhnliche Nachlaß denen hiesigen Schiffleuten zur Zeit angediehen, gleichwohlen von den unterrheinischen Gütern die Verzollung stricte wie Marktschiffern nach ihrem selbst eigenen Erbieten leisten sollen, und da

Fünft. denen hiesigen Marktschiffern solchergestalten ihre Nahrung geschwächet wurde, als hättet ihr dem Klippel und Reiter hierbei gleichfalls bekannt zu machen, daß ihnen kein weiteres Bestandgeld so lang abgenommen werden solle, als wegen deren kurpfälzischen Hemmungen die gegenwärtige Nothhülf fürwähren wird. Sign. etc.

Anlage Nro. 4.

Ministère de L'Intérieur.

Paris le 22. Juillet 1808.

Le Ministre de l'Intérieur.

Vu l'art. 10. de la convention du 15. Août 1804 entre S. M. Impériale et S. A. E. le Prince Primat touchant l'octroi du Rhin qui porte que les franchises des foires de Francfort, en ce qui concerne les stations de la navigation du Rhin, continueront d'avoir lieu comme par le passé;

Vu la délibération de la direction générale dudit octroi en date du 27. Août 1807 qui, en déterminant le prix du frêt sur le Rhin pour diverses destinations, en fixe un pour la navigation directe de Francfort à Cologne;

Vu la décision de la Commission de revision en date du dix-huit Février 1808, qui déboute les préposés du commerce de Francfort de leur demande tendante à obtenir la navigation directe de Francfort à Cologne sans rompre charge à Mayence, et leur fait défense d'y contrevenir;

Considérant que les Priviléges des foires de Francfort, en ce qui concerne la navigation directe, doivent être constatés avant que l'on puisse statuer sur l'objet de cette contestation,

Arrête ce qui suit:

Art. 1. Il sera, à la diligence du directeur gl. de l'octroi du Rhin, fait une enquête publique, à l'effet de savoir, si dans les tems qui ont précédé la réunion des départemens de la rive gauche du Rhin à l'Empire Français, les embarcations chargées à Francfort de marchandises destinees pour les villes situées sur le Rhin au dessous de Mayence, étaient ou non dispensées de rompre charge au port de Mayence, lors des foires de Francfort, et pendant combien de jours chaque année.

En conséquence le Directeur Général fera connaître ladite enquête par les papiers publics et fixera un espace de trois mois, pendant lequel tous ceux qui pourront donner des renseignemens, seront sommés de le faire, soit de vive voix, soit par écrit. Les dépositions verbales seront reçues sans frais, par les receveurs de l'Octroi.

Art. 2. Les trois mois expirés, le Directeur Général rendra compte sommairement dans un rapport particulier, de tous les renseignemens, résultant de cette enquête, et il exprimera son opinion et celle des inspecteurs de l'octroi individuellement sur le fonds de la question.

Art. 3. Mr. le Conseiller d'État, Directeur général des ponts et chaussées est chargé de l'exécution du présent arrêté. Signé *Crétet.*

Pour copie conforme. Le Chef de la division de la navigation générale intérieure. Signé *Beaunier.*

Pour copie conforme. Le directeur général de l'octroi de navigation du Rhin. Signé *Eichhof.*

Pour ampliation. Le Secrétaire général de la préfecture. Signé *Ruell.*

Pour copie conforme.
Le Maire de Mayence.
Macké.

_____

Anlage Nro. 5.

Extrait

du registre des Délibérations de la Commission assemblée en vertu de l'article 123 de la Convention sur l'octroi de navigation du Rhin.

Mayence le 18. Février 1808.

La Commission, vu les réclamations du Commerce de Francfort, expositives que, contrairement à la Convention, les bateaux allant de Francfort à Cologne sont forcés de rompre charge à Mayence, que par suite de cette mesure on les astreint à présenter les feuilles particulières de chargement à la Commission du port de Mayence; qu'on avait délivré des feuilles générales de chargement dans le port de Mayence, mais que le Commerce de Cologne avait refusé de s'en contenter, sous le prétexte qu'elles n'étaient pas conformes à l'art. 102 du Code de commerce pour n'avoir pas énoncé le nom du commissionnaire intermédiaire; lesdites réclamations tendantes à ce que le droit de faire partir des bateaux chargés à Francfort pour le port de Cologne, sans rompre charge à Mayence, et sans s'y arrêter plus long-tems qu'il ne faut pour le payement de l'octroi, soit maintenu;

Vu le mémoire de la Chambre de commerce de Mayence relatif au même objet, et tendant à ce qu'il soit fait défense aux bateaux venant de Francfort de passer le port de Mayence sans y rompre charge;

Considérant que les Stations de Cologne et Mayence ont été conservées dans la convention de 1805 pour la sûreté et célérité du commerce, que par conséquent toutes les questions y relatives regardent la police de la navigation, et sont comme telles de la compétence de la Commission;

Considérant, quant au fond, que le Commerce de Francfort n'a produit aucune pièce par laquelle son assertion d'avoir joui de ce droit sous l'ancien régime soit établie; que la chambre de commerce de Mayence a au contraire produit des pièces en forme authentique, qui établissent la preuve que l'ancien droit d'étape à été exercé sans aucune exception, et qu'en des cas particuliers le prince a seulement dispensé par un effet de sa grace, et sous la reserve expresse que ces faits ne doivent tirer à conséquence. Mais

Considérant que dans l'espèce, d'un côté l'art. 128 de la Convention défend d'alléguer, pour infirmer ses dispositions, ni même pour y suppléer et les interprêter, aucun traité, non plus qu'aucunes constitutions, lois, ordonnances, réglemens ou usages d'une date antérieure, de quelque autorité que ces lois et ordonnances soient émanées, et quelques anciens et universels que puissent avoir été ces usages, mais la présente convention servira de règle unique en ce qui concerne la navigation du Rhin, sa police et les droits auxquels elle est soumise."

Que de l'autre côté, s'il est vrai de dire que l'art. 3. n'a fait que conserver les anciens établissemens de relâche et d'échelle qui subsistaient dans les villes de Mayence et Cologne, il n'en est pas moins vrai que les deux hautes parties contractantes n'ont pas abandonné à l'arbitraire, en quoi l'étendue de ces établissemens doit consister, qu'elles n'ont pas voulu laisser subsister des altercations invétérées, mais qu'elles ont réglé de la manière la plus positive l'exercice de ces droits.

Qu'ainsi pour l'espèce proposée, il est statué formellement par les Articles 4., 5. et 6., qu'en vertu de l'art. 3. les embarcations qui auront été chargées au dessus de Mayence, ne pourront se rendre plus loin que le port de cette ville, et devront y verser leur chargement dans d'autres barques ou bateaux.

Qu'il n'y a exception à la règle générale, établie par les art. 4 et 5, que dans les cas prévus par les art. 10 et 11., mais que les exceptions-mêmes confirment la règle;

Il suit de ces principes qu'il n'y a plus lieu d'alléguer d'anciens usages, dussent-ils même être prouvés; que les dispositions de la convention sont claires, précises et générales; qu'il n'y a donc pas lieu d'admettre des distinctions qui anéantiraient leur effet;

Considérant quant aux réclamations subsidiaires, qu'on n'en a point fait une demande formelle; que l'objet se trouve en outre réglé tant par la Convention de 1805 que par le réglement de station;

Pour ces motifs,

La Commission a débouté et déboute les préposés du Commerce de Francfort de leur demande tendante à obtenir navigation directe de Francfort à Cologne, sans rompre charge à Mayence, leur fait défense de contrevenir à la présente décision, sous les peines de droit; et quant au surplus de leurs réclamations, dit qu'il n'y a pas lieu à délibérer, sauf à eux à se mettre en règle s'ils s'y croient fondés;

Arrête en outre qu'expédition du présent sera transmise aux réclamans, au Directeur général de l'octroi de navigation, et à la Chambre de commerce de Mayence.

Signé, Jean Bon St. André, Président.
Le Comte de Beust. Wernher.
Becker, secrétaire.
Pour Expédition conforme,
Le secrétaire de la Commission
Becker.

Anlage Nro. 6.

Extrait

du régistre des délibérations de la Commission assemblée en vertu de l'article 123 de la Convention sur l'octroi de navigation du Rhin.

Mayence, le 22. Février 1808.

Vu les Mémoires présentés par le Maire de la ville de Mayence et la Chambre de Commerce de la même ville, par lesquels après avoir exposé, que contrairement à la Convention de 1805 et au droit de relâche conservé à la ville de Mayence, les bateaux du haut et du bas Rhin, au lieu d'entrer directement dans le Mein, selon la faculté à eux accordée par les Articles 11 et 12 de la Convention, déchargent à la pointe du Mein au milieu du fleuve sans aucune surveillance et sans nul secours; les Exposans demandent qu'en éxecution de la Convention tout chargement et déchargement à la pointe du Mein soit défendu.

Considérant que, selon l'art. 5 de la Convention, le but principal des établissemens de relâche a été que la navigation sur toutes les parties du fleuve, soit exercée par des embarcations dont la construction et la capacité sont le mieux appropriées à chacune de ces parties du fleuve;

Considérant que, si les Articles 11 et 12 permettent, dans les cas y prévus, à quelques embarcations d'entrer dans le Mein sans rompre charge à Mayence, cette faculté ne peut s'entendre que des embarcations appropriées à la navigation du Mein;

Considérant que l'Art. 11 n'accorde la faculté y énoncée qu'aux embarcations qui vont directement de Cologne à Francfort; or l'idée d'une embarcation allante directement est exclusive de celle d'un changement qui pourroit se faire en route, puisque l'embarcation, loin d'y aller directement, ou n'y vient pas du tout, ou emprunte une autre embarcation qui ne vient pas de Cologne;

Considérant que si l'Art. 12 ne se sert pas littéralement du terme directement, les dispositions sont cependant liées avec l'Article analogue qui le précède et en reçoivent leur interprétation; qu'en outre les dipositions textuelles de l'Art. 12 ne sont relatives qu'aux embarcations qui viennent du haut Rhin pour se rendre à Francfort, ce qui exclut les embarcations qui ne viennent point du haut Rhin, et qu'on emploie seulement à l'embouchure du Mein dans le Rhin;

Considérant que l'abus dénoncé est contraire à l'esprit de la Convention dont toutes les dispositions tendent à porter sûreté, célérité et régularité dans cette partie si longtems négligée;

Mais considérant que les réclamans n'ont allégué aucun cas particulier où l'on ait contrevenu à la Convention, où qu'on se soit opposé a son exécution,

Pour ces motifs:

La commission déclare qu'il n'y a pas lieu quant à présent de prononcer, sauf aux réclamans de pourvoir ainsi qu'ils aviseront à la stricte éxécution de la loi.

Ordonne en outre qu'expédition du présent sera transmise au Maire ainsi qu'à la Chambre de Commerce de Mayence.

Signé, Jean Bon St. André, Président. Le Comte de Beust. Wernher. Becker, Secrétaire.

Pour expédition conforme,

Le Secrétaire de la Commission

Becker.

III.

Ueber die

Freiheit der Rheinschifffahrt.

Ein Sendschreiben von **** an ******.

P. P.

Sie überschickten mir jüngst eine, von Abgeordneten der Stadt Mainz zu Wien, umgetheilte Schrift, welche den Titel führt:

Das Staffel-Recht, oder die Stations-Fahrt auf dem Rheine, insbesondere die Staffel-Gerechtsame der Stadt Mainz, in geschichtlich-rechtlicher und polizeylicher Hinsicht dargestellt —

und fragten mich um meine Meinung. Noch ehe ich Ihren Brief erhielt, kam mir ein diesen Gegenstand betreffendes ProMemoria zu Gesicht, dessen Verfasser ich so wenig kenne, als ich den Grund, warum dasselbe abgefaßt worden, bestimmt angeben kann, in welchem, wie mir dünkt, die Sache richtig, kurz und doch erschöpfend dargestellt ist. Sie erlauben mir, daß ich dieses Pro-Memoria wörtlich, so wie meine Abschrift lautet, in welcher jedoch der Schluß fehlt, hierher setze und dann noch einige Erläuterungen beyfüge.

Pro Memoria.

Die Freiheit der Rheinschiffahrt, welche schon in dem Münsterschen Frieden, Art. 12., in dem Ryswickischen Frieden, Art. 18., in dem Badenschen Frieden, Art. 6., festgesetzt war, ist durch den Pariser Frieden:

„La navigation sur le Rhin, du point où il de-
„vient navigable jusqu'à la mer, et réciproque-
„ment, sera libre de telle sorte, qu'elle ne
„puisse être interdite à personne, et l'on s'occu-
„pera au futur congrès des principes, d'après
„lesquels on pourra régler les droits à lever
„par les états riverains de la manière la plus
„égale et la plus favorable au commerce de
„toutes les nations."

gegen jede Beschränkung, wohlthätig sicher gestellt worden.

Drückender Stapel und Ueberschlag, und was mit diesen verhaßten Erfindungen längst vergangener Zeiten verpaaret, — nachtheilige Anmaßungen veralteter Schiffer-Gilden und Innungen — alle die lästigen Beschränkungen, welche das Emporkommen des Handels hemmen, und nur den Eigennutz weniger Einzelner befriedigen, haben nun zum Wohl des Ganzen, glücklich das lange gewünschte Ende erreicht.

Was es schon in den ältesten Zeiten mit der Schiffahrt von Frankfurt nach Cölln, und von Cölln nach Frankfurt, — oder mit der sogenannten Thal- und Bergfahrt für eine Beschaffenheit hatte, schildert die schlichte Erzählung des Handelstandes zu Cölln, welche der Magistrat zu Cölln, dem Magistrat zu Frankfurt, am 18ten April 1641 mittheilte, ganz einfach so:

„Wollen nicht verhalten, daß zwar bei der Stadt
„Mainz einige Stapelgerechtigkeit prätendirt und usur-
„pirt seyn mag, in allen solchen Waaren und Gütern,
„welche von dieser und anderen Rheinischen Städten nach
„Straßburg, Speyer und dergleichen am Rhein gelegene
„Orte, und von denselben reciproce hinunter destinirt,
„mit nichten aber jemalen zugemuthet wor-
„den, daß wir oder andere Handelsleute, deren Theils
„fünfzig, sechzig und mehr immer trafiquirt, wollen unsern
„Vorfahren, in deren Handlung unser Theils eingetre-
„ten, geschweigen, weder in- noch außerhalb der
„Meßzeiten, die auf Frankfurt, oder daselbst
„um herunter zu führen, eingeschifften Sa-
„chen, wie die auch Namen haben mögen, ver-
„bodemen oder ausladen sollten; wohl erwogen
„solches ein weit höheres gravamen wäre, als jemals
„von einigen Potentaten, vorgewendet worden. Denn
„schwere, entweder allhier oder zu Frankfurt eingelade-
„ne Waaren, um willen solcher geringer Distanz, die zwi-
„schen den Städten Frankfurt und Mainz ist, zu verschif-
„fen, würde mit doppelter Fracht, Anordnung absonder-
„licher Faktoren, und in unterschiedlichen anderen Be-
„gebenheiten allsolche Verlegenheit verursachen, daß
„gleichsam unmöglich, damit, oder auch son-
„sten, einige Handlung weiter zu führen.“

In den Zeiten des dreißigjährigen Kriegs, versuchte
Mainz gleichwohl, unter dem schwachen Schirme einer
unrichtigen Deutung seines so genannten Stapel-Privi-
legiums von 1495, die zu Berg fahrenden Cöllner Schiffer zu nöthigen, entweder in Mainz umzuladen, oder
wenigstens gewisse Ueberschlags-Gebühren zu entrichten.
Der Versuch, der keine Gründe des Rechts, sondern
nur willführliche Eigenmacht zum Grunde hatte, konnte
aber nur zum Theil, und nur im stetem Widerspruche

von Cölln und anderen Staaten zur Wirksamkeit gebracht werden. Die zu den Frankfurter Messen bestimmten Güter wurden mit dem Ansinnen dieses in jedem Betrachte erzwungenen Umschlags verschont; Frankreich und Pfalz schlossen nachher besondere Verträge mit Mainz; jenes für den Handel der Stadt Straßburg; dieses für die Neckar- und oberrheinischen Schiffer. — Was in der neuesten Zeit in den Art. 11, 12, der Oktroi-Convention, eben so mit besonderer Begünstigung französischer Unterthanen, als wider den Grundsatz, welchen der Pariser Friede sanktionirt: „die Schiffahrt muß frei seyn" — festgesetzt worden ist, ist bekannt genug.

Zu eben der Zeit, da Mainz das Umschlagen der Waaren bei der Bergfahrt gewaltthätig in Ausübung zu bringen suchte, zu eben der Zeit versagte dasselbe auch den Frankfurtischen Schiffern, bei Mainz vorbei, nach Cölln zu fahren, wie sie bis dahin ganz ungehindert gethan hatten: Schiffer des Niederrheins aber eben so zu behandeln, wurde doch Anstand genommen, und so konnten diese, sowohl während als ausser den Frankfurter Messen, frei und ungehindert, mit ihren zu Frankfurt angenommenen Ladungen, den Main und Rhein zu Thal bis Cölln direct fahren, ohne in Mainz überzuschlagen. Diese directe Versendung der Thalgüter von Frankfurt nach Cölln (zu welchen ausser den Messen in der Folge aus zufälligen Ursachen besonders Mainzer Schiffer gebraucht wurden) ist in beständiger — von Mainz selbst anerkannter und genehmigter Uebung so lange geblieben, bis unrechtliche Willkühr französischer Behörden, gegen das Ende des Jahrs 1805, gewinnsüchtigen Mainzer Spediteurs, zur eigenmächtigen Störung, die Hände bot.

Abgesehen von dem Gehalte jenes auch sehr unbestimmten und immer widersprochenen Mainzer Stapelprivilegiums; — die Natur des sogenannten Stapelrechts, —

das Wort in diesem Sinne genommen, bringt schon mit
sich, daß bei Gütern, welche von Frankfurt nach Cölln
versendet werden, von einem Ueberschlagen in Mainz
keine Rede seyn kann. Denn dieser gezwungene Ueberschlag, dessen nachtheilige Wirkung für den Handel im
Ernste schwerlich Jemand bezweifeln wird, ist nur auf
solche Güter anwendbar, welche auf eben und demselben
Strome, auf dem derselbe ausgeübt werden soll, bereits
transportirt worden sind, und nun auf eben diesem Strome weiter gebracht werden sollen. Ein von Frankfurt
kommendes Schiff tritt zuerst bei Mainz selbst in den Rhein,
an der nämlichen Stelle, wo die Schiffahrt den Anfang
nimmt, auch überschlagen, würde einem Spielwerk gleich
kommen, für welches sich, so kostbar es auch seyn würde,
nicht einmal eine Benennung finden ließe. Was man
jetzo von Stations-Plätzen, natürlichem Staffel, oder
Umladung sagt, gehört unter diese wortreichen Dichtungen
neuerer Zeiten — bei einiger Prüfung ohne ernsten Sinn.
In dem Concluso der Reichsfriedens-Deputation vom
16ten October 1802. wird dieser neuen Umschreibung eines alten verderblichen Zwanges der rechte Namen gegeben, — und wer erinnert sich nicht, was die kaiserliche
Wahlcapitulation hierüber enthält? — Der kundige Schiffmann weiß, was er laden und wohin er mit seinem Fahr-
zeug fahren kann; — der Handelsmann weiß den kundigen Schiffmann zu wählen und wem er sein Gut zu Wasser wie zu Lande anvertrauen kann, und bedarf hiezu keineswegs der aufgedrungenen Obhut eines seinen Hand-
lungs-Verbindungen und Operationen nachspürenden
Spediteurs. — Es ist Geschenk der Natur, wenn diese
einen Platz zum Umladen der Waaren besonders geeignet
hat, — man gönne immer den Handelsleuten dieser Plätze, von diesem Geschenk durch sichere und billige Spedition, Gebrauch zu machen; — man überlasse dagegen

aber, auch den Handelsleuten anderer Plätze, nach ihrem
freien Willen diejenigen Umladörter zu wählen, welche
sie ihrer HandlungsConvenienz entsprechend halten. —
So wird wechselseitig die Industrie belebt, so wird der
jedes Beginnen erlaubter Speculation hemmende Zwang
entfernt; — so wird die Freiheit des Handels, welche
sich nicht mit der Einmischung unberufener Dritter verträgt, erhalten, und so wird das Emporkommen des
Handels, dessen Teutschland, besonders jetzo, so sehr bedarf, befördert. — Ohnehin ist es Sache einer jeden
einzelnen Havenpolizei, für sicheren und schleunigen Transport der Waaren zu Wasser Sorge zu tragen. Was
Frankfurt betrifft, können die Mainzer Spediteurs, wenn
es ihnen nicht blos um abgedrungenen Verdienst, und um
Gewinn aus dem Fleiße Anderer, sondern um das Wohl
des Handels zu thun ist, hierüber eben so ruhig seyn,
als die Frankfurtischen Handelsleute selbst zu beurtheilen
wissen, welche Orte Schutz gegen Wind und Wetter für
die Waaren gewähren, die entweder ihr Eigenthum, oder
für welche sie doch verantwortlich sind.

Die wirkliche oben gedachte Ausübung der directen
Thalfahrt von Frankfurt nach Cölln — auch ausser den Messen — kann, wenn solche bezweifelt werden sollte, oder,
wenn nach der angezogenen Disposition des Pariser Friedens, jetzo etwas darauf ankommen könnte, — bewiesen
werden mit Schreiben der vormaligen Churmainzischen
Regierung, und mit Verordnungen eben dieser Regierung
von den Jahren 1719, 1727 und 1785, durch welche,
für die directe Thalfahrt der Mainzer Schiffer von Frankfurt nach Cölln, eigene FrachtReglements erlassen worden
sind, und welche zugleich jeden Schein von widerrufli-
chen besonderen Concessionen entfernen.

Die Wahrheit der erwähnten Thatsache wird endlich über jeden denkbaren Zweifel erhoben, durch die Actenstücke und Erkundigungen, welche auf die, von dem ehemaligen französischen Minister des Innern, verordnete enquête publique, an die GeneralDirection des Octroi, eingesandt worden sind. — Die Zeugnisse der hierüber zum Protokoll vernommenen Schiffer und anderer Personen, bestätigen dieselbe einmüthig und die Register des ehemaligen Mainzer Zolls Dilzbach, in welchen die zwischen Cölln und Frankfurt zu allen Zeiten bestandene directe Schiffahrt ihre besondere Abtheilung gehabt hat, bekräftigen und erläutern jene Aussagen.

Alle Vorstellungen, welche man von Seiten der Frankfurtischen Behörden gegen die bemerkte Störung der directen Schifffahrt von Frankfurt nach Cölln — mit Widerlegung der auffallend unrichtigen Deutung der Octroi-Convention, — die nur um etwas zu erwiedern, ersonnen worden war — bei den französischen Behörden machte, blieben ohne Erfolg. Endlich setzte auch hierin die so lange ersehnte Befreiung Teutschlands den gewaltsamen Vorschritten mißbrauchter Uebermacht ein Ziel, und es wurden nach der aufgehobenen Blokade von Mainz mehrere Schiffe von Frankfurt unmittelbar nach Cölln befrachtet, und so, wie man sich gewöhnlich ausdrückt, die directe Schifffahrt von Frankfurt nach Cölln, ohne in Mainz umzuladen, ausgeübt.

Dieser kaum hergestellte Zustand des Rechts — man glaubt es schwer, und gleichwohl ist es wahr — wurde jedoch bald wieder in den des alten Unrechts umgeschaffen. In Mainz wurden die Schiffe, welche von Frankfurt nach Cölln, und sogar von Mainzer Schiffern selbst, direct gefahren werden sollten, auf einmal wieder angehalten, und zum Umladen genöthigt; und noch bis jetzt wird

62

diese Thathandlung fortgesetzt, so, daß die Frankfurter Handelsleute, welche Waaren an den Niederrhein versenden wollen, dieses nicht direct bei Mainz vorbei bewirken können, vielmehr auf einem andern Wege Mainz umgehen müssen, um der unberufenen Dienstleistung der Mainzer Spediteurs nicht zinsbar zu werden, und um in dem Genuße der erlaubten Vortheile, welche Klugheit mit Fleiß vereinigt, und Industrie ihnen und ihren Handelsfreunden gewähren, doch wenigstens so weit zu verbleiben, als dieses bei dieser widerrechtlichen Störung der Freiheit des Handels geschehen kann.

Hier ist so wenig vom Privatinteresse einiger Frankfurter Handelsleute die Rede, als das in Betracht kommen kann, was Mainzer Spediteurs, gewöhnt an vorhinige französische Willkühr — für ihren Vortheil wünschenswerth halten mögen; hier ist von der Freiheit des Handels, oder, welches einerlei ist, von der Schifffahrt auf dem großen, schiffbaren Rheinstrome die Frage, welche ihre Folgen auf Teutschland und andere Staaten verbreitet. „La navigation sur le Rhin, du point où il devient navigable jusqu'à la mer, et réciproquement, sera libre, de telle sorte, qu'elle ne puisse être interdite à personne" sagt der Pariser Friede: nur die principes, d'après lesquels on pourra régler les droits à lever par les états riverains" — sollen annoch festgesetzt werden. — Gezwungener Ueberschlag, gezwungene Umladung, Begünstigung gewisser Schiffer von einzelnen Orten oder Innungen, stehen mit jenem so bestimmt ausgesprochenen Princip der Freiheit der Rheinschifffahrt (dessentwegen kein weiteres Regulativ vorbehalten ist, und vorbehalten werden konnte,) in dem unvereinbarlichsten Widerspruche; — die Thalfahrt ist für jeden frei, wie die Bergfahrt; — jene wie diese ohne

Beschränkung auf benannte Schiffer, auf gewisse Plätze,
auf Waaren oder Güter; das Letztere, so wenig dem Eigenthum, der Beschaffenheit, als der Bestimmung nach.
Und setzt man hinzu, was es nach dem oben Bemerkten,
selbst seit den ältesten Zeiten, mit der Thalfahrt von
Frankfurt nach Cölln, bis zu der gewaltsamen französischen Störung, für eine Beschaffenheit hatte; so stellt
sich das mainzische Verfahren, in jedem Betrachte, als
eine — um den älteren Ausdruck beizubehalten — nicht
zu rechtfertigende Thathandlung dar, um deren gleich-
baldige Abstellung mit vollem Bestande gebeten werden
kann."

So weit das Pro Memoria vom 21. Sept. 1814.

Wirklich hatte der Verfasser der Schrift:
„Welches Schicksal wird der 5te Artikel des Pariser
Friedens, der von der freien Rheinschifffahrt und
einem freieren Völkerverkehr spricht, haben? ꝛc.
(Frankfurt 1814.)"
recht, wenn er sagte:

„Was sprecht aber ihr Städte — Straßburg, vorzüglich, aber ihr nunmehr wieder teutschen Städte, Mainz
und Cölln, und die neueste Stapelstadt Mannheim, zu
der im 5ten Artikel des Pariser Friedens ausgesprochenen freien Rheinschifffahrt, der auch die der Nebenströ-
me folgen soll? Als die Octroiübereinkunft im Jahre
1804 und 1805 bearbeitet wurde, riefen Mainz und Cölln,
und wahrscheinlich werden sie bei dem nächsten Wiener
Congreß wieder rufen."

Doch das ist gleichgültig — es kommt auf die Sache an. Wundern sie sich nicht, wenn ich einige Archi-
valActenstücke anführe und die Briefform darin über-
schreite, daß ich meine Erläuterungen mit H. H. bezeich-
ne. Die ersteren sind keine Geheimnisse, sie sind mir

schon vor geraumer Zeit mitgetheilt worden; das andere
erleichtert Ihnen, Bemerkungen zu machen, wenn Sie
vielleicht Stoff dazu finden.

§. 1.

Den wahren Ursprung und Character des Stapel-
rechtes drückt Walther in seiner Staatswirthschaft sehr
richtig so aus:

„Mehrere teutsche Fürsten besitzen das Stapelrecht,
eigentlich das Stapelunrecht; es entstand in den
Zeiten, da man den Handel eines Orts emporbringen
wollte. Eine widersinnige Politik, welche die Gerechtigkeit verletzt, und unserm Zeitalter Schande macht. Was
müssen unsere Nachkommen denken, wenn sie einst lesen,
was für ungerechte und unbillige Finanzanstalten noch
in einem Zeitalter statt finden, das sich mit dem Namen
des aufgeklärten schmückt!"

Wäre die Natur, wie man jetzt auf einmal den Un-
kundigen so gerne glauben machen möchte, die Stifterin
der gezwungenen Stapel — oder Umladungen, von welchen hier die Rede ist, hätte diese wohlwollende Mutter
alles dessen, was lebt und schwebt, schon bei dem Aufkeimen der Handlung und Schifffahrt einen solchen un-
natürlichen Zwang nöthig gemacht, wäre sogar noch das
Stapelrecht weise Anstalt der Staatspolizei, welche Eigenschaft demselben die Mainzer Schrift beilegt, so wäre wahrlich nicht zu begreifen, warum sich einzelne Städte beeifert haben, in der Vorzeit darüber Privilegien zu
erhalten; es wäre nicht zu begreifen, welchen Zweck
besonders das alte Mainzer, von jeher widersprochene
und ausserdem sehr unbestimmte, unterthäniglich angeru-
fene und erbetene Privilegium haben könnte, es wäre
nicht zu begreifen, warum in der Wahlcapitulation so

genaue Fürsorge gegen diesen Zwang getroffen wird; es
wäre nicht zu begreifen, warum bereits bei den Rastadter Friedensunterhandlungen, bei denen schwerlich einige Dutzend Spediteurs und übel verstandene Freiheit
des Flusses, wie der Mainzer Schriftsteller wähnt, Einfluß hatten, die Abschaffung dieser Bedrückung zur Sprache kam, die endlich der Pariser Frieden deutlich genug
ausgesprochen hat.

§. 2.

Wahr ists, das Stapelrecht wurde bald mit mehr,
bald mit weniger Widerspruch bis in die neueren Zeiten
ausgeübt, und in der OctroiConvention mit Modificationen beibehalten. Damit ist aber doch wohl überhaupt
nicht die Nothwendigkeit und Rechtlichkeit fernerer Beibehaltung erwiesen, und noch weniger ist insbesondere
damit erwiesen, daß dieser Zwang auch dann ausgeübt
werden könne und dürfe, wenn Güter von Frankfurt
nach Kölln, oder von Kölln nach Frankfurt gebracht werden; nur so viel wird damit erwiesen, daß wie vieles
andere, also auch dieses zugelassen worden ist, was nicht
hätte zugelassen werden sollen, und daß die vormaligen
französischen Machthaber nur das berücksichtigten, was
ihnen oder ihren Angehörigen Vortheil brachte.

Will man sich belehren, was es nach der Geschichte und den Grundsätzen des ehehinnigen teutschen Staatsrechts mit der Oberherrschaft über den Main und über
den Rhein, so wie mit der Freiheit der Rheinschifffahrt,
für eine Beschaffenheit hatte, so darf man nur die bekannten Schriften von Gatzert, Wenk und Danz,
in welchen eine vollständige Literatur angeführt ist, nach-
sehen; und will man mit wenigem wissen, welche Hem-
mung des freien Verkehrs durch einen gezwungenen

Ueberschlag veranlaßt wird, so darf man nur eine sehr
einfache Darstellung des Frankfurtischen Handelsstandes,
in einer Vorstellung an den Magistrat vom 24sten Februar 1641 lesen, zu welcher Zeit man Mainzischer
Seits gegen Frankfurt eben die Neuerungen gewaltsam
geltend machen wollte, welche die Stadt Mainz jetzo als
so wohlthätig anzupreisen keinen Anstand nimmt. Der
Handelstand sagt:

„Verschiedene aus unserm Mittel haben, von Mainz
aus, die gewisse Nachricht erlangt, daß bei wenigen
Tagen daselbst diese Anstellung geschehen, daß hinführ-
ro alle und jede, von oben und unten kommende, bei
besagtem Mainz anlangende Schiffe daselbsten angehalten, die Waaren allda ausgeladen, niedergelegt, und
fürter durch die Marktschiffer anhero gebracht werden
sollten. Immaßen denn dessen nicht allein der Anfang
schon allbereits mit der That gemacht worden, sondern
auch ehesten von Ihro Churfürstl. Gnaden zu Mainz ꝛc.
eine besondere Ordnung deshalben publizirt und ange-
schlagen werden sollte. Wie nun solch Beginnen
und Vornehmen ganz neuerlich und dem alten Herkommen schnurstracks zuwider, also
dasselbige weniger nicht gemeiner Kaufmannschaft
ganz nachtheilig, hiesiger Stadt fast verderblich, ja dem ganzen Land, in mehr Wege, hoch-
schädlich ist. Denn gleichwie für sich notorium ist,
und Jedermann bekennen muß, daß diese Neuerung viel
und übergroße Beschwerungen auf dem Rücken trägt,
und mit sich bringt, indem erstlichen das unnöthige
Aus- und Einladen für sich beschwerlich, fürs andere
kostbar, zum dritten der Handlung hinderlich, vier-
tens einen jeden Handelsmann dahin obligirt, daß er
einen sonderbaren Faktorn zu Mainz halten muß; am
fünften doppelte Frachten und Unkosten verursacht;

zum sechsten durch solch Aus- und Einladen, Hin- und
Herschleppen die Waaren übel conditionnirt werden, und
wenn, am siebenten, der Schaden den Waaren zugefügt worden, man nicht wissen mag, ob man sich dessen an dem Faktorn, dem Marktschiffer oder Köllnischen
Schiffmann erholen möge, indem es je einer auf den
andern weisen; auch, zum achten, gar leichtlich geschehen kann, bevorab wann viel Feiertage einfallen,
daß die Waaren gar am Rhein liegen bleiben und aller-
hand Unfällen daselbst unterworfen werden (dieser Fall
soll, dem Vernehmen nach, gar oft, zum größten Schaden der Kaufleute, bis in die neuesten Zeiten, eingetreten seyn — ob gerade der Feiertage wegen, ist mir nicht
bekannt). Also nachdem die viel verschiedenen, von
diesem neuerlichen Mainzischen Aus- und
Einladen herrührende Beschwernisse ganz
handgreiflich sind, männiglich unschwer ermessen kann, daß alle und jede verständige
Handelsleute solches alsobalden apprehendiren ꝛc.
Weil nun dieses Werk nicht nur uns, den Kaufleuten,
sondern gemeiner Stadt so hoch importirend, und nicht
nur der ganzen Nachbarschaft, sondern auch
denjenigen, so weit entlegen sind, in mehr
Wege nachtheilig: als haben wir es unsere Schuldigkeit zu seyn ermessen u. s. w."

§. 3.

Aus dieser ganz schlichten Darstellung des Frankfurtischen Handelsstandes, an welcher doch wohl jetzt leben-
de Spediteurs keinen Theil haben konnten, ergiebt sich
zugleich, daß Frankfurt schon in den ältesten Zeiten eine
directe Fahrt von Frankfurt nach Köln und von Köln
nach Frankfurt gehabt hat, daß Frankfurt allerdings bei
der Rheinschifffahrt, seit den ältesten Zeiten, sehr bethei-

ligt gewesen ist, und daß Frankfurt keinesweges seine
Waaren allein durch das Marktschiff erhalten und auf
dem nämlichen Wege, zur weiteren Beförderung, versendet hat — eine Thatsache, deren Beweis sich auf das
unwiderleglichste führen läßt.

Als es im Jahr 1747 zwischen Churmainz und Churpfalz wegen des Mainzischen Stappels zu Repressalien
gekommen war, requirirte die Mainzische Regierung,
am 27. März des Jahres, den Magistrat zu Frankfurt:

„seinen untergebenen Commercianten, Faktorn und
Spediteurs die Nachricht und Weisung dahin zu ertheil-
len, daß selbige mit Spedier- und Befrachtung deren Güter und Waaren sich hiernach achten, fort solche durch
keine Pfälzischen weder ober, noch unterlän-
bischen Schiffleute zu Berg oder zu Thal, son-
bern durch andere Chur- auch Rheinischer Stände Schiffer, ohne Ausnahme, an seine Behörde transporti-
ren lassen, somit die Auslad- und Ueberschlagung dergleichen aus den Pfälzischen Schiffen solchergestalten an-
derweit besorgen, wie ihnen zur Willkühr stehen
soll, deren ferheren Transport und Fahrt hierin
entweder selbsten, oder wie ihnen diensam, zu hiesiger
Stapelsta=t durch andere fortzusetzen (d. h. den Stapel
entweder daselbst zu beobachten oder nicht)."

Es bedarf wohl der Bemerkung nicht, daß diese
nicht auf die Zeit der Frankfurter Messen beschränkte Re-
quisition zwecklos und selbst widersprechend gewesen seyn
würde, wenn die Frankfurter Handelsleute nicht das
Recht gehabt hätten, ihre Güter, ohne zu Mainz überzuschlagen, gerade nach Kölln, und zwar nach Gefallen,
entweder durch Mainzer oder durch andere Schiffer zu
versenden, indem wenn alle diese Schiffe in den Hafen
zu Mainz anzulanden und umzuladen gezwungen gewesen

wären, Mainz nicht nöthig gehabt hätte, die Assistenz des Magistrats zu Frankfurt nachzusuchen, um die Churpfälzischen Schiffer, zum Behuf der Repressalien, von der köllnischen Fahrt auszuschliessen.

§. 4.

Im Jahre 1768 versuchte Mainz eine Neuerung; die Regierung antwortete aber, am 15ten September 1769, auf die von dem Magistrat zu Frankfurt darüber geführte Beschwerde:

„Wir haben uns billig verwundern müssen, wie ihr Euch habt können beigehen lassen, in einigen an uns erlassenen Schreiben, gegen jene, in Betreff der von Frankfurt zu Thal gehende Güter, unsrigen Schiffleuten erlassenen Verordnung zu protestiren, welche selbige zum NaturalUeberschlag sowohl, als daß sie keine anderen Güter annehmen sollen, als welche an hiesige Faktors addressirt, angewiesen hat.“

„Wir wollen zuförderst gegen diese unbefugte, anmaßliche Protestation, uns hiermit reprotestando verwahrt haben, und entstehen hierbei nicht, die Aeusserung zu thun, daß, wenn auch unsere von jeher ruhig hergebrachten StappelGerechtsame hierzu nicht alle Befugnisse ertheilten, diese Verfügung gleichwohlen diesseitige alleinige Unterthanen betroffen hat, mithin Euch gleichgültig seyn muß, welcher Befehl diesen durch ihre Herrschaft zukommt, obschon wir dermalen aus eigenem Antrieb, hierinnen einige Abänderung zu treffen, für gut angesehen haben ꝛc.“

Die Verlegenheit, in welcher die Mainzische Regierung war, dieser versuchten Neuerung eine scheinbare Wendung zu geben, ist aus der Fassung des Schreibens

erſichtlich; und der angeführte Entſchuldigungsgrund enthält grade den Beweis der Widerrechtlichkeit des Be-
ginnens, deſſen Aufhören zugeſichert wird.

Der Magiſtrat hatte nämlich in ſeinem Beſchwerde-
ſchreiben vom 6. Juni 1768 geſagt: „Die jetzige neuer-
liche Einrichtung zu Mainz, daß alle Güter, ſo von hier
abgehen, an Mainziſche Spediteurs addreſſirt werden
ſollen, eine ſolche Innovation unzweifentlich iſt, indem die hieſige Stadt und hieſigen Handels-
leute, in unvordenklicher Poſſeſſion, ihre, oder die anher geſchickten Güter, ohne einigen ſogenannten NaturalUeberſchlag, Kraft
deſſen ſolche erſt an Spediteurs in Mainz,
mit Frachtbriefen addreſſirt werden müßten,
geraden Wegs, bis nach Cölln fortgehen zu
laſſen, bis auf den Tag der jetzigen ange-
regten Neuerung, offenkundiger maßen ſich
befindet, von der man ſich auch um ſo weniger ver-
dringen laſſen kann, je weniger den hieſigen Kaufleuten,
mit Beſtand Rechtens und der Billigkeit zuzumuthen ſte-
het, daß ſie, durch Addreſſirung ihrer weitergehenden
Waaren an Mainziſche Spediteurs, dieſen ihre Kund-
ſchaft und CorreſpondenzSachen, welche aller Orten, unter die größten Geheimniſſe des Handelsſtandes mit Fug
gerechnet werden — entdecken ſollen u. ſ. w."

Dieſes beweißt doch wohl, daß Frankfurt die directe Fahrt als ein Recht prätendirt, und daß Mainz dieſes ſelbſt nachgegeben hat?

§. 5.

Noch mehr — in der Churfürſtlich-Mainziſchen Schif-
ferOrdnung vom 18. März 1785 heißt es §. 8.:
„Zur Gleichförmigkeit der gegenwärtig interimiſtico
erneuerten und beſtätigten Thalfracht ſoll auch jene von

Frankfurt nach Cölln ungesäumt, nach Maaß-
gabe des bereits in den Jahren 1719 und 1727
verglichenen und genehmigten Taxes bestimmt
und festgesetzt werden. —"

Läßt sich wohl ein stärkerer Beweis der directen
Fahrt von Frankfurt nach Cölln, ohne in Mainz umzuladen oder überzuschlagen, denken, und ist mit allem diesen der Gedanke an einzelne rechtliche widerrufliche Vergünstigungen vereinbarlich!

§. 6.

Wirft man einen Blick auf die Register des Mainzer Zolls Vilzbach, von denen ich einen Auszug vor mir
habe, so wird die Thatsache, daß die Schifffahrt zwischen Frankfurt und Cölln direct, oder ohne in Mainz
überzuschlagen, seit den ältesten Zeiten ausgeübt worden
ist, über allen Zweifel erhoben.

So finden sich von dem Jahre 1704 sieben Schiffer
von Cölln, acht von Coblenz, Einer von Engers, Einer
von Lahnstein, Einer von Rheinfels, Einer von Caup,
drei von Bacharach, drei von Rüdesheim, sechs von
Bingen, und eilf von Mainz genannt, mit Bemerkung
ihrer Ladungen, und was jeder an TransitoZoll entrichtet hat, welche in den Monaten Februar, März und
May, mithin theils in, theils ausser der Meßzeit, Güter
von Frankfurt nach Cölln, ohne bei Mainz umzuschla-
gen, gefahren haben. Von eben dem Jahre 1804, und
zwar von den Monaten März, Juli, September und
November, mithin in- und ausser den Messen, sind nicht
weniger als 25 Schiffer von Mainz, 1 von Rheindorf,
2 von Cölln, 5 von Coblenz, 1 von Lorheim, 1 von
Lahnstein, 1 von Rothenfels, 1 von Boppard, 1 von
Bacharach, 2 von Bingen verzeichnet, welche Cöllnisches

Gut zu Berg von Cölln nach Frankfurt direct gebracht haben.

Von dem Jahre 1730 und verschiedenen Monaten desselben sind verzeichnet 8 Mainzer Schiffer, 1 von Düsseldorf, 1 von Rheindorf, 1 von Cölln, 2 von Bacharach, 1 van Neuwied, 1 von Coblenz, 1 von Braubach, 1 von Boppard, 1 von Bingen, 1 von Elfeld, welche theils während, theils aussen den Messen von Frankfurt, Güter zu Thal, direct bey Mainz vorbei nach Cölln gefahren haben.

Eben so sind von dem Jahre 1751 und zwar von den Monaten Januar, März, April, 13 Schiffer von Mainz, welche ausser, und 10, welche in der Meßzeit mit und neben den Meßschiffern anderer Uferplätze Güter von Frankfurt zu Thal, direct bei Mainz vorbei, nach Cölln gefahren haben, aufgezeichnet. Von den Jahren 1770, 1786, 1789, 1791, 1899, 1804, 1805, womit auch die Verzeichnisse aller übrigen Jahre übereinkommen sollen, ist eben dieses bemerkt.

Wer könnte hiernach an der Wahrheit der Aussagen der Personen zweifeln, welche hierüber vernommen worden sind, und alles dieses bestätigen!

§. 7.

Man muß voraussetzen, daß dem Verfasser der Mainzer Schrift diese Thatsachen nicht bekannt gewesen sind, daß derselbe selbst die OctroiConvention, welche doch so sehr die damaligen französischen Unterthanen begünstigt, nicht einmal mit Aufmerksamkeit gelesen hat, da in dieser nicht von Freiheiten der marchandises des foires, sondern von franchises des foires die Rede ist, und daß derselbe nicht bedacht hat, daß die auf so alten Privilegien beruhende Meßfreiheit mit einer gezwunge-

nen Umladung nicht vereinbarlich ist, während das Wort
Meßwaare, wenn es bei der Befrachtung eines Schiffs
zum Maaßstabe dienen soll, ohne Sinn ist, sonst hätte
er auch den §. 5. und §. 6. unmöglich niederschreiben
können.

§. 8.

Der GeneralDirector des Oktroi sagte in seinem
Berichte (April 1809) an den vormaligen französischen
Minister des Innern:

„Mon opinion sur cet objet est:

1º. que conformément à ces dispositions, ainsi qu'à
celles faites par suite de l'enquête publique par
d'autres individus, il est de fait, que la navigation de Francfort, vers le bas Rhin en exemtion du droit de relâche à Mayence, à été de
tout tems exploitée par les bateliers de Mayence;

2do. que l'assertion, que les bateliers de Mayence
n'aient exploité la navigation d'aval de Francfort, qu'en vertu des concessions particulières
de leurs ci-devant Princes, n'étant pas suffisamment prouvée, l'article 128 de la convention ne peut être invoqué pour faire cesser cette
navigation;

3º. que l'art. 3. de la convention ne peut pas plus
justement être appliqué pour cet effet, attendu; qu'il conserve seulement aux villes de Mayence et de Cologne les anciens établissemens de
relâche et d'échelle, qui subsistaient, et que par
la disposition de l'art 5. la ville de Mayence ne
fait, que continuer être la station;

4º. qu'enfin les raisons établies par les articles 5
et 8 en faveur de la conservation du droit de

rélâche dans les villes de Mayence et de Cologne, ne s'opposent nullement à la continuation de la navigation directe de Francfort à
Cologne, puisque les mêmes embarcations Ma-
yençaises qui, conformément à l'art. 11. de la
convention, transportent les marchandises de
Cologne directement à Francfort, *peuvent récon-
duire à un frêt très modéré les marchandises de
ce dernier port vers celui de Cologne.*

J'ajoute encore, que la navigation et le commerce du Rhin en général, ne pourront *que gagner
par cette navigation non interrompue jusqu'à Cologne,
telle qu'elle s'est pratiquée du tems passé, et ce ne
seraient que les expéditionnaires Mayençais seuls, qui
y souffriraient par la perte du bénéfice de leurs com-
missions.*" —

Vergleichen Sie hiermit die erkünstelte Entscheidung
der Commission vom 18. Febr. 1808, welche der Mainzer Schrift beigedruckt ist, und urtheilen Sie!

§. 9.

Doch auf alles dieses kommt es gar nicht einmal
an; ich bemerkte es Ihnen nur zur nähern Würdigung
der Mainzer Schrift. Es kommt blos darauf an: ist
der gezwungene Ueberschlag zu Mainz mit dem Pariser
Frieden vereinbarlich? oder verdient derselbe wenigstens
zur Beförderung der Schifffahrt und des Handels, aus
Gründen der StaatsPolizei begünstigt zu werden?

§. 10.

In dem obigen Pro Memoria ist schon gesagt, daß
bei den Schiffen, welche von Frankfurt nach dem Niederrhein gehen, die Ausübung eines gezwungenen Ue-

berschlags nicht einmal denkbar ist, da die Schiffe gerade bei Mainz erst in den Rhein treten, uud der Ueberschlag nur bei Fahrten auf einem und dem nämlichen
Strome gedacht werden kann. Ganz richtig hieß es daher in der Octroi-Convention:

„La ville de Mayence continuera également
d'être la station de la navigation *entre Cologne et
Strasbourg*"

und eben so richtig bestätigte im Jahre 1808 der vormalige französische Minister des Innern der Stadt Metz
das Recht, mit ihren Schiffen von der Mosel direct in
den Rhein bis Mainz zu fahren, ohne überzuschlagen.

§. II.

La navigation sur le Rhin, du point où il devient navigable jusqu'à la mer, et réciproquement,
sera libre de telle sorte qu'elle ne puisse être interdite à personne —

wird in dem Pariser Frieden gesagt.

Zwang und Freiheit sind sich widersprechende Begriffe. Wenn ein Mainzer oder Düsseldorfer Schiffer in
Frankfurt Güter annimmt, um solche nach Cöln zu
bringen, und gezwungen wird in Mainz anzulanden und
die Ladung in andere Schiffe umzuladen, welche dorten
in Bereitschaft stehen (vielleicht auch stehen, sollten), um
auf die jetzt sogenannte fernere Station, oder auch auf
Zwischenplätze der Reihe nach abzufahren — genießt dann
der Schiffer die zugesicherte Freiheit, oder genießt dann
der Handelsmann, der seine Güter gerade diesem Schiffer und keinem andern anvertraute, die Wohlthat der
freien Schifffahrt? Ist es nicht mit den Worten wie
mit der Sache ein Spielwerk getrieben, wenn man sagt:
durch die Einrichtung des gezwungenen Umladens werde

Niemanden der Gebrauch des Flusses untersagt, sie schreibe nur die Art und Grundsätze vor, nach welchen der Fluß befahren werden solle. Gerade diese Art, und gerade diese Grundsätze heben die Freiheit der Schiffahrt auf, und diese kann neben jenen nicht bestehen; und wer möchte mit dem Mainzer Schriftsteller wohl sagen: dieser, jede erlaubte Spekulation hemmende, von jeher verhaßte Zwang, der die ehemaligen höchsten Reichsgerichte so oft beschäftigt hat, sey ein FundamentalGesetz? Hätte man bei dem Pariser Frieden eine andere Absicht gehabt als diese, dem alten verderblichen Unwesen, über welches Jahrhunderte lang so laute Beschwerden und Klagen geführt worden sind, ein Ziel zu setzen, so hätte es weiter nichts bedurft, als die OctroiConvention, wenn dieselbe gleich ihr glücklicher Weise nun geendetes Daseyn einem sehr zufälligen Umstande verdankte, und in deren Fassung und nachherigen willkührlichen Deutung man die gewaltige Hand ungeregelter Uebermacht bei der flüchtigsten Uebersicht stärker erblickt, als die in der Mainzer Schrift gerühmte Aufklärung ihrer Verfasser — mit wenigen Worten zu bestätigen. Da dieses aber nicht geschehen ist, so müssen die allerhöchsten Paciscenten wohl anderer Meinung gewesen seyn, wie der Verfasser der Mainzer Schrift, welcher sich unzielsetzlich dahin vernehmen läßt:

„Die OctroiConvention sey als eine vortreffliche Staats-
„polizeiMaasregel beizubehalten.

Mit diesem angerathenen Beibehalten würde denn auch das alte SchiffergildenUnwesen sanctionirt — und dieses soll mit der Disposition des Pariser Friedens: Qu'elle ne puisse être interdite à personne, vereinbarlich seyn!

§. 12.

Sollte jedoch der gezwungene Ueberschlag der Güter in Mainz wo nicht nöthig, wenigstens nützlich, und darum eine Abänderung des Pariser Friedens, aus Gründen der Staatspolizei, rathsam seyn? Nöthig würde dieser gezwungene Ueberschlag dann seyn, wenn ohne ihn die Thal- und Bergfahrt gar nicht ausgeübt werden könnten — nützlich würde derselbe seyn, wenn durch ihn ein wahrer Vortheil für die Handlung und nicht blos für einige Mainzer Spediteurs erzeugt würde. Daß dieser gezwungene Umschlag nicht nöthig ist, beweißt sich schon daraus, weil nach dem oben von mir angeführten, die directe Fahrt seit den ältesten Zeiten ausgeübt worden ist; weil auch nach dem eigenen Mainzischen Anführen, Mainzer Schiffern die directe Fahrt verstattet worden ist, ob dieses gleich nur vergünstigungsweise geschehen seyn soll, und weil während der Messen, wie in der Mainzer Schrift selbst erzählt wird, die directe Fahrt ausgeübt worden ist. Was vergünstigungsweise, und zur Zeit der Messen möglich ist, kann doch wohl auch dann, wenn es von Rechtswegen verlangt wird, und ausser den Messen, nicht unmöglich seyn!

Und was hat denn die bei den, von dem Mainzer Schriftsteller in den Rhein versetzten unzähligen — sage unzähligen — Felsen und Sandbänken, und sonsten wahrhaft schauderhaft geschilderte Gefahr der Fahrt auf dem Rheine, die auch von manchem Verehrer der schönen Natur, der es nicht besser weiß, mit Grausen gelesen werden wird, mit dem gezwungenen Ueberschlag zu Mainz gemein? Giebt es keine Fahrzeuge, mit welchen man aus dem Main in den Rhein, und aus dem Rhein in den Main fahren, und mit denen man beide Ströme befahren kann? giebt es keine andere Mittel und keine

andere Orte zum Umladen, als die, welche ein verhaß-
ter Zwang mit allen seinen schädlichen Umgebungen vor-
schreibt, und verbürgt denn der gezwungene Ueberschlag
das unnachläffig erforderliche jährliche Studium aller der
versteckten Bäume, Felsen und Untiefen? Alle diese versteckten Bäume, Felsen und Untiefen, werden doch wohl
auch von dem Schiffer zu ergründen seyn, der, wenn es
nöthig ift, Bord an Bord, oder wo er es sonst räthlich
hält, überschlägt, ohne seine Frachtbriefe einem speku-
lirenden Mainzer Spediteur auszuantworten, und die
Früchte des in ihn gesetzten Vertrauens einem andern
abzutreten.

§. 13.

Daß dieser gezwungene Ueberschlag der Handlung
nicht allein nicht nützlich, sondern höchst nachtheilig ift, bedarf keines weitläufigen Beweises. Wären
die Mainzer aufrichtig gewesen, so hätten sie sagen sollen:

Unsere ehemalige Churmainzische Regierung handelte
und schrieb so ziemlich mit Nachdruck, oder — wie man
sich ein wenig unedel auszudrücken pflegt — derb; unsere nachherige französische Regierung — das hat die hal-
be Welt erfahren. So gelangten wir zur Einsicht mancher Frachtbriefe und Commissionen; Provision und was
gewöhnlich so damit verbunden ist, war die lockende,
süße Frucht. Jetzt haben sich zwar die Zeiten geändert:
allein das Gewohnte auf einmal aufzugeben — das ift
doch zu viel verlangt. Weder mit dem Recht, noch mit
der Staatspolizei ift es uns Ernst; wir müssen neue
Umschreibungen des alten Stapelrechts dichten, und dieses in Staffel — Stufen — Fahrt, Umladen an StationsOrten übersetzen, weil es die allgemeine Stimme
gegen sich hat; wir machen blos einen kleinen Versuch,
ob wir nicht vielleicht durch Redeformen etwas erringen

können. Der billig Denkende würde darauf antworten: auri sacra fames — auch das muß man, unter gehörigen Einschränkungen, ehren. Ihre bisherigen Anmassungen haben manche Feder in Bewegung gesetzt, die etwas Nützlicheres hätte schreiben können. Ihre Stadt ist von der Natur begünstigt; suchen Sie von diesem Geschenk durch genaue Spedition und billige Provision Gebrauch zu machen; das kann und wird Ihnen niemand verargen, oder daran hinderlich seyn; der Vortheil, der Ihrer Bemühungen wartet, wird nicht ausbleiben. Vermeiden sie aber Alles, was auf einen Zwang deutet; sind Sie wahre Kaufleute, so müssen sie wissen, daß die Handlung nichts weniger als Zwang verträgt.

§. 14.

Baum sagt, wenn ich nicht irre, in den Bemerkungen über die OctroiConvention:

„Gewalt, und das zuweilen zweckmäßige Durchgreifen nach einem angenommenen und durchdachten System, sind hier, wo es die Handlung als Quelle der Schifffahrt betrifft, nie anzurathen. Die Handlung ist ein sehr eigensinniges Kind, läßt sich platterdings nicht am Gängelbande führen, das Plus und Minus, die Axe, um die sie sich dreht, berechnet sich schnell; leerer Schein und schöne Wörte können nicht — wenigstens nicht lange, bei ihr trügen, und noch hat kein Staat die Handlung und den Commerzzug in seiner Gewalt erhalten können." —

Was der Handelstand zu Frankfurt schon im Jahre 1641 über die Sache so einfach als wahr geurtheilt hat, habe ich Ihnen schon oben (§. 2) bemerkt. Der Nutzen eines solchen Zwangs müßte, wenn ich nicht ganz irre, bestehen, entweder:

a) in der Beförderung, oder in der Geschwindigkeit des Transports; oder

b) in einem höhern Grad von Sicherheit; oder

c) in Minderung der Kosten und der Frachtpreise; es mögen nun diese drei Vortheile zugleich, oder nur einer und der andere derselben erreicht werden.

Der Verfasser der Mainzer Schrift ruft aus:

„Sicherheit, Geschwindigkeit und billige Frachten, was könnte der WaarenEmpfänger noch mehreres fordern und wünschen!" — und dies alles leistet das Staffelrecht zu Mainz und Cölln, aber auch dieses allein!

§. 15.

Die sogenannten Rangfahrten, oder die Fahrten, welche von den einen gewissen Hafen besuchenden Schiffern, nach der Reihe und nach einer bestimmten Ordnung gemacht werden, sind von dem gezwungenen Ueberschlag ganz unabhängig; bei den Schiffen, welche von Frankfurt direct nach Cölln befrachtet werden, kann vernünftiger Weise nicht in Mainz, sondern nur in Frankfurt von einer Rangfahrt die Rede seyn.

Wenn zur Befrachtung eines Schiffs eine gewisse Last erforderlich ist, damit der Schiffer ohne Schaden fahren kann, so kann eine gewisse Ordnung, nach welcher die Schiffer in den Häfen, wo geladen wird, also zu Frankfurt oder zu Cölln, laden, zur Beförderung des Transports beitragen; gehindert wird aber der Transport ganz offenbar, wenn erst bei dem Zwischenhafen, zu Mainz, ohne alle Noth übergeschlagen werden muß.

Von den Rückfrachten werde ich nachher reden; das, was der Verfasser der Mainzer Schrift im 15. §. sagt, beweist gerade gegen ihn; die zuweilen verspätete Ankunft der Frankfurter Güter lag in gehässigen Necke-

reyen, die man sich erlaubte, um die ohnehin widerrechtlich beschränkende Disposition der OctroiConvention
ganz zu vereiteln. Ein ganz neuer Fall, von dem ich
gehört habe, hat bewiesen, daß ein Schiff, welches, um
den geschäftigen Händen der Mainzer Spediteurs zu
entgehen, bei Hochheim ausgeladen, dessen Ladung zu
Land nach Bieberich gebracht, und dorten wieder eingeladen worden, — einige Tage früher in Cölln angekommen ist, als ein anderes, welches sich die Wohltha-
des Mainzer Stapels aufdringen lassen mußte.

Was, im übrigen, von Obrigkeits wegen erlasser
Verordnungen über Rängfahrten, nicht selten für Zwi-
stigkeiten veranlassen, davon hat Danz, in seiner bekan-
ten Schrift, aus den siebenziger Jahren ein Beispiel angeführt. Man überlasse der Kaufmannschaft und jede
einzelnen Hafenpolizei, was sie nach dem Verhältni
und nach den so oft wechselnden Umständen ihres Commerzes hierin zu thun räthlich findet; dann wird der grof-
se Grundsatz: die Handlung und die Schiffahrt müssen
frei seyn, wenn sie gedeihen sollen, befolgt — dann entstehen keine schädlichen Monopole, welche gerade die gezwungenen Umladungen, wie die deßfallsigen Privilegien
beweisen, in sich begreifen.

§. 16.

Ein höherer Grad von Sicherheit wird durch den
gezwungenen Ueberschlag nicht allein nicht erreicht, sondern die Sicherheit wird im Gegentheil vermindert.

Unnatürlich ist es schon, wenn man den Kaufmann
nöthiget, seine Güter einem Schiffmann anzuvertrauen,
den er gar nicht kennt, wie bei dem gezwungenen Ueberschlag geschiehet. Wegen der Kunde der Rheinschiffahrt habe ich schon oben geantwortet. Warum sollte

denn den Schiffer, der heute bey Frankfurt sein Schiff befrachtet, gerade darum sein guter Genius verlassen, weil er nicht in Mainz, wo er Meister in dieser als so gefahrvoll geschilderten Kunst seyn soll, die Fracht übernimmt? Dafür, daß ehrliche, vermögende Schiffer mit brauchbaren Fahrzeugen gewählt werden, dafür lasse man nur den Kaufmann und jeden einzelnen Hafen sorgen, und so wird auch die Furcht vor Wind und Wetter bei dem Umladen, wenn dieses vorgenommen werden muß, bald verschwinden. Man hat mir überdieß versichert, daß die Vorkehrungen in Mainz, zu dem Umladen und Aufbewahren, für die Waaren eben nicht die wohlthätigsten seyen, und daß diesen die frische Luft, oft in zu großen Portionen, gereicht werde.

Von dem manchen Unglück, welches daraus entstanden seyn soll, daß nicht Mainzer Spediteurs gegen — versteht sich — gebührende Provision — nach den Grundsätzen des Stapelrechts, das Umladen besorgt haben — weiß doch auch Niemand das Allermindeste. Der Kaufmann berechnet, wie dieß sein Wirkungskreis mit sich bringt, was ihm Vortheil bringt; den Verstand muß er verlohren haben, wenn er bei freier Wahl, zwischen Gefahr und Sicherheit, nach der erstern greift; wozu also Zwang, wenn dem so wäre?

Und, wer leistet denn dem Kaufmann Sicherheit, daß seinen Handlungs-Operationen, durch die unberufene Einmischung Dritter, welche von dem gezwungenen Ueberschlag unzertrennlich ist, nicht nachgespühret, und ihm dadurch der Gewinn erlaubter Spekulation entzogen werde? Nicht der Nutzen der Schiffahrt und der Handlung überhaupt, sondern das Letztere, ist der Zweck der Anpreisung des gezwungenen Ueberschlags.

§. 17.

Was die Minderung der Kosten und Frachtpreise betrifft so verdient kaum bemerkt zu werden, daß bei der direkten Fahrt die Speditionskosten, nebst dem Aufwand, welcher mit dem Umladen verbunden ist, erspart werden. Diese Kosten sind nicht unbedeutend; denn es müssen bezahlt werden:

nach Artikel 8. der OctroiConvention vom 5. August 1804 für Krahnen, Wag- und Werftgeld 20 Centimes (5 3/5. kr.) für den Centner, ausser den theuern Reparaturen, Speditionsgebühren, und Briefporto.

Was die Frachtpreise belangt, so kann der gezwungene Ueberschlag auf deren Minderung, für sich, um möglich wirken, da die Länge der Fahrt immer die nämliche bleibt. Wenn man Rückfrachten, bei Bestimmung des Preises, im Gesichte hat, so können diese Rückfrachten, in allen Häfen, wohin die Ladung geschiehet, ohne den gezwungenen Ueberschlag, zu Frankfurt wie zu Mainz und zu Cölln, gar wohl bestehen. Es ist Sache der Schiffer, wie der Fuhrleute, sich um Rückfracht zu bemühen und Sache der Handelsleute, zu deren Erlangung behülflich zu seyn, damit neben der Beförderung, ein billiger Frachtpreis, bei welchem auch der Schiffer bestehen kann, bedungen werden könne. Sagt doch der Mainzer Schriftsteller selbst, die Tour- oder Rangladung sey eine Art von Vertrag zwischen der Handlung und dem Schiffer, also eine wohlthätige Einrichtung der kaufmännischen Freiheit!

§. 18.

Ich schreibe nicht eine Deduction, und darum bin ich nicht der Mainzer Schrift von Paragraph zu Paragraph gefolgt. Vergleichen Sie aber das, was ich Ihnen bis hierhin gesagt habe, mit derselben, und urtheilen Sie, ob der Verfasser, wie er in der Vorerinerung verspricht, Gründe vorgelegt hat, welche für die Gesetzlichkeit, Nothwendigkeit und Nützlichkeit des Stapels und der sogenannten Stationen auf dem Rheine, das Wort reden; — ob derselbe anschaulich dargelegt hat, daß ohne diese Einrichtung, die vollkommenste Anarchie in der Schiffahrt herrschen, der fremde Waaren-Eigenthümer aber nie gesichert seyn würde, ob endlich diese (die von dem Verfasser gut gefundene) sogenannte Stufenfahrt, verbunden mit der (von ihm angedeuteten) Rangladung, schnelle und sichere Transporte befördere, durch sie allein die möglichst billigen Frachten bestimmt werden können, und ob mithin dieselbe der Freiheit des Handels nicht allein nicht hinderlich sey, sondern dieselbe in jeder Hinsicht, befördere.

Hätte der Mainzer Schriftsteller bedacht, daß er mit seiner gewagten Ausführung den einsichtsvollen Staatsmännern, welche den Pariser Frieden abgefaßt haben, kein Compliment macht, so hätte vielleicht dieses bei ihm Mißtrauen gegen seine Darstellung erregt, und dann wäre dieselbe wohl ein nicht gedruckter Versuch geblieben.

§. 19.

Nicht der Brief den ich schreibe, sondern das Landgut, das ich beschreibe, ist groß — sagt Plinius in einem seiner längsten Briefe. So entschuldige auch ich die Länge meines Briefs; auf Nachträge müssen Sie sich gleichwohl gefaßt halten, da Sie mich nun einmal aufgefordert haben.

Leben Sie wohl und ꝛc.

IV.

Mémoire

présenté par les Ministres plénipotentiaires de l'Ordre souverain de *St. Jean
de Jérusalem* au Congrès de Vienne *).

Nous ferions tort aux lumières comme aux
vastes connaissances des personnes illustres qui composent le Congrès général de paix sur lequel l'Europe entière fonde aujourd'hui, à si juste titre, son
espoir et son bonheur; et ce serait abuser de leurs
momens précieux, si pour plaider la cause de
l'Ordre souverain de St. Jean de Jérusalem, nous
nous permettions de parler en détail de son origine, des grands hommes qui en tout tems l'ont comblé de gloire, et des hauts faits qui lui ont mérité
l'estime et la bienveillance des Princes chrétiens,
dont la magnanimité l'a enrichi de dons et des faveurs et priviléges les plus distingués.

Néanmoins lorsqu'il s'agit d'attirer l'attention
sur cet Ordre méritoire, et de solliciter en sa faveur les suffrages de cette assemblée dont dépend
son destin, nous croyons mériter quelque indulgence, si, pour éclairer davantage la suite de ce
Mémoire, nous nous permettons de rétracer ici en
peu de mots, quel a été son commencement, le
but de ses institutions, la manière dont il les a remplis, et les vicissitudes qu'il a éprouvées durant le

---

*) Ward dem Congreß von den unterzeichneten Bevollmächtigten des Malteser-Ordens gedruckt mitgetheilt. 1814. 16
S. in gr. 4.

cours de plusieurs siècles, jusqu'à la dernière et la plus déplorable dont il fut frappé en 1798.

Il est notoire que ce fut à la fin de l'onzième siècle que l'Ordre de St. Jean s'établit. Un homme inspiré de Dieu et vraiment vénérable (*Gerard Tum*) se dévoua, avec d'autres chrétiens qui partageaient ses sentimens nobles et vertueux, à secourir les pélerins qui tombaient malades en allant visiter le St. Sépulchre, ainsi que les guerriers couverts de blessures en combattant pour sa délivrance. En peu de tems les compagnons de Gerard s'accrûrent à tel point qu'ils ne purent plus être tous employés aux soins de l'hospitalité. Il les dirigea à un dévouement non moins important et généreux. Le trajet depuis la mer jusqu'à la Ville Sainte était troublé par les ennemis de la foi chrétienne répandus dans toute cette contrée. Souvent les pélerins étaient non seulement dépouillés, mais massacrés et réduits à l'esclavage. Pour des ames aussi élevées, il n'était pas difficile de passer de l'état d'hospitalier à celui de guerrier; et aux soins d'accueillir les pélerins, ils ajoutèrent celui de leur servir d'escorte. Ils exposèrent leur vie pour leur défense, et des actions extraordinaires signalèrent leur valeur et leur piété. De là dériva le double objet de l'institution de l'Ordre: l'hospitalité et la milice.

Ces devoirs, volontairement pratiqués sous Gerard, furent érigés en loi fondamentale de l'Ordre sous Raimond du Puy, son successeur, et les statuts qu'il érigea avec ses frères, obtinrent la sanction du St. Siége apostolique.

Persuadé que le respect que l'on attache à un nom illustre, est propre à inspirer à celui qui le porte, cette élévation d'ame qui, jointe à des sentimens religieux, est la source des plus hautes vertus et des plus grandes actions, ces premiers instituteurs de l'Ordre établirent également en principe que la première et la plus nombreuse classe de ses membres, celle qui se vouait à l'exercice des armes, dût toujours être de la plus généreuse noblesse; et depuis lors, comme jusques à présent, l'Ordre de St. Jean n'a point cessé de conserver dans leur pleine vigueur ces trois principes, qui, pour le bien de l'humanité, l'honorèrent dès sa naissance.

N'ayant d'autres ennemis que les persécuteurs des chrétiens, les chevaliers de l'Ordre prodiguèrent leurs secours en tout genre indistinctement à tous les pélerins, à tous les guerriers infirmes, de quelque rang, de quelque nation qu'ils fussent, sans jamais prendre part aux différens, et moins encore aux guerres qui s'élevaient entre les nations chrétiennes. Ils les regardaient tous également comme frères; et si cette modération, cette sagesse n'eût point été l'effet des vertus qui distinguaient déjà alors l'Ordre, on aurait pu la considérer comme dictée par la politique la plus sage, la mieux raisonnée. De là dériva le quatrième principe constitutif de l'Ordre, celui d'une neutralité parfaite et inviolable envers tous les chrétiens.

Ce furent ces principes, qui, joints au mérite et aux vertus de la plûpart de ses membres, et soutenus par l'éclat des actions les plus glorieuses, élevèrent l'Ordre à ce degré de réputation et de splendeur, où l'Europe l'a si long-tems contemplé. Le royaume de Jérusalem comme les autres colo-

nies établies dans la Sirie, lui durent ainsi qu'aux
autres Ordres militaires institués à son exemple,
leurs premiers succès et la prolongation de leur existence. Les monarques, les nations, convaincus
de la bravoure, de l'honneur comme de la fidélité
que les chevaliers de l'Ordre de St. Jean ne ces-
saient de déployer pour la cause commune, leur
témoignèrent leur admiration et leur reconnaissance,
en versant sur eux leurs bienfaits, tandis qu'un
grand nombre de gentilshommes, en se rangeant
sous leurs bannières, consacrèrent leurs personnes
et leurs biens au soutien d'une institution aussi méritoire. De leur côté les Souverains Pontifes comme pères communs de la chrétienté et chefs de
toute institution religieuse, prirent, dès sa naissance, l'Ordre sous leur puissante protection, en
lui décernant pour son soutien et sa propagation les
encouragemens, les graces et les priviléges les plus
étendus.

Mais la mésintelligence et la jalousie, qui s'é-
taient introduites parmi les successeurs des premiers
croisés, jointe à l'impuissance où l'Europe, déchi-
rée par des guerres intestines, se trouvait pour les
assister, firent bientôt décliner la situation des chrétiens en Asie. De même qu'eux, l'ordre fût contraint à céder peu à peu le terrein, en se reti-
rant d'abord à Margat et puis à St. Jean d'Acre.
Toute cette terre fut baignée mille fois de son sang.
Enfin, épuisé par les pertes qu'il faisait dans les
combats journaliers avec des ennemis infiniment
supérieurs en nombre, l'Ordre des Hospitaliers dut
s'exiler de sa terre natale et se retirer à Lissimo
dans l'isle de Chypre. Son existence dans cette isle
était triste et précaire. Le grand Foulques de Vil-

laret conquit celle de Rhodes. Le seul nom de cette
isle rappelle tant de vertus éclatantes, tant de hauts
faits de valeur et de courage, un si grand nombre
de services importans rendus à la chrétienté, à ses
Puissances et à ses nations, que l'imagination se
plaît à se les retracer. Les peuples témoignèrent à
l'Ordre souverain de Rhodes toute l'admiration et
l'estime qui lui était dûe, et les princes et pontifes,
en lui prodiguant leur générosité, ne crurent qu'être
reconnaissans.

Nous serions prolixes, si nous entrions en détail sur la glorieuse défense que fit de cette isle l'illustre Grand-Maître d'Aubusson. Il suffit de la citer, ainsi que celle non moins belle mais moins
heureuse faite par l'immortel Villiers de l'Isle-Adam.
Dieu permit alors, pour accomplir ses desseins im-
pénétrables, qu'on vit parmi les chevaliers le premier traître. Que n'a-t-il été le dernier!

Après la retraite de Rhodes, l'Ordre était long-
tems errant, mais non abattu. Il semblait que le
ciel avait voulu tirer de là ce grand homme, pour,
après avoir éprouvé, pendant des années, son courage, sa constance et les vertus qu'il déploya dans
le gouvernement de l'Ordre incertain et abandonné,
le placer dans une situation plus propre à la défense de l'Europe et à prouver de nouveau à la chrétienté, qu'il n'avait rien perdu de ses droits à l'estime et à la gloire. Ce fut alors, que l'Empereur
Charles V. doué d'une sagesse rare et d'un coeur
magnanime, et non moins touché par les vertus
éminentes de l'Isle-Adam que persuadé de l'utilité
dont l'Ordre, avantageusement placé, pouvait être
encore à l'Europe et particulièrement à ses états,

le tira de son inactivité forcée, et lui donna en toute souveraineté en 1530 l'isle de Malthe.

Les annales de l'Ordre sont remplies des belles actions par lesquelles les chevaliers de Malthe se sont illustrés en tant d'occasions et particulièrement dans le long siége où La Valette défendit si vaillamment cet écueil contre toutes les forces de l'Empire ottoman. Un devoir moins brillant, mais dont l'utilité précieuse était de tous les jours, de tous les instans, les appelait à couvrir l'Italie et l'Europe contre les armes des Infidèles, et ils la couvrirent! à protéger les côtes et les isles de la Méditerranée et avec elles le commerce des peuples européens, et ils les protégèrent avec constance et efficacité! Dans toutes les saisons, les bâtimens de l'Ordre parcoururent assidûment la mer et parvinrent à détruire les escadres des pirates barbaresques et à les forcer à ne plus oser se mesurer avec eux. Dès là ils furent réduits à des armemens plus faibles et à ne pouvoir exercer leurs brigandages qu'avec des bâtimens légers aussi propres à fondre sur les marchands désarmés qu'à fuir à l'aspect du pavillon de l'Ordre; et le seul bruit de la sortie de nos vaisseaux du port de Malthe suffisait pour les faire rentrer précipitamment dans les leurs. C'est ainsi que l'Ordre assurait la navigation et le commerce d'une grande étendue de la Méditerranée. Ce service, cette utilité réelle a été rendu constamment de sa part jusques dans les derniers instans de sa possession de Malthe; et encore la veille même de l'aggression malheureuse de 1798 une des escadres de l'Ordre était rentrée avec une prise faite sur des corsaires africains.

Les chevaliers de l'Ordre de St. Jean n'étaient pas moins prompts à se prêter à tout ce que les Puissances de l'Europe pouvaient réclamer d'eux. Jamais ces Puissances n'ont tenté d'entreprise contre les ennemis communs du nom chrétien et de leur sûreté, sans qu'ils y aient pris part; et pour rappeler seulement quelques exemples qui ne sont point trop éloignés, on se bornera à citer ici, qu'on les a vus sous Tunis avec les forces navales de Louis XIV., sur le Danube pour le service de l'Empereur Charles VI., et devant Alger pour celui de Charles III., roi d'Espagne.

Nous croyons pouvoir nous dispenser d'indiquer, de quelle manière l'Ordre remplissait son premier devoir institutif, l'hospitalité. On sait avec quelle charité, avec quel dévouement il s'en acquitta en Palestine et à Rhodes, et tous les navigateurs de la Méditerranée ont eu des preuves des soins et de l'accueil avec lesquels les chevaliers Hospitaliers de St. Jean recevaient dans leur vaste hôpital à Malthe et y soignaient indistinctement tous les malades de quelque nation, de quelque religion qu'ils fussent, et de quelque infirmité qu'ils pouvaient être atteints. Ce n'était pas seulement au rétablissement de la santé individuelle que l'Ordre ouvrait ses hôpitaux, mais il s'intéressait tout-autant à la conservation de la santé publique. Il avait à cet effet établi un lazaret commode et bien entendu, qui servait de barrière à ce fléau terrible qui si souvent désole l'humanité, et l'Ordre peut se flatter d'en avoir préservé maintefois l'Italie et peut être même l'Europe.

Tel étoit l'Ordre à Malthe, et tel il y serait encore, digne de la bienveillance des princes et des nations, si le tems n'avait pas amené cette époque

malheureuse, où la subversion de tous les principes
moraux, causée par des maximes soi-disant philo-
sophiques, n'avait point déchiré les liens les plus
sacrés comme les plus nécessaires au maintien de la
sûreté. L'Ordre de St. Jean, d'institution religieuse,
noble et militaire, ne put être préservé de ce poison
que la révolution dirigeait principalement vers ces
corporations. Dès lora, ni la sagesse de ses lois, ni
le bon usage qu'il faisait de ses moyens, ni les services qu'il rendait à l'Europe, ni sa rigoureuse neutralité, ni enfin les mers qui séparaient son siége du
foyer révolutionnaire, ne purent l'en garantir. L'Ordre, comme d'autres Etats, eut malheureusement des
sujets perfides, et (ce que la postérité aura peine à
croire) un nombre à la vérité petit, mais trop grand
par son infame activité et trop puissant par son influence, des chevaliers mêmes, oubliant leurs ser-
mens et les devoirs de la reconnaissance, agitèrent
en mille façons un peuple imprudent et crédule, qui
à l'arrivée de l'ennemi commun se souleva contre son
gouvernement bienfaisant et paternel, qui l'avait
fait fleurir depuis près de trois siècles. Ces traîtres,
baignés du sang de leurs frères qu'ils avaient fait mas-
sacrer par les soldats trompés ou séduits, vendirent
la défense, le salut de l'Islé, sept siècles de gloire,
et l'honneur même de leur nation, en livrant la place. Non, un malheur de cette espèce ne sera pas,
aux yeux de la juste postérité, une tache pour un
Ordre en tout tems si jaloux de sa réputation et si
délicat sur son honneur, qu'il avait conservé si long-
tems à l'abri de tout reproche! Bien différent était
certainement l'esprit de l'Ordre en général, comme
celui du Grand-Maître, qui, pas plus de trois mois
avant cette funeste catastrophe, avait eu occasion de

se convaincre de la fidélité, du zèle et de l'ardeur de ses chevaliers et des habitans de l'isle. Et plein de confiance dans le témoignage de ces sentimens qu'il devait croire à l'abri de tout soupçon, il se persuada que les ordres qu'il donnait, à l'approche du danger, pour la défense de la place, comme pour le maintien de la tranquillité publique, auraient été pleinement exécutés, et que chacun aurait rempli la tâche ou le poste qui lui avait été désigné. Le premier soussigné, qui a été malheureusement témoin oculaire de tout ce qui se passa à Malthe en cette occurrence funeste, peut attester sur son honneur, d'avoir vu et entendu les chevaliers de tout âge et de toute nation montrer par leur contenance et leurs paroles, qu'ils étaient prêts et brûlaient d'ardeur de signaler leur courage pour défendre la mère commune jusqu'à la dernière goutte de leur sang, et de rendre, à l'instar de leurs prédécesseurs, leurs noms dignes de l'immortalité. On ne pouvait voir un plus bel enthousiasme. Les malheureux, ils furent trahis! Qu'on nous pardonne cette digression que nous arrache un souvenir à jamais douloureux.

Le chef de l'Ordre, après ce fatal évènement, dut abandoner Malthe, et il se rendit à Trieste, où, dès son arrivée, il organisa, autant que les circonstances pouvaient le permettre, le couvent et un conseil provisoire de l'Ordre. Quelques mois après il abdiqua la Grande-Maîtrise. L'Empereur Paul I. de glorieuse mémoire, accepta cette dignité et il établit le conseil de l'ordre de St. Jean de Jérusalem dans sa capitale de St. Pétersbourg. Son glorieux successeur employa sa haute influence, pour que l'Ordre pût avoir un chef, un Grand-Maître reconnu par toutes les Puissances, et cet auguste Monarque daigna conserver à l'illustre Ordre l'honneur et l'avantage précieux de sa puissante protection.

Jean Baptiste Tommasi, l'un des membres les plus méritoires de l'Ordre, fut nommé Grand-Maître par sa Sainteté Pie VII actuellement régnant; et toutes les Puissances le reconnurent. Il résidait en Sicile, et ce fut là qu'il établit, aussi régulièrement que les circonstances le permirent, le conseil et le couvent. Tous les prieurés de l'Ordre, exceptés ceux de la France, furent en correspondance avec lui. Après son décès, survenu en 1805, le conseil d'Etat de l'Ordre nomma d'abord un lieutenant du Magistère; et comme les chevaliers qui se trouvaient au couvent, n'étaient pas en nombre suffisant pour pouvoir procéder à l'élection d'un Grand-Maître en suivant ce que les statuts de l'Ordre prescrivent à cet égard, ils durent se borner à se réunir en assemblée générale pour désigner un candidat pour cette dignité, et le présenter, pour cette fois, à la confirmation du Souverain Pontife. Mais Sa Sainteté, en approuvant tous les autres actes émanés par le couvent, trouva dans sa sagesse de différer cette approbation. En conséquence, elle laissa continuer les rênes du gouvernement de l'Ordre dans les mains du lieutenant du Magistère et du sacré conseil, en leur décernant les points d'autorité et les facultés nécessaires. Cet ordre provisoire des choses fut notifié à toutes les puissances et à tous les prieurés où l'Ordre était conservé.

Ce résumé, tiré des annales de l'Ordre, prouve, que pendant l'espace de plus de sept cents ans il n'a pas cessé un instant d'exister, d'exercer les points principaux de son institution utile, de conserver ses principes constitutifs et de bien mériter de toute l'Europe. Si d'après ces considérations, les hautes Puissances aujourd'hui assemblées, veulent bien; en lui continuant leur généreux appui, donner à l'Ordre de St. Jean de Jérusalem un emplacement convenable, lui restituer la partie de ses biens qui en serait susceptible, et l'aider, au moins pour les premières années, des moyens nécessaires pour fournir aux dépenses de son établissement et à la reprise de ses croisières contre les pirates, il est certain qu'il pourra de nouveau rendre les mêmes services, les mêmes avantages, qu'il a rendus en d'autres tems et en d'autres lieux.

L'histoire nous apprend que depuis les tems les plus anciens, les mers ont été troublées par des pirates, et qu'ils n'ont jamais pu être reprimés qu'au moyen d'efforts extraordinaires, et cela pour peu de durée; vraisemblablement parce qu'alors il n'y avait pas d'institutions semblables à celle de l'Ordre de St. Jean; et ce qui vient à l'appui de cette supposition, c'est qu'aujord'hui la Méditerranée surtout en parait plus infectée que lorsque l'Ordre y avait son siége. Cela démontre, combien il serait désirable pour toutes les nations, qu'il pût de nouveau y exercer sa vigilance et son activité. L'Ordre n'entend pas de vouloir y faire une guerre de religion; a cet égard les circonstances d'aujourd'hui ne sont plus les mêmes qu'autrefois. En y protégeant le commerce et la navigation, il voudrait briser les fers des Chrétiens qui gémissent dans l'esclavage, et préserver d'autres de cette calamité. Et pour mettre derechef l'Ordre à même de rendre ce service important, il ne serait pas nécessaire de fournir à sa disposition de très-grands moyens. Les biens qui lui restent, ceux qui pourraient lui être rendus, quelques secours, pour ainsi dire, collectifs, qu'il ose espérer d'obtenir des Puissances protectrices, au moins pour les premiers tems, seraient suffisans; et le dévouement de ses chevaliers, leur noble ambition et leur desir de bien mériter du salut public, suppléeraient à ce qu'on pourrait souhaiter de plus, pour parvenir à atteindre le degré d'utilité et la célébrité de leurs ancêtres.

L'Ordre de St. Jean présente d'ailleurs encore un autre avantage, qui lui est particulier. Il est de sa nature une école de navigation et de valeur militaire. Les grands hommes qu'il a fournis, même dans les derniers tems, à leurs souverains, tant dans la carrière militaire que civile ou politique, sont trop connus, pour qu'on ait besoin de les nommer.

Nous croyons également pouvoir nous dispenser de nous étendre sur la convenance et les avantages de la neutralité constitutionnelle de l'Ordre, dont nous avons déjà parlé. Ils sont si palpables pour le cas où l'Ordre obtiendrait un emplacement convenable et propre à être fréquenté par tous les navigateurs, qu'il serait superflu de vouloir les mettre ici en évidence. Les secours seraient toujours prêts, comme ils l'étaient à Malthe, au besoin des toutes les nations chrétiennes, et nos ports seraient leurs ports communs. L'hospitalité que l'Ordre pourrait y exercer de nouveau, indistinctement envers tous ceux qui en auraient besoin, comme dans ses tems les plus heureux, mérite aussi l'attention des ministres sages et philantropes. L'é-

tendue de son utilité serait naturellement en raison
de la convenance de notre emplacement; et le lazaret que l'Ordre y entretiendrait sur le modèle
de celui de Malthe, offrirait pour l'humanité un secours non moins bienfaisant.

En passant maintenant à la considération du
troisième principe constitutif de l'Ordre de St. Jean,
celui de la Noblesse, il est certain qu'il est du
plus grand comme du plus précieux intérêt, particulièrement dans les monarchies. Aussi dans tout
le cours de sa longue existence, l'Ordre a veillé
constamment à la conservation rigoureuse de ce principe. Toutes les nations qui y étaient admises, ne
peuvent qu'en rendre le juste témoignage. La Noblesse de nom et d'armes, que l'Ordre exige dans
ses preuves, et qui a tant contribué à sa réputation,
est celle que le pouvoir même ne saurait accorder,
mais que le mérite fondé et le tems seul consacré.
Elle est le plus ferme soutien des gouvernemens
monarchiques, et c'est un patrimoine d'honneur qui
harmonise merveilleusement avec leur autorité. On
a dit sagement: Point de Monarque, point de Noblesse; point de Noblesse, point de Monarque. On
pourrait sans doute s'étendre amplement sur cette
maxime, et citer maintes raisons qui en fondent la
vérité; mais on croit pouvoir d'autant plus s'en
dispenser, que ce mémoire s'adresse à des personnes qui sont toutes de cette première classe distinguée
de l'Etat et qui sont imbues non seulement de la nécessité que le trône a, de la conserver dans toute sa
pureté, mais de lui décerner constamment son appui
et ses faveurs. D'après cela on ne peut que regret-
ter que les principes subversifs qui ont dominé dans

ces derniers tems, aient porté une si vive atteinte au lustre comme au respect qui de tout tems ont été le partage de la Noblesse. Un autre résultat amené par les mêmes circonstances, est la spoliation, la perte de la plus grande partie des établissemens et des ressources si sagement fondées par nos ancêtres pour pourvoir les cadets des familles d'une existence convenable à leur naissance. Et il est certain que le rétablissement de l'Ordre de St. Jean fournirait encore aujourd'hui pour eux des moyens précieux. Il ne contribuerait pas moins à relever et donner une nouvelle splendeur à la noblesse, en ce qu'il est très-essentiel que dans tous les états, où elle est établie, elle paraisse à tous les yeux sous les mêmes formes et, pour ainsi dire, sous les mêmes traits et couleurs. Il faut donc un modèle, un type commun, et l'Ordre de St. Jean de Jérusalem, qui possédait dans son sein l'élite de la Noblesse de l'Europe, a toujours été considéré comme étant particulièrement le gardien de ce précieux dépôt.

Après avoir démontré brièvement, comment l'Ordre n'a pas cessé d'être digne de faire encore une partie du corps politique de l'Europe et de servir au bien-être général, nous exposerons avec non moins de vérité, qu'il n'est pas, comme on pourrait le croire, dépourvu des moyens, pour continuer cette honorable carrière. En désignant ceux dont il n'a point cessé d'être en possession, nous citerons également ceux dont il peut *espérer la restitution immédiate de* la magnanimité et justice des souverains; et ceux que *l'avenir promet de lui amener.*

L'Ordre jouit dans ce moment de *ses anciennes possessions en Sicile et en Sardaigne.* Celles qui lui appartenaient dans le *prieuré de Rome* ont déjà été restituées dans la presque-totalité. Il en a été de même dans les duchés de *Parme* et de *Plaisance*. Celles qu'il possède dans le grand-prieuré de *Bohême*, sous la domination de l'Auguste Empereur d'Autriche, sont intactes. Voilà ce que l'Ordre possède en ce moment.

Plein de confiance dans les sentimens généreux et équitables qui caractérisent le Monarque vertueux qui vient de récupérer les *Etats de Venise* et de la *Lombardie*, l'Ordre ose se persuader d'obtenir la restitution de la partie de ses biens qui y ont été conservés par leur réunion aux domaines du ci-devant royaume d'Italie. Il peut sans doute nourrir là même persuasion à l'égard de ses anciennes propriétés dans le *prieuré de Pise*, rentré sous la domination d'un prince aussi sage que vertueux et qui a été rendu à la Toscane comme un gage assuré du renouvellement de ses jours heureux.

Quant aux biens de l'Ordre en *Espagne*, on ne peut pas dissimuler que par la guerre désastreuse qui a désolé ce royaume, plusieurs Commanderies ont dû beaucoup souffrir; mais il n'est pas moins vrai, qu'elles existent encore toutes, et que l'Ordre peut se flatter avec raison, que par la volonté du Monarque, assis sur ce trône qui lui a toujours prodigué ses grâces et ses faveurs, elles lui seront rendues, et qu'à l'instar de ses ancêtres, ce Monarque protecteur des institutions religieuses, ne se bornera pas vis-à-vis de l'Ordre à ce seul bienfait.

L'Ordre ayant joui en tout tems de la haute protection du prince magnanime qui gouverne le

Portugal, pouvons-nous craindre la perte des commanderies qui ont été conservées par ce prieuré avec tant de zélé et de vigilance!

A combien d'heureuses et justes espérances notre coeur ne s'ouvre-t-il pas, en portant nos regards vers cet *Auguste Empereur* *) qui avec une grandeur d'ame dont les annales de l'Ordre ne fournissent que bien peu d'exemples, s'est déclaré solennellement son protecteur et son soutien! Il n'y a rien que nous ne puissions attendre de sa générosité; et c'est sans doute en ce moment qu'il daignera nous en faire éprouver les puissans effets.

Et cette *grande nation* **) qui de tout tems a si bien mérité de l'humanité, et qui dans les circonstances actuelles s'est acquis de si grands droits à la reconnaissance de l'Europe entière par les efforts prodigieux et les sacrifices immenses qu'elle a faits pour lui procurer la paix et sa liberté — ne partagera-t-elle pas à l'Ordre de St. Jean de Jérusalem ses sentiments généreux avec lesquels elle vient au secours de tant d'autres qui ont été frappés par les évènemens et qui certainement n'ont pas plus de droits à ses égards et (nous osons le dire) à sa justice. N'aimera-t-elle pas mieux renouveler avec lui ses anciennes liaisons qui augmenteraient sa sûreté, sa force et sa gloire!

Et ce *Louis* tant desiré, rendu au trône de ses ancêtres pour le bonheur de son peuple, ne rendra pas vaines les espérances que l'Ordre fonde sur lui à tant de titres. Quoique malheureusement il ne

*) Von Rußland. A. d. H.

**) England. A. d. H.

reste dans l'étendue de son royaume que peu de ses propriétés non aliénées ou non vendues, et que douloureusement il paroît, que ses intentions libérales ne pourront pas avoir de sitôt un effet bienfaisant pour l'Ordre, un jour arrivera pourtant, et nous espérons qu'il n'est pas très-éloigné, où la France sera rendue à ce bonheur et à cette tranquillité qui permettra à son Monarque d'être, comme ses prédécesseurs, un des principaux soutiens et protecteurs de l'Ordre, que sa noblesse a tant illustré.

La Bavière, de même que la Prusse, ainsi que d'autres Couronnes, excitées par de si beaux exemples, ne dédaigneront pas de concourir, comme dans les tems passés, à notre régénération et à notre entretien.

La Suède et le Danemarc, qui ont offert à l'Ordre, lors de sa dernière existence active, des subsides considérables pour qu'il se chargeât de convoyer leurs bâtimens dans la Méditerranée et d'y protéger leur commerce, pourraient renouer cette négociation, qui fournirait à l'Ordre un moyen de plus pour remplir sa tâche.

Il est certain d'ailleurs que le lieu même de notre établissement nous offriroit plus ou moins de revenus selon sa nature et sa capacité, dont l'Ordre profiterait avec modération et sagesse. Mais c'est là un point qui doit être entièrement abandonné à notre autorité législative, qui recherchera et fixera les ressources qu'on peut tirer du sein même de l'Ordre. Les plus sûres, les plus honorables, et peut-être les plus productives, sont celles qui proviennent d'une sage économie, d'une administration attentive, enfin du zèle et de l'amour de la cause publique dont nous espérons de voir tous les membres de l'Ordre vivement pénétrés.

Il faut enfin parler du dernier, mais très-important objet — du lieu de notre établissement futur. Nous respectons trop les droits de chaque Souverain et ceux de la confédération entière pour oser en désigner aucun. C'est aux Monarques mêmes et à leurs sages représentants, qui connaissent parfaitement les intérêts de tous les Etats et ce dont on peut disposer pour compenser les pertes faites par chacun d'eux, à examiner et déterminer avec la pénétration et la maturité qu'ils déploient dans toutes leurs opérations, quel est l'endroit le plus convenable pour le rétablissement du siège de l'Ordre.

Nous indiquerons seulement à peu près les qualités qu'un tel établissement devrait avoir, pour que nous puissions encore nous y rendre utiles. Il faudrait qu'il ne fût pas trop éloigné du centre de la Méditerranée; il devrait avoir un port sûr et capable de contenir toute espèce de bâtimens, tant des nôtres que des Puissances amies, soit de guerre, soit marchands, qui seraient dans le cas d'y aborder. Il y faudrait en outre un emplacement convenable pour un arsenal et un autre pour un lazaret aussi utile que nécessaire, non seulement pour nous, mais pour l'humanité en général. Il serait également indispensable d'y trouver, surtout dès les premiers momens, une sûreté suffisante pour ne pas être exposé à des insultes; enfin de quoi loger le personnel en général de l'Ordre, si non commodément, du moins à l'abri de l'intempérie des saisons. Une église, un hôpital au moins provisoire, font de l'essence de notre institut.

L'Ordre ne demande pas de grandes choses. Il suffit de n'être pas dans la nécessité de poser la première pierre; ce qui épuiserait ses moyens, et l'empêcherait de se livrer à ce qui fait l'objet de son institution.

Nous ne pouvons pas terminer cet écrit sommaire, sans y observer et déclarer avec la franchise dont nous faisons profession, une chose liée si essentiellement à l'honneur et à la dignité de l'Ordre ainsi qu'à ses devoirs. C'est que, quel que pourrait être le chef-lieu que la volonté et le concours des Hautes Puissances assignerait à l'Ordre, il faut que celui-ci y soit indépendant et libre comme autrefois; qu'il y jouisse de tous les droits et prérogatives de la souveraineté et de tous ses anciens privilèges; qu'il puisse y professer sa religion catholique romaine; envoyer des ministres et des agens de tout rang près des puissances; entretenir avec elles des rapports politiques et commerciaux; faire observer, pour le maintien de sa neutralité constitutive, les lois et les règlemens qu'il a suivis pendant plusieurs siècles sur l'admission dans ses ports des bâtimens armés des diverses nations en paix ou en guerre; enfin que l'Ordre n'y soit jamais qu'à des conditions honorables et conformes à la nature d'un état souverain, tel qu'il a toujours été à Rhodes comme à Malthe.

Après avoir exposé, quelle a été l'origine de l'Ordre de St. Jean de Jérusalem, quelles sont ses principales institutions et ses principes; comment, en les observant avec exactitude, il s'était élevé au haut degré de sa gloire; comment il a mérité et obtenu de toute part les honneurs, privilèges et bienfaits dont il était enrichi; comment, toujours fidèle à ses institutions et principes même au milieu de ses revers, il a été accueilli dans ces derniers tems malheureux sous l'égide et la protection d'un puissant et généreux monarque qui a prolongé son existence; comment il pourrait être derechef utile à toute l'Europe, pourvu qu'il fût placé de nouveau dans un lieu convenable; et enfin, comment il n'est pas entièrement dénué de moyens pour reprendre l'exercice de son illustre profession, particulièrement si les Puissances protectrices voudraient bien l'aider dans le commencement de sa nouvelle carrière selon ce qu'elles daigneraient déterminer à cet égard; il ne nous reste que de nous adresser avec pleine confiance aux Ministres plénipotentiaires de ce Congrès général, pour les prier très-instamment de bien vouloir adopter la maxime de sa conservation et en conséquence, de la restitution de toutes celles de ses propriétés qui dans les circonstances actuelles en seraient susceptibles. — Nous croyons, relativement à cette restitution de biens, devoir exposer encore avec vérité, que très certainement la partie qui en est située dans chacun des Etats respectifs, est de bien peu d'importance; qu'il en est de même de la faible portion de leur revenu que, pour l'entretien du gouvernement de l'Ordre, les commandeurs respectifs payent au trésor commun; de manière que presque la totalité de leur produit est pour les cadets des familles nobles une ressource, une récompense, qui les met d'autant mieux à même de servir plus utilement leur Souverain.

C'est à l'appui de ces considérations réunies, que nous supplions tous les Ministres en général et chacun d'eux en particulier, de vouloir bien mettre aux pieds de leurs augustes Monarques les ferventes prières que nous leur adressons, pour qu'il leur plaise, de prendre de nouveau l'illustre Ordre de St. Jean de Jérusalem sous leur puissante protection, de l'encourager par leurs faveurs et bienfaits, en un mot de soutenir, comme autrefois, son destin et sa gloire.

Finalement, comme par la séparation actuelle des langues et la dispersion des chevaliers, ceux qui se trouvent réunis au *couvent de l'Ordre siégeant à Catane en Sicile*, ne sont pas suffisamment nombreux et qualifiés pour pouvoir y procéder légalement à l'élection d'un Grand-Maître, nous ne pouvons qu'implorer de même les Ministres plénipotentiaires, d'employer leurs bons offices près de leurs augustes Souverains, pour qu'en cas de la réalisation si ardemment desirée du rétablissement de l'Ordre de St. Jean, ils daignent *solliciter le Souverain Pontife* comme chef de tous les Ordres religieux, *de nommer* (pour cette fois seulement, et sans préjudice aux droits et privilèges de l'Ordre) son *Grand-Maître*, afin que la réorganisation statutaire de l'Ordre n'éprouve aucun retard.

Plein de confiance dans le généreux et magnanime appui des augustes Souverains et de leurs sages représentans, et non moins pénétré de la plus respectueuse et vive reconnaissance pour tous les bien-faits dont il a déjà joui et dont il espère à si juste titre la continuation, l'Ordre de St. Jean de Jérusalem voue, de ce moment même, au service, à l'utilité et à la gloire de ses Protecteurs, ses travaux, ses soins et ses biens, même le sang et la vie de ses chevaliers, qui, stimulés par sept siècles de gloire et de vertu de leurs prédécesseurs, dirigeront tous leurs efforts

pour mériter, comme eux, la considération et l'estime générale qui les honoraient.

Vienne le 20. septembre 1814.

Le Bailli Miari.
Le Commandeur Berlinghieri.

V.

Ansicht über die künftigen staatsrechtlichen Ver-hältnisse des unmittelbaren ReichsAdels in Teutschland *).

§. 1.

Der unmittelbare ReichsAdel in Teutschland war von jeher ein mitconstituirender Stand des teutschen Reichs. In allen ReichsGrundgesetzen wird er dafür anerkannt, und den übrigen Reichsständen gleich gestellt. Die glücklichen Ereignisse der neuesten Zeiten und die dadurch erfolgte Aufhebung des Rheinbundes haben nun kräftig und laut ausgesprochen, daß alles das, was seit jenem Zeitraum von acht kummervollen Jahren den unterdrückten teutschen Reichsständen und dem solchen gleichgeachteten immediaten ReichsAdel gesetzwidrig entzogen worden ist, wieder zurück erstattet werden solle.

Der Verlust, den der teutsche ReichsAdel erlitten hat, gründet sich hauptsächlich bloß auf die bekannte Napoleon'sche Ordre du jour, und es mangelt ihm eben daher jeder Schein einer RechtsVerbindlichkeit.

*) Auf dem Congreß gedruckt, auf 29 Seiten in gr. 4., unter der Jahrzahl 1814, ohne Angabe des Druckortes, übergeben.

§. 2.

Nach diesem Grundsatz hat derselbe das Recht, die Wiederherstellung nachfolgender persönlichen Rechte zu verlangen:

1. Vollkommene persönliche Freiheit.
2. Persönliche Achtung und Rang.
3. Privilegirter Gerichtsstand.
4. Autonomie.
5. CorporationsRecht.
6. Freiheit von den persönlichen Abgaben.

Als dingliche Rechte hat er anzusprechen:

7. JurisdictionsAusübung über die ihm angehörigen Unterthanen.
8. Den ganzen Umfang der PolizeiGewalt.
9. Die Direction der LandesVertheidigungsAnstalten, des Einquartierungswesens ꝛc. ꝛc.
10. Die Normirung der Schatzungen.
11. Die OberKirchenherrlichkeit und das Patronats Recht.
12. Gänzliche Schatzungsfreiheit von den Liegenschaften, und
13. die Erhebung seiner ehemaligen Abgaben nach den Bestimmungen der vorzulegenden Rechnungen vor dem Jahre 1806.

§. 3.

Hierin würde der ganze Umfang der von dem immediaten ReichsAdel anzusprechenden Restitution liegen, und wenn er alle diese Rechte wiederhergestellt erhielte, so würde er in denjenigen rechtlichen Zustand wieder zurückgesetzt werden, in welchem er sich vor der traurigen Katastrophe von 1806 befand. Er hat ein volles Recht auf diese Restitution, und er vertraut zu sehr auf die tiefe Einsichten und große Gerechtigkeitsliebe der erhabnen Leu-

ker des Schicksals von Teutschland, als daß er nicht nach
dem schon so oft und laut ausgesprochenen Grundsatz der
Wiederherstellung solche sicher erwarten sollte, da die
Gleichheit der Rechte allenthalben erfordert, daß nicht
ein Stand allein — und namentlich der immediate Reichs
Adel — alles verlieren, alles aufopfern und ganz vertilgt werden solle, während dem die Könige und Fürsten
ganz allein eben dadurch größer und mächtiger gemacht
werden. Durch die verlorne reiche teutsche Erzstifter und
Stifter hat derselbe einen weit größeren Verlust, als alle übrigen Reichsstände erlitten.

§. 4.

Sollte inzwischen die Weisheit der erhabenen Organisatoren von Teutschland was anders über den teutschen ReichsAdel beschlossen haben; sollten zur Befestigung
der teutschen Constitution, zu ihrer Vereinfachung, zur
Erreichung einer kräftigern und concentrirtern Umschaffung
derselben andere Maßregeln nothwendig seyn; sollte die
zerstreute Lage der ausgedehnten Besitzungen des immediaten ReichsAdels hierbei entscheiden, so wird er sich
zwar der gebietenden eisernen Nothwendigkeit unterwerfen; jedoch glaubt er im äußersten Falle nie zu größeren
Entbehrungen und Beschränkungen sich hergeben zu müssen, als in den nachfolgenden submissesten Vorschlägen
enthalten sind.

§. 5.

Der immediate ReichsAdel geht immer von dem Grundsatze der gänzlichen Restitution aus, das heißt:

Er spricht den ganzen Umfang seiner vorherigen Berechtigungen als constituirendes Mitglied des teutschen Reiches

ohne Ausnahme an, und erhält sich hierdurch

seine vormalige Unmittelbarkeit rein und unversehrt.

Die weiters denkbaren, von dem unerbittlichen Gesetz der Nothwendigkeit dictirt werdenden Beschränkungen würde er sich nur dermassen können gefallen lassen:

daß er sich verwilliget, an die künftigen Fürsten des föderativen teutschen StaatenVereins einzelne Rechte vertragsweise zu überlassen.

§. 6.

Diese vertragsweise zu übertragenden Rechte würden in nachfolgenden bestehen:

1. In der persönlichen JurisdictionsAnerkennung;
2. in der Einräumung der Aufsicht über die Justizverwaltung erster Instanz;
3. in der Ueberlassung der zweiten Instanz;
4. der hohen Polizei;
5. der LandesVertheidigungsAnstalten und Kriegsverhältnisse;
6. des Schatzungsbezugs;
7. der OberKirchenherrlichkeit, und
8. der freiwilligen Unterwerfung zu künftigen Schatzungsabgaben von den Liegenschaften nach einem billigen Maasstab;

jedoch alles lediglich nach den weiter unten vorkommenden näheren Bestimmungen.

§. 7.

Der Ueberblick des Ganzen, und die bei jedem einzelnen Gegenstande besonders vorkommenden Modificationen werden sich am deutlichsten darstellen, wenn man hier die sämmtlichen Gegenstände, deren Restitution der immediate ReichsAdel zu verlangen berechtiget ist, einzeln aufführt, und jeden Punkt mit ganz kurzen Bemerkungen begleitet.

§. 8.

Ehe man zu dieser Enumeration fortschreitet, muß man vor allen Dingen den Hauptgrundsatz vorausschicken:

> Es giebt in Teutschland künftig keine unbedingte und absolute Souveränität mehr; was ehedem Landeshoheit hieß, wird nunmehr mit verändertem Namen Souverainität genannt; sie ist einzig und allein eine gesetzlich eingeschränkte, einer höhern Sammtgewalt untergeordnete, durch einen sehnlichst gehofften teutschen Kaiser, durch Landstände und ein höchstes Reichsgericht bewachte und beschützte Oberherrlichkeit.

> Hierdurch wird die mühsame Untersuchung welche Rechte sind mit der Souverainität vereinbarlich oder nicht?

beseitigt.

> Hierdurch wird das so höchst gefährliche UniformirungsPrincip, welches in dem ehemaligen Rheinbund so viel Unglück und Ungerechtigkeit herbeigeführt hat, außer Thätigkeit gesetzt; hierdurch wird endlich die von den Völkern so laut ersehnte Verantwortlichkeit der Minister und der nächsten Umgebungen der Fürsten, welche man im Rheinbund auch dem Namen nach nicht mehr kannte, zur allgemeinen Beruhigung wieder geweckt.

§. 9.

Rechte des unmittelbaren ReichsAdels.

A. Persönliche.

Persönliche Freiheit.

1) Spricht der unmittelbare ReichsAdel die höchste persönliche Freiheit im Staate aus.

Derselbe ist zwar ein Staatsangehöriger; allein er stehet unter dem Gesetz, nicht aber unter der Willkühr des Souverains.

Das Gesetz und die Unterwürfigkeit unter solches ist der Inbegriff seiner persönlichen Freiheit. Er und die Seinigen sind weder milizpflichtig, noch können sie zu Staats = und Hofdiensten oder Residenzhaltungen wider ihren Willen gezwungen werden. Ihnen muß die Wahl frei bleiben, wo sie in Teutschland wohnen oder dienen wollen. Der Bezug ihrer Revenüen darf ihnen von einem Land in das andere nicht erschwert oder verhindert werden. Sie sind keiner willkührlichen Verhaftung oder Bestrafung ausgesetzt, gegen welches sie das höchste ReichsTribunal oder die höchste ReichsGewalt in Schutz nehmen muß.

§. 10.

2. Persönliche Achtung und Rang.

Dem unmittelbaren ReichsAdel gehört diejenige äuf=sere Achtung und der Rang, welche ihm die vorige teut=sche Constitution angewiesen hatte. Dieß ist ein uraltes Erbtheil, ein kaum nennbares Ueberbleibsel für die Ver=dienste seiner Vorfahren um den Staat, welches ihm mit Recht nicht entzogen werden kann. Die Souverai=nitätsVerhältnisse haben hierauf gar keinen Einfluß, um so weniger, als die öffentliche Achtung derjenigen, die den Thron zunächst umgeben, den Glanz des Regenten selbst erhöhet.

§. 11.

3. Privilegirter Gerichtsstand.

Der dem unmittelbaren Adel unstreitig zustehende privilegirte Gerichtsstand ist eine Folge der ihm gebüh=renden öffentlichen Achtung. Ehedem stand er theils un=

ter den höchsten ReichsGerichten, theils gehörten die
nicht strittigen Gegenstände den Cantonen an.

Er unterwirft sich jetzt sowohl in Civil- als CriminalSachen der Gerichtsbarkeit der landesherrlichen Ober-
Behörden, und behält sich blos den Rekurs an das oberste ReichsGericht bevor; betrifft die Sache das Interesse des Souverains selbst, so erwächst sie sogleich an
das letzte oder ein drittes unpartheiisches Gericht. Es
ist ein uraltes Recht des hohen und niedern teutschen
Adels, daß er von jeher von seines Gleichen sich richten zu lassen berechtigt war. Dieß liegt in der Natur
der Sache. Bei den alten Teutschen war es unmöglich,
daß der Leibeigene, der Knecht, den freien — seinen
Herrn richten sollte, und eben so unvereinbarlich ist es
in unsern Tagen, wenn der ehemalige unmittelbare
ReichsAdel sich nunmehr von seinem Beamten richten
lassen sollte, den er bezahlt, oder gar die Befehle seines
eigenen Schultheißen anzunehmen solle gezwungen seyn.
Auch diesem privilegirten Gerichtsstand sowohl in contentiosis als non contentiosis, wovon die letzte ohnehin künftig bei den RitterCantonen verbleiben werden,
tritt kein Souverainitätsrecht in den Weg, und es ist
deßwegen weit und breit kein Hinderniß vorhanden, warum dieses ritterliche Vorzugsrecht nicht erhalten werden
sollte.

§. 12.

4. Autonomie.

4. Ist
die Autonomie
ein uraltes Eigenthum des ehemaligen unmittelbaren
ReichsAdels, welches er ehedem gegen das Einbringen
der römischen Gesetzgebung durchgesetzt, und bisher mit
so vieler Beharrlichkeit behauptet hat.

Dieses Recht der Autonomie gründet sich auf das älteste teutsche Herkommen; in ihr sind die Ueberbleibsel des alten teutschen Rechts erhalten worden; wenn sie auch hart waren, jene alten teutschen FamilienGesetze, so waren sie dennoch zur Erhaltung der Geschlechter nothwendig; sie waren das einzige Mittel, welches den teutschen ReichsAdel so lange, und reiner, als keinen, im ganzen übrigen Europa erhalten hat, und ihre Existenz schreibt sich von jenen glücklichen Zeiten der teutschen Freiheit her, wo ein jeder das Recht, wornach er gerichtet seyn wollte, selbst wählen konnte, und wo der Teutsche ein erprobtes Herkommen weit höher schätzte, als ein seiner Nationalität und seinem Gefühle widerstrebendes fremdes Gesetz.

Bei den alten Teutschen war es ein Beweis des Besiegtseins, wenn eine Nation das Gesetz einer andern annehmen mußte; daher ihr Widerstreben gegen die römische, sonst so vortreffliche Gesetzgebung.

Durch die Autonomie hat sich der teutsche ReichsAdel nun fünfhundert Jahre und drüber erhalten; die Zeit hat dieses Recht geheiligt; nun hat man ihm die teutschen Stifter und Erzstifter, als die Quelle seines größten Reichthums, entzogen, und wenn man ihm auch noch Primogenitur, Majorate, Seniorate, die Verzichte der Töchter und die übrigen wohlthätigen Verordnungen seiner mit reifer Ueberlegung gemachten Hausgesetze nimmt, so werden die Güter versplittert, die Revenüen vertheilt, sein ganzer Wohlstand zerstört, und die allerreichsten Familien, aus denen noch vor kurzem Churfürsten und Fürsten in ganz Teutschland verehrt wurden, werden in wenigen Generationen, nach dem gewöhnlichen Gang der menschlichen Abwechslungen, an den Bettelstab gebracht seyn.

Auch der souveraine Staat ist verpflichtet, für die Erhaltung der verschiedenen Stände zu wachen, und es ist über seine Berechtigung, einen Stand zum Vortheil der andern zu unterdrücken.

Sobald daher der unmittelbare ReichsAdel seine jetzt schon bestehenden oder künftig zu machenden Familien-Gesetze dem Staat zur Kenntniß vorlegt, und sobald sie den Grundsätzen der allgemeinen teutschen Gesetzgebung nicht widersprechen, so hat derselbe ein erworbenes Recht auf ihre Erfüllung, und alle Gerichte eine vollkommene Verbindlichkeit, ihren Vollzug anzuordnen, ohne daß hiergegen irgend ein Einspruch denkbar ist.

§. 13.

5. Corporations- und Volksrepräsentations-Recht.

Die künftigen teutschen Souverainitäten werden durch Landstände beschränkt werden. Diese Landstände werden das Steuer-, das Schuldenwesen, das Abgaben-System, die Gesetzgebung theils gutächtlich, theils mitberathen, oder mit den Souverains gemeinschaftlich zu leiten haben. Weder die Wahl der Repräsentanten, noch die Zeit der Berathung, noch die Gegenstände der Deliberationen können von dem Willen des Souverains allein abhängig seyn, sondern sind theils ein Ausfluß freier Volkswahlen, theils Berechtigungen einzelner Stände, theils werden sie den Repräsentanten selbst durch ihre eigene Gewissenhaftigkeit und das Bedürfniß des Staates dictirt. Es ist daher nothwendig, daß in jedem Staat alle Stände, die zu dieser Repräsentation berufen sind, sich in Corporationen bilden. Der ehemalige unmittelbare ReichsAdel, als vorderster Stand von einem jeden SouverainetätsBezirk, in so fern er sich darin befindet; und als natürliches und gesetzliches Organ des Volks, muß daher dieses CorporationsRecht innerhalb des Bezirks derjenigen Souverainetät, welcher er angehört, als unerläßliches Mittel zum Zweck ansprechen, und es kann dieses CorporationsRecht nie für einen Status in statu, nie für ominos für den Staat, nie gefährlich für den Souverain angesehen werden, je mehr der ReichsAdel, als Meistbegüterter, bei der Erhaltung und Ruhe des Ganzen Interesse hat, und haben muß.

Der Souverain kann und darf die Formirung und Leitung dieser Corporation nicht hindern, und die Gerichte müssen sie handhaben.

§. 14.
Freiheit von persönlichen Abgaben.

6) Glaubt der ReichsAdel berechtiget zu seyn,
    die vollkommenste Freiheit von allen persönlichen
      Abgaben
ansprechen zu können.

Dieß folgt aus dem Princip der höchsten persönlichen Freiheit No. 1. Supra.

Er gehört zu den Constituenten des Staats, und eben deßwegen ist er hierzu berechtigt. Sein ganzes Leben ist dem Staat gewidmet; er wacht über die Gerechtsame des Volks; er vertheidigt das Vaterland bei allen Gefahren; er kann daher unmöglich in die Kathegorie gemeiner Bürger und Bauern gesetzt werden, und es ist gewiß ein kleiner sehr bescheidener Anspruch, wenn er von den unbedeutenden PersonalAbgaben, von den Communalkasten, die den Bürger und Bauer treffen, befreit seyn will, und sich hingegen einem billigen Maaßstab bei den RealBeschwerden nicht entzieht. Die Nachsteuer-

ker des Schicksals von Teutschland, als daß er nicht nach dem schon so oft und laut ausgesprochenen Grundsatz der Wiederherstellung solche sicher erwarten sollte, da die Gleichheit der Rechte allenthalben erfordert, daß nicht ein Stand allein — und namentlich der immediate Reichs Adel — alles verlieren, alles aufopfern und ganz vertilgt werden solle, während dem die Könige und Fürsten ganz allein eben dadurch größer und mächtiger gemacht werden. Durch die verlorne reiche teutsche Erzstifter und Stifter hat derselbe einen weit größeren Verlust, als alle übrigen Reichsstände erlitten.

§. 4.

Sollte inzwischen die Weisheit der erhabenen Organisatoren von Teutschland was anders über den teutschen ReichsAdel beschlossen haben; sollten zur Befestigung der teutschen Constitution, zu ihrer Vereinfachung, zur Erreichung einer kräftigern und concentrirtern Umschaffung derselben andere Maßregeln nothwendig seyn; sollte die zerstreute Lage der ausgedehnten Besitzungen des immediaten ReichsAdels hierbei entscheiden, so wird er sich zwar der gebietenden eisernen Nothwendigkeit unterwerfen; jedoch glaubt er im äußersten Falle nie zu größeren Entbehrungen und Beschränkungen sich hergeben zu müssen, als in den nachfolgenden submissesten Vorschlägen enthalten sind.

§. 5.

Der immediate ReichsAdel geht immer von dem Grundsatze der gänzlichen Restitution aus, das heißt:

Er spricht den ganzen Umfang seiner vorherigen Berechtigungen als constituirendes Mitglied des teutschen Reiches

ohne Ausnahme an, und erhält sich hierdurch

seine vormalige Unmittelbarkeit rein und unversehrt.

Die weiters denkbaren, von dem unerbittlichen Geſetz der Nothwendigkeit dictirt werdenden Beſchränkungen würde er ſich nur dermaſſen können gefallen laſſen:

daß er ſich verwilliget, an die künftigen Fürſten des föderativen teutſchen StaatenVereins einzelne Rechte vertragsweiſe zu überlaſſen.

§. 6.

Dieſe vertragsweiſe zu übertragenden Rechte würden in nachfolgenden beſtehen:

1. In der perſönlichen JurisdictionsAnerkennung;
2. in der Einräumung der Aufſicht über die Juſtizverwaltung erſter Inſtanz;
3. in der Ueberlaſſung der zweiten Inſtanz;
4. der hohen Polizei;
5. der LandesVertheidigungsAnſtalten und Kriegsverhältniſſe;
6. des Schatzungsbezugs;
7. der OberKirchenherrlichkeit, und
8. der freiwilligen Unterwerfung zu künftigen Schatzungsabgaben von den Liegenſchaften nach einem billigen Maasſtab;

jedoch alles lediglich nach den weiter unten vorkommenden näheren Beſtimmungen.

§. 7.

Der Ueberblick des Ganzen, und die bei jedem einzelnen Gegenſtande beſonders vorkommenden Modificationen werden ſich am deutlichſten darſtellen, wenn man hier die ſämmtlichen Gegenſtände, deren Reſtitution der immediate ReichsAdel zu verlangen berechtiget iſt, einzeln aufführt, und jeden Punkt mit ganz kurzen Bemerkungen begleitet.

§. 8.

Ehe man zu dieſer Enumeration fortſchreitet, muß man vor allen Dingen den Hauptgrundſatz vorausſchicken:

Es giebt in Teutſchland künftig keine unbedingte und abſolute Souveräinität mehr; was ehedem Landeshoheit hieß, wird nunmehr mit verändertem Namen Souverainität genannt; ſie iſt einzig und allein eine geſetzlich eingeſchränkte, einer höhern Sammtgewalt untergeordnete, durch einen ſehnlichſt gehofften teutſchen Kaiſer, durch Landſtände und ein höchſtes Reichsgericht bewachte und beſchützte Oberherrlichkeit.

Hierdurch wird die müheſame Unterſuchung
welche Rechte ſind mit der Souverainität vereinbarlich oder nicht?
beſeitigt.

Hierdurch wird das ſo höchſt gefährliche UniformirungsPrincip, welches in dem ehemaligen Rheinbund ſo viel Unglück und Ungerechtigkeit herbeigeführt hat, auſſer Thätigkeit geſetzt; hierdurch wird endlich die von den Völkern ſo laut erſehnte Verantwortlichkeit der Miniſter und der nächſten Umgebungen der Fürſten, welche man im Rheinbund auch dem Namen nach nicht mehr kannte, zur allgemeinen Beruhigung wieder geweckt.

§. 9.

Rechte des unmittelbaren ReichsAdels.

A. Perſönliche.

Perſönliche Freiheit.

1) Spricht der unmittelbare ReichsAdel
die höchſte perſönliche Freiheit im Staate an.

Derfelbe ift zwar ein Staatsangehöriger; allein er ftehet
unter dem Gefetz, nicht aber unter der Willführ des Souverains.

Das Gefetz und die Unterwürfigkeit unter folches ift
der Inbegriff feiner perfönlichen Freiheit. Er und die
Seinigen find weder milizpflichtig, noch können fie zu
Staats = und Hofdienften oder Refidenzhaltungen wider
ihren Willen gezwungen werden. Ihnen muß die Wahl
frei bleiben, wo fie in Teutfchland wohnen oder dienen
wollen. Der Bezug ihrer Revenüen darf ihnen von einem
Land in das andere nicht erfchwert oder verhindert werden.
Sie find keiner willführlichen Verhaftung oder Beftrafung
ausgefetzt, gegen welches fie das höchfte ReichsTribunal
oder die höchfte ReichsGewalt in Schutz nehmen muß.

§. 10.

2. Perfönliche Achtung und Rang.

Dem unmittelbaren ReichsAdel gehört diejenige äuf-
fere Achtung und der Rang, welche ihm die vorige teut-
fche Conftitution angewiefen hatte. Dieß ift ein uraltes
Erbtheil, ein kaum nennbares Ueberbleibfel für die Ver-
dienfte feiner Vorfahren um den Staat, welches ihm
mit Recht nicht entzogen werden kann. Die Souverai-
nitätsVerhältniffe haben hierauf gar keinen Einfluß, um
fo weniger, als die öffentliche Achtung derjenigen, die
den Thron zunächft umgeben, den Glanz des Regenten
felbft erhöhet.

§. 11.

3. Privilegirter Gerichtsftand.

Der dem unmittelbaren Adel unftreitig zuftehende
privilegirte Gerichtsftand ift eine Folge der ihm gebührenden öffentlichen Achtung. Ehedem ftand er theils un-

ter den höchsten ReichsGerichten, theils gehörten die nicht strittigen Gegenstände den Cantonen an.

Er unterwirft sich jetzt sowohl in Civil- als CriminalSachen der Gerichtsbarkeit der landesherrlichen Ober-Behörden, und behält sich blos den Rekurs an das oberste ReichsGericht bevor; betrifft die Sache das Interesse des Souverains selbst, so erwächst sie sogleich an das letzte oder ein drittes unpartheiisches Gericht. Es ist ein uraltes Recht des hohen und niedern teutschen Adels, daß er von jeher von seines Gleichen sich richten zu lassen berechtigt war. Dieß liegt in der Natur der Sache. Bei den alten Teutschen war es unmöglich, daß der Leibeigene, der Knecht, den freien — seinen Herrn richten sollte, und eben so unvereinbarlich ist es in unsern Tagen, wenn der ehemalige unmittelbare ReichsAdel sich nunmehr von seinem Beamten richten lassen sollte, den er bezahlt, oder gar die Befehle seines eigenen Schultheißen anzunehmen solle gezwungen seyn. Auch diesem privilegirten Gerichtsstand sowohl in contentiosis als non contentiosis, wovon die letzte ohnehin künftig bei den RitterCantonen verbleiben werden, tritt kein Souverainitätsrecht in den Weg, und es ist deßwegen weit und breit kein Hinderniß vorhanden, warum dieses ritterliche Vorzugsrecht nicht erhalten werden sollte.

§. 12.

4. Autonomie.

4. Ist
    die Autonomie
ein uraltes Eigenthum des ehemaligen unmittelbaren ReichsAdels, welches er ehedem gegen das Einbringen der römischen Gesetzgebung durchgesetzt, und bisher mit so vieler Beharrlichkeit behauptet hat.

Dieses Recht der Autonomie gründet sich auf das älteste teutsche Herkommen; in ihr sind die Ueberbleibsel des alten teutschen Rechts erhalten worden; wenn sie auch hart waren, jene alten teutschen FamilienGesetze, so waren sie dennoch zur Erhaltung der Geschlechter nothwendig; sie waren das einzige Mittel, welches den teutschen ReichsAdel so lange, und reiner, als keinen, im ganzen übrigen Europa erhalten hat, und ihre Existenz schreibt sich von jenen glücklichen Zeiten der teutschen Freiheit her, wo ein jeder das Recht, wornach er gerichtet seyn wollte, selbst wählen konnte, und wo der Teutsche ein erprobtes Herkommen weit höher schätzte, als ein seiner Nationalität und seinem Gefühle widerstrebendes fremdes Gesetz.

Bei den alten Teutschen war es ein Beweis des Besiegtseins, wenn eine Nation das Gesetz einer andern annehmen mußte; daher ihr Widerstreben gegen die römische, sonst so vortreffliche Gesetzgebung.

Durch die Autonomie hat sich der teutsche ReichsAdel nun fünfhundert Jahre und drüber erhalten; die Zeit hat dieses Recht geheiligt; nun hat man ihm die teutschen Stifter und Erzstifter, als die Quelle seines größten Reichthums, entzogen, und wenn man ihm auch noch Primogenitur, Majorate, Seniorate, die Verzichte der Töchter und die übrigen wohlthätigen Verordnungen seiner mit reifer Ueberlegung gemachten Hausgesetze nimmt, so werden die Güter versplittert, die Revenüen vertheilt, sein ganzer Wohlstand zerstört, und die aller reichsten Familien, aus denen noch vor kurzem Churfürsten und Fürsten in ganz Teutschland verehrt wurden, werden in wenigen Generationen, nach dem gewöhnlichen Gang der menschlichen Abwechslungen, an den Bettelstab gebracht seyn.

Auch der souveraine Staat ist verpflichtet, für die Erhaltung der verschiedenen Stände zu wachen, und es ist über seine Berechtigung, einen Stand zum Vortheil der andern zu unterdrücken.

Sobald daher der unmittelbare ReichsAdel seine jetzt schon bestehenden oder künftig zu machenden Familien-Gesetze dem Staat zur Kenntniß vorlegt, und sobald sie den Grundsätzen der allgemeinen teutschen Gesetzgebung nicht widersprechen, so hat derselbe ein erworbenes Recht auf ihre Erfüllung, und alle Gerichte eine vollkommene Verbindlichkeit, ihren Vollzug anzuordnen, ohne daß hiergegen irgend ein Einspruch denkbar ist.

§. 13.

5. Corporations- und Volksrepräsentations-Recht.

Die künftigen teutschen Souverainitäten werden durch Landstände beschränkt werden. Diese Landstände werden das Steuer-, das Schuldenwesen, das Abgaben-System, die Gesetzgebung theils gutächtlich, theils mitberathen, oder mit den Souverains gemeinschaftlich zu leiten haben. Weder die Wahl der Repräsentanten, noch die Zeit der Berathung, noch die Gegenstände der Deliberationen können von dem Willen des Souverains allein abhängig seyn, sondern sind theils ein Ausfluß freier Volkswahlen, theils Berechtigungen einzelner Stände, theils werden sie den Repräsentanten selbst durch ihre eigene Gewissenhaftigkeit und das Bedürfniß des Staates dictirt. Es ist daher nothwendig, daß in jedem Staat alle Stände, die zu dieser Repräsentation berufen sind, sich in Corporationen bilden. Der ehemalige unmittelbare ReichsAdel, als vorderster Stand von einem jeden SouverainetätsBezirk, in so fern er sich dartu befindet; und als natürliches und gesetzliches Organ des Volks, muß daher dieses CorporationsRecht innerhalb des Bezirks derjenigen Souverainetät, welcher er angehört, als unerläßliches Mittel zum Zweck ansprechen, und es kann dieses CorporationsRecht nie für einen Status in statu, nie für ominos für den Staat, nie gefährlich für den Souverain angesehen werden, je mehr der ReichsAdel, als Meistbegüterter, bei der Erhaltung und Ruhe des Ganzen Interesse hat, und haben muß.

Der Souverain kann und darf die Formirung und Leitung dieser Corporation nicht hindern, und die Gerichte müssen sie handhaben.

§. 14.
Freiheit von persönlichen Abgaben.

6) Glaubt der ReichsAdel berechtiget zu seyn, die vollkommenste Freiheit von allen persönlichen Abgaben

ansprechen zu können.

Dieß folgt aus dem Princip der höchsten persönlichen Freiheit No. 1. Supra.

Er gehört zu den Constituenten des Staats, und eben deßwegen ist er hierzu berechtigt. Sein ganzes Leben ist dem Staat gewidmet; er wacht über die Gerechtsame des Volks; er vertheidigt das Vaterland bei allen Gefahren; er kann daher unmöglich in die Kathegorie gemeiner Bürger und Bauern gesetzt werden, und es ist gewiß ein kleiner sehr bescheidener Anspruch, wenn er von den unbedeutenden PersonalAbgaben, von den Communalkasten, die den Bürger und Bauer treffen, befreit seyn will, und sich hingegen einem billigen Maaßstab bei den RealBeschwerden nicht entzieht. Die Nachsteuer-

Abgabe kann ihn ohnehin niemals treffen, und die übrigen persönlichen Abgaben sind mehr erniedrigend, lästig und nicht selten auf die alten Leibeigenschafts-Verhältnisse hindeutend, als von einem bedeutenden Geldbelang.

§. 15.

B. Dingliche Rechte.

Jurisdiction.

7) Ist der unmittelbare Reichs-Adel zur

Ausübung der Jurisdiction über die ihm zugefallenen Unterthanen von undenklichen Zeiten berechtiget gewesen.

Der Grund dieser Berechtigung liegt in dem alten Leibeigenschafts-Verhältniß, und in der successiven Entstehungsweise der Dorfschaften.

Der Reichs-Adel war früher alleiniger Eigenthümer der Dorfs-Markungen. Die aufgehobene Leibeigenschaft im strengen Sinne des Wortes, und der daher entstehende Mangel an arbeitenden Armen, so wie der veränderte Zeitgeist, nöthigten denselben, das Eigenthum seiner Güter an die Bauern abzutreten, und so entstanden vertragsweise die Grundgefälle an Zinsen, Gülten u. s. w. zu welchen sich die Frohnden, Zehnten und andere Abgaben und Leistungen nachgesellten.

Die PersonalVerbindungen blieben hierbei die nämlichen; der Leibeigenschaftsnexus änderte sich in ein UntertanVerhältniß, bei welchem der ReichsAdel zur JurisdictionsAusübung berechtiget wurde, welche er seit jener Zeit mehrere Jahrhunderte hindurch ununterbrochen ausgeübt hat.

Das Fundament dieses Rechts ist daher eben so alt als fest gegründet. In der beschränkten Souverainitäts-

Gewalt liegt gar kein Grund, warum dem ehemaligen ReichsAdel dieses Recht entzogen werden solle.

Er hat ein großes Interesse hierbei, wegen der richtigen und leichten Beitreibung seiner Gefälle; und wenn er sich des Rechts der zweiten Instanz, die ihm früher zuständig war, zum Vortheil der obern Landesbehörden begiebt; wenn er bei der CriminalJurisdiction sich blos die Untersuchung und den Vollzug vorbehält, die Entscheidung aber den höhern Landesbehörden überläßt; wenn er nur qualifizirte Subjecte zu Justiziarien aufstellt; wenn diese in allen Gegenständen der RechtsPolizei jenen obern Landesstellen unterworfen werden; und wenn sie endlich allenthalben sich nach den Landesgesetzen und der im Lande eingeführten ProzeßOrdnung verhalten müssen; so ist auch in diesem Stück allen Ansprüchen genüget, die von Seiten der Justiz, ihrer Beförderung und Pünctlichkeit nur denkbar sind.

§. 16.

8. PolizeiGewalt.

Die PolizeiGewalt ist von jeher dem unmittelbaren ReichsAdel nach den im vorigen §. auseinandergesetzten Verhältnissen, in Verbindung mit der Jurisdiction, zugestanden worden. Sie theilt sich in die allgemeine und rechtliche Polizei. Beide waren früher bei den Untergerichten mit der JurisdictionsAusübung verbunden, und nach der ehemaligen Verfassung in Teutschland haben sich zwar bei der erstern manche Mängel geäussert, letztere aber wurde durch die Aufsicht der Obergerichte sehr vollständig und unklagbar ausgeübt.

Seit der Entstehung des Rheinbundes sind die früher bestandenen Polizeiverhältnisse gänzlich abgeändert worden. Anstatt daß man blos die allgemeine Polizei,

nach richtigern Grundsätzen, von der Rechtspflege hätte
trennen sollen, hat man auch die Rechtspolizei ganz den
Gerichten genommen, und sie mit der allgemeinen Polizei eigenen Behörden übergeben. Die sehr schwer zu bestimmenden Gränzen wurden äufserst selten genau gezogen; die Obergerichte durften sich nicht mehr um die
Rechtspolizei bekümmern, und so sind eine Menge äufserst wichtiger, und in das Privateigenthum der Unterthanen tief eingreifender Gegenstände den richterlichen Erörterungen entzogen, und der polizeilichen Willkühr überlassen worden. Nur äufserst selten ist die Möglichkeit
vorhanden, daß der Gekränkte sich gegen dergleichen
rechtspolizeiliche und inappellable Verfügungen zu retten
vermag.

Dem Souverain soll künftig die hohe Polizei zustehen; der immediate ReichsAdel aber sich mit der niedern
begnügen.

Zur hohen Polizei gehören eigentlich nur vier Gegenstände:

1. Die polizeiliche Gesetzgebung im Allgemeinen.
2. Die Oberaufsicht, daß die vorliegenden PolizeiGe-
setze ordnungsmäßig gehandhabt und vollzogen werden.
3. Die Landesvertheidigungs - und Kriegs - Verhältnisse, und
4. Das Schatzungswesen.

Zur niedern Polizei hingegen muß der ganze Vollzug der vorliegenden Gesetze, ihre Publication, ihre Anwendung auf die particulären Verhältnisse und die individuelle Ausführung gerechnet werden.

Die Rechtspolizei gehört gar nicht hierher, sondern
ist ein natürliches Attribut der Gerichte nach ihrem verschiedenen JurisdictionsUmfang. Es ist daher gar keinem
Anstande unterworfen, daß die BürgerBeisassen und Ju-

denAnnahmen, die Schultheißen, Bürgermeister, Rent-
meister, Feldscheider und Gemeinde DienerBestellungen,
die Aufsicht über die GemeindeHaushaltung und forstli-
chen Inspectionen aller Art, die Ertheilung gewöhnlicher
Privilegien zur Wirthschaft, Gewerben u. s. w., die
Zunft- und vormundschaftliche Aufsicht, die Alter- und
HeirathsDispensationen nach ihrem ganzen Umfang, in-
gleichen die Local- und Ortspolizei einzig und allein zum
künftigen grundherrlichen Ressort gehören, und daß nur
alsdann die Souverainitätsrechte eintreten, wenn in der
Gesetzgebung etwas abzuändern, oder Klagen über un-
richtige Anwendung oder Vernachlässigung der Gesetze vor-
kommen.

§. 17.

9. Landesvertheidigung und Kriegs-Verhältnisse.

Die LandesVertheidigungsAnstalten und KriegsVerhältnisse gehören vorzüglich der Souverainität zu, der
obersten Gewalt in Teutschland untergeordnet, und unter
Mitwirkung der Landstände. Eben dieß gilt von den Anordnungen bei feindlichen Einfällen, Einquartierung rc.
Der immediate ReichsAdel spricht hierbei nichts, als rechtliche und unpartheiische Vertheilung der Lasten, die desfallsige Berufung an den obersten ReichsGerichtshof oder
eine sonstige höchste Behörde, und den Vollzug in den
ihm angehörigen Ortschaften an: sey es nun im Wege
der MilitärConscription oder auf eine andere von der
Gesammtheit des Reichs noch zu bestimmenden Weise.
Dergleichen das BeiordnungsRecht eines ritterschaftlichen
Commissärs bei allen diesen Geschäften, so wie einen ge-
mäßigtern Maasstab bei den ihn selbst betreffenden Einquartierungen und Kriegsleistungen, wovon er früher
ganz frei war.

§. 18.

10. Schatzungswesen.

Die Schatzungen und Steuern waren in den vorigen Zeiten in den reichsadeligen Besitzungen theils nicht hergebracht, theils wurden sie zu andern Absichten verwendet. Die Zeitverhältnisse haben nun etwas anders geboten. Die reichsadeligen Unterthanen werden künftig nicht mehr steuerfrei seyn: der Reichs Adel spricht hierunter kein Recht an, sondern überläßt die deßfallsige Bestimmung lediglich der höchsten Gewalt des teutschen StaatenVereins mit dem einzigen ehrerbietigsten Wunsch und Begehren, daß die SteuerAnlagen und die sogenannte SteuerRenovatur unter seiner Normirung oder wenigstens Mitwirkung, so wie die Erhebung durch seine Behörden geschehen möge, und ihm überhaupt das SubcollectationsRecht zukomme, um seine Cantonalkosten zu decken.

§. 19.

11. OberKirchenherrlichkeits- und Patronats-Recht.

Die OberKirchenherrlichkeit ist nach den ReligionsConfessionen in Teutschland von jeher verschieden behandelt worden. Nach den katholischen Grundsätzen war sie der Ausfluß der höchsten Kirchengewalt; nach den protestantischen aber hat sie dem ehemaligen immediaten ReichsAdel nach den heimgefallenen EpiscopalRechten allein zugestanden; auch die Kirchengewalt über die Juden, mit allen ihren Ausflüssen, war von jeher eine Berechtigung des teutschen ReichsAdels.

Von der katholischen Kirchengewalt handelt es sich also hier nicht; wenn aber das Beste der protestantischen Kirche mehr Centralisirung in diesem Stück fordern sollte, so wird der ReichsAdel sich nicht bedenken, die eigentliche

OberKirchengewalt, seinem protestantischen Souverain zu überlassen.

Hiervon sind aber jedenfalls ganz verschieden, die Aufsicht über das KirchenEigenthum, die milden Stiftungen aller Art, Kirchen- und SchulhausBauwesen, SchulInspectionen in Folge der Landesgesetze ꝛc., welche Gegenstände sämmtlich als zur PolizeiBerechtigung dem unmittelbaren ReichsAdel verbleiben.

Ueber das PatronatRecht, als ein PrivatEigenthum, kann gar kein Streit entstehen, indem solches demjenigen verbleiben muß, welchem es von jeher angehört hat, jedoch unter der höhern SouverainitätsInspection, in Ansehung der Prüfung der Tüchtigkeit der Cándidaten und der darauf von OberKirchenherrlichkeits wegen zu ertheilenden Bestätigung.

§. 20.

12. Abgaben Berechtigung.

Das letzte Recht, welches der immediate ReichsAdel anspricht,

ist die Befugniß, seine bisher üblichen Abgaben ferner zu erheben.

Die künftigen Abgaben der Unterthanen des ReichsAdels theilen sich in drei Classen:

1. Die alten Territorial-Grund-Jurisdictions-PolizeiGefälle und Frohnden, die der ReichsAdel vermöge seiner Rechnungen von jeher zu erheben berechtiget war.

2. Die Schatzungen und Steuern, und

3. Die neuen Auflagen, die das Bedürfniß der Zeit, die großen Schuldenmassen und der nun beendigte langwierige Krieg etwa noch herbeiführen könnten.

Der immediate ReichsAdel verlangt weiter nichts, als die erste Rubrik dieser Abgaben und Leistungen, die

von jeher keiner Steigerung unterworfen waren, so wie
sie seine Amtsrechnungen von 1806 ausweisen.

Alles, was die rheinischen Bundesfürsten bisher von
jenen Abgaben ungebührlich sich angemaßt haben, fällt
an den ReichsAdel wieder zurück. Alle Erhöhungen und
Neuerungen hingegen im Zoll, Accis, Ohmgeld, Ver-
mögenssteuer, gezwungene Anlehen, TransitoAbgaben,
StammMiethe, Concessionsgelder u. s. w. bedürfen eben
so sehr einer neuen Sanction, als einer bestimmteren Verwendung, welches der ReichsAdel einem künftigen Reichs-
tag ehrerbietig anheimstellet, und wobei er sicher vertraut,
daß nichts ohne seine Begutachtung geschehen, und auf
die Kräfte des bisher so gedrückten Volks gerechte Rücksicht
werde genommen, auch die Erhebung durch seine Behörden werde bewirkt werden.

§. 21.

C. Pflichten des Adels.

Die Verpflichtungen des unmittelbaren ReichsAdels,
welche ihm obige Berechtigungen auflegen, fließen schon
selbst aus der Natur der Sache. Ihm liegt vorzüglich
die Vertheidigung des Vaterlandes, die Vertretung des
Volks, die gewissenhafte Verwaltung der Jurisdiction,
Polizei u. s. w. ob, lauter Gegenstände, welche die
strengste Gewissenhaftigkeit und Redlichkeit in vorzüglichen
Anspruch nehmen.

§. 22.

Hiezu gesellet sich noch die künftige AbgabenLeistung
des ReichsAdels.

Bei allen seinen Liegenschaften war derselbe früher
von Abgaben frei. Die Bedürfnisse der Zeit, und die
die Unterthanen hart drückende vielen Abgaben, scheinen
was anders zu verlangen. Ungeachtet sich der ReichsAdel

auf einen langen Besitzstand und Verjährung stützen könnte, so will er dennoch bei der allgemeinen Calamität nicht
gewinnen. Unmöglich aber kann er das bezahlen, was
Derjenige entrichtet, der seine Güter selbst baut. Bei
dem großen Umfang seiner Güter, und bei den andern
schon viele Kosten verursachenden Bestimmungen, die demselben obliegen, kann er sie unmöglich selbst bauen, sondern muß sie an andere verpachten, seine Pächter ernäh-
ren, und erhält dadurch gegen den Selbstbauenden einen
weit geringern Ertrag. Je größer das Gut ist, desto geringer ist die verhältnißmäßige Production; nur der Ertrag giebt den richtigen Maasstab der Abgaben. Bloße
Gefälle und Renten gehören ebenfalls nicht in diese Kathegorie, indem ihre Abgabenbefreiung allerdings zur persönlichen Freiheit des Adels gerechnet werden müssen;
sie sind als RealLasten schon bei den SchatzungsAnlagen
nicht selten abgezogen, und müssen stipulirtermassen frei
geliefert werden; auch hat der Staat kein Recht, diese
Gefälle nochmals in Schatzung zu legen, weil Grund
und Boden schon angelegt ist, und er dadurch die Schatzung doppelt erheben würde. Neu erworbene Güter werden ohnehin von dem ReichsAdel gleich andern verschatzt.
Was aber seine eigene Rittergüter anbelangt, die vorher steuerfrei waren, sie mögen in Territorien liegen in
welchen sie wollen, so offerirt sich derselbe nach dem
Maasstab der UnterthanenAnlagen zwei Drittel davon in
der ordinären Schatzung provisorio und bis auf bessere
Zeiten zu verschatzen, und dadurch das offene Bekennt-
niß abzulegen, daß patriotische Mitwirkung zu den allgemeinen Bedürfnissen ihm Pflicht sey. Hiebei versteht
es sich von selbst, daß diese Güter vorher redlich und un-
partheiisch durch unverdächtige Taxatoren müssen einge-
schätzt worden seyn, daß man seine Erinnerung vorher
aber die Einschätzung selbst müsse gehört haben, und daß

im Fall er es verlangt, förderſamſte gerichtliche Entſcheidung durch Unpartheiiſche müſſe vorher gegangen ſeyn.

§. 23.

Welche ungeheure Summen würden ſich herauswerfen, wenn der ReichsAdel für ſich und ſeine armen Unterthanen alle die ſeit acht Jahren ſogar rheinbundswidrig erpreßten Abgaben wieder zurückfordern wollte?

Die Erheber dieſer Summen ſind inzwiſchen nicht reicher geworden, und ſo vernarbe daher auch dieſe Wunde, indem der weitere Verfolg dieſer Anforderungen am Ende doch nur wieder dritte Unſchuldige treffen würde. Nur behalten ſich die Intereſſenten derjenigen Stiftungen, die ſogar den armen Fräulein entzogen worden ſind, ihre beſonders einzubringenden RückforderungsReclamationen ausdrücklich bevor, ſo wie der Canton Obtenwald die Wiederherſtellung des von dem unvergeßlichen Kaiſer Joſeph II. ertheilten Ordens ſicher ehrerbietigſt gewärtiget.

§. 24.

Aufhebung des LehensVerbands gegen die Könige und Fürſten des Rheinbundes.

Alle ſo eben aufgeführte Entſagungen zum Beſten des FürſtenVereins in Teutſchland, und alle desfallſige Uebertragungen bindet aber der ReichsAdel an zwei Bedingungen, und er glaubt die Gewährung derſelben mit Recht fordern zu können.

Die erſte iſt

die Aufhebung des LehensVerbands gegen die ſämmtlichen Fürſten des Rheinbundes.

Die reichsadelichen Lehen haben nicht mehr den Werth den ſie ehedem hatten; die eigenen Lehenherrn haben ſie

zum Theil selbst zernichtet, anstatt sie zu schützen; man
hat dem ReichsAdel die nutzbaren Rechte genommen, und
nur die Lasten gelassen; zum Theil durch die Schuld der
Lehenherrn ist ihr Werth um die Hälfte heruntergesun-
ken; die wechselseitigen Rechte und Pflichten haben daher aufgehört, und die RheinbundsFürsten haben von
ihren Lehen den größern Theil durch ungeheure Abgaben bereits an sich gezogen.

Familiengesetze und Hausverträge werden den Le-
hensVerband ersetzen, und die ohnehin so unglücklichen
adelichen Töchter werden hierin einen Schein von Hoffnung für die Zukunft finden, während dem die RheinbundsFürsten hierdurch als Lehensherrn nichts weiter
thun, als daß sie eine klare Schuld abtragen.

§. 25.
Künftige CuriatStimmen des immediaten ReichsAdels.

Die zweite Bedingung und zugleich ehrerbietigste
Bitte ist die,

> daß dem immediaten ReichsAdel bei der künftigen
> teutschen ReichsVersammlung einige CuriatStim-
> men möchten verliehen werden.

Er ist dazu dinglich und persönlich berechtiget; dinglich,
wegen seiner ausgebreiteten namhaften Besitzungen; persönlich, wegen seiner uralten Berechtigungen, und der
jetzt noch erhaltenen Immedietät.

Dieser Immedietät haben die RechtsUebertragungen
und Abtretungen an die Könige und Fürsten nichts be-
nommen, denn sie geschahen ausdrücklich blos des gemeinen Bestens wegen und unter derselben namentlichen
Vorbehalt.

Wenn daher der immediate ReichsAdel dieses verlangt, so ist er dazu in vollem Maaße berechtigt; er wird

diese CuriatStimmen nur durch Bevollmächtigte können führen laßen, und es ist daher als Mittel zum Zweck erforderlich, daß er sich gleichfalls zu einer allgemeinen Corporation bilden dürfe, um dieses Recht gewissenhaft, und mit Nutzen für das teutsche Vaterland ausüben zu können. Auch diese allgemeine Corporation steht unter dem besondern Schutz des höchsten Gerichts.

§. 26.

Unendlich glücklich wird sich der ehemalige unmittelbare ReichsAdel fühlen, wenn die Bescheidenheit, die in diesen Bedingungen und Ansprüchen liegt, anerkannt wird, und er durch ihre Gewährung den großen Trost erhält, sich eines Theils bei seinen Nachkommen wenigstens einigermaaßen wegen der Erhaltung seiner Gerechtsame aus dem gegenwärtigen, für ihn so traurigen Schiffbruch rechtfertigen zu können; andern Theils aber ihm hierdurch die erwünschte Gelegenheit werden würde, sich nach dem erhabenen Sinn der gegenwärtigen höchsten Befreier von Teutschland um die Wiederbelebung der Nationalkraft des so sehr niedergedrückten Volks, um die Tilgung der unermeßlichen Schulden, um die Aufhebung der so verderblichen Handelssperre, und um die Heruntersetzung der so sehr überspannten Abgaben aller Art neue Verdienste erwerben zu können.

(Die Fortsetzung folgt im 4ten St.)

VI.

ErinnerungsNote und vorläufige Erklärung

der Bevollmächtigten der 32 vereinigten unabhängigen teutschen Fürsten und freien Städte, an die kaiserlich-östreichischen und königlich-preussischen ersten Bevollmächtigten, die Herren Fürsten von Metternich und von Hardenberg, datirt Wien den 2. Febr. 1815 *).

Seit mehreren Monaten sind die Unterzeichneten, der in dem Pariser FriedensTractat enthaltenen Aufforderung zu Folge, hier anwesend, und schon längst haben sie sich durch Vorzeigung ihrer Vollmachten legitimirt.

Bis zu dem gegenwärtigen Augenblick haben sie sich jedoch keiner einzigen förmlichen Mittheilung von Seite der hohen teutschen Mächte, welche den Pariser Frieden unterzeichnet haben, zu erfreuen. Diese Thatsache genügt wohl, um jeden Vorwurf der Uebereilung zu entfernen, wenn die Unterzeichneten ihren zur Zeit noch unbeantworteten, theils gemeinschaftlich, theils von einigen insbesondere, bereits am 16. Nov. v. J. dargelegten Anträgen und Wünschen, mittelst der gegenwärtigen Note inhäriren, und dringend bitten:

daß der teutsche Congreß, unter gehöriger Zuziehung aller Theile des künftigen Ganzen, nun-

*) Man vergleiche hiemit die Note derselben Bevollmächten vom 16. Nov. 1814, oben 1. Stück Num. XIV. S. 72.

mehr baldigst möge eröffnet, und auf demselben die Gegenstände der künftigen teutschen Verfassung, mittelst freier Berathung und Beschlußnahme, mögen verhandelt werden.

Die Unterzeichneten glauben zuversichtlich, daß nur auf diese Weise ein den Erwartungen Teutschlands entsprechendes Resultat, so wie überhaupt eine wahre, innige NationalVerbindung, herbeigeführt werden könne. Wie jede einseitige Behandlung der Gegenstände an und für sich schon wesentlich nachtheilig werden muß, so gilt es vor allen Dingen die Einwirkung allgemeinen Vertrauens zur Sache, damit sie gedeihen, und zugleich auch den sichersten Bürgen ihres Bestandes in der eigenen Gesinnung aller Theilnehmer finden möge.

Die Versammlung des teutschen Congresses schließt vorbereitende Bearbeitungen des großen Gegenstandes selbst, und der einzelnen Zweige desselben, durch Deputationen, welche durch Wahl aus selbigem hervorgehen, keineswegs aus.

In dem Augenblick, wo sich alle Stimmen für die Einführung ständischer Verfassungen, in den einzelnen teutschen Landen vereinigen, kann man die Wahrheit als allgemein anerkannt annehmen, daß das Gemeinwohl durch ein vielseitiges, allerdings nach angemessenen Formen geregeltes Zusammenwirken besser gefördert werde, als durch das abgesonderte Streben von Einzelnen, und daß das Gute und Rechte die Mehrheit allzeit am unwiderstehlichsten in Anspruch nehme, wo Alles an Gemeinsamkeit erinnert.

Endlich hoffen die Unterzeichneten durch ihre bisherigen Erklärungen dargethan zu haben, wie bei ihnen bereits über die wesentlichsten Punkte völlig Einigung statt finde, und daß von Seite ihrer hohen Com-

mittenten gewiß freudig die Hand zu Allem werde geboten werden, was in dem Bunde teutscher Staaten Einheit, Selbstständigkeit und teutsche Freiheit
begründen kann. Zuversichtlich dürfen sie, dem zu Folge
der vollen Gewährung ihrer gerechten und billigen Anträge entgegen sehen.

Die Unterzeichneten ergreifen ꝛc.
Wien, am 2ten Februar 1815.

Anmerkung des Herausgebers.

Diese Note ist von denselben Bevollmächtigten unterschrieben, wie die im 1. Heft unter Num. XIV. abgedruckte
Note vom 16. Nov. 1814; nur mit dem Unterschied, daß

1) die Unterschrift des oranien-nassauischen
oder nassau-oranien-diezischen Bevollmächtigten, Freiherrn von Gagern, fehlt, dem Vernehmen nach deßwegen, weil der Fürst von Oranien unterdessen auf
seine teutschen Besitzungen, wenigstens bedingungsweise,
Verzicht geleistet habe;

2) daß zwei großherzoglich-badische Bevollmächtigte, Frhr. von Marschall-Biberstein und Fhr.
von Berkheim, dießmal mit unterschrieben haben;

3) daß jetzt auch ein herzoglich-oldenburgischer
Bevollmächtigter, Herr von Maltzahn, mit unterschrieben hat.

4) daß, was die Ordnung der Unterschriften betrifft, die Bevollmächtigten des Großherzogs von
Baden zuerst unterschrieben haben; dann folgen die
Unterschriften der herzoglichen, fürstlichen und
städtischen Bevollmächtigten, insgesammt nach al-
phabetischer Ordnung ihrer Höfe und Committenten;
endlich stehen, ganz zuletzt, die Unterschriften der Be-

vollmächtigten des Großherzogs von Hessen und des Kurfürsten von Hessen.

Hieraus erhellet, in Beziehung auf das im 1. Heft unter Num. XX. gelieferte Verzeichniß der 32 vereinigten unabhängigen teutschen Fürsten und freien Städte, daß seit dem December 1814 zwar ein Mitglied, Oranien-Nassau, aus diesem Verein geschieden, dagegen aber ein neues, Holstein-Oldenburg, demselben beigetreten ist.

VII.

Mittheilungs-Note

der Bevollmächtigten der 32 vereinigten unabhängigen teutschen Fürsten und freien Städte, an den königlich-großbritannisch-hannöverischen ersten Bevollmächtigten, Herrn Grafen von Münster, datirt Wien den 2. Februar 1815.

Die Unterzeichneten haben die Ehre, Sr. Excellenz dem königlich-großbritannisch-hannöverischen Herrn Staats-Minister Grafen von Münster, in Folge ihrer frühern Mittheilungen, auch diejenige Note abschriftlich zugehen zu lassen, welche sie nunmehr weiter an die Herren Fürsten von Metternich und von Hardenberg zu richten sich bewogen gefunden haben.

So wie die Unterzeichneten von der Gerechtigkeit ihrer Anträge überzeugt sind, so rechnen sie nun desto zuversichtlicher auf die kräftigste Beförderung derselben auch von Seite Sr. Excellenz des Herrn Grafen v. Münster

Die Unterzeichneten ergreifen mit Vergnügen diese Veranlassung, Sr. Excellenz die Versicherung ihrer ganz vorzüglichen Hochachtung zu erneuern.

Wien den 2. Febr. 1815.

(Folgen dieselben Unterschriften, wie in der Anmerkung zu voriger Nummer angezeigt ist.)

* * *

VIII.

Antwort

des königlich - großbritannisch - hannoverischen ersten Bevollmächtigten, Herrn Grafen von Münster, auf vorstehende Mittheilungs-Note, datirt Wien den 7. Febr. 1815.

Indem der Unterzeichnete den Herren Bevollmächtigten verschiedener Fürsten und Stände für die unterm 2. d. M. ihm gemachte Mittheilung der von Ihnen den Herrn Fürsten von Metternich und von Hardenberg übergebenen Note seinen gehorsamsten Dank abstattet, und diese Mittheilung als einen neuen Beweiß Ihres ihm gegönnten schätzbaren Zutrauens ansieht, muß er sich auf die Versicherung beschränken, daß ihm nichts erwünschter seyn werde, als nach endlicher Beseitigung derjenigen Hindernisse, von denen es den Herren Bevollmächtigten selbst nicht unbekannt bleiben können, daß sie die Fortschritte in Bearbeitung der teutschen Verfassungs-Angelegenheiten verzögert haben, den Zeitpunkt recht bald wieder eintreten zu sehen, wo es möglich seyn wird, durch gemeinschaftliche Berathung zu dem allgemein gewünschten Zweck der Festhaltung einer das Beste der teutschen Nation begründenden Verfassung gelangen zu können.

Der Unterzeichnete ergreift mit Vergnügen diese
Veranlassung, um den Herren Bevollmächtigten die Versicherung seiner ganz vorzüglichen Hochachtung zu erneuern.

Wien den 7. Februar 1815.

Graf von Münster.

IX.

Note

der königlich-preussischen Bevollmächtigten an
den kaiserlich östreichischen ersten Bevollmächtigten, Herrn Fürsten von Metternich, betreffend eine Einladung an die 32 vereinigten teutschen unabhängigen Fürsten und freien Städte,
den Conferenzen über die teutschen Angelegenheiten
durch eine Deputation beizuwohnen, datirt Wien
den 4 Febr. 1815.

Des Herrn Fürsten von Metternich fürstliche Gnaden werden unstreitig die Note empfangen haben, in welcher die Bevollmächtigten der teutschen Fürsten und Stände unterm 21. Dec. darauf antragen, daß der teutsche
Congreß nunmehr baldigst möge eröffnet, und auf demselben die Gegenstände der künftigen teutschen Verfassung,
mittelst freier Berathung und Beschlußnahme, verhandelt
werden.

Die Unterzeichneten haben bereits dem Herrn Fürsten
von Metternich mündlich ihren lebhaften Wunsch geäussert, daß nunmehr die Angelegenheit der teutschen
Verfassung wieder in Berathung genommen
werde, und sie werden sich die Ehre geben, Sr. fürstli

chen Gnaden unverzüglich diejenigen Vorarbeiten mitzutheilen, welche sie zu diesem Entzweck entworfen haben.
Sie sind aber zugleich der Meinung, daß wenn es bisher Gründe geben konnte, aus welchen eine Berathung
unter wenigern Fürsten vorgezogen wurde; diese jetzt,
wo sich die Gesinnungen deutlicher und auf eine in sehr
vieler Rücksicht erfreulichere Weise ausgesprochen, und
manche von einander abweichende Ansichten ausgeglichen
haben, hinwegfallen.

Sie hegen daher die lebhafte Ueberzeugung, daß, im
gegenwärtigen Augenblicke, das Zusammenwirken aller teutschen Fürsten und Stände nur
wohlthätig für den Erfolg seyn könne, und sie dürfen mit Recht voraussetzen, daß auch dem kaiserlich-östreichischen Hofe, wie dem ihrigen, vorzüglich daran
gelegen ist, die Verfassung, welche ganz Teutschland
aufs neue innig vereinigen soll, mit so viel möglich
in allen Puncten übereinstimmenden Meinungen hervorgehen zu lassen, und ihr dadurch eine
noch wärmere Theilnahme ihrer künftigen Mitglieder zuzusichern.

Die Unterzeichneten stimmen daher mit voller Ueberzeugung dafür, daß von dem Augenblicke an, wo die
Berathungen über die künftige teutsche Verfassung wieder anheben werden, auch diejenigen teutschen
Fürsten und Stände, welche bisher keinen
Theil daran genommen haben, eingeladen werden mögen, denselben durch eine von ihnen selbst gewähl-
te, und mit gehöriger Vollmacht versehene Deputation (da wohl nur durch dieses, in der Note der Fürsten bereits angedeutete Mittel Berathschlagungen unter
einer so großen Anzahl von Bevollmächtigten möglich wäre) beizutreten.

Indem sie den Herrn Fürsten von Metternich ergebenst ersuchen, ihnen hierüber auch die Meinung des kaiserlich-östreichischen Hofes baldigst mitzutheilen, benutzen sie diese Gelegenheit 2c.

Wien den 4. Febr. 1815.

Fürst v. Hardenberg. Frhr. v. Humboldt.

X.

Antwort

des kaiserlich-östreichischen ersten Bevollmächtigten, Herrn Fürsten von Metternich, auf vorstehende Note der königlich-preussischen Bevollmächtigten, datirt Wien den 9. Febr. 1815.

Der Unterzeichnete hat die Ehre gehabt, die Note zu erhalten, welche die königlich-preussischen Herren Bevollmächtigten am Congreß, am 4. d. M., an ihn, in Beziehung auf die teutschen Angelegenheiten, erlassen haben. Er theilt mit denselben vollkommen den Wunsch, daß an der Begründung der künftigen teutschen Verfassung ohne weitere Verzögerung gearbeitet werden möge, und es bedarf wohl keiner neuen Versicherung seiner Seits, um die aufrichtige und lebhafte Theilnahme seines allerhöchsten Hofes an diesen wichtigen Angelegenheiten an den Tag zu legen.

Was die Zuziehung derjenigen Fürsten und Stände, welche bisher an den Berathungen keinen Theil genommen haben, betrifft, so ist Unterzeichneter überzeugt, daß eine Zusammenwirkung aller teutschen Stände zur Erreichung des gemeinschaftlichen Zwecks, nämlich einer dem Bedürfniß aller teutschen Staaten entsprechenden Verfassung, nicht nur möglich, sondern unbedingt nothwendig sey, so wie auch sein allerhöchster Hof die einstweilige Berathung zwischen den mächtigeren Ständen nur als eine Vorbereitung in dieser Angelegenheit von jeher angesehen hat.

Indem der Unterzeichnete den von den königlichpreussischen Bevollmächtigten in Ihrer verehrlichen Note vom 4. d. M. angekündigten Vorschlägen mit Vergnügen entgegensieht, benutzt er diese Gelegenheit, Ihnen die Versicherung seiner aufrichtigen Hochachtung zu erneuern.

Wien am 9. Februar 1815.

Fürst von Metternich.

XI.

Rechtsverwahrende Vorstellung und Bitte

der durch die rheinische Bundesacte, verschiedenen teutschen Kurfürsten und Fürsten als Standesherren untergeordneten vormaligen regierenden reichsständischen Fürsten und Grafen, betreffend ihre Wiedereinsetzung in die ihnen entzogenen Rechte, und ihre Zuziehung zu der Berathschlagung über die künftige teutsche Bundesverfassung, datirt Wien, den 30. Januar 1815.

Je näher der Zeitpunkt heranrückt, wo dem teutschen Volke die ernste Frage gelöset werden soll, — um welchen Preis das Blut seiner Söhne, die Thränen seiner Wittwen und Waisen geflossen, so mancher schöne Theil des Privatvermögens auf dem Altar des Vaterlandes geopfert worden! — desto gespannter muß auch die Erwartung des hohen Adels von Teutschland seyn, welchen ein unbegreifliches Verhängniß bis hierhin, — bei dem tadellosesten Benehmen, bei den rechtlichsten Ansprüchen, — von dem Genusse der so lange ersehnten verfassungsmäßigen Freiheit grausam zurückstieß.

Nicht; daß er an seiner gerechten Sache verzweifelte, — diese wird am Ende doch siegen! — aber weil er mit Erstaunen wahrnimmt, daß das System der Unterjochung und Despotie, im Angesichte der Monarchen, welche Gerechtigkeit und Befreiung verkündigt haben, sich immer freier und lauter ausspricht.

So scheinen einige landständische Verfassungs-Entwürfe, welche eine gewisse Publicität erhalten haben, in ihrer Tendenz geradezu und ganz bestimmt eben erwähnten laut ausgesprochenen gerechten Grundsätzen unrechtlich entgegen gesetzt; so sind die fortwährenden ungeregelten und aussaugenden Steuersysteme, die gezwungenen, mit äußerster Härte eingetriebenen Anleihen; so der empörende Mißbrauch der Militärgewalt, in der Abgabe teutscher Söhne an fremde Mächte, in einem Augenblicke, wo langjährige und blutige Kriege die Bevölkerung Teutschlands ohnehin so sehr vermindert haben, willkührlich und unerträglich; und dieses während die höchsten verbündeten Mächte sich hier versammelt haben, um die Willkühr des Despotismus aus Teutschland zu verbannen, und die Gerechtsame eines jeden Standes durch Entwerfung einer gerechten und dauerhaften Verfassung zu sichern.

Diese und mehrere andere factische Erscheinungen sind unerklärbar, wenn nicht die AccessionsVerträge als Beschönigungsgrund für dieselben angeführt werden wollten. Sie sind eben so große Mißdeutungen des wahren Sinnes derselben, als sie dem wörtlichen Inhalte der öffentlichen Proclamationen der verbündeten Mächte widersprechen.

Nicht nur die im Namen JJ. MM. des Kaisers von Rußland und des Königs von Preußen zu Kalisch erlassene Proclamation verhieß Teutschlands Fürsten und Völkern Freiheit und Unabhängigkeit; das kaiserlich-östreichische Manifest und alle in der Folge erlassene Proclamationen, selbst der Pariser Friedenstractat, wiederholten aufs feierlichste diese Verheissungen.

Konnten dieselben wohl ausschließend für die Fürsten des Rheinbundes gemeint seyn, dessen schmähliche Ketten zerbrochen sind?

Soll der Lohn derjenigen, die ihre Anhänglichkeit an das teutsche Vaterland und seine Verfassung, seit Jahrhunderten bis zum letzten Augenblick, mit ihrem Blute besiegelt, und durch die schmerzlichsten Opfer und Leiden aller Art bethätigt haben, in der Fortdauer ihrer Unterdrückung bestehen?

Sollte der so laut ausgesprochene Wunsch, und die unverjährte Anhänglichkeit von 1,200,000 Unterthanen an ihre angeborne Herren keine Rücksicht verdienen?

So sehr es schmerzt, bis jetzt diese Fragen weder entschieden, noch wenigstens durch eine provisorische Verfügung den täglich sich erneuernden Bedrückungen endlich Schranken gesetzt zu sehen; so getrost die durch den Rheinbund unterjochten Reichsstände dieser Entscheidung entgegen harren: so verpflichtet halten sie sich doch sämmtlich, das eben angeführte Verfahren für Sache der Usurpation, für Fortsetzung der napoleonischen Unterjochung und Tyrannei zu erklären, und dagegen sich, ihren Nachkommen und Unterthanen ihre Rechte aufs feierlichste zu verwahren.

Und da es nicht allein kein Verbrechen seyn kann, Kaiser und Reich treu geblieben zu seyn, sondern dieser edle teutsche Sinn von den allerhöchsten Monarchen, durch Vernichtung des Rheinbundes, in allen Proklamationen und AccessionsVerträgen, auf das lauteste gebilligt worden ist; so bitten die Unterzeichneten, in ihrem eigenen, und im Namen ihrer abwesenden sich mit ihnen in gleicher Kategorie befindenden Mitstände, ehrfurchtvollest und dringenst die allerhöchsten Monarchen, auch diese für sie sprechenden Rechtstitel zu berücksichtigen, ihnen in der teutschen Staatsverfassung ihre unveräusserlichen RepräsentationsRechte, durch gesezliche oberstrichterliche Gewalt geschützt, zurückzustellen, und bei den über die teutschen Angelegenheiten abzuhaltenden Berathungen sie in ihren Bevollmächtigten zuzuziehen.

Wien den 30. Jänner 1815.

Elisabeth, Fürstin von Fürstenberg, geborne Fürstin von Thurn und Taxis, Vormünderin.

Landgraf von Fürstenberg.

F. G. Fürst von Metternich-Winneburg-Ochsenhausen.

Prosper Fürst von Sinzendorf.

Carl Fürst von Croy, im Namen des Herzogs von Croy.

Ludwig Fürst von HohenloheBartenstein, Feldzeugmeister, für alle Agnaten.

Joseph Fürst von Schwarzenberg.

Alfred Fürst von Windischgrätz.

Freiherr von VrintsBerberich für Ihre Durchlaucht die Fürstin von Thurn und Taxis.

Ferdinand Erbprinz von SolmsBraunfels.

Friedrich Graf von SolmsLaubach.

Alexis Erbgraf von Bentheim.

Graf von Waldbott-Bassenheim.

Clemens Graf von Looz-Corswarem für den Herzog von Looz-Corswarem.

K. G. Graf zu Oettingen und Wallerstein,
als ältester Agnat des Hauses Oettingen.

Joseph Altgraf von Salm Reifferscheid-Dyck.

Berichtigung

zu Bb. I., Heft 1, S. 40, Note *.

Dieser, wie es scheint, halb offizielle Artikel befand
sich, unter dem Datum Wien den 23. Nov. 1814, zuerst
in dem zu Wien erscheinenden Oestreichischen Beobachter
(Zeitungsblatt) vom 24. November, und zwar angeblich
aus der prager Zeitung entlehnt. Die letzte lieferte ihn
aber erst später, nämlich in ihrer Nummer vom 25.
Nov. 1814.

I.

Note

des Bevollmächtigten vieler teutschen fürstlichen und gräflichen Häuser, welche durch die rheinische BundesActe andern Fürsten untergeordnet wurden, Herrn Geheimenraths von Gärtner, an die Herren Bevollmächtigten der allerhöchsten verbündeten Mächte, betreffend eine königlich - würtembergische Verfügung wegen Einführung landständischer Verfassung; datirt Wien den 27. Febr. 1815.

(Mit einer Beilage.)

Die anliegende Verfügung des Ministeriums zu Stuttgart liefert einen neuen Beweis, wie höchst nöthig die bereits mehrmal erbetene Entschließung des hohen Congresses über die voreiligen würtembergischen Landtags-Anordnungen ist. Es soll, Inhalts derselben, nicht von Begutachtung und Berathung der Stände, sondern nur von definitiven Bestimmungen der höchsten Staatsgewalt, und von Anhörung des Bescheids über die Obliegenheit der Stände, die Rede seyn.

Die von Napoleon unterdrückten Reichsstände, welche jetzt, mit eben so großem Rechte als ehrfurchtvollem Vertrauen, ihre Herstellung hoffen, glauben es der Ehrfurcht für die allerhöchsten Mächte, so wie der Pflicht für sich, ihre Familien und Unterthanen schuldig zu seyn, solchen willkührlichen Geboten nicht zu huldigen, sondern von der allgemeinen Constitution die Bestimmung ihres künftigen Schicksals zu erwarten.

Indem also der Unterzeichnete die Versicherung der tiefsten Ehrerbietung erneuert, entledigt er sich jetzt des Auftrags, um eine beruhigende Verfügung über diese eben so folgenreiche als dringende Angelegenheit, wiederholt auf das allerangelegentlichste zu bitten.

Wien, den 27. Febr. 1815.

H. v. Gärtner.

Beilage.

Dem Herrn Fürsten Carl Ludwig von Hohenlohe-Langenburg wird auf die Eingabe vom 3. d. M. zu erkennen gegeben, daß dem Gesuch des Herrn Fürsten um Mittheilung der in dem königlichen Manifest berührten Grundzüge einer ständischen Verfassung aus dem Grunde von Seiten des königlichen Ministeriums nicht Statt gegeben werden könne, weil dieser, der weitern Bearbeitung einer besondern Commission übergebene, noch nicht definitiv genehmigte Entwurf den königlichen Ministerien noch nicht communicirt worden ist, daß aber vor Eröffnung der Verhandlungen in der Ständeversammlung, den Ständen die Bestimmungen der künftigen Verfassung werden öffentlich bekannt gemacht werden.

Da somit den Mitgliedern der StändeVersammlung, von den durch sie zu übernehmenden Obliegenheiten zur gehörigen Zeit die Eröffnung gemacht werden wird; so wünscht das königliche Ministerium des Innern einer bestimmten Anzeige von dem Erscheinen des Herrn Fürsten entgegensehen zu können.

Stuttgart, den 9. Febr. 1815.

Königliches Ministerium des Innern.

Graf von Reischach.

Dem Herrn Fürsten Carl Ludwig
von Hohenlohe Langenburg.

II.

Note

des bevollmächtigten Abgeordneten vieler teutschen fürstlichen und gräflichen Häuser 2c. 2c. Herrn GeheimenRaths von Gärtner, an die Herren Bevollmächtigten der allerhöchsten verbündeten Mächte, betreffend zwei königlich-wirtembergische Erklärungen, wegen Einführung landständischer Verfassung; datirt Wien den 5. März 1815. Mit zwei Beilagen.

Der Unterzeichnete hat bereits in mehreren Noten die peinliche Lage ehrfurchtvoll vorgestellt, in welche viele seiner Herren Committenten durch die, in ihren Grundzügen bekannt gemachte, und am 15. März bereits zur Ausführung bestimmte landständische Verfassung von Wirtemberg versetzt worden sind.

Um eines Theils die unverletzliche Ehrfurcht für die, zu Regeneration der Verfassung des teutschen Vaterlandes hier vereinten, allerhöchsten Mächte zu bethätigen, und um andern Theils jeden Schritt zu vermeiden, welcher Stoff zu Mißdeutungen oder zu beunruhigenden

4

Folgerungen darbieten könnte, hat der Unterzeichnete, Namens seiner Herren Committenten, mehrmal bereits um desfallsige VerhaltungsVorschrift gebeten.

Die von Sr. Majestät dem König von Wirtemberg, durch das Ministerium des Innern an die Fürsten von HohenloheLangenburg und HohenloheJagstberg inzwischen erlassenen, hier anliegenden Verfügungen, sind aber von solchem auffallenden Inhalte, daß der Unterzeichnete sich einer ausführlichen Aeusserung darüber enthalten zu müssen glaubt. Er beschränkt sich also darauf, zu bemerken, daß dieselben sowohl mit der eigenen Aeusserung Sr. Majestät des Königs, in der am 11. Jänner dieses Jahrs im Staatsrathe gehaltenen Rede, als auch mit Art. 6 des Pariser Friedens, und mit dem ganzen Zweck des teutschen StaatenBundes, geradezu in Widerspruch stehen.

Indem demnach Unterzeichneter um gerechte Beherzigung der eben so schuldlosen als bedrängten Lage seiner Herren Committenten wiederholt auf das inständigste bittet, stellt er lediglich dieser allerhöchsten Behörde anheim, was Sie bei diesen Verhältnissen, zu Behauptung Ihrer Würde, in Ihrer Weisheit zu beschließen rathsam finden wird.

Wien, den 5. März 1815.

Fr. v. Gärtner.

Beilagen.

Num. I.

Bei dem königlichen Ministerium des Innern lief das Schreiben des Herrn Fürsten von HohenloheLangenburg, die bedingte Erklärung betreffend, unter welcher derselbe bei der hiernächst zu eröffnenden

Ständeversammlung allhier erscheinen zu können sich beglaubigt, richtig ein, und der Unterzeichnete versäumte es nicht, dem König seinem Herrn dasselbe pflichtmäßig vor Augen zu legen.

Er wurde sofort beauftragt, dem Herrn Fürsten zu eröffnen, daß man sich auf Reservationen so wenig, wie auf vorläufige Versicherungen einlassen könne; der Zweck der Zusammenberufung der Stände auf den 15. März sey zunächst, die Verfassungsurkunde erst zu publiciren; von einer Beschwörung derselben von Seiten der Stände, sey nicht die Rede, und könne diese Voraussetzung nur auf einer mißverstandenen Auslegung der in dem Manifest sich darauf beziehenden Stelle beruhen. In der Hauptsache aber sey der Herr Fürst ganz irrig daran, zu glauben, daß die Wiener Verhandlungen in dem für die teutschen Angelegenheiten statt findenden Comité, irgend einen Einfluß auf die Bestimmung der Verfassung im Innern der souverainen Staaten Teutschlands, oder der Verhältnisse zwischen dem Souverain und Unterthanen, haben werden. Alle darauf zielenden directen und indirecten Schritte, um einen solchen Einfluß hervorzubringen, seyen, als dem Zweck und dem Gegenstand der Geschäfte des Comité entgegen, von der Hand gewiesen worden.

Der Pariser Tractat, als die einzige Richtschnur für das Comité, bestimmen einzig und allein die Festsetzung des lien fédératif zwischen den souverainen Staaten Teutschlands, in Beziehung auf die äussern Verhältnisse und unter sich, zum ausschliessenden Zweck seiner Verhandlungen. Dadurch wurden alle übrigen Gegenstände fremdartig und davon ausgeschlossen. Von einer Einmischung zwischen Herrn und Unter-

thanen, könne insbesondere aber um so weniger die
Rede seyn, als Sr. Majestät Ihre vorhin schon allgemein anerkannte Souverainetät durch feierliche Staatsverträge mit sämmtlichen alliirten Mächten,
und durch den Pariser Tractat selbst garantirt worden
sey: auch würden Sr. königliche Majestät eine solche
unbefugte Einmischung in keinem Falle dul-
ben, und sich hierauf eben so wenig einlassen, als sich
Gesetze oder Bedingungen vorschreiben lassen.

Durch Verleihung einer VirilStimme, für seine
Person sowohl als seine Familie, hätten Sr. Majestät
dem Herrn Fürsten einen gewiß schätzbaren Vorzug einzuräumen die Absicht gehabt. Wolle nun der Herr Fürst,
aus Mißverstand oder Nichtanerkennung des Werths der
Landstandschaft, davon keinen Gebrauch machen, so hänge es lediglich von ihm ab, bei dem Act der Constituirung der Stände nicht zu erscheinen; Sr. Majestät hielten aber die persönliche Anwohnung bei dieser Handlung
für wesentlich nothwendig, und wer sich davon entfernt
halte, hätte für sich und seine Familie die sich von selbst
ergebenden Folgen zu erwarten.

Stuttgart den 19. Februar. 1815.

Ministerium des Innern.
Graf von Reischach.

Num. II.

Das Antwortschreiben des Herrn Fürsten von HohenloheJagstberg vom 13. d., wodurch das demselben übertragene Präsidium bei der Ständeversammlung abgelehnt wird, hat der Unterzeichnete, seiner Pflicht
gemäß, dem König seinem Herrn zur Einsicht vorgelegt,
und sofort den Auftrag erhalten, dem Herrn Fürsten zu
erwiedern, daß, indem Se. königliche Majestät demselben, und für seine Branche, keine VirilStimme

hätten geben können, Allerhöchstdieselben dem Herrn Fürsten den ehrenvollen Vorzug der Präsidenten-Stelle, als einen ausgezeichneten Beweis des allerhöchsten Wohlwollens, zugedacht gehabt haben.

Da nun der Herr Fürst, aus einem ganz irrigen Wahn, davon keinen Gebrauch machen, und also gar nicht erscheinen wolle, so hänge dieses zwar von ihm ab, jedoch ziehe dieses den Verlust jenes Vorrechts nach sich, indem Se. königliche Majestät Sich bereits durch diese Weigerung veranlaßt gesehen hätten, anderwärtige Verfügungen zu treffen.

Im Uebrigen sey der Zweck der Zusammenberufung der Stände, auf den 15. März, zunächst, die Versammlung zu constituiren, und ihr die von Sr. Majestät festgesetzte VerfassungsUrkunde erst zu publiciren, und seye von einer Beschwörung derselben von Seiten der Stände, gar nicht die Rede, darin aber liege ein grosser Irrthum vor, wenn der Herr Fürst glaube, daß die Wiener Verhandlungen in dem für die teutschen Angelegenheiten statt findenden Comité, irgend einen Einfluß auf die Bestimmung der Verfassung im Innern der souverainen Staaten Teutschlands, oder der Verhältnisse zwischen dem Souverain und Unterthan, haben werden. Alle darauf zielenden, directen und indirecten Schritte, um einen solchen Einfluß hervorzubringen, seyen, als dem Zweck und dem Gegenstand der Geschäfte des Comité entgegen, von der Hand gewiesen worden.

Der Pariser Tractat, als die einzige Richtschnur für das Comité, setze einzig und allein die Feststellung des lien fédératif zwischen den souverainen Staaten Teutschlands, in Beziehung auf die äussern Verhältnisse und unter sich, zum ausschliessenden Zweck seiner Verhandlungen. Dadurch würden alle übrigen Gegenstände fremdartig und davon ausgeschlossen; insbesondere könne von einer Einmischung zwischen Herrn und Unterthanen um so weniger die Rede seyn, als Sr. Majestät Ihre vorhin schon allgemein anerkannte Souverainetät durch feierliche Staatsverträge mit allen alliirten Mächten und durch den Pariser Tractat selbst garantirt worden sey. Zudem würden auch Se. königliche Majestät eine solche unbefugte Einmischung in keinem Falle dulden, und sich hierauf eben so wenig einlassen, als sich Gesetze oder Bedingungen vorschreiben lassen.

Stuttgart den 19. Februar 1815.

Ministerium des Innern.
Graf von Reischach.

III.

Vorschlag

eines, durch die rheinische BundesActe einem teutschen souverainen Fürsten untergeordneten Grafen, zu einer Grundlage des künftigen Rechtszustandes der jetzt so genannten teutschen Standesherrn; datirt Wien den 10. Jänner 1815.

Der Grundsatz:

„daß nach Aufhebung des Rheinbundes, die von „Napoleon dictirte BundesActe kein Rechtstitel „gegen die Mediatisirten seyn könne",

ist so klar, daß er selbst von denen, gegen deren Interesse er anstößt, auf keine Weise angegriffen werden kann.

Es ist auch kein neueres Ereigniß hinzugekommen, durch welches dieses wieder eingetretene Rechtsverhältniß aufgehoben worden wäre.

Die Verbündeten haben ausdrücklich erklärt, daß sie Teutschland seine Freiheit, und jedem Stand seine Rechte wieder geben wollten.

Die mediatisirten Reichsstände sind bei dieser allgemeinen Versicherung nicht ausgenommen worden; sie selbst enthält also das Anerkenntniß ihres Rechts. Die mit einigen Fürsten, welchen Napoleon die höhern Regierungsrechte, in den Gebieten ihrer Mitstände völkerrechtwidrig und mitten im Frieden eingeräumt hatte, von den hohen Verbündeten abgeschlossenen Conventionen können nicht zum Nachtheil des Dritten angeführt werden, und machen aus Unrecht kein Recht.

Bloß aus Achtung gegen die hohen Verbündeten, um im Zeitpunct, wo enge Vereinigung des Vaterlandes nöthig war, keinen neuen Zwiespalt zu erregen, und in der Hoffnung, daß der provisorische Zustand bald in einen drfinitiven übergehen werde, schickten sie sich in die noch fortdauernden Verhältnisse, ihre Wiederherstellung jedoch von den verbündeten Mächten erwartend. Leider! ist aber solche bis jetzt weder erfolgt, noch sind die Opfer bestimmt, welche die Mediatisirten dem allgemeinen Wohl des Vaterlandes bringen sollen.

Sie sind, sie wiederholen es, zu jedem Opfer, welches dem Vaterlande gebracht, und von ihnen verlangt werden wird, jedoch unter der Voraussetzung bereit, daß man die noch in diesem Augenblick factisch zwischen ihnen und den ehemaligen RheinbundsFürsten bestehenden Verhältnisse, nicht als rechtlich existirend ansehen werde.

Unter dieser Voraussetzung und von den unumstößlichen Rechtssaz, daß die BundesActe ihren Mitständen weder Rechte geben, noch ihnen welche entziehen konnte, würden sich die Mediatisirten vielleicht zu folgender freien Erklärung, über ihr künftiges verfassungsmäßiges Verhältniß, veranlaßt finden.

1) Glauben sie, daran nicht zweifeln zu dürfen, daß ihre persönliche Exemtion von der Gewalt der Fürsten, denen sie bis jetzt unterworfen waren, durch die künftige Verfassungsurkunde garantirt werden wird.

In dieser Unterstellung können sie darauf zählen, daß ihnen am Bundes- oder Reichstage Viril- oder Curiat-Stimmen, in dem nämlichen verfassungsmäßigen Verhältniß eingeräumt werden dürften, welches für diejenigen Fürsten festgesetzt werden wird, die dem Rheinbunde beigetreten sind.

Als Corollar dieses Grundsatzes wird den gewaltsam submittirten Reichsständen zugegeben werden müssen, daß ihre Familien Verhältnisse von ihnen eben so regulirt werden können, wie von den bisher souverainen Häusern, ohne daß solche der Bestätigung der Fürsten bedürfen sollten, deren Landen bis jetzt ihre Fürstenthümer, Graf- und Herrschaften einverleibt waren.

Wollte ein 1806 fremder Gewalt submittirter Reichsstand ein Familien Gesetz bestätigen lassen, so könnte diese Bestätigung nur bei der Bundes Versammlung, dem Bundeshaupt, oder dem Kaiser, nachgesucht werden.

Bei allen Processen dieser Familien unter sich, treten die nämlichen Grundsätze ein, welche für die Familien der so genannten souverainen Häuser in der künftigen Verfassung festgesetzt werden.

Weitere Voraussetzungen sind,

2) daß für alle Streitigkeiten, welche die unrechtmäßig Mediatisirten mit den ehemaligen Souverainen haben werden, ein Reichsgericht angeordnet seyn wird, so wie

3) daß die Rechte, welche sie wieder erhalten, durch die künftige Verfassung feierlich und noch besonders von Oestreich und Preussen, als europäische Mächte, garantirt werden.

Unter diesen Suppositionen könnten die so genannten Mediatisirten rücksichtlich ihrer Besitzungen, Fürstenthümer, Graf- und Herrschaften denen Regierungen, unter deren so genannten Souverainetät sie sich bis jetzt befanden, nachstehende Befugnisse einräumen.

a) Die MilitärGewalt in ihren Gebieten verbleibt den Regierungen, welche bisher solche ausübten, oder der Autorität, welcher solche die Bundesverfassung zuweisen wird.

Die Gesetze, welche über Contingent und Landwehr in Teutschland gelten werden, oder geltend bleiben, sollen in den Gebieten der submittirten Reichsstände, durch deren Beamte vollzogen werden.

In Friedenszeiten, und bei Durchmärschen im Frieden, werden die Wohnungen der FamilienHäupter mit Einquartierungen verschont.

b) Die Justiz wird, in erster und zweiter Instanz, durch die Beamten der ehemaligen Reichsstände, sowohl in bürgerlichen als peinlichen Sachen, in ihren Gebieten administrirt, und zwar nach den Gesetzen und der Proceßordnung des Landes, welchem sie einverleibt sind.

Die Gerichte werden von den Mediatisirten bezahlt, und nach ihrem Namen benannt, ohne Beisetzung des Namens der Fürsten, mit welchen ihre Besitzungen in Verbindung stehen.

Sie können jeden dazu qualificirten Rechtsgelehrten, der ein gebohrner Teutscher ist, bei ihren Gerichten anstellen.

Dem OberAppellationsGericht steht die Prüfung der dabei angestellten Personen zu, und eben so die Befugniß, diese Gerichte von Zeit zu Zeit zu visitiren.

Die zweite Instanz der ehemaligen Reichsstände ist, in denen Fällen, wo nach den Landesgesetzen die zweite Instanz des Landes RealForum für den Fiscum ist, auch deren RealForum.

Mehrere Mediatisirte können sich zur Errichtung eines GesammtCollegii zur Ausübung der zweiten Instanz vereinigen.

Nach der Beträchtlichkeit der Besitzungen, besonders der Bevölkerung, werden den sogenannten Mediatisirten Präsentationsrechte bei dem OberAppellationsGerichte eingeräumt.

c) Die PolizeiGewalt in den sogenannten standesherrlichen Gebieten, bleibt den vormaligen Reichsständen. Sie haben das Recht, Regulative und Verordnungen zu entwerfen, welche jedoch den Bundes- und Landesgesetzen nicht entgegen seyn dürfen.

An Gesetze, welche mit Einwilligung der Landstände in den Staaten, welchen sie einverleibt werden, verfassungsmäßig gegeben werden, werden sie allerdings gebunden, in so fern solche denen ihnen verfassungsmäßig garantirten Rechten nicht derogiren.

Von allgemeinen Landesanstalten, als BrandAssecuranzen, Vorsichtsmaasregeln gegen Seuchen, SicherheitsAnstalten u. d. m. können sie sich nicht ausschließen, sondern sind daran Antheil zu nehmen gehalten.

d) Im Kirchen- und Schulwesen müssen die ehemaligen Reichsstände zwar die Kirchengesetze im Allgemeinen beobachten, sie brauchen aber Kirchen- und Schuldiener nicht besonders zur Confirmation zu präsentiren, wenn nur das Subject, welchem sie die Stelle geben, von dem OberConsistorium des Landes examinirt und tüchtig befunden ist.

Das Kirchenvermögen und die milden Stiftungen dieser Gebiete, bleiben unter der Verwaltung der sogenannten Mediatisirten.

Auf Ersuchen des Fürsten, mit welchem sie in Verbindung stehen, werden sie jedoch den VermögensStand dieser Stiftungen vorlegen,

Untersuchungen des Stiftungs- und Kirchenvermögens können, auf Kosten des schuldig befunden werdenden Theils, von den Regierungen verfügt werden.

Die Mediatisirten haben das Recht, Consistorien anzuordnen und auf die Beobachtung der allgemeinen teutschen und speciellen Landesgesetze zu verpflichten.

Das Recht der UnterthanenAnnahme und Entlassung, steht ihnen gleichfalls zu, und es kann nur dann über Verweigerung oder Gestattung, Klage bei der Behörde des Landes entstehen, wenn

die Conscriptions- und andern Reichs-, Bundes- oder Landesgesetze bei einem Receptions- oder Dimissionsfall

nicht beobachtet worden sind.

Die Einsendung der Bevölkerungslisten an die höchsten Landesbehörde, kann nicht verweigert werden; mit dem Gemeindevermögen, von welcher Gattung es sey, hat es die nemliche Bewandniß, wie bei dem Kirchengut.

e) Da die submittirten Reichsstände persönliche Unmittelbarkeit voraussetzen, so können sie nur als erbliche Repräsentanten ihrer Unterthanen an der Landstandschaft der Staaten, denen sie einverleibt worden, Antheil nehmen.

Als solchen gebührt ihnen Theilnahme an den Landesgeschäften, und zwar in dem Umfang, welcher verfassungsmäßig den Landständen künftig zustehen wird.

Zu den persönlichen Vorzügen, welche die Mediatisirten wieder erhalten werden, und deren Auseinandersetzung überflüssig ist, weil man von der Hypothese ausgeht, daß sie Sitz und Stimmen auf dem Reichs- oder Bundestage haben werden, wird auch die erste Stelle auf dem Landtage gehören. Sie werden unterdessen kein abgesondertes Collegium bilden.

f). Da auch die Fürsten, mit deren Staaten sie in Verbindung stehen werden, von ihren Domänen zur BundesCasse Steuern in eine von ihnen ganz unabhängige Casse bezahlen werden, so wollen auch die ehemaligen Reichsstände ihre gänzliche Steuerfreiheit dem Vaterlande und den schatzpflichtigen Unterthanen zum Opfer bringen, jedoch unter folgenden Bedingungen:

1) daß sie an der Verwaltung der Steuer-Casse (zu welcher die Domainen der bisher souverainen Fürsten in gleichem Verhältniß mit ihren Domainen concurriren) gleichfalls Theil nehmen;

2) daß für die ExtraOrdinaria, welche auf den Landtagen bewilliget werden, ein doppeltes Cataster errichtet, und die Ertragsfähigkeit der Güter der großen Grundbesitzer nicht allein nach der Theorie, sondern nach der mit Rechnungen nachzuweisenden Wirklichkeit des Ertrags erhoben und festgesetzt werde;

3) daß alle nutzbaren Rechte und Regalien, in Rücksicht der den ehemaligen Mediatisirten zur Last fallenden Kosten der peinlichen und bürgerlichen Gerichtbarkeit und der Polizei, nicht in die Steuer gelegt werden.

Auf allen Steuerbezug entsagen sie.

Daß sie von der ConsumtionsSteuer frei seyn müssen, folgt aus der persönlichen Unmittelbarkeit.

Sie verlangen jedoch solche anders nicht, als so lange sie auf ihren Besitzungen wohnen.

4) Sind ihre Besitzungen willkührlich und unerschwinglich besteuert worden, so daß Manches in Rückstand geblieben ist.

Sie könnten Restitution des gegen die BundesActe Erhobenen fordern, wollen aber auch darauf Verzicht leisten, wenn alle bis zum 1. Jänner 1815 in Rückstand gebliebenen Steuern, als getilgt, erklärt werden.

g) Auf Post- und Münzrecht entsagen die ehemaligen Mediatisirten; dagegen werden ihnen aber alle andern nutzbaren Regalien ohne allen Unterschied, garantirt, und nur in Rücksicht des Salpetergrabens machen sie sich anheischig, die Ausbeute im gewöhnlichen Preis zu den MilitärAnstalten des Bundes zu geben.

Zölle und Weggelder verbleiben ihnen, unter denen Modificationen, welche darüber die künftige Verfassung aussprechen wird.

Wenn, wie man glaubt, mit diesen Pancten den größern Fürsten Alles bewilligt wird, was das allgemeine Wohl erfordert, und die sogenannten Mediatisirten sich nur vorbehalten, was sie, diesem unbeschadet, besitzen können, so sollte man, wenn von Recht und Billigkeit, und nicht von sogenannter höherer Politik die Rede ist, hoffen, daß sie die Grundlage der Bestimmmung der Rechte der Mediatisirten werden könnten.

Wien, am 10. Jänner 1815.

IV.

Denkschrift

derjenigen teutschen fürstlichen und gräflichen
Häuser, welche durch die rheinische BundesActe
andern teutschen Fürsten als Standesherren
untergeordnet wurden; datirt Wien den 15. März
1815.

Das Gesuch, worüber die durch den Rheinbund unterjochten teutschen Reichsstände die Entscheidung des
hohen Congresses erwarten, ihre Herstellung nämlich in
Verbindung mit der Herstellung der Verfassung des teutschen Vaterlandes, gehört zu denen Gegenständen, welche
an sich gar keine Ausführung und Vertheidigung bedürfen:
denn Natur-, Völker- und Staatsrecht, Billigkeit, vorherige garantirte und durch einen Bestand mehrerer Jahrhunderte geheiligte Verfassung, die Sicherheit der Existenz aller übrigen mindermächtigen Staaten, endlich die
Stimme des Volks, und die vorhin so tief herabgewür-
digte, jetzt glorreich auferstandene Würde der Nation,
sprechen laut dafür.

Wollte man den mitten im Frieden Völkerrechtswi-
drig gegründeten Zustand der Unterjochung von mehr als
70 schuldlosen reichsständischen Häusern, in seiner gehässigen Form und Bezeichnung fortbestehen lassen; so
würde dieß ein ewiges Denkmahl für den Zeitpunct seyn,
dessen jeder gute Teutsche nur mit Wehmuth gedenken
kann! Doch hinweg mit diesen tief beugenden und er-
schütternden Erinnerungen. Vernichtet ist Gottlob! diese
Schreckenszeit, und sie wird Teutschlands Würde niemals wieder beflecken, den Boden unseres Vaterlandes
niemals wieder mit Blut tränken, so lange die geheilig-
ten Nämen Franz, Alexander und Friedrich Wilhelm

mit Weisheit und Gerechtigkeit in einen Lorbeerkranz ver-
schlungen sind, und die teutsche Nation den hohen Beruf
fühlt, mit ihrem Boden auch ihre rechtmäßigen Landesherrn, und eine sie beglückende Verfassung zu vertheidigen.

Staatsmänner, deren Namen man nur mit Ehrfurcht und Dankbarkeit nennen kann, haben ihrer Gerechtigkeitsliebe und Humanität ein schönes Denkmal durch
die Aeusserung gegründet: „Gleichheit der Fürsten ist
„jedem wahren Teutschen theuer und heilig; er will die
„Rechte der Nation vorzüglich in den Rechten ihrer Für-
„sten ehren. Nur möchte man freilich gern unter den
„Fürsten alle ehemaligen Reichsstände, auch diejenigen,
„welche nicht durch teutsche Acht, nicht weil sie dem Va-
„terlande in seiner Noth nicht beigesprungen waren,
„sondern durch fremde Gewalt aus ihrem Kreise gestos-
„sen wurden, darunter mit begriffen wissen."

In gleichem Geiste haben andere Staatsmänner,
auf welche die teutsche Nation hoffnungsvoll ihr Vertrauen stützt, sich ausgesprochen und bewährt.

Also die Frage: ob für die sogenannten mediatisirten Reichsstände nach neunjährigen herben Leiden die
Stunde der Befreiung jetzt schlagen soll? kann in jedem
Falle für gerecht und günstig entschieden, angesehen werden. Darüber sind Staatsmänner, Gelehrte und Nation
im Einklange, und hier und da erhebt nur noch der
Egoismus dagegen seine widrigen Mißtöne. Dahingegen ist die Frage, wie soll das, den sogenannten mediatisirten Reichsständen zugefügte tief kränkende Unrecht
wieder gut gemacht werden? noch immer nicht entschieden; obgleich das sonst befreite Teutschland den Jahres-
tag der Schlacht von Leipzig bereits vor mehreren Monaten feierte. Doch hat das Vertrauen jener unglückli-

chen Staatsopfer zu den Allerhöchsten Befreiern und Regeneratoren Teutschlands und zu deren gepriesenen Staatsmännern nicht einen Augenblick gewankt; denn wie könnten diejenigen zagen, welche bei diesen nur um Gerech-
keit bitten?

Ganz unnöthig würde es daher auch seyn, über diese eben so einfache als einleuchtende Sache noch etwas
weiteres zu sagen, wenn der Verfasser sich nicht verpflichtet achtete, über die vorbemerkte Frage: wie können und müssen die unterdrückten Reichsstände hergestellt,
und mit der neuen Constitution auf eine würdige Art
verbunden werden? in dem Moment, wo deren so folgenreiche Entscheidung naht, noch einige Worte allen
denen ans Herz zu legen, welchen Teutschlands Würde,
Wohlfahrt und innere Ruhe theuer sind.

Die Frage, ob diese Herstellung mit dem Bestande
des teutschen Vaterlandes vereinbarlich sey? könnte man
zwar ganz einfach so beantworten: wenn überhaupt die
constitutionelle Selbstständigkeit mindermächtiger Stände,
und so wie sonst die Existenz der Reichsstädte für vereinbarlich damit gehalten wird, warum soll es denn die
Existenz anderer Reichsstände gleicher Kathegorie, allein
nicht seyn?

Eben so einfach würde sich die Frage: wie die Herstellung der unterdrückten Reichsstände geschehen könne?
von selbst dahin beantworten, durch Gleichstellung mit
anderen, zufällig nicht unterdrückten Reichsständen, mit
welchen jene nach der vorigen allein rechtmäßigen Constitution seit Jahrhunderten auf gleicher Stufe standen.

Auch ist der Verfasser überzeugt, daß diejenigen mindermächtigen Reichsstände, welche durch ihren Beitritt
zum Rheinbunde sich nur erhalten, nicht auf Kosten ihrer Mitstände vergrößert haben, eine solche Herstellung
ihrer Reichsmitstände selbst wünschen, und darin die

wesentlichste Versicherung ihrer künftigen Existenz finden würden.

Doch ist die Sache zu wichtig, als daß sie nicht einer nochmaligen reiflichen Prüfung hier unterworfen werden sollte.

Das Salus publica suprema lex esto haben die vormals mediatisirten Reichsstände stets bewährt, und ihr Hauptbevollmächtiger hat in denen eingegebenen Noten feierlich erklärt:

daß sie allen denjenigen Verfügungen, welche die Allerhöchsten verbündeten Monarchen in der dermalen wichtigsten aller GeschichtsPerioden, zu Teutschlands allgemeinem Wohl in einer Constitution auszusprechen geruhen wollen, sich mit Ehrfurcht, Dankbarkeit und Vertrauen unterwerfen, und zu allen denen Opfern, welche die wahre Wohlfahrt des teutschen Vaterlandes im Ganzen erfordern möchte, redlich bereit seyen; dahingegen wohl mit Recht voraussetzten, daß alle Stände gleicher Kathegorie und Größe auch gleiche Opfer bringen, und gleiche constitutionelle Rechte erlangen würden.

Jeder Unbefangene erkennt in dieser Erklärung zuverlässig ächten Patriotismus, im Geiste der Billigkeit und Gerechtigkeit ausgesprochen. Denn warum sollten die Reichsstände, welche vorhin ein Opfer der Unterjochung Teutschlands wurden, auch jetzt wieder dem befreiten Teutschland allein Opfer bringen? welche doch so partiell gebracht, zum eigentlichen und wahren Wohle des Vaterlands nichts Entscheidendes beitragen, und höchstens zur individuellen Begünstigung einiger vormaliger Souveraine des Rheinbundes dienen könnten.

Die wahre Wohlfahrt Teutschlands erfordert große, alle teutsche Staatsbürger gleich umfassende und gleich verbindende Maasregeln; sie erfordert vor allem, Herstellung des vorigen, mit der Nationalität so innig verschmolzenen Rechtszustandes; sie erfordert Abstellung derjenigen Mängel der vorigen, sonst so vortrefflichen Verfassung, welche die teutsche Nationalkraft in militärischer Hinsicht lähmte, und daher die äussere Sicherheit des Vaterlandes gefährdete; sie erfordert überhaupt diejenige Umgestaltung, welche der mit blutigem Finger winkende, nicht mißverstandene, sondern mit dem Scharfblick geschichtlicher Beobachtung richtig ergriffene Zeitgeist gebietet.

Kann aus allen diesen Prämissen die Behauptung einiger Selbstsüchtigen gerechtfertigt werden, weil mehrere Reichsstände das Unglück gehabt haben, durch einen Bund, zu welchem die Geschichte kein Seitenstück liefert, mitten im Frieden ihre Selbstständigkeit zu verlieren, so müssen sie auch jetzt, — ohngeachtet dadurch nicht die Wohlfahrt des Vaterlandes befördert, sondern nur einigen Mitständen ihr ungerechtes Verlangen gewährt werden würde — wieder einem politischen Todesschlummer geweiht bleiben?

Vernunft, Billigkeit und Gerechtigkeit müssen eine solche eben so bizarre als für das Ganze verderbliche Behauptung, unwillig von sich stossen; denn so kann wohl eine zur chronischen Krankheit gewordene Selbstsucht, aber wahrlich nicht ächter Patriotismus argumentiren!

Dieser kann und muß vor allen Dingen nur Herstellung einer, für alle guten Teutschen gleich erfreulichen, gerechten und energischen, der vorigen möglichst ähnlichen Verfassung wünschen; einer Verfassung, welche vorzüglich die Militärkräfte und alle Zweige der Staatsverwaltung, die damit als Mittel zum Zweck in unzertrennlicher Verbindung stehen, mehr concentrirt, besser organisirt, und zur Aufrechthaltung der äusseren Sicherheit, denselben eine schnellere Kraftäusserung verschaft.

Dieser heilige Zweck kann nicht durch einzelne Aufo
ferungen, welche der Vergrößerungssucht einiger, in di
ser Beziehung immer noch klein bleibenden Staaten ein
gebracht werden, sondern nur dadurch erreicht werde
wenn kleine Staaten sich den großen Mächten Teutschlan
militärisch anschließen, deren Schutz genießen, und m
dieser SchutzMacht durch ihre Landesherrn aufs innig
verbunden, für Seyn oder Nichtseyn kämpfen. Nicht U
terwerfung, welche nicht allein zwecklos, sondern selb
zweckwidrig erniedrigt; nicht Unterjochung, welche al
wahre Ehrensache einen ewigen Keim für Unzufriedenhe
gründen müßte; sondern eine freiwillige politisch milit
rische Schutzverbindung der mindermächtigen Stände m
den großen Mächten; das ist es, was der teutsche Patr
wünschen kann, und was jeder mindermächtige Stand, i
Gefolge der neuesten außerordentlichen Zeitereigniße, selb
wünschen muß.

Diese Schutzverbindung muß aber, wenn sie mora
lisch ist, so wie Völker- und Staatsrechtlich bestehen, un
ein unauflösliches Band für gemeinschaftliche Wohlfahr
gründen soll, eine freiwillige Verbindung seyn; sie mu
auf vertragsmäßiger Zustimmung dessen beruhen, welche
dadurch einen gewissen Theil seiner constitutionellen Rech
te, der öffentlichen Wohlfahrt und seiner darauf beruhen
den eigenen Sicherheit, zum Opfer bringt.

Sollen also solche Verhältnisse in dieser Beziehung
dermalen hier constituirt werden; so erfordert allerding
das rechtliche Verhältniß eben so als die unverkennbar
Würde der Sache, daß diejenigen, welche ein solche
Opfer bringen sollen, darüber, so wie über die Verfassung
im Ganzen, mit ihren Bemerkungen zuvor förmlich gehör
werden, und sodann ihre freiwillige Zustimmung erklären.
Dadurch wird sich die Gründung der neuen Verfassung

sehr vortheilhaft und beruhigend von der Stiftung des Rheinbundes unterscheiden, welcher den zu Schlachtopfern ersehenen Ständen, ungehört das Todesurtheil publicirte.

Es ist demnach um so weniger zu bezweifeln, das Großmuth und Gerechtigkeitsliebe über jede Opposition gegen die Zulassung der vormals mediatisirten Reichsstände zu den Verhandlungen über die teutsche Constitution siegen werden, als die Reichsstädte ebenwohl darüber gehört werden sollen, und man gar nicht daran zweifeln kann, daß, nachdem der Rheinbund vernichtet ist, den nur durch denselben und für dessen Dauer politisch getödteten Reichsständen, dermalen eine Repräsentation am künftigen Bundestage wieder verstattet werden wird.

Bei einer solchen freiwilligen politisch militärischen Anschließung mindermächtiger Reichsstände an die Staaten großer Mächte müßten denn folgende Hauptgrundsätze fest bestehen:

I. Die schützende Macht erkennt für die Schutzverwandten die in der Constitution durch den Bund zuerkannte und garantirte persönliche Unmittelbarkeit.

II. Der Schutzherr erkennt für die Schutzverwandten das gleichmäßig constitutionell versicherte Eigenthum ihrer Fürstenthümer, Graf- und Herrschaften, mit allen daraus fließenden Rechten und Renten.

III. Es wird überhaupt den Schutzverwandten kein anderes Opfer zugemuthet, als welches der einzige reine Zweck, die Wohlfahrt des Vaterlands erheischt, und welches in der allgemeinen teutschen Constitution so genau bestimmt und bezeichnet wird, daß

IV. niemals eine extensive Interpretation Statt finden kann, sondern in allen nicht namentlich und speciell als Ausnahmen bezeichneten Fällen, die Regel für die Beschützten bleibt.

V. Alles dies unter Verbindung mit der Constitution in deren engstem Umfang und unter Garantie der Gesammtheit des teutschen Staatenbundes. Es sey vergönnt, jeden dieser einzelnen Grundsätze in seinen Motiven und Folgerungen etwas näher zu zergliedern.

In Ansehung des 1sten, nämlich Erhaltung der persönlichen Unmittelbarkeit, enthält selbst die Rheinbundes-Acte keine entgegnende Bestimmung, und nur der gesetz- und rechtslose Zustand, welcher Folge derselben war, konnte eine Ausdehnung bis zu diesem Grade der Unterjochung bewirken. Sonst enthält die ältere teutsche Verfassung mehrere Beispiele, daß teutsche Reichsstände mit größeren Saaten in engere Verbindung traten, deren Gesetze annahmen, und einen Beitrag zu Unterhaltung des Militärs zahlten, ohne deswegen Sitz und Stimme auf den Reichs- und Kreistagen zu verlieren. Es ist dieses ein unveräusserliches Vorrecht der Reichsstände, welches solchen mächtigen Schutzherrn eben so wie dem Ganzen wohl nützen, aber niemals schaden kann.

In Gefolge dieser Motiven kann man also wohl mit völligem Grunde annehmen, daß den vormals mediatisirten Reichsständen wieder ein verhältnißmäßiger Antheil an der teutschen NationalRepräsentation gestattet, und dabei wie billig die vorige Modalität der rechtmäßigen Verfassung, zum Grunde gelegt werden wird. Findet dieses aber in Ansehung des Bundestages Statt, so wird es in Ansehung der Kreistage um so weniger einem Bedenken unterworfen seyn. Es folgt ferner sowohl hieraus, als aus den folgenden Grundsätzen, daß die Schutzverwandten vor wie nach auf die Prädicate: Bundesstände, Kreisstände, regierende Herren u. s. w. Anspruch haben.

Die selbstständige Autonomie, frei von Einmischung und Bestätigung eines Oberen, ist nicht minder ein daraus fließendes, köstliches, und zu Erhaltung des Familienglanzes ganz unentbehrliches Recht. Der Staat selbst ist dabei interessirt, dieses Recht zu gewähren und aufrecht zu erhalten; denn ohne dasselbe würden seine Schutzverwandten bald nicht mehr zu einer ihrem Standpunct angemessenen Existenz qualifizirt, und nicht mehr im Stande seyn, sowohl dem Bunde als dem schützenden Staate das zu leisten, was Zweck der Schutzverbindung ist.

Es folgt eben so daraus das Recht, durch seines Gleichen in peinlichen Fällen gerichtet zu werden; ferner in persönlichen Fällen der Gerichtsstand vor dem Bundesgericht: wogegen dann in Realsachen (vorbehaltlich der Appellation an das Obergericht des Kreises, und der Pflichtentlassung der Richter für solche Fälle) das Gericht der 2ten Instanz der Schutzverwandten eben so jetzt wieder für competent erklärt werden könnte, als solches sonst in Teutschland verfassungsgemäß war.

Persönliche Freiheit zu allen Handlungen, welche dem Zwecke der Constitution nicht widerstreben, versteht sich dabei für die Schutzverwandten und deren Familien wohl von selbst. Dieser Bundeszweck kann aber kein anderer seyn, als Erhaltung der äusseren Ruhe und Unabhängigkeit, und die Sicherung der verfassungsmäßigen Rechte jedes Einzelnen, so wie des Ganzen. Daß mit diesem gesegneten Zwecke des Bundes, Alles, was als erläuternde Beispiele unter dem ersten Grundsatz bemerkt worden ist, nicht im Widerspruch stehet, vielmehr verhältnißmäßig förderlich dafür ist, kann einem unbefangenen Urtheile nicht entgehen. Eben so gerecht und zweckmäßig ist der zweite Grundsatz: daß den beschützten Ständen von dem schützenden Staat das Eigenthum ihrer Fürstenthümer, Graf- und Herrschaften, nebst allen daraus fließenden Befugnissen zu versichern sey.

Dieser Grundsaz steht mit dem vorbemerkten Bundes-
zwecke nicht im geringsten im Widerspruch; er ist vielmehr
ganz dazu geeignet, um Herrn und Unterthanen um so
viel inniger und fester an das Interesse des schützenden
Staats zu knüpfen, ja es ist dieser Grundsaz, die neu
gebildete Souverainetät abgerechnet, sogar in der rheinischen BundesActe beibehalten worden.

Auch aus diesem Hauptgrundsaz folgen viele wichtige
Resultate, deren ich hier nur einige anführen will. Die
Beschützten bleiben z. B. hiernach unbezweifelt Landesherrn,
und behalten die innern Regierungsrechte dem allgemeinen Bundes- und Staats-Zweck allein untergeordnet.
Sie haben in Ansehung jedes Rechts und Einkommens,
welches für den Bundes-Zweck an den Schuzherrn nicht
namentlich und ausdrücklich überlassen wird, die Vermuthung für sich. Der vitiose Besiz des Rheinbundes
konnte niemals ein entgegengesetztes Recht begründen;
kann also noch weniger jezt, nach feierlicher Entsagung
auf diesen Bund, dafür angeführt werden. Die Ge-
seze, Verfügungen, oder durch höhere Gewalt veranlaßten Verträge, welche während der Dauer des Rheinbundes, unter mancherlei Vorwand, solche aus dem
LandesEigenthum fließende Rechte und Renten entweder
schmälerten, oder ohne vollkommene Entschädigung ganz
entzogen, müssen jezt ihre Kraft verlieren.

Alles dies sind Grundsäze und Folgerungen, welche
mit dem Bundeszweck in der innigsten Harmonie stehen;
denn ohne sie kann die innere Ruhe und Zufriedenheit
nicht bestehen, welche die mächtigste Stüze und Kraft
der Staaten bildet.

Der 3te Grundsaz, daß den mindermächtigen Ständen, welche einem mächtigen Schuzherrn für den Zweck
des Bundes sich anschließen, keine weiteren Verzichte

und Opfer angesonnen werden können, als diejenigen, welche dieser Zweck bedingt und erheischt, folgt aus der Natur der Sache.

Der Beschützte würde also

A. der schützenden Macht einen Beitrag an Mannschaft zu dem stehenden Heere und zur Landwehr, nach dem in Gefolge der allgemeinen Constitution eingeführten Maasstabe zu liefern haben.

B. Einen Beitrag an Geld zu Unterhaltung dieses Contingents; dessen Bestimmung man von der künftigen allgemeinen Constitution hofft.

C. Sowohl in dieser Hinsicht, als zum Zwecke engerer Verbindung für die allgemeine Wohlfahrt, könnten die Schutzverwandten, als geborne und verpflichtete ausschließliche Vertreter ihrer Unterthanen, das RepräsentationsRecht ihrer Territorien, Angehörigen und Unterthanen ausüben.

D. Auch in Ansehung anderer gemeinnützigen Landesanstalten, könnten und würden sie sich billig mancher Einrichtungen der schützenden Macht anschließen, und selbst verhältnißmäßig dazu beitragen.

E. Assimilirung des beschützten Landes, mit der Gesetzgebung der SchutzMacht.

F. Anerkennung der 3ten Instanz nach den Grundsätzen der Constitution.

Der Zweck sub. A. könnte mit einer gewissen Rücksicht für die Schutzverwandten, solchergestalt füglich erreicht werden, daß denenselben erlaubt würde, eine bestimmte Anzahl Recruten in ihrem Lande auszuheben, jedoch mit der Pflicht, dabei ganz nach den allgemeinen ConscriptionsGesetzen zu verfahren.

Ad B.) Der Geldbeitrag zu Unterhaltung dieses Contingents in Friedenszeiten könnte füglich auf ein der

SchutzMacht, der zu stellenden Truppenzahl angemessen, zu zahlendes Aversionalquantum bestimmt, dessen Repartition und Erhebung aber dem schutzverwandten Landesherrn überlassen werden. In Kriegszeiten wären die Beschlüsse der Bundesversammlung und die darauf gegründeten Verfügungen der schützenden Macht, Maasstab der Leistungen, deren Vollziehung jedoch ebenfalls dem Landesherrn bliebe. Diese werden alsdann es sowohl ihrem eigenen wahren Interesse, als denen wenigstens dermalen sehr veränderten Verhältnissen in Teutschland wohl angemessen finden, ihre Unterthanen bei den deßfälligen Steuerleistungen durch einen angemessenen Beitrag aus ihren eigenen Mitteln zu unterstützen. Ein jeder Schutzverwandter, welcher der Vortheile eines großen Staats und der Wohlthaten einer gerechten und Jhumanen Verfassung in Friedenszeiten sich erfreut hätte, würde überhaupt, durch Dankbarkeit und eigenes Interesse aufgefordert, für den Bund im Ganzen, und für die SchutzMacht inbesondere, Gut und Blut zu wagen, bei drohender Gefahr bereit seyn.

Ad C.) Können die Schutzverwandten zwar für ihre Person niemals Landstände werden; denn ihre persönliche Unmittelbarkeit mit allen daraus fließenden Folgen, ist ein unveräusserliches Recht, nach welchem selbst ihre spätesten Nachkommen noch aus jedem politischen Grabe, ihre, nach Gerechtigkeit strebende Hände empor strecken müßten. Sie müssen also Bundes- und Kreisstände seyn und bleiben. Sobald sie aber in Ansehung der Gesetzgebung und vieler gemeinnützigen Institute, ferner in Ansehung der Militär- und SteuerVerfassung der schützenden Macht sich anschließen, so müssen sie berechtigt seyn, ihre dabei so hoch interessirten Unterthanen, bei Kreistagen und anderen Versammlungen selbst oder durch einen ihrer Abgeordneten, nach deren wesentliche

Rechte schützenden Grundsätzen, vertreten zu lassen. Dieses werden sie alsdann mit Treue und Gewissenhaftigkeit bewirken. Nur das allgemeine Wohl des teutschen Vaterlandes ist ihr Wunsch, das Ziel ihrer Bestrebungen. Wo sie dazu wirken können, da sind sie gern thätig, und daß sie in diesem Falle und für diesen Zweck auch patriotische Opfer bereitwillig bringen, haben sie durch ihr bisheriges Benehmen, durch ihre bescheidenen Forderungen, und durch ihre freiwilligen Erbietungen für das allgemeine Wohl, hinlänglich bewiesen.

Ad D.) Bietet ein großer Staat von mehreren Millionen in Ansehung der öffentlichen Sicherheits- und SanitätsAnstalten ꝛc. allerdings große Hülfsmittel und Vortheile dar, welche manchem kleinen Lande nach der Natur der Sache nicht eigen seyn können. Je größer also die SchutzMacht ist, desto größer sind die Vortheile, welche ihre Verhältnisse in dieser und anderer Hinsicht darbieten. Eben daraus folgt aber auch, daß die im Rheinbund constituirte Verbindung verschiedener minder mächtigen Gebiete mit anderen eben wohl minder mächtigen, dem dermaligen wahren Zwecke des teutschen Bundes nicht allein nicht entsprechen kann, sondern auch in Ansehung der persönlichen Verhältnisse durchaus unerträglich ist. Begeben sich hingegen minder mächtige Stämme unter den engern Schutz großer Mächte; so ist es alsdann rathsam und selbst Pflicht für sie, den größeren LandesInstituten der SchutzMacht sich anzuschließen, und zu deren Bestand einen verhältnißmäßigen Beitrag zu leisten.

Ad E.) Eben so werden sie es als einen wesentlichen Vortheil für sich und für ihre Unterthanen ansehen, die Gesetzgebung der schützenden Macht an die Stelle des bisher geltenden römischen oder gemeinen Rechts einzuführen. Dieß folgt auch zum Theil schon aus der Verbindung mit der dritten Instanz. Jedoch ist es damit keineswegs unvereinbarlich vielmehr mit jeder Rechts-Verfassung verträglich, daß auch Landes- und Ortsstatuten und einzelne unter der ReichsVerfassung gerichtlich anerkannte, oft sehr tief in das PrivatEigenthum eingreifende Gewohnheiten, wenigstens so lange mit dem Vorzuge, welchen ihnen die vormalige Reichs- und LandesVerfassung gewährte, bestehen können, bis ruhigere Zeiten und mehr consolidirte Verfassung einst ein allgemeines teutsches Gesetzbuch gewähren.

Ad F.) Die Anerkennung der dritten Instanz bei der SchutzMacht bruhet überhaupt noch auf der Vorfrage, ob Teutschland wieder Kreise, und mit diesen Kreisgerichte erhält? Dieses scheint freilich in vieler Hinsicht sehr wünschenswerth. In jedem Falle wäre es aber wohl billig, und der Analogie der vorigen Verfassung entsprechend, den mindermächtigen Ständen ein PräsentationsRecht zu dem Gericht dritter Instanz zu verstatten. Auf 50/M. Seelen könnte ein Präsentations-Recht radicirt, und zu dem Zwecke das Zusammenzählen einer größeren oder geringeren Seelenzahl verstattet werden. Sowohl der leichteren Unterhaltung, als der zweckmäßigeren Organisation und angemessenen Thätigkeit wegen, wäre es übrigens zu wünschen, daß als Minimum für die Bildung eines solchen Gerichts dritter Instanz eine Seelenzahl von 500/M. Seelen angenommen und festgesetzt würde.

In unzertrennlicher Verbindung mit diesem Gegenstande stehen die Gerichte zweiter Instanz, deren Befugniß selbst die rheinische BundesActe ohne alle Ausnahme und Beschränkung ihren Opfern zuerkannte.

Es scheint dabei allerdings wohl, als werde ein bestimmter Umfang von Gebiet, und eine gewisse Zahl von

Unterthanen erfordert, um ein zu Ausübung der Gerichtsbarkeit in zweiter Instanz geeignetes Gericht bilden zu
können. Dieser Maaßstab ist jedoch für diesen Fall nicht
unbedingt richtig, denn nicht selten hat ein Fürst oder
Graf, dessen Land nur 10/M. Seelen hat, von Domainen ꝛc. mehr reines Einkommen, und ist in der Lage
die Staatsdiener besser zu besolden, als ein anderer bei
20/M. Seelen. Auch spricht die Erfahrung unter der
ältern Verfassung gegen die Nothwendigkeit eines solchen
Maaßstabes, denn noch jetzt existiren mehrere, unter dem
Rheinbund für eine geringere Population gegründete Gerichte zweiter Instanz, in zweckmäßiger Form. Billig
würden sodann nicht allein mehrere Linien eines Gesammthauses, sondern auch mehrere fürstliche und gräfliche Häuser, deren Besitzungen mit einander in Grenzverbindung
stehen, ein solches Gericht gemeinschaftlich errichten können.

Eben so kann es keinem Zweifel unterworfen seyn,
daß die Landesherrn an ihre JustizCollegien Promotoria-
les und andere in die Justiz nicht eingreifende Weisungen
erlassen können. Die Oberaufsicht der dritten Instanz
bleibt ja dabei immer vorbehalten. Endlich versteht es
sich wohl von selbst, daß solche Gerichte allein den Nahmen dessen oder deren führen müssen, welche sie gründen,
welche auch die Richter anstellen und besolden. Einer großen SchutzMacht wird es ohnehin sehr gleichgültig seyn,
ob in der Bezeichnung des Gerichts ihres Nahmens mit
gedacht wird, oder nicht.

So wie nun die Justiz in zweiter Instanz durch solche
gehörig organisirte eigne Behörden des Landesherrn verwaltet werden müßte, eben so könnte auch die Landes-
polizei durch deren Regierungen verwaltet werden. Mehrere Fürsten und Grafen, deren Gebiete zusammenhängend

sind, könnten auch in dieser Hinsicht sich verbinden. Jedoch, wie sich von selbst versteht, alles nach den Gesetzen des Bundes und assimilirt den organischen Einrichtungen der Schutz=Macht. Als Maaßstab hierbei könnte wohl dienen, daß auf die Schutzmacht diejenige höchste Regierungs=und Polizeigewalt überginge, welche sonst Kaiser und Reich, sodann die Kreise übten, alles Uebrige aber müßte den schutzverwandten Landesherrn unter der neuen Constitution eben so, wie unter der teutschen Reichsverfassung verbleiben.

Bestimmt hat man hier also der schützenden Macht alle diejenigen Rechte und Gewalt beigelegt, welche der Bundeszweck erheischt. Alle diese Befugnisse und Mittel für die Wohlfahrt des Ganzen zu wirken, in möglichst starken und kräftigen Händen vereint zu sehen, muß jeder wünschen, dessen Vaterlandsliebe nicht von Egoismus, gleich einer schönen Blume vom Unkraut unterdrückt ist. Sobald man aber über diese Grenzen hinausgeht, und von einzelnen Ständen, oder gar von einzelnen Individuen eines Standes willkührlich Opfer fordern will, welche der allgemeinen Wohlfart völlig fremd, und zur Erreichung des Bundeszwecks durchaus nicht erforderlich sind; so verletzt man die Gerechtigkeit, würdigt die heiligsten NationalZwecke zu leerem Vorwand herab, und legt den Grund zu ewiger Unzufriedenheit. Deswegen hat man oben sub IV bemerkt, daß eine extensive Interpretation der Opfer, welche mindermächtige Stände der allgemeinen Wohlfahrt bringen, niemals Statt finden dürfte, sondern in allen nicht namentlich und speciell als Ausnahmen bezeichnenden Fällen, die Regel vor wie nach für die beschützten Stände bleiben müsse. In dieser Hinsicht ist, um jeder Contestation, und jeder Willkühr in Zukunft vorzubeugen, so wie um das Sort der mindermächtigen Stände zu sichern, kein anderes Mittel übrig, als daß in Ansehung aller Rechte und Renten, die Regel für die Landesherrn ausgesprochen wird, und nur Ausnahmsweise der schützenden Macht diejenigen Befugnisse zugewiesen werden, welche namentlich und speciell als zu Erreichung des Bundeszwecks unentbehrlich bezeichnet werden. So ist z. B. das Verhältniß des Hauses Hessen, Rheinfels, Rothenburg gegen Churhessen. Was Churhessen als Oberherr bei so genannten Rothenburgischen Quart sich nicht ausdrücklich vorbehalten hat, das alles wird, selbst von den rühmlichst bekannten Churhessischen Justizgerichten ohne weiteres HessenRothenburg zuerkannt. Sobald man sich hierbei auf ein Specialisiren dessen, was die mindermächtigen Stände behalten sollen, einlassen will, so ist es unmöglich, rücksichtlich der Verschiedenheit der Verfassungen, vollständig zu seyn. Es würde also wenigstens der Willkühr einzelner Staatsdiener Raum gelassen, welche auch bei dem besten Willen und den großmüthigsten Absichten des schützenden Staats, hier und da nicht ganz zu vermeiden seyn möchte. Also nicht durch solche, sehr mißliche und unvollständige Specialisirungen, sondern nur durch feste, umfassende, über jede Mißdeutung der Hofpublicisten erhabene Grundsätze, kann hier geholfen; nur auf diesem Wege kann beglückender Schutz, Zufriedenheit, Sicherheit des Eigenthums, und innere Ruhe für die Zukunft gegründet werden.

Solche Grundsätze wären z. B.

1) Für die Landesherrn, welchen in der Constitution das Eigenthum ihrer Fürstenthümer oder Grafschaften mit allen daraus herzuleitenden Ausflüssen versichert ist, soll in allen Fällen, und für alle, dem Schutzherrn in der Constitution als Ausnahme namentlich nicht zugewiesenen Befugnisse, die Regel ferner verbleiben; so daß in allen solchen Fällen, sowohl von Staats- als Justizbehörden für sie in-

terpretirt, und sie, bis zum Beweis, daß die Ausnahme in der Constitution buchstäblich begründet ist, bei dem
Besitze und dem Rechte jener Befugnisse geschützt werden
sollen.

2) Jene für die Schutzherren namentlich constituirten
Ausnahmen abgerechnet, steht also den Landesherrn übrigens der Genuß aller Rechte zu, welche sie unter der
deutschen Reichsverfassung auf ihren Besitzungen ausübten,
dieselben mögen nun zu den Regalien gerechnet werden
oder nicht.

3) Ueberhaupt wären also die Jahre 1800 und 1805
als Normal Jahre des status quo anzunehmen. Was damals in die Kassen der Landesherrn floß, muß auch
ferner in dieselben fließen. Diese Renten beruhten auf
Verfassung, auf Gesetzen, auf Verträgen und Landes-
Recessen, auf Reichsgerichtlichen Entscheidungen u. s. f.,
also auf lauter Titeln, welche jede Beschwerde und jeden
Mißbrauch ausschließen. Warum wollte man gegen eine
Erfahrung von mehr als einem Jahrhundert alles umge-
stalten? und einer Neuerungssucht fröhnen, welche aus
der Büchse Pandorens, aus dem Lande hervorgegangen
ist, dessen Glück, Ruhe und Moralität durch solche Um-
formungen warlich nichts gewonnen haben! Billig sind
dagegen allerdings mancherlei Stipulationen zum Besten
der SchutzMacht Z. B. das VorkaufsRecht in Ansehung
der Bergwerksproducte, welche zu MünzMetallen geeignet sind; also Gold, Silber und Kupfer. Wollte man
dieses VorkaufsRecht weiter ausdehnen; so würde durch
diese, zum Wesen des Staats nicht gehörige Ausdehnung,
die Industrie offenbar leiden.

Eben so gienge auch aus dem Begriffe des garantirten LandesEigenthums hervor, daß die Landesherren die

Land- und WasserZölle, welche sie in den NormalJahren besessen haben, ferner beziehen würden. Allerdings müßten sie bei der Anwendung dieses Rechts, den höhern allgemeinen StaatsAbsichten, Rücksichten und Normen der SchutzMacht folgen, auch wenn es GrenzZölle sind, solche allenfalls abtreten, jedoch nur gegen vollkommene Entschädigung: Doch man geht gegen die Absicht dieser Darstellung der wahren Verhältniße zu sehr ins Detail über. Nur GrundPrinzipien wollte man aufstellen; nur die aufrichtige Bereitwilligkeit der vormals mediatisirten ReichsStände, sich jeder gerechten, allgemeinen und gleichförmigen Verfügung zu Teutschlands Wohl zu unterwerfen, wollte man wiederholt betheuern.

Sind diese Verfügungen allgemein, für alle Reichs-Stände, welche unter der alten einzig rechtmäßigen Constitution auf gleicher Stufe standen, auch jetzt wieder gleich; sind sie da, wo sie Opfer erheischen, schonend bestimmt, und über jede der öffentlichen Wohlfart nicht allein fremde, sondern als die innere Ruhe störend, höchst schädliche Willkühr erhaben; dann bleibt, wie ich oben sub v bemerkte, nur noch der Wunsch übrig, daß die constitutionelle Garantie, eine solche gerechte Verfassung noch den spätesten Nachkommen sichern möge.

Der Teutsche, welchem seine alte Verfassung mit Recht theuer war, und welcher in seinem Kaiser Franz einen Väter liebte und verehrte, kann sich nicht von dem Gedanken trennen, auf Allerhöchstdessen gesalbtem Haupte wieder die deutsche Kaiserkrone, und in dieser die Herstellung der Würde der Nation für die Gegenwart, verbunden mit der sichersten Bürgschaft für die Zukunft zu erblicken.

Glücklich werden sich dann alle, und doppelt glücklich werden sich diejenigen preisen können, welche in

Friedrich Wilhelm dem Gerechten, in Zukunft noch ihren besondern Schutzherrn verehren, und an den allgemeinen Anordnungen einer Regierung Theil nehmen können, welche sich durch Weisheit, Consequenz und Humanität auszeichnet.

Der Bundestag wird dann die Constitution im Ganzen ausführen und bewachen, und bei einem wohl organisirten Bundesgerichte wird jeder Stand für Klagen über verletzte Constitution Recht und Schutz finden.

Einer solchen Constitution werden die im Rheinbunde ohne ihre Einwilligung aufgeopferten Reichsstände mit froher Bereitwilligkeit jedes, durch das Wohl des Vaterlands bedingte, und nach dem Maasstab einer gerechten Gleichheit geforderte Opfer bringen; sie werden von keinem ihrer Mitstände in diesen Beweisen ächter Vaterlandsliebe übertroffen werden; sie werden den großen Monarchen, welche ausser der allgemeinen Garantie des ganzen Bundes sie und ihre Unterthanen noch unter ihren besonderen Schutz nehmen wollen, thätig beweisen: daß sie in eben dem Grade fähig sind, Dankbarkeit, Ehrfurcht und innige Huldigung darzubringen, als sie unfähig waren und stets seyn werden, unverdiente Kränkungen, persönliche Herabwürdigungen und Vernichtung ihres und ihrer Unterthanen Wohlstandes, mit knechtischer Erniedrigung ohne empörtes Gefühl zu ertragen.

Möge eine glückliche Zukunft die tiefen Wunden heilen, welche die vergangenen neun Jahre ihrem, ihrer Familien- und Unterthanen Wohlstand geschlagen haben!

Wien, 15. März 1815.

V.

Note

des Herrn GeheimenRaths von **Gärtner**, als Bevollmächtigten vieler teutschen **Fürsten** und **Grafen**, die durch den rheinischen Bund andern teutschen Fürsten als **Standesherren** untergeordnet wurden, an die Herren Bevollmächtigten der allerhöchsten verbündeten Mächte, betreffend die Beschleunigung einer teutschen Staats- und Bundesverfassung, insbesondere die Wiederherstellung des Rechtszustandes von 1806, und die Errichtung eines allgemeinen höchsten Gerichtes; datirt Wien den 21. März 1815.

Als im Jahr 1813 der ersehnte Zeitpunkt der Befreiung des unterjochten Vaterlandes nahte, haben diejenigen Reichsstände, welche ein Opfer des Rheinbundes geworden waren, es auf das Neue, sowohl durch Geduld in fortwährenden Leiden, als durch freiwillige Erbietungen und möglichste Aufopferungen, thätig bewiesen, daß die Rettung und das Wohl des Vaterlandes das höchste Ziel ihrer Wünsche ist.

Die dermalige unvermuthete Erscheinung Napoleons in Frankreich, und die daraus folgende gegründete Besorgniß der Nothwendigkeit eines neuen Krieges gegen RevolutionsWuth und Raubgier, hat ihren ächten Patriotismus wieder in gleichem Grade entflammt. Mit diesem unauslöschlichem Hochgefühl für teutsche Freiheit, Sicherheit und Nationalität, verbinden sie aber auch den gerechten Wunsch, daß ihnen wenigstens durch vorläufige, gerechte und wesentliche Verfassungspunkte in Ansehung des Vermögens die Möglichkeit wieder gewährt, und in Ansehung des constitutionellen Einflußes derjeni-

ge Standpunkt wieder angewiesen werden möge, welche
vereint allein sie in den Stand setzen können, für die ih=
nen gewiß heilige Sache in dem ausgezeichneten Grade
zu wirken, zu welchem sie durch ihren Patriotismus und
durch ihren Stand sich berufen achten.

Die Pflicht fürs Vaterland, von welcher sie so ganz
durchdrungen sind, gebietet ihnen dabei, durch Unter=
zeichneten, ihren Hauptbevollmächtigten, eben so ehr=
furchtsvoll als dringend vorstellen zu lassen: daß Teutsch=
land größtentheils erschöpft und verarmt ist; daß also
neue Opfer allerdings sehr schwer fallen müssen, daß in
manchen Staaten die Unterthanen, leider! in der schmerz=
lichsten Opposition mit den Regierungen leben; daß der
Geist, welcher im Jahr 1813 der heiligen Sache den Sieg
verschaffte, hier und da in eben dem Grad vermindert ist,
als die darauf gegründeten Hoffnungen unerfüllt blieben;
daß dieses besonders da der Fall ist, wo nach Entsagung
auf den Rheinbund, dessen Folgen bisher noch fortbestehen.
Alles dieses sind notorische, höchst folgenreiche Thatsachen.
Was belebte aber im Jahr 1813 die Teutschen aller Stän=
de und jedes Alters zu solchen Thaten, zu solchen ausser=
ordentlichen, mit Freude dargebrachten Opfern? Ganz
unverkennbar nur der Haß gegen ihre Unterjocher, und
die Hoffnung, für sich und ihre Nachkommen eine gerech=
te, gesicherte, alle Stände gleich beruhigende, und dem
ächten Nationalgeist entsprechende Constitution wieder zu
erringen.

Der erste mächtige Beweggrund lebt in dem Busen
jedes unverdorbenen Teutschen fort, und ist bei der er=
neuerten Gewißheit, daß wenn je Napoleon wieder sei=
nen ehemaligen Einfluß in Frankreich erlangen sollte,
Teutschland niemals Friede, Ruhe und Wohlstand hoffen
kann, zu noch lebhafterer Ueberzeugung gediehen. In

Ansehung des 2ten Beweggrundes aber müssen sie aus obenbemerkten Gründen besorgen, daß derselbe dermalen nicht so wie im Jahr 1813 wirken wird.

Wird aber für alle Teutschen der Rechtszustand, auf welchem vor 1809 ihre innere Ruhe und ihr Wohlstand beruhte, wieder hergestellt; werden auf diese Vlein dauerhafte Basis die Grundzüge einer Alle gleich beglückenden Verfassung gegründet; wird diese Verfassung sofort möglichst in Thätigkeit gesetzt, und durch organische Institute, insbesondere durch ein allgemeines höchstes Justiz Gericht gesichert; dann werden alle Teutschen zufrieden seyn, und sich in dem Wunsche vereinigen: daß die teutsche Kriegsmacht, auf welcher die äussere Sicherheit beruht, nebst allen Mitteln zu dem wichtigsten Zwecke der VaterlandsVertheidigung, in möglichst starken Händen vereinigt seyn möge.

In frohen, glücklichen, einer solchen Verfassung treu ergebenen Unterthanen werden dann alle rechtmäßigen und gerechten Regierungen ihr eignes Glück, ihre unverletzliche Sicherheit und den schönsten Lohn der Weisheit und Gerechtigkeit finden.

Indem der Unterzeichnete mit der einleuchtenden Bemerkung schließt, daß die gerechten Ansprüche seiner Herren Committenten mit allen diesen ächten NationalZwecken nicht im geringsten im Widerspruch, vielmehr damit als befördernde Mittel in der innigsten Verbindung stehen, fühlt er sich glücklich, die Versicherung seiner unwandelbarsten Verehrung hierbei erneuern zu können.

Franz von Gärtner,
Geheimerrath und bevollmächtigter Abgeordneter des größten Theils der durch den Rheinbund mediatisirten Reichsstände.

VI,

Schreiben

des kaiserlich-östreichischen Staats- und Conferenz-Ministers, auch Ministers der auswärtigen Angelegenheiten, Herrn Fürsten von Metternich, an die Frau Fürstin von Isenburg, wegen Aufhebung der bisherigen Abhängigkeit des Fürstenthums Isenburg von dem GeneralGouvernement zu Frankfurt; datirt Wien den 15. Febr. 1815.

Durchlauchtige Fürstin!

Es gereicht mir zum Vergnügen, Euer Liebden anzeigen zu können, daß die kaiserlich-östreichische Regierung einverständlich mit der königlich-preussischen, dem von Hochdenselben gestellten Ansuchen, wegen Aufhebung der bisherigen Abhängigkeit der fürstlich-isenburgischen Landesverwaltung von dem General-Gouvernement zu Frankfurt, unbeschadet jedoch der möglichen Bestimmungen des Congresses, zu willfahren beschlossen habe, und daß darüber das Nöthige an den Freiherrn von Hügel ergehet.

Ew. Liebden werden, wie ich mir schmeichele, überzeugt seyn, daß es mir höchst angenehm war, zu dieser von Ihnen gewünschten Maasregel beizutragen, und bei dieser Gelegenheit die Versicherung der vollkommenen Verehrung genehmigen, mit der ich die Ehre habe zu seyn

Wien, am 15. Febr. 1815.

Ew. Liebden

gehorsamster Diener.

Fürst von Metternich.

An Ihro der Frau Fürstin von Isenburg Liebden, zu Wien.

VII.

Pro Memoria

des Herrn Grafen von Bentinck, an die 32 vereinigten teutschen unabhängigen Fürsten und freien Städte, um als souverainer Besitzer von Inn- und
Kniphausen, in den Verein derselben aufgenommen zu werden; datirt Wien den 20. Febr. 1815.

P. M.

Auf Veranlassung der in der königlich-preussischen
Note vom 4. d. M. enthaltenen Vorschläge, alle teutsche
Fürsten und Stände, die bisher noch keinen Antheil an
den Berathungen über die künftige Verfassung des teutschen Vaterlandes genommen hatten, sobald diese Berathungen wieder anheben würden, einzuladen, daran mittelst
einer durch Sie selbst aus Ihrer Mitte zu erwählenden
Deputation Theil zu nehmen (nehmen zu lassen);

und da bereits zuvor sich hier ein hochansehnlicher
Verein von Fürsten und Ständen gebildet, um, in
Gemäßheit des pariser Friedens, ihre durch dessen sechsten Artikel anerkannte Unabhängigkeit, und den ihnen zukommenden Antheil an den Beräthungen über die künftige teutsche Verfassung zu behaupten und (welcher) in der
in diesem Sinn verfaßten Note vom 16. Nov. v. J. allgemeine Grundsätze aufgestellt hat, die mit den Gesinnungen und Ansichten des Unterzeichneten völlig überein-
stimmen;

glaubt derselbe nicht länger anstehen zu dürfen,
in seiner Eigenschaft als Besitzer der freien souverainen Herrlichkeit Inn- und Kniphausen, seine Beistimmung hiermit dergestalt zu erklären, als wenn
gedachte Note auch in seinem Namen unterschrieben und
übergeben worden wäre.

Demnach hat Unterzeichneter die Ehre, Ew. Excellenzen und allerseits hochzuverehrenden Herren Bevollmächtigten obenbenannter vereinigter Fürsten und Stände zu melden, daß er nicht nur zu förmlicher Bestätigung dieses Beitritts, sondern auch zu fernerer Theilnahme an den, künftig von diesem verehrlichen Verein nöthig zu erachtenden Schritten Jemand zu bevollmächtigen Willens ist.

Welches Unterzeichneter, so wie die Versicherung seiner allervollkommensten Hochachtung, zu genehmigen bittet.

Wien, den 20. Febr. 1815.

W. F. Graf von Bentinck,
des. h. r. R. Graf und Souverain von
Inn und Kniphausen.

Aufschrift.

An ihre Excellenzen und allerseits hochzuverehrende Herren Bevollmächtigte des hochansehnlichen Vereins teutscher Fürsten und Stände, in

Wien.

Anmerkung des Herausgebers.

Bis zu dem ersten April 1815 war auf vorstehendes Pro-Memoria, wenigstens eine schriftliche Antwort noch nicht erfolgt.

VIII.

Nachtrag

zu dem Verzeichniß der vereinigten souverainen Fürsten und freien Städte Teutschlands.

Seit dem im December 1814 gefertigten Verzeichniß der vereinigten souverainen Fürsten und freien Städte Teutschlands (oben Bd. 1, Heft 1, S. 94 ff.), hat sich in Absicht auf diesen Verein Folgendes ereignet:

Der Fürst von Oranien=Nassau, souverainer Fürst der vereinigten Niederlande, seit dem 16. März 1815 König der Niederlande, ist zwar mit Preussen über die Abtretung seiner teutschen Stammländer an diese Macht übereingekommen, blieb aber dessen ungeachtet Mitglied des genannten Vereins, wegen des ihm für jene Länder überlassenen Großherzogthums Luxemburg.

Der Herzog von Holstein=Oldenburg trat noch im December 1814 dieser Verbindung bei.

Eben so der souveraine Fürst von Lichtenstein im Februar 1815.

Drei Andere machten förmliche Anträge, wegen Aufnahme in diesen Verein, könnten solche aber bis jetzt nicht erwirken:

1) der Herr Fürst von der Leyen, in einer Note vom 16. Nov. 1814, oben Bb. I, Heft 2, S. 60.

2) der Herr Graf von Bentinck, als souverainer Besitzer von Inn und Kniphausen, in vorstehender Note vom 20. Febr. 1815, S. 40.

3) die Frau Fürstin von Isenburg, nach erlangter Befreiung des Fürstenthums von dem General=Gouvernement von Frankfurt.

Hieraus ergiebt sich, daß der erwähnte Verein jetzt vier und dreissig Mitglieder zählt.

Wien, am 1. April 1815.

———————

IX.

Note

der Bevollmächtigten der vereinigten souverainen Fürsten und freien Städte Teutschlands, an die
kaiserlich-östreichischen und königlich-preussischen ersten Herrn Bevollmächtigten, betreffend
theils die Bereitwilligkeit ihrer Committenten zu
angemessener Militärleistung bei den durch Buonaparte's Einfall in Frankreich eingetretenen widrigen
Verhältnissen, theils ihr Begehren einer ungesäumten, regelmäßigen Festsetzung der wesentlichsten
Grundlagen einer teutschen Bundesverfassung; datirt Wien den 22. März 1815. Mit einer Anmerkung des Herausgebers.

Die unterzeichneten Bevollmächtigten der vereinigten Fürsten und freien Städte Teutschlands, finden
in den gegenwärtigen Zeitbegebenheiten*) eine dringende
Veranlassung einstimmig zu erklären, daß ihre Committenten auch ihrer Seits vollkommen bereitwillig seyn
werden, mit aller Anstrengung durch eine, ihrer
Bevölkerung und ihren sonstigen Kräften angemessene Militärleistung zur endlichen Wiederherstellung der Ruhe
und Ordnung in Europa, und zur Sicherung der Unabhängigkeit Teutschlands mitzuwirken.

Zugleich aber könten sie nicht umhin, bei der entscheidenden Wichtigkeit für die Beförderung des gemeinsamen grossen Zweckes, den lebhaften Wunsch zu erneuern, daß Teutschland nunmehr wegen seiner Zukunft, durch eine endliche und feste Vereinigung beruhigt werden möge.

*) Buonapartes Einfall (1. März) und Fortschritte in Frank-
reich, u. s. w. Anm. d. H.

44

Sie beziehen sich deswegen auf ihre Noten vom 16. Nov. v. J. *) und 2. Febr. d. J. **) nach ihrem ganzen Inhalt, und tragen demnach wiederholt darauf an, daß unverweilt die wesentlichsten Grundlagen eines, die Rechte aller Theile sichernden Bundesvertrags, in gemeinsame Berathung genommen, ein solcher Vertrag hier wirklich abgeschlossen, und in demselben nicht bloß das rechtliche Verhältniß der Bundesgenossen unter sich, im Allgemeinen bestimmt, und ihre Selbstständigkeit und Integrität garantirt, sondern auch zu gleicher Zeit den teutschen Staatsbürgern eine freie, geordnete Verfassung, durch Ertheilung gehöriger staatsbürgerlicher Rechte gesichert werde.

Je mehr die teutschen Fürsten und Völker so zu der vollen Ueberzeugung gelangen, daß die bereits dargebrachten Opfer, so wie die neuen Anstrengungen, für ihre höchsten und theuersten Interessen geleistet, und erheischt werden, — um so viel mehr werden sie mit Vertrauen und Freudigkeit, mit Kraft und Muth einen neuen Kampf beginnen.

Die Unterzeichneten erwarten dem zufolge mit vermehrter Zuversicht, daß in einer ungesäumten Zusammenberufung der hier anwesenden Bevollmächtigten teutscher Staaten, die Propositionen zu den wesentlichsten Grundlagen des Bundesvertrags zur Berathung vorgelegt, so wie auch die ihrigen gehört, erwogen, und zu solchem Beschluß gebracht werden, damit alsdann die Bundesversammlung unverzüglich an dem schicklich scheinenden Ort anberaumt, und die Behörden in Thätigkeit gesetzt werden.

*) Oben, Bd. I, Heft 1, S. 72.
**) Oben, Bd. I, Heft 3, S. 127.

Die Unterzeichneten ersuchen noch Sr. ꝛc. ꝛc. den Inhalt gegenwärtiger Note zur Kenntniß Sr. kaiserl. Majestät (Sr. königl. Majestät) zu bringen, und bezeugen dem Herrn Fürsten ꝛc. auch bei dieser Gelegenheit ihre verehrungsvollen Gesinnungen.

Wien, den 22. März 1815.

Anmerkung des Herausgebers.

Diese Note ist (mit Ausnahme zweier) unterzeichnet, von allen denen Bevollmächtigten teutscher souverainer Fürsten und freien Städte, welche die darin angeführten Noten vom 16. Nov. 1814 und 2. Febr. 1815 unterschrieben haben; und ausserdem noch von einem seitdem hinzugekommenen fürstlich-lichtensteinischen Bevollmächtigten. Nur allein der großherzoglich-badische und der großherzoglich-hessische Herr Bevollmächtigte verweigerten ihre Unterschriften; wiewohl der erste vorher an der Berathschlagung und Redaction, der andere an der Berathschlagung Theil genommen hatte. Baden hatte jedoch schon Rüstungen angeordnet, in Beziehung auf Buonaparte's Unternehmungen in Frankreich. Hinterher erklärte endlich, in der Sitzung der oben genannten Bevollmächtigten vom 30. März, auch der großherzoglich-hessische Herr Bevollmächtigte mündlich seinen Beitritt zu dieser Note. Dasselbe erklärte er den östreichischen und preussischen ersten Herren Bevollmächtigten, in einer an sie erlassenen, eigenen Beitritts-Note vom 30. März 1815.

X.

Note

der Bevollmächtigten der vereinigten souverainen Fürsten und freien Städte Teutschlands, an die königlich-baierischen und wirtembergischen Herren Bevollmächtigten, wodurch diesen vorstehende Note mitgetheilt wird; datirt Wien den 23. März 1815. Mit einer Anmerkung des Herausgebers.

Sr. fürstlichen Gnaden (Ihren Excellenzen) dem Herrn Feldmarschall Fürsten von Wrede (den Herren Staatsministern Grafen von Winzingerode und Freiherrn von Linden) ist ohne Zweifel nicht unbekannt geblieben, daß und aus welchem Grunde die unterzeichneten Bevollmächtigten der vereinigten Fürsten und freien Städte Teutschlands sich veranlaßt gefunden haben, den hochverehrlichen Ministerien der kaiserlich-östreichischen und königlich-preussischen Höfe durch ihre unterm 16. Nov. v. J. und 2. Febr. d. J. erlassene, und hiebei abschriftlich angeschlossenen Noten den Wunsch zur baldigsten Abschliessung der teutschen Bundesvereinigung, und daß sie zu den deßfallsigen Berathungen zugezogen werden mögen, zu erkennen zu geben.

Da die gegenwärtigen Ereignisse die baldigste Abschliessung des Bundesvertrags, und das daraus hervorgehende vollkommene Einverständniß sämmtlicher teutschen Staaten noch dringender zu machen scheinen; so haben die Unterzeichneten heute die abschriftlich angebogene Note erlassen, und beehren sich, solche Sr. fürstlichen Gnaden (Ihren Excellenzen) vertrauensvoll mitzutheilen, indem sie Dieselben einladen, sich mit ihnen zu diesem großen und unaufschieblichen gemein-

schaftlichen Werke zu vereinigen, und übrigens die
Versicherung ihrer verehrungsvollen Gesinnungen anzufügen.

  Wien, den 23. März 1815.

   (Folgen die Unterschriften, wie bei nächst-
  vorhergehender Note in der beigefügten Anmerkung angezeigt ist.)

   Anmerkung des Herausgebers.

  Auch an den königlich-hannöverischen ersten
Bevollmächtigten, Herrn Grafen von Münster, ward
an demselben Tage eine Note erlassen, worin ihm dieselbe Note vom 22. März, wie auch zu seiner Zeit mit
den früheren Noten vom 16. Nov. 1814 und 2. Febr.
1815 geschehen war, in Freundschaft mitgetheilt ward.

XI.

Note

des königlich-hannöverischen ersten Herrn Bevollmächtigten, Grafen von Münster, an die Herren
Bevollmächtigten der vereinigten souverainen Fürsten und freien Städte Teutschlands, worin derselbe sein Einverständniß mit
ihrer Note vom 22. März 1815 erklärt; datirt
Wien den 29. März 1815.

  Indem der Unterzeichnete die von den Herren Bevollmächtigten verschiedener teutschen Fürsten und freien Städte
ihm unterm 23. d. M. gemachte Mittheilung einer, von
denselben den Herrn Fürsten v. Metternich und v. Hardenberg unterm 22. März übergebenen Note, als einen
ihm schätzbaren Beweis des Zutrauens gegen ihn erkennt,

kann er nicht unbezeugt lassen, daß er mit den in selbigen aufgestellten Grundsätzen, und auf die Beschleunigung einer festen teutschen Bundesverfassung gerichteten Anträgen, auf das vollkommenste einverstanden ist, und daher gern seiner Seits nach Möglichkeit dazu mitwirken wird, daß diese Anträge baldigst in Erfüllung gehen mögen.

Der Unterzeichnete ergreift mit Vergnügen diese Gelegenheit, um den Herren Bevollmächtigten die Bezeugung seiner vorzüglichsten Hochachtung zu erneuern.

Wien, den 29. März 1815.

C. Graf von Münster.

XII.

Note.

der königlich-preussischen Herren Bevollmächtigten, an die Herren Bevollmächtigten der vereinigten souverainen Fürsten und freien Städte Teutschlands, worin sie den, in deren Note vom 22. März geäusserten Gesinnungen und Anträgen ihre Zustimmung geben, sie zu vorläufiger Besprechung einladen, und den mit Rußland und England geschlossenen AllianzTractat mittheilen; datirt Wien den 29. März 1815.

Die unterzeichneten CongreßBevollmächtigten Sr. Majestät des Königs von Preussen haben die Note Ihrer Excellenzen der Herren Bevollmächtigten der vereinigten Fürsten und freien Städte Teutschlands vom 22. d. M. ungesäumt zur Kenntniß des Königs ihres Herrn gebracht.

„zur endlichen Wiederherstellung der Ruhe und Ord-
„nung in Europa, und zur Sicherung der Unab-
„hängigkeit Teutschlands, mit aller Anstrengung,
„durch eine der Bevölkerung ihrer Staaten und
„ihren sonstigen Kräften angemessenen Kriegslei-
„stung mitwirken zu wollen,"

eben so sehr den Gesinnungen vaterländischen Denkungsart derselben entsprechend,
als den dringenden Umständen der gegenwärtigen Lage der Dinge angemessen und tragen: daher den Unterzeichneten auf, den Herren Bevollmächtigten,
welche jene Note an sie gerichtet haben, zu erkennen zu
geben, daß sie dieses Anerbieten mit Vergnügen annehmen, und die vereinigten Fürsten und freien Städte Teutschlands, in Uebereinstimmung mit dem kaiserlich-östreichischen Hofe, einladen, den Verbindungen beizutreten, welche Preußen und Oestreich laut des in Abschrift anliegenden Allianz Tractats mit Rußland und England*) zur Wiederherstellung der Ruhe und gesetzlichen Ordnung in Europa
eingegangen sind, und an welchen auch die übrigen Mächte Theil nehmen werden. Um zu diesem Endzweck die
kürzesten Mittel zu wählen, scheint es den Mächten am
angemessensten, die im Jahre 1813 in Frankfurt geschlossenen Verträge, mit den durch die Umstände nothwendig gewordenen Veränderungen, in militärischer
Hinsicht zur Grundlage anzunehmen.

Der mit der Erklärung der Fürsten zugleich geäusser-
te Wunsch, das auch Teutschland jetzt, wegen sei-

*) Geschlossen zu Wien den 25. März 1815. Dieser Tractat
findet sich unten abgedruckt. Anm. d. H.

ner Zukunft, durch eine feste Verfassung beruhigt
werden möge, wird von dem königlich-preussischen
Hofe in gleichem Maase gehegt. Seit dem Anfange des Congresses sind seine Bemühungen dahin gegangen, eine die äussere Unabhängigkeit und den
innern Rechtszustand Teutschlands sichernde Vereinigung zu Stande zu bringen; und nichts verbürgt so sehr
das Gelingen dieses Bestrebens, als die sich in der Note ihrer Bevollmächtigten aussprechende Gesinnung der
Fürsten, die zur Wiederherstellung der Ruhe nöthigen
Anstrengungen eng an die Gründung des
Bundes anschliessen, sie bundesmässig beginnen, und ihnen durch den Bund selbst eine erhöhte
Wichtigkeit für Teutschlands Völker geben zu wollen.

Die Unterzeichneten erklären daher bey Herren Bevollmächtigten mit Vergnügen, daß sie durchdrungen von
der Nothwendigkeit, den teutschen Bund gleich
jetzt wirklich zu schliessen, und, wenn auch die
nähere Ausführung ruhigern Zeiten vorbehalten
bleiben müßte, doch über seine wesentlichen Grundlagen übereinzukommen, bereit sind, ungesäumt in
gemeinsame Berathung über diesen Gegenstand
einzugehen.

Ueber eine Art und Form nun, wie die beiden,
in der Note der Herren Bevollmächtigten und in gegenwärtiger Antwort berührten Angelegenheiten ohne Zöge-
rung betrieben werden könnten, wünschen die Unterzeichneten sich vorläufig mit den Herren Bevollmächtigten
zu besprechen, und laden sie daher ein, einige aus
ihrer Mitte zu erwählen, welche sich in diesem
Endzwecke mit den betreffenden Höfen in Verbindung setzen können.

Die Unterzeichneten erneuern den Herren Bevollmächtigten bei dieser Gelegenheit die Versicherung ihrer vollkommensten Hochachtung.

Wien den 29. März 1815.

Fürst von Hardenberg.   Humboldt.

Erhalten am 30. März.

Graf Keller.

Aufschrift.

An Ihre Excellenzen, die Herren Bevollmächtigten der vereinigten Fürsten und freien Städte Teutschlands.

Anmerkung des Herausgebers.

Eine völlig gleichlautende Note an dieselben Herren Bevollmächtigten erfolgte auch von Seite des kaiserlich-östreichischen Herrn Bevollmächtigten, Herrn Fürsten von Metternich.

XIII.

Erklärung

der zu Wien, theils persönlich theils durch Bevollmächtigte versammelten acht Mächte, welche den Pariser Frieden unterzeichnet haben, oder ihm beigetreten sind, betreffend Napoleon Buonaparte's Einfall in Frankreich; datirt Wien den 13. März 1815.

Déclaration.

Les puissances qui ont signé le traité de Paris, réunies en congrès à Vienne, informées de l'évasion de Napoléon Buonaparte et de son entrée à main armée en France, doivent à leur propre dignité et à l'intérêt de l'ordre social une déclaration des sentimens que cet événement leur a fait éprouver.

En rompant ainsi la convention qui l'avoit établi à l'isle d'Elbe, Buonaparte détruit le seul titre légal auquel son existence se trouvoit attachée. En reparoissant en France, avec des projets de troubles et de bouleversemens, il s'est privé lui-même de la protection des lois, et a manifesté, à la face de l'univers, qu'il ne sauroit y avoir ni paix ni trêve avec lui.

Et quoiqu'intimement persuadés, que la France entière, se ralliant autour de son souverain légitime, fera incessamment rentrer dans le néant cette dernière tentative d'un délire criminel et impuissant, tous les souverains de l'Europe, animés des mêmes sentimens et guidés par les mêmes principes, déclarent, que si, contre tout calcul, il pouvoit résulter de cet événement un danger réel quelconque, ils seroient prêts à donner au Roi de France et à la nation françoise, ou à tout autre gouvernement attaqué, dès que la demande en seroit formée, les secours nécessaires pour rétablir la tranquillité publique, et à faire cause commune contre tous ceux qui entreprendroient de la compromettre.

Les puissances déclarent en conséquence que Napoléon Buonaparte s'est placé hors des relations civiles et sociales, et que, comme ennemi et perturbateur du repos du monde, il s'est livré à la vindicte publique.

Elles déclarent en même tems, que fermement résolues de maintenir intact le traité de Paris du 5o mai 1814 et les dispositions sanctionnées par ce traité, et celles qu'elles ont arrêtées ou qu'elles arrêteront encore pour le completter et le consolider, elles emploieront tous leurs moyens et réuniront tous leurs efforts pour que la paix générale, objet des voeux de l'Europe, et but constant de leurs travaux ne soit pas troublée de nouveau, et pour la garantir de tout attentat qui menaceroit de replonger les peuples dans les désordres et les malheurs des révolutions.

La présente déclaration, insérée au protocole du congrès réuni à Vienne dans sa séance du 16 mars 1815, sera rendue publique.

Fait et certifié véritable par les plénipotentiaires des huit puissances signataires du traité de Paris. A Vienne, le 13 mars 1815.

Suivent les signatures dans l'ordre alphabétique des cours.

Autriche.

Le prince de Metternich.
Le baron de Wessenberg.

Espagne.

P. Gomez Labrador.

France.

Le prince de Talleyrand.
Le duc de Dalberg.
Latour du Pin.
Le comte Alexis de Noailles.

Grande-Bretagne.

Wellington. Clancarty.
Cathcart. Stewart.

Portugal.

Le comte de Palmella.
Saldanha.
Lobo.

Prusse.

Le prince de Hardenberg.
Le baron de Humboldt.

Russie.

Le comte de Rasoumowsky.
Le comte de Stackelberg.
Le comte de Nesselrode.

Suède.

Löwenhielm.

XIV.

Betrachtung

über vorstehende Erklärung der acht Mächte, Napoleon Buonaparte's Einfall in Frankreich betreffend. Aus dem zu Wien erscheinenden „Oestreichischen Beobachter" vom 16. März 1815, Nro. 75, abgedruckt.

Um die feierliche Erklärung der Mächte über Buonaparte's leztes Unternehmen vollständig zu würdigen, muß man sie einmal aus dem Standpuncte des Rechtes, das einer solchen Maasregel zum Grunde lag, und dann aus dem Standpuncte der Gesinnung, in welcher sie beschlossen wurde, beurtheilen.

Das Recht war unzweifelhaft. Buonaparte hatte durch seine EntsagungsActe, und durch den mit den verbündeten Mächten am 11. April 1814 abgeschlossenen Tractat, auf die Souverainetät über Frankreich, Italien, und sämmtliche von ihm beherrschte Länder förmlich Verzicht geleistet*). Seine Rückkehr nach Frankreich, an der Spitze eines bewaffneten Haufens, hob die Rechte, welche jener Tractat ihm verliehen hatte, auf, indem durch seine eigene, freie und überlegte That der Vertrag gebrochen und vernichtet wurde, und konnte ihm keine neuen Rechte gewähren, weil aus einem offenbaren Verbrechen keine entspringen können. Er ist also im strengsten Sinne des Worts recht und gesetz-

*) Tractat vom 11. April 1814. — „Art. 1. Der Kaiser Napoleon entsagt für sich, seine Nachfolger und Nachkommen, so wie für alle Mitglieder seiner Familie, allen Rechten der Souverainetät und obersten Gewalt, nicht allein über das französische Reich und das Königreich Italien, sondern auch über jedes andere Land.

los geworden, gehört der bürgerlichen und gesellschaftlichen Ordnung nicht mehr an, und hat sich selbst bessern übenliefert, welchen die unmittelbaren Theilnehmer an dem Tractat von Paris, im Nahmen aller übrigen europäischen Mächte, mit voller Befugniß, und
unter lauter Beistimmung aller Zeitgenossen, über ihn
ausgesprochen haben.

Die Gesinnung, aus welcher diese Maasregel
hervorging, ist hinreichend gerechtfertigt und gepriesen,
wenn man erwägt, daß es die nämliche war, der Europa seine Befreiung, der große Bund, in welchen
späterhin Frankreich selbst, von ähnlichen Absichten beseelt, eintrat, seinen Ursprung, und das gegenwärtige
Zeitalter seinen ganzen Ruhm und Glanz verdankt. Die
Stifter und Genossen des Bundes durften bei einem
Unternehmen, das dem Resultate ihrer glorreichen Siege
und der durch so viele Anstrengungen und Opfer gesi-
cherten Ruhe der Menschheit Trotz zu bieten schien, so
wenig auch davon zu befürchten seyn mochte, nicht das
Stillschweigen beobachten. Nicht gegen Buonaparte's
persönliche Mittel und Kräfte — gegen den ersten, wenn
auch noch so ohnmächtigen Versuch, sein verhaßtes System wieder empor zu bringen, war ihre Erklärung gerichtet. Er selbst, ein wesenloser Schatten, kann Europa nicht mehr zittern machen; daß er auch nur die Ruhe von Frankreich ernstlich und dauerhaft stören sollte, hält Niemand, der mit den innern Verhältnissen
dieses Landes, der heutigen Stimmung seiner Bewohner und den Hülfsmitteln, die seiner Regierung zu Ge-
bote stehen, mehr oder weniger vertraut ist, für möglich. Der Geist aber, der in diesem neuen Frevel ath-
met, darf nie mit Verachtung übergangen, muß, so oft
er sich in Thaten ausspricht, vor dem Richterstuhl von

Europa gezogen, ... feierlich ... werden
Ueberdieß hatte man viele Gründe, zu glauben, daß eitle
Gerüchte von eingebildeten Mißverständnissen zwischen
den großen Höfen, der erste Anlaß zu Buonaparte's un-
sinnigem Versuche gewesen sind. Es war daher der
Würde der zu Wien versammelten Souveraine
und Minister vollkommen angemessen, durch einen
offenen und Ehrfurcht gebietenden Schritt die Welt zu
überzeugen, daß die Grundsätze von 1813 und 1814 keinen Augenblick aufgehört haben, die oberste Richtschnur
ihres Verfahrens zu seyn, und daß sie, fest entschlossen, ihr Werk zu vollenden, zu befestigen, und aufrecht
zu halten, Jeden, der den allgemeinen Frieden
von Europa durch neue Revolutionen oder neue Kriege bedrohen wollte, als einen gemeinschaftlichen Feind,
mit gemeinschaftlichen Waffen zu bekämpfen bereit sind.

Aus diesem Gesichtspuncte betrachtet, wird die Declaration vom 13. März, wenn die unmittelbare Veranlassung derselben auch jetzt bereits vollständig gehoben,
und an Buonaparte erfüllt seyn sollte, was er selbst
über sich verhängt hat, doch als ein würdiges Denkmal
in der Geschichte der Zeit bestehen, und dem Geiste des
Congresses, der Eintracht, und dem hohen Sinne der
Souveraine, und der Weisheit ihrer Minister zur bleibenden Ehre gereichen.

XV.

Allianz=Tractat,

geschlossen zu Wien am 25. März 1815, zwischen
Oestreich, Rußland, England und
Preussen, mit Einladung an alle Mächte von
Europa, demselben beizutreten.

Au nom de la très-sainte et indivisible Trinité.

Sa Majesté le Roi de *Prusse* et S. M. le Roi du
Royaume-uni de la *Grande-Bretagne* et d'*Irlande*
ayant pris en considération les suites, que l'invasion
en France de *Napoléon Buonaparte* et la situation
actuelle de ce Royaume peuvent avoir pour la sureté
de l'Europe, ont résolu, d'un commun accord avec
S. M. l'Empereur de toutes les *Russies* et S. M. l'Empereur d'*Autriche*, Roi de Hongrie et de Bohème,
d'appliquer à cette circonstance importante les principes consacrés par le *traité* de Chaumont*). En conséquence, ils sont convenus de renouveler par un
traité solennel, signé séparément par *chacune des
quatre puissances* avec *chacune des trois autres*, l'engagement de préserver, contre toute atteinte, l'ordre des choses si heureusement rétabli en Europe,
et de déterminer les moyens les plus efficaces, de
mettre cet engagement à exécution, ainsi que de lui
donner dans les circonstances présentes toute l'extension qu'elles réclament impérieusement.

A cet effet S. M. le Roi de *Prusse* a nommé,
pour discuter, conclure et signer les conditions du
présent traité avec S. M. le Roi des Royaumes du

*) Der Allianz=Tractat von Chaumont, geschlossen zwischen
Rußland, England und Preussen, am 1. März 1814, steht
oben Bd. I. Heft 1, S. 1 ff. Anm. d. H.

la *Grande-Bretagne* et d'*Irlande*, le Prince de *Hardenberg*, Son chancelier d'état etc., et le Sieur Charles-Guillaume Baron de *Humboldt*, ministre d'état de Sa dite Majesté etc., et S. M. le Roi du Royaume-uni de la *Grande-Bretagne* et *d'Irlande*, ayant nommé de Son côté le Sieur Arthur *Wellesley*, Duc, Marquis et Comte *Wellington*, Marquis Douro, Vicomte Wellington de Talavera et Wellington, et Baron Douro de Wellesley, Pair du Parlement etc.

Les dits plénipotentiaires, après avoir échangé leurs plein-pouvoirs, trouvés en bonne et due forme, ont arrêté les articles suivans.

Art. I.

Les hautes puissances contractantes ci-dessus dénommées s'engagent solemnellement à réunir les moyens de leurs états respectifs, pour maintenir, dans toute leur intégrité, les conditions du *traité de paix*, conclu à *Paris* le 30 mai 1814, ainsi que les *stipulations* arrêtées et signées au *Congrès* de *Vienne*, dans le but de compléter les dispositions de ce traité, de les garantir contre toute atteinte, et particulièrement contre les desseins de Napoléon Buonaparte. A cet effet, Elles s'engagent à diriger, si le cas l'exigeoit, et dans le sens de la *déclaration* du 13 mars dernier *) de concert et de commun accord, tous leurs efforts contre lui et contre tous ceux, qui se seroient déjà ralliés à sa faction, ou s'y réuniroient dans la suite; à fin de les forcer à se désister de ce projet, et de les mettre hors d'état de troubler à l'avenir la tranquillité de l'Europe et la paix générale, sous la protection de laquelle les droits, la liberté et l'indépendance des nations venoient d'être placés et assurés.

*) Sie steht oben unter Num. XII. Seite 51.

Art. II.

Quoiqu'un but aussi grand et aussi bienfaisant ne permettra pas qu'on mesure les moyens destinés pour l'atteindre, et que les hautes parties contractantes soient résolues d'y consacrer tous ceux, dont d'après leur situation respective elles pourront disposer, elles sont néanmoins convenues de *tenir constamment en campagne*, chacune *cent-cinquante-mille* hommes au complet, y compris pour le moins la proportion *d'un dixième* de cavalerie et une juste proportion d'artillerie, sans compter les garnisons, et de les employer activement et de concert contre l'ennemi commun.

Art. III.

Les hautes parties contractantes s'engagent réciproquement à *ne pas poser les armes que d'un commun accord*, et avant que l'objet de la guerre désigné dans l'art. I. du présent traité n'ait été atteint, et tant que Buonaparte ne sera pas mis absolument hors de possibilité d'exciter des troubles et de renouveler ses tentatives, pour s'emparer du pouvoir suprême en France.

Art. IV.

Le présent traité étant principalement applicable aux circonstances présentes, les stipulations du *traité de Chaumont*, et nommément celles contenues dans l'art. 16., auront de nouveau toute leur force et vigueur, aussitôt que le but actuel aura été atteint.

Art. V.

Tout ce qui est relatif aux commandement des armées, aux subsistances etc., sera réglé par une *convention particulière*.

Art. VI.

Les hautes parties contractantes auront la faculté d'accréditer respectivement auprès des généraux commandans leurs armées, des officiers, qui auront la liberté de correspondre avec leurs gouvernemens, pour les informer des événemens militaires et de tout ce qui est relatif aux opérations des armées.

Art. VII.

Les engagemens stipulés par le présent traité ayant pour but le maintien de la paix générale, les hautes parties contractantes conviennent entr'elles d'inviter toutes les puissances de l'Europe à y accéder.

Art. VIII.

Le présent traité étant uniquement dirigé dans le but de soutenir la *France ou tout autre* pays envahi contre les *entreprises de Buonaparte* et de ses adhérens, *S. M. Chrétienne* sera spécialement invitée à y donner son adhésion et à faire connoître dans le cas, où elle devroit requérir les forces stipulées dans l'art. II., quels secours les circonstances lui permettront d'apporter à l'objet du présent traité.

Art. IX.

Le présent traité sera ratifié, et les ratifications en seront échangées dans deux mois, ou plutôt si faire se peut. En foi de quoi les plénipotentiaires respectifs l'ont signé, et y ont opposé le cachet de leurs armes.

Fait a Vienne, le 25 mars de l'an de grace
1815.

Signé: Le Prince de *Hardenberg.*
(L. S.)

Le Baron de *Humboldt.*
(L. S.)

Wellington.
(L. S.)

Anmerkung des Herausgebers.

Die mit Rußland und Oestreich geschlossenen Tractate
sind mit dem vorstehenden durchaus gleichlautend, mit Ausnahme der Namen und Titel derjenigen Personen, welche
darin anders zu benennen sind.

XVI.
Patent

woburch der souveraine Fürst der Nie-
berlande seine Annehmung der königlichen Würde und des Titels König der
Niederlande, Prinz von Oranien
Nassau, Herzog von Luxemburg ꝛc.
bekannt macht; datirt Haag den 16. März
1815.

Nous Guillaume, par la grace de Dieu, Roi des
Pays-Bas, prince d'Orange-Nassau, duc de
Luxembourg, etc.

A tous ceux qui les présentes verront, salut!
Les voeux unanimes des puissances assemblées au
congrès de Vienne s'étoient à peine prononcés pour

la réunion de tous les Pays-Bas sous une autorité
commune, que les habitans des provinces belgiques
nous témoignèrent à l'envi leur joie sur cette importante mesure et leur desir de nous voir étendre
sur eux le pouvoir suprême que l'amour des Hol-
landois nous avoit précédemment confié.

Profondément touchés de ces témoignages, nous
avions cependant résolu de différer tout changement dans les relations existantes jusqu'à l'époque
où les délibérations du congrès eussent été complet-
tement terminées, et où ses décisions auroient pu
être exécutées dans leur ensemble. Mais les événemens inattendus qui ont lieu dans un état voisin,
nous engagent à nous départir de cette résolution.
Ils nous prescrivent de répondre au zèle de nos sujets par un empressement analogue, et de ne laisser
aucun d'eux dans l'incertitude sur ses devoirs et sur
nos intentions. C'est lorsque de nouvelles difficultés
semblent se présenter dans le lointain: c'est au moment où renaît pour tant de peuples le triste souvenir d'une domination étrangère, qu'il devient plus
urgent de constituer l'état dont la politique de l'Europe entière a considéré l'existence comme nécessaire à la tranquillité et à la sureté générale.

Animés par le suffrage des plus puissans souverains, nous confiant en cette noble passion pour
la liberté civile et l'indépendance qui, de tout tems,
a caractérisé les Belges, plus forts encore des preuves multipliées d'attachement que nous recevons de
toutes parts, nous prenons aujourd'hui le sceptre en
main dans l'unique but de faire servir notre gouvernement au bien-être de tous ceux qui y sont
soumis, et de leur assurer la jouissance tranquille
de tous les biens de la concorde et de la paix.

Et comme nous voulons que le nom même du nouvel état offre son premier gage de l'union intime et fraternelle qui doit régner parmi tous nos sujets, nous avons jugé à propos de déclarer, comme nous déclarons par ces présentes, que tous les pays y appartenant, forment dès à présent le *Royaume des Pays-Bas*, pour être ainsi possédés par nous et par nos légitimes successeurs d'après le droit de primogéniture; et que nous prenons pour nous-mêmes et pour les princes qui monteront après nous sur le trône, la dignité Royale et le titre de Roi; en ajoutant cependant à ce dernier celui de *Duc de Luxembourg* à cause des relations particulières que cette province est destinée à avoir avec l'Allemagne.

Mais quelque convenables que puissent paroître ces démonstrations, en égard à l'étendue territoriale des Pays-Bas et à la civilisation de leurs nombreux habitans, nous ne nous croyons pas moins obligés de prendre soin que le nom que, dans toutes les vicissitudes de la fortune, nous avons toujours porté avec honneur et sous lequel nos ancêtres ont rendu tant de services à la cause de la liberté, ne vienne à s'éteindre et à disparoître. A ces causes, nous voulons et ordonnons que désormais l'héritier présomptif du royaume des Pays-Bas prenne, porte et conserve le titre de prince d'Orange; et nous l'accordons par ces présentes à notre cher fils ainé avec une satisfaction d'autant plus vive que nous sommes convaincus, qu'il en saura maintenir l'antique éclat par l'accomplissement scrupuleux de ses devoirs comme notre premier sujet et comme le souverain futur de la nouvelle monarchie, et par son courage, et un dévouement sans bornes, toutes les fois qu'il s'agira de veiller aux droits de sa maison et à la sûreté du territoire hospitalier et paisible des Pays-Bas.

Vous tous, compatriotes, qui habitez ce territoire, ouvrez vos cœurs à l'espoir et à la confiance! les élémens du bonheur public se trouvent en vos propres mains! Dévoués à la patrie, unanimes et exempts de tout esprit de rivalité, vous serez assez forts, pour écarter les dangers qui pourroient vous menacer. L'Europe contemple votre réunion avec intérêt et bienveillance. La loi fondamentale, déjà obligatoire pour un grand nombre d'entre vous, subira bientôt les modifications qui doivent la mettre en harmonie avec les intérêts et les vœux de tous. C'est là que vous trouverez cette garantie de la religion à laquelle nous attachons tous le plus haut prix. Des institutions bienfaisantes favoriseront, sous la bénédiction divine, le développement de tous genres d'industrie et la renaissance de vos arts jadis si célèbres. Et si vos sentimens et vos efforts répondent à ceux que votre Roi vous consacre aujourd'hui de la manière la plus solemnelle et la plus irrévocable, la splendeur, qui vous attend, sera pendant plusieurs siècles l'héritage d'une reconnoissante postérité.

Fait à la Haye, le 16 mars 1815.

Guillaume.

XVII.

Note

der Herren Bevollmächtigten des Königs der
Niederlande ꝛc. auf dem Wiener Congreß,
wodurch sie den Herren Bevollmächtigten der
vereinigten souverainen Fürsten und
freien Städte Teutschlands bekannt machen, daß ihr Souverain die Königswürde angenommen habe; datirt Wien den 28.
März 1815.

Les soussignés Ministres plénipotentiaires sont
chargés de porter à la connaissance de Son Excellence Monsieur . . . . que Son Altesse Royale
le *Prince d'Orange Nassau*, qui jusqu'ici avait porté le titre de *Prince souverain*, vient de se faire
proclamer *Roi des Pays-bas*, dans les formes usitées en pareille circonstance.

Le traité de Paris du 30 mai 1814, les vues
des grandes puissances, l'opinion des hommes d'é-
tat, préparaient cette mesure. Les articles sur ce
même objet d'agrandissement des Provinces unies,
sur la réunion de tous les Pays-bas, sur l'addition
de différens autres territoires, et sur la destination
du Grand-Duché de Luxembourg à former le lien
politique, avec le corps germanique, ces articles
signés dans les conférences des Plénipotentiaires ont
été communiqués et rendus publics. Alors les voeux
des peuples des Pays-bas se sont prononcés. Le
but de les réunir sous un même sceptre, et sous
les mêmes lois salutaires et protectrices, leur éten-

due et population; tout est venu à l'appui de cette détermination, et notre Souverain a cru ne devoir plus tarder, persuadé par l'histoire moderne, par les maximes d'un grand homme couronné de Son nom et de Sa maison, autant que par ses propres sentimens, *qu'une liberté sage et modérée est parfaitement compatible avec les formes monarchiques.*

Le Roi des Pays-bas, Grand-Duc de Luxembourg, notre auguste maître, compte trop sur les bons sentimens de Son Altesse . . . ., pour douter un instant, qu'Elle ne veuille prendre grand intérêt à cet évènement et concourir à reconnaître ces nouveaux titres, avec toutes les prérogatives, qui y sont attachées.

Les soussignés saisissent cette occasion solemnelle, pour assurer Son Excellence Monsieur . . . . . ., de leur parfaite considération.

Vienne, le 28. mars 1815.

Le Baron de Spaen. Le Baron de Gagern.

XVIII.

Note

der kurfürstlich-heſſiſchen Herren Bevollmächtigten, an die kaiſerlich-öſtreichiſchen,
königlich-preuſſiſchen und königlich-groß-
britanniſchen Herren Bevollmächtigten, die
Fürſten von Metternich und Hardenberg,
und den Herzog von Wellington, datirt Wien
den 11. März 1815, betreffend die Vindication
der im Jahr 1810 von Napoleon an Heſſen Darm-
ſtadt gegebenen vier hanauiſchen Aemter,
und den eventuellen Widerſpruch des Kurfürſten
gegen Abtretung des übrigen Hanau-münzen-
bergiſchen Landes an Baiern.

La maison électorale de Hesse à peine dédommagée, en 1802, de ses pertes sur la rive gauche du Rhin, privée depuis 1806 jusqu'en 1813 de toutes ses possessions, a sans doute les titres les plus légitimes pour être entièrement indemnisée en conséquence des effets ruineux d'une aussi longue et injuste usurpation. Dans cette conviction, les soussignés plénipotentiaires de Monseigneur l'Electeur, ne peuvent que se référer au mémoire remis le 29. novembre de l'année dernière à S. A. le Prince de N. N.

Si l'état actuel de l'Allemagne n'offre point à S. A. S. Electorale la perspective d'un dédommagément complet, il ne doit du moins exister aucun doute sur le plein effet à attendre de Son traité d'accession à la grande alliance, traité qui garantit à l'Electorat de Hesse toutes ses anciennes possessions, inclusivement la restitution des quatre baillages*) détachés de la principauté de Hanau en 1810. Cette restitution a été particulièrement réclamée par la note, qu'en date du 15. février les soussignés addressèrent à S. A. le prince de N. N.

En revendiquant itérativement les quatre baillages de Hanau, l'Electeur compte, comme de raison, sur la *conservation de tout le pays de ce nom*, qu'une réunion de plusieurs motifs lui rend particulièrement cher. Un des principaux est le grand prix que l'époque actuelle donne aux témoignages évidens du sincère attachement par lequel des sujets fidèles récompensent l'amour paternel de leur *ancien souverain*. Les soussignés, malgré les bruits qu'ils entendent de tout côté des veus d'acquisition généralement attribuées à la Cour de Munic sur Hanau, craindraient de se rendre coupables d'une injuste défiance en admettant un seul instant le soupçon, qu'aucune de puissances alliées depuis deux ans pour la protection et la régénération de l'Allemagne veuille réellement favoriser de pareils desseins.

C'est cependant contre toute suite quelconque qui pourrait être donnée au plan supposé à la Bavière, que les soussignés plénipotentiaires, qui connaissent exactement non seulement l'aversion générale de leur Souverain pour toute idée d'échange de provinces hessoises, mais aussi son affection particulière pour la ville et la principauté de Hanau, ne peuvent se dispenser de protester éventuellement en son nom de la manière la plus solemnelle par la présente, qu'ils ont l'honneur d'adresser à S. A. le

*) Diese vier Aemter haben eine Volksmenge von 21,210 Einwohnern; nämlich Babenhausen 4,944, Ortenburg 8,237, Rodheim und Dorheim zusammen 7,029. Anmerkung des Herausg.

prince N. N. avec l'assurance de leur plus haute
considération.

Vienne, le 11. mars 1815.

Le comte de Keller. Le baron de Lepell.

XIX.

Note

 der Herren Bevollmächtigten siebenzehn teutscher souverainer Fürsten an die kaiserlich-östreichischen
und königlich-preussischen ersten HerrenBevoll-
mächtigten die Fürsten von Metternich und
von Hardenberg, betreffend die Vernichtung der zum Zweck der Kriegskosten von ihren
Committenten ausgestellten Haupt- und Partial-
Obligationen; datirt Wien den 23. März
1815*).

Durch die zu Ende des Jahres 1813 zu Frankfurt
abgeschlossenen AccessionsVerträge haben sich die Fürsten,
von welchen Unterzeichnete bevollmächtigt sind, verbünd-
lich gemacht, durch ihren Credit zur Herbeischaffung der
Kriegskosten mitzuwirken, und diesen Credit bis zum
Betrag der BrutoEinkünfte ihrer Länder von
einem Jahre auszudehnen. Zu diesem Ende sind wirklich, neben einer gemeinschaftlichen Haupt-Obli-
gation, PartialObligationen vorstehender Be-

*) Eine Note für denselben Zweck, am 21. Nov. 1814 von
den badischen, hessischen und nassauischen Bevollmächtigten
an den Herrn Staatsminister Frhrn. von Stein erlassen,
steht oben, Bd. I. Heft 2, Seite 74. Anm. d. H.

stimmung gemäß creirt, und zu Frankfurt hinterlegt worden, deren Zweck, nach ausdrücklicher Disposition des
7. Artikels des, den AccessionsVerträgen beigeschlossenen
Plans über Creirung dieser Obligationen und des 6. Artikels der Stipulationen über die Vergütung der Verpfle-
gung und Unterhaltung der verbündeten Armeen, war,
unmittelbar nach erfolgter Liquidation der Lieferungen an
die Armeen, zu Bezahlung dieser Lieferungen verwendet
zu werden.

Der lange Aufenthalt der verbündeten Armeen in
den Staaten, welche die Obligationen creirt und hinterlegt haben, und ihre Hin- und Rückmärsche durch dieselben, die Unterhaltung der verschiedenen Belagerungs-
Corps, der Reserven und Depots dieser Armeen u. s. w.
haben zur Folge gehabt, daß die ActivForderungen beinahe aller, und insbesondere der mit den stärksten Summen
betheiligten Länder, ihren in hinterlegten Obligationen
geleisteten Beitrag an die aus diesen Obligationen und
andern Mitteln zu dotirende allgemeine Obligations-
Casse, beträchtlich und zum Theil über das Doppelte
und Dreifache übersteigen.

Die bisherigen Verhandlungen der zu Frankfurt
niedergesetzten gemeinschaftlichen Liquidations Commission,
haben dieses vollends außer allen Zweifel gesetzt. Deswegen hat auch die von sämmtlichen Verbündeten ange-
ordnete oberste Verwaltung, da dieses Verhältniß schon
in den ersten Monaten des Feldzuges sich darstellte, und
die ausgefertigten Obligationen also wieder Eigenthum
der ausstellenden Staaten geworden waren, sämmtliche
Obligationen ferner in deposito zu behalten, sich veranlaßt
gesehen.

Unter diesen Umständen kann die Vernichtung der
deponirten Obligationen keinem Anstand unterliegen, und

Unterzeichnete sind beauftragt, Namens ihrer Höfe an des Herrn Fürsten von Metternich (Hardenberg) fürstliche Gnaden die Bitte gelangen zu lassen, dem in dieser Sache bisher bestellt gewesenen Commissarius, Herrn Grafen zu Solms-Laubach, den Auftrag, diese Vernichtung zu bewerkstelligen, zugehen zu lassen, auch Unterzeichneten von dem gefaßten beifälligen Endschlusse baldigst in Kenntniß zu setzen.

Sie verbinden mit dieser Bitte die Erklärung, daß ihre Committenten die ausgestellten Obligationen schon als von Ihrer Seite getilgt, und die Ihnen daraus früher erwachsenen Verbindlichkeiten, als bereits vollkommen erloschen ansehen. Sie werden auch dieses zur Beruhigung Ihrer Unterthanen bekannt machen. Zugleich behalten sich diejenigen Staaten, deren liquidirte LieferungsForderungen den Betrag der von ihnen ausgestellten Obligationen übersteigen, ihre vertragsmäßigen Rechte auf weitere Vergütung vor.

Unterzeichnete ergreifen diese Veranlassung, des Herrn Fürsten von Metternich (Hardenberg) fürstliche Gnaden die Versicherung ihrer verehrungsvollen Gesinnungen zu erneuern.

Wien den 23. März 1815.

Marschall. Türckheim. Wolframsdorf. Franck. Kirchbauer. Wiese. Hellwig. Marschall. Gersdorff. Minckwitz. Erffa. Baumbach. Fischler. Berg. Weise. Kettelhodt. Keller.

XX.

Bittschrift

des Municipalraths der Stadt Wetzlar an den
wiener Congreß um Bestimmung der Stadt
Wetzlar zum Sitz des teutschen Bundesgerichtes, datirt Wetzlar den 14. Jänner 1815.

Der Municipalrath der Stadt Wetzlar, aufgefordert durch die Stimme der Bürgerschaft, und durch eigene Ueberzeugung, erachtet es für seine Pflicht, in dem
Zeitpunkte, wo für Teutschlands segensreiche Zukunft,
der Plan eines allgemeinen Bundesgerichtes
in den väterlichen Ansichten des erleuchteten Congresses
zu Wien, zur Reife gelangt, — den Vorzügen
Wetzlars, als einer zum künftigen Sitze dieses höchsten Gerichtes besonders geeigneten teutschen Stadt, eine möglichst beschränkte Darstellung zu widmen.

Wetzlar, vormals freie Reichsstadt, mit dem Anfange des 19. Jahrhunderts Theil des ehemaligen Fürstl.
primatischen Gebiets, und deshalb seit Wiederherstellung
der teutschen Freiheit, unter dem Schutze des kaiserl.
königl. östreichischen hohen GeneralGouvernements des
Großherzogthums Frankfurt und Fürstenthums Isenburg
befindlich, war von 1693 an, bis zur Aufhebung der
Reichsverfassung im Jahre 1806, der Sitz des Reichs-
Kammergerichtes.

Durch Lage, Umfang, Bequemlichkeit der
Stadt, durch die Ergebenheit der Bürger in einer jeden Hinsicht befriedigt, schieden die Mitglieder dieses
höchsten Gerichtes bei der Auflösung desselben, ungern
von dem Orte, an welchen ihr erhabener Beruf und persönliche Zuneigung sie gefesselt hatten.

Ihr Zeugniß ist der städtischen Ehre das bleibend-
ste Denkmal, ist, in Verbindung mit den Widersprüchen
des Kammergerichtes gegen seine 1719 und 1770 in Vorschlag gebrachte Verlegung, bei der künftigen Wahl eines Sitzes für das, teutsche Einheit und Wohlfahrt befördernde allgemeine Bundesgericht — der Stadt Wetzlar
die gültigste Empfehlung.

Und, wahrlich! die Vorzüge dieses Ortes sind unverkennbar, und in keiner andern Stadt des wiederauf-
lebenden Teutschlands treffen die Erfordernisse zum anstän-
digen und zweckmäsigen Aufenthalte eines höchsten teutschen
Gerichtes, in größerer Zahl und Uebereinstimmung zusammen.

Die Ausdehnung und Beschaffenheit Wetz-
lars vorerst, entspricht ganz den Bedürfnissen eines solchen Gerichtes.

Für die Versammlungen des Richter- und Canzlei Personals ist ein ansehnliches Gebäude; zur Aufbe-
wahrung des Archivs ein beinahe vollendeter, steinerner
Bau von weitläufigem Umfange; für Vorsteher, Bei-
sitzer, und übrige Mitglieder des höchsten Gerichtes,
auch für die wegen desselben anwesenden Fremden, sind
die angemessensten Wohnungen vorhanden.

An zureichendem Raume in dieser Stadt kann
es um so weniger, fehlen, da schon im Anfange des 18.
Jahrhunderts, ausser dem ganzen Kammergerichts Persona-
le, noch mehr als 250 Sollicitanten und Practicanten,
und viele Jahre später alle Glieder der kaiserlichen Visi-
tation, eine bequeme Unterkunft fanden, gleichwohl die
größere Ausdehnung und Schönheit der Gebäude und
Anlagen durch die Vervollkommnung der neuesten Zeit
entstanden ist.

Ueberhaupt gewährt eine Stadt, in welcher der bürgerliche Unternehmungsgeist, Industrie und Gewerbe ausschließlich dem Dienste eines so hohen Collegiums sich gewidmet, und für die größere Zierde und Bequemlichkeit seines Wohnsitzes, seit länger als einem Jahrhunderte mit Verlassung einer jeden andern Tendenz, gewirkt haben, — dem allgemeinen teutschen Bundesgerichte die Aussicht auf eine würdigere, befriedigendere Aufnahme, als irgend eine andere, mit Nahrungsquellen versehene, des Glücks der Aufnahme etwa zufällig theilhaftige Stadt zu bieten vermöchte. So sind die schönen Gebäude anderer Städte mit Bewohnern überfüllt, während eine Menge der Gebäude Wetzlars, seit dem Abgange des Kammergerichtes ganz oder zum Theil verlassen, ihre Erlösung erwartet!

So sind die Bürger bedeutender Städte, im Besitze fester, ergiebiger Nahrungszweige, zu neuen Einrichtungen und Unternehmungen für ein höchstes Bundesgericht weniger geneigt, — während unter Wetzlars Einwohnern Handel und Gewerbe, Künste und Wissenschaften auf die Rückkehr des höchsten Gerichtes harren, welches ihre Thätigkeit in Bewegung sezte.

Der Stadt Wetzlar wird in der That keine andere in der Bereitwilligkeit gleichkommen, alle Forderungen des höchsten Collegiums pünktlich zu erfüllen.

Die bemittelten Einwohner derselben übernehmen in unerwartetem Nothfalle gern die Anlegung neuer Gebäude; und Gewerbe und Künste, in den frühern Epochen vortrefflich gebildet, werden in dem hohen Dienste nach immer größerer Vervollkommung streben.

Einen zweiten Vorzug hat die Zweckmäßigkeit der Bauart und Anlagen, hat selbst die Natur, durch eine angenehme vortheilhafte Lage der Stadt Wetzlar verliehen.

Höchst liebliche Umgebungen, die reinste
Luft und sehr gesundes Wasser machen den Aufenthalt in derselben gleichwohlthätig für Geist und Körper.

Die Lage in einem der besseren Theile von Teutschland, und die Entfernung von feindlichen Grenzen, er-
leichtern den teutschen Bundesstaaten den Zugang, und
sichern den Wohnsitz vor einer plötzlichen und dauernden
Kriegsgefahr.

Bekannt ist die Güte und Wohlfeilheit der
Lebensmittel, deren eine Menge bei dem geringen
Absatze in der Stadt und Nachbarschaft nach Frankfurt a.
M. und andere entfernte Städte zum Verkaufe geschafft
werden, — bekannt der gemäßigte Preis des Holzes,
und die Nähe der leicht schiffbar zu machenden Lahn, und
anderer Flüsse.

Hiezu kommen: eine vollkommen gleiche, christ-
liche ReligionsUebung, schöne geräumige Kirchen,
unter welchen ein weitläufiger Dom majestätisch hervor-
ragt, zugleich eine mit guten Einrichtungen verbundene
hinreichende Zahl von Kirchen- und Schullehrern.

Local-Verwaltung, Justiz und Polizei, haben in den neueren Perioden an Güte und Nachdruck gewonnen, und sind der beliebigsten Umwandlung fähig,
in einer Stadt, deren Einrichtung nach den Bedürfnissen
des höchsten Gerichts durchaus geschehen kann.

Noch wird das Ansehen Wetzlars durch den Besitz
eines beträchtlichen Reichsarchivs erhöhet, und noch
leben schätzbare Mitglieder des ehemaligen Kammergerichts,
auf zeitliche Versorgung von ihrem Vaterlande hoffend,
in seinen Mauern. —

Wenn es nach diesem, in der Wahrheit gegründeten
Vortrage keinem Zweifel unterliegt, daß Wetzlar sämmt-
liche Erfordernisse vereinigt, um der würdige, glänzende
Sitz eines allgemeinen teutschen Bundesgerichtes zu seyn,

so dürften auch die individuellen Ansprüche dieser Stadt, bei der künftigen Wahl eines solchen Sitzes, eine besondere Berücksichtigung verdienen.

Wetzlar, vor der Aufnahme des Kammergerichts ein wenig bedeutender, durch Fabriken und Manufacturen genährter Ort, hat nemlich durch diese Aufnahme eine grössere Bedeutung erhalten. Allein eben diese grössere Bedeutung hat seine Bürger, seit der Auflösung des Gerichtes bis jetzt, dem Verderben nahe gebracht.

Die frühern Verhältnisse sind aufgehoben, alle andern möglichen Nahrungszweige vernichtet, gleichwohl die bürgerlichen Gewerbe nach den Bedürfnissen des zahlreichen Collegiums ausgebreitet und vervielfältiget.

Der grössere Theil des bürgerlichen Vermögens, ist in gegenwärtig unbenuzbare Gebäude verwendet.

Ein schrecklicher Kriegsdruck hat, in diesem nahrungslosen Zustande, verderbliches Unheil gestiftet.

So kann nur die Hoffnung auf Rückkehr eines höchsten teutschen Gerichtes, die bekümmerten Herzen der unglücklichen Bewohner erheitern. —

Wetzlar, den 14. Januar 1815.

***

XXI.

Ueber

die Vorzüge, welche die Stadt Nürnberg für den Sitz der künftigen teutschen Bundesversammlung darbietet.

Die Vorzüge, welche die Stadt Nürnberg und ihre Umgebung, beide jetzt unter königlich-baierischer Hoheit, würdig machen, zum Sitz der künftigen teutschen Bundesversammlung gewählt zu werden, sind in einer kleinen Druckschrift, welche auf dem Wiener Congreß ausgetheilt ward, entwickelt. Da diese mannichfaltigen Vorzüge ohnehin bekannt genug find, so wird es genügen, hier bloß den Titel jener, auch in den Buchhandel gekommenen kleinen Schrift anzuzeigen.

Ueber die Wahl einer teutschen Bundesverfammlungs-Stadt. (Nürnberg) 1814. 16. S. in 8.

XXII.

Schreiben

des königlich-preussischen Staatskanzlers Herrn Fürsten von Hardenberg, an den königlich-preussischen Gesandten zu Hamburg, Herrn Grafen von Grothe, enthaltend den Auftrag, für die Verbesserung des bürgerlichen Zustandes der jüdischen Einwohner zu Hamburg, Lübeck und Bremen, die angelegentlichste Verwendung eintreten zu laffen; auf Veranlaffung ihres Abgeordneten an den Wiener Congreß, D. Buchholz; datirt Wien den 4. Jänner 1814.

Die jüdischen Glaubensgenoffen in Hamburg, Bremen und Lübeck, haben in der Person des Herrn Doctor Buchholz*) einen Bevollmächtigten hie-

---

*) Von diesem Bevollmächtigten kamen auf dem Congreß folgende Druckschriften in Umlauf.

Carl Aug. Buchholz über die Aufnahme der jüdischen Glaubensgenoffen zum Bürgerrecht. Lübeck 1814. 8.

Actenstücke, die Verbefferung des bürgerlichen Zustandes der Israeliten betreffend. Herausgegeben und mit einer Einleitung begleitet durch Carl Aug. Buchholz. 1815.

her gesendet, um den Theilnehmern an dem hier versammelten Congreß bei den Berathungen und Beschlüssen über
die künftige Verfassung Teutschlands, auch die S c h i c k-
s a l e d e r j ü d i s c h e n G e m e i n d e zu endlicher und gleich-
förmiger Bestimmung zu empfehlen.

Dieser Gegenstand wird auch, bei dem Einfluß, den
die jüdischen Häuser auf das Creditwesen und den Handel der einzelnen teutschen Staaten geltend machen , der
Aufmerksamkeit des Congresses nicht entgehen.   Inzwischen sind die Maasregeln, welche die Städte H a m-
b u r g, L ü b e c k und B r e m e n wider die daselbst ansäs-
sigen Mitglieder der jüdischen Gemeine genommen haben,
zur Publicität gelangt, und haben um so mehr mein
Interesse erregt, als sie ganz unabhängig von den künftigen Entschliessungen des teutschen Congresses betrachtet,
den Grundsätzen ganz entgegen sind, welche u n s e r e
Gesetzgebung besonders durch das Edict vom 11. März
1812 sancirt hat.

Die Schicksale der Juden in den übrigen Provinzen
und Städten des nördlichen Teutschlands können seitdem
dem preussischen Staate nicht gleichgültig seyn, weil
durch eine fortdauernde Bedrückung und gehässige Aus-
schließung von den Rechten, auf welche sie als Menschen einen Anspruch haben, der ihnen zum Vorwurf
gemachte Zustand der Immoralität verlängert, und die
Absicht unserer Regierung vereitelt wird, durch Theilnahme an allen bürgerlichen Rechten und Lasten die Spuren eines Vorwurfs zu erlöschen, der nur aus einer
verächtlichen und knechtischen Behandlung hervorgegangen ist. Auch hat die Geschichte dieses letzten Krieges
wider Frankreich bereits erwiesen, daß sie des Staates,
der sie in seinen Schoos aufgenommen, durch treue Anhänglichkeit würdig geworden seyen. Die jungen Männer jüdischen Glaubens sind die Waffengefährten ihrer
christlichen Mitbürger gewesen, und wir haben auch un-

ter ihnen Beispiele des wahren Heldenmuths, und der rühmlichen Verachtung der Kriegsgefahren aufzuweisen, so wie die übrigen Einwohner, namentlich auch die Frauen, in Aufopferungen jeder Art den Christen sich angeschlossen haben.

Wird in den andern Theilen des nördlichen Teutschlands, das bisherige feindselige System wider die Juden fortgesetzt, so muß es bei der Verbindung, worin die Familien unter einander stehen, besonders in Rücksicht auf die Einwanderungen und Heurathen, auch auf den Geist der preussischen Juden nothwendig nachtheilig einwirken, und auch bei uns die Fortschritte ihrer Bildung hemmen.

Euer Excellenz ersuche ich daher ergebenst, die angelegentlichste Verwendung der preussischen Regierung für die jüdischen Einwohner in Hamburg, Bremen und Lübeck eintreten zu lassen, und die Magistrate und Bürgerschaften dieser Städte zu vermögen, daß sie, mit Aufhebung der zum Nachtheil der jüdischen Einwohner genommenen Maasregeln, sich der Einrichtung anschließen, die der preussische Staat durch das Edikt vom 11. März 1812 eben so sehr den Forderungen der Menschlichkeit, und dem Bedürfnisse der Zeit, als einem verständigen Regierungs-System angemessen befunden hat.

Auffer dem, was ich zur Unterstützung der Verwendung unserer Regierung bereits bemerkt habe, wird es Ew. Excellenz nicht entgehen, daß das eigene Handels-Interesse der Städte eine mildere Behandlung ihrer jüdischen Einwohner ihnen anräth, da es ihnen doch nicht gelingen wird, den jüdischen Häusern den einmal erlangten Wohlstand zu entziehen, und eine fortdauernde Bedrückung sie nur nöthigen dürfte, mit ihren dem Handel der Hansestädte selbst so nützlichen Capitalien sich bensonigen Staaten zuzuwenden, worin ihnen die Rechte der christlichen Einwohner eingeräumt sind.

Von den Resultaten Ihrer Verwendung sehe ich der gefälligen Benachrichtigung Ew. Excellenz bald möglichst entgegen.

Wien den 4. Januar 1815.

C. F. von Hardenberg.

An

des königlichen Gesandten
Herrn Grafen von Grothe

Excellenz

zu

Hamburg.

XXIII.

Mémoire

présenté par D. Louis Buoncompagni Ludovisi, Prince de Piombino et de l'isle d'Elbe au Congrès de Vienne*).

Don Louis Buoncompagni Ludovisi Prince Souverain de Piombino et de l'isle d'Elbe, réclame la Souveraineté et la propriéte de la Principauté de Piombino, acquise par ses Ancétres, et de laquelle ils ont joui paisiblement au milieu de toutes les Révolutions de l'Italie jusqu'à celle qui de son tems l'en a dépouillé injustement et sans aucune cause.

*) Ward dem Congreß von dem Genannten selbst, im October 1814 gedruckt, auf 17 Seiten, mitgetheilt, die Beilagen (Documens authentiques justificatifs) später, ebenfalls gedruckt, auf 72 S. in gr. 4.

Le Prince Ludovisi, étant depuis deux siècles en possession noninterrompue de Piombino et de l'Isle d'Elbe, pourroit se dispenser de produire ses titres sur cette propriété justifiée par une prescription immémoriale. — Mais il aime à donner à ses réclamations tout l'éclat aux yeux de l'Europe, qu'elles méritent, et qui relevera la justice qu'il ne sauroit qu'attendre des grandes Puissances, auxquelles il adresse ce Mémoire.

L'Etat de Piombino et de l'Isle d'Elbe fut érigé en fief noble de l'Empire Romain par l'Empereur Maximilien, qui en 1569 en investit à perpétuité Jacques Appiano qui renonça à ses droits de Souveraineté absolue pour se procurer dans ce moment de trouble la protection et les secours de l'Empereur.

Rudolphe II forma de cet Etat une Principauté (1594), en créant son Propriétaire et ses Descendants, Princes de l'Empire Romain, en leur accordant la jurisdiction civile et militaire, le droit de l'épée et de la monnoie, enfin toutes les attributions de l'autorité suprême, à la réserve de la Suzeraineté de l'Empire. Ces priviléges se trouvent dans les Diplomes de Maximilien I et Rudolphe II.

La ligne du premier Investi étant éteinte au commencement du XVII siècle, la question sur la possession et les titres des Prétendans fut portée à la chambre Impériale de Vienne. Pendant le procès, un de ces Prétendans envahit la Principauté de Piombino. Philippe III Roi d'Espagne, pour lequel il étoit très important d'avoir

ce pays à sa disposition, à cause des avantages de
sa situation, chargea le Comte le Lemes, son
Vice-roi à Naples d'en expulser l'usurpateur et
de l'occuper en son mom. — Il déclara qu'il re-
tiendroit cet Etat en dépôt pour celui qui auroit
obtenu le droit de le posséder. Il fit bâtir dans
l'Isle d'Elbe le Fort Pimentel, nommé depuis
Porto-Longone.

Cet événement inattendu excita des remontran-
ces de la part de l'Empereur. Après différentes
négociations entre les Cours de Vienne et de Ma-
drid, l'affaire fut arrangée de manière que l'Empereur Ferdinand II promit au Roi Philippe III
pour lui et ses Descendants mâles et femelles,
l'Investiture de Piombino et de l'Isle d'Elbe, sous
condition expresse cependant, d'en sousinvestir
celui d'entre les Prétendans, dont le bon droit
seroit définitivement reconu par l'Empereur, ou
bien en cas que tous les Prétendans en fussent
exclus, la personne que l'Empereur désigneroit
d'accord avec le Roi d'Espagne *). — La Suze-

*) Voici les paroles du Diplome: „Insuperque promisit Se-
„renissimus Rex juxta tenorem Decreti Nostri Caesarei
„nuper die 27 Mensis Octobris editi, quod illum ex par-
„tibus collitigantibus de hoc eodem Principatu, Marchio-
„natu, Dominiis, Insulis et aliis pertinentiis suo tempore
„subinvestire, et in eorundem possessionem introducere,
„atque in ea conservare velit ac debeat, pro quo in ju-
„dicio petitorio per Nos definitive pronunciatum fuerit,
„vel in eventum, si nulla partium intentionem suam suffi-
„cienter probasset, cui Nos majoris aequitatis et qualita-
„tis personae et naturae Feudi intuitu praevia communi-
„catione cum Serenissimo Hispaniarum Rege, ejusque as-
„sensu dicti Principatus successionem detulerimus."

raineté de l'Empire Romain ètoit constamment réservée, et les Rois d'Espagne devoient prêter le serment de fidélité à l'Empereur. — Philippe III étant mort avant l'expédition du Diplome d'Investiture, elle fut conférée sous les mêmes conditions à son fils Philippe IV par le Diplome du 8 Novembre 1621.

Un jugement du 29 Octobre 1624 de la chambre Impériale exclut de la succession tous ceux, qui aspiroient à la Principauté de Piombino. — Cependant l'Empereur par un motif d'équité nomma à cette succession un *Agnat* de la famille Appiani; mais il lui imposa l'obligation de payer huit cent mille florins pour le renouvellement de la sous-investiture. Cette Conditon, non obstant plusieurs sursis de payement accordés par l'Empereur, ne fut pas remplie. — Alors Sa Majesté Impériale conféra à Don Nicolas Ludovisi, Duc de Venosa, Neveu du Pape Grégoire XV, ainsi qu'à tous ses Descendants, héritiers et successeurs mâles et femelles, la Principauté de Piombino et de l'Isle d'Elbe, en rehaussant toute fois le prix de la sous-investiture, à *un million et cinquante mille florins, somme énorme en ces tems.* — Cette somme ayant été acquittée, le Comte de Monterey, Vice-roi de Naples, (à qui l'Empereur avoit donné également ses pleins pouvoirs à cet effet) sous-investit au nom de Son Roi Philippe IV le Prince Ludovisi, et ses successeurs à perpétuité, avec tous les droits et privileges énoncés dans les anciens Diplomes Impériaux le 24 Mars 1654, et le mit en possession de la Principauté de Piombino et de l'Isle d'Elbe. —

La couronne d'Espagne renouvella à cette occasion au Prince de Piombino et à ses successeurs, l'obligation d'admettre *comme amie* une garnison de Sa Majesté Catholique qui devoit être entretenue à ses frais. — Voici les paroles du Diplome: „Ea tamen lege et conditione, ut praefatus illustris Princeps et ejus heredes et successores in „dicto Principatu successuri praesidium ex mili„tibus catholicae Majestatis, quod in Porto-Lon„gone et dicto Plombini oppido residet, consue„tum cum pactis praeteritis *amanter* admittere „teneantur“*). — L'Empereur Ferdinand II ratifia cet acte de Sous-Investiture le 21 Avril 1354, et Ferdinand III le confirma le 23 Novembre 1638.

Ou voit clairement par cette transaction, que les titres du Prince Ludovisi actuel, qui descend de celui, qui fut revêtu le premier en 1634 de la Principauté de Piombino et de l'Isle d'Elbe, sont les plus solides, et les plus incontestables, en découlant d'un Contrat *réciproque,* et *onéreux pour*

*) Ces conditions sont contenues dans l'Article 2 du Traité de Londres 29 Mai 1557 entre Philippe II Roi d'Espagne et Jacques Appiano VI de ce nom, Seigneur de Piombino. Article 2. „Que quant à ce qu'il pourroit convenir à no„tre service, et encore pour augmenter la sûreté de cet „Etat; que Nous puissions Nous et nos Successeurs Rois „d'Espagne, quand il nous semblera bon, fortifier le port „et les ports, qu'il nous plaira dans ces Isles, et chacu„ne d'icelles, en y faisant bâtir, et *tous les frais de les gar*„*der, et de les fortifier, seront faits à notre compte et dé*„*pens, et que le Seigneur de Piombino ne sera point obligé à* „*contribuer à cela en aucune chose, en aucun tems, et que nous* „*n'entendons pas par là préjudicier aux revenus, comme aux* „*droits du Gouvernement de cet Etat.*“

lui, avec les couronnes d'Autriche et d'Espagne; la bonne foi et la dignité desquelles exigent également de le maintenir.

Lorsque la Couronne de Naples fut séparée de celle d'Espagne, les droits de cette dernière sur Piombino et l'Isle d'Elbe, passèrent en 1759 à Ferdinand IV. Roi de Naples. Ce Monarque fidèle aux conditions stipulées dans l'Acte de sous-investiture n'en exerça jamais d'autres sur ces Pays pendant son long-règne, que ceux *de la Suzeraineté et de mettre garnison à Piombino et à Porto-Longone*, et n'essaya jamais de les étendre davantage.

Mais le tems étoit arrivé, où les titres les plus sacrés et les possessions les plus anciennes, devoient disparoître devant un système de force et de violence.

Le Roi Ferdinand IV. se vit contraint de céder à la France par le Traité de Florence 28 mars 1801 tous les droits sur Porto-Longone et Piombino, droits, que comme nous venons de l'exposer, se reduisoient à la *suzeraineté et à pouvoir y entretenir une Garnison.* — Voici le texte de l'Article 4 de ce Traité: „Sa Majesté le Roi des deux Siciles renonce „à perpétuité pour Elle et ses successeurs, pre-„mièrement à *Porto-Longone dans l'Isle d'Elbe*, et „à tout ce qui pouvoit lui appartenir dans cette Is-„le: secondement *aux Etats des Présides de la Tos-„cane;* Elle les cède, ainsi que la Principauté de „Piombino, au Gouvernement français qui en pour-„ra disposer à son gré."

La rédaction de l'article prouve évidemment, qu'il n'entroit pas même dans les idées du Roi de Naples, de pouvoir céder le *total* de l'Isle d'Elbe au Gouvernement françois, S'il l'avoit cédé *toute en-*

tière, il n'auroit pas eu besoin *de faire mention de Porto-Longone* qui n'en est qu'un point; car le tout contient la partie, et s'il ajouta les paroles: „et tout ce *qui pouvoit lui appartenir dans cette Isle,* ce ne fut que pour exprimer *la Suzeraineté* qu'il avoit aussi sur Elbe, et pour ne pas manquer aux formalités usitées en ces cas.

Mais quelque latitude qu'on eût pu donner aux expressions de cet Article, il est évident, que la France ne pouvoit jamais étendre ses prétentions, au-delà des droits, que Ferdinand IV avoit possédés sur les pays en question, et qu'on vient d'exposer *d'après le texte des documens authentiques.*

Le premier Consul non obstant, sous prétexte d'y être autorisé par la rédaction de l'Article cité du traité de Florence, après avoir mis garnison militaire à Piombino et à Porto-Longone, non seulement dépouilla la famille Ludovisi des tous les droits de Souveraineté exercés par Elle pendant deux siècles en vigueur de ses stipulations avec l'Empereur et les Rois d'Espagne et de Naples, et *acquis au prix de son argent,* mais il s'empara encore de sa propriété et de ses rentes particulières*).

Il seroit superflu de vouloir démontrer l'injustice de l'usurpation du Patrimoine d'un Tiers par suite d'un Traité entre deux Puissances étrangères, auquel il n'avoit donné aucun assentiment, et qu'il ignoroit même absolument jusqu'à cette époque.

Le Prince de Piombino vivement affecté d'une spoliation aussi inouie, en demanda raison à Mr. le

---

*) Ces revenus montoient à la somme annuelle des 275,537 francs et 63 centimes.

Marquis de Gallo, alors Ministre des relations étrangères de Ferdinand IV. Il en obtint une réponse
datée de Paris le 17. Août 1802, dont nous ajoutons
ici la traduction.

Excellence.

„Quoique j'aie tardé à répondre à Votre Excel-
„lence au sujet de l'affaire, qui a formé souvent
„l'objet de nos conversations, comme de celles de
„Madame la Duchesse de Termoli, relativement
„à vos trop justes réclamations pour être réinté-
„gré dans vos droits sur la Principauté de Piom-
„bino, Votre Excellence pourtant ne doit pas
„croire, que je ne m'en sois pas occupé; mais la
„nature des circonstances a rendu impossible pour
„moi d'être aussi utile aux intérêts de Votre Ex-
„cellence, que je l'aurois désiré. Il est indubita-
„ble, que Sa Majesté en cédant à la France par
„le Traité de Florence ses droits sur la principau-
„té de Piombino, n'a jamais pu, ni voulu céder
„(comme réellement Elle n'a pas cédé) ce qu'El-
„le n'a pas possédé, ni jamais prétendu posséder,
„et Elle n'a pas cédé ceux, que Votre Excellence
„et son illustre famille a incontestablement possé-
„dés, et en a joui pacifiquement jusqu'à présent.
„Le Roi, notre Seigneur, a *cédé le sien,* et *n'a*
„*pas cédé la propriété des autres,* et on ne trouve
„pas une seule parole dans le Traité de Florence,
„qui pourroit le faire présumer.
„Par conséquence, si dans l'occupation des Forts
„et des Présides de l'Etat de Piombino, les Com-
„missaires et Délégués françaîs ont aussi pris pos-
„session de ce *qui appartient à l'utile, à l'économi-*
„*que et au gouvernement civil de la Principauté,*

„c'est un fait qui n'a absolument point de rapport
„avec le *Traité de Florence*, et je suis sûr, que si
„Votre Excellence le fait exposer duement ici au
„premier Consul, par le moyen d'un Agent, **Vous**
„obtiendrez certainement la justice et la satisfac-
„tion qui est dûe à Votre maison. J'ai toutes **les**
„raisons pour croire, que les instances de Votre
„Excellence faites ici directement et dans les bor-
„nes qui fassent bien sentir la distinction de ce
„qui appartenoit au Roi, et qui a été cédé de ce
„qui n'appartenoit pas à Sa Majesté, et que par-
„là n'est pas compris dans la cession, seront cer-
„tainement accueillies et décidées avec cet esprit
„de justice, et de modération qui caractérise ac-
„tuellement ce Gouvernement.

„Quant à moi, je mettrai tout l'empressement
„de Vous seconder, étant tel l'ordre, que j'ai reçu
„de Sa Majesté; mais il est nécessaire, que les
„démarches principales se fassent ici par une per-
„sonne chargée de cela par Votre Excellence qui
„doit agir, comme ont agi ici les personnes de
„beaucoup d'autres Seigneurs de l'Allemagne, et
„de Pays-Bas qui se sont trouvés dans le même cas.

„Il me sera toujours très-agréable de servir le
„Roi, mon Maître, dans une affaire qui puisse être
„à l'avantage de Votre Excellence, qui a toujours
„démontré un zèle, et un attachement aussi dis-
„tingué à Sa Majesté, et répondant de cette ma-
„nière à la lettre, de laquelle Votre Excellence
„m'a honnoré, j'ai l'honneur d'être.

Paris le 16 Août 1802.

Signé: Le Marquis de *Gallo.*

Le Prince de Piombino pour ne négliger aucun moyen de recouvrer sa propriété légitime, crut devoir suivre le conseil de Mr. de Gallo, et chargea de ses pleins-pouvoirs et de ses réclamations près du Gouvernement françois à Paris, Monseigneur, alors Abbé Salomon. Voici la lettre de réponse de Mr. de Talleyrand.

Paris 27 Nivose an XII.

Le Ministre des relations extérieures au Citoyen Salomon.

„J'ai reçu, Citoyen, les différentes lettres que „Vous m'avez adressées sur les réclamations du „dernier Prince de Piombino.

„L'examen de cette affaire ne peut concerner le „gouvernement français. Il a acquis par l'Arti-„cle 4 de son Traité de paix avec Naples le droit „de disposer à son gré de la Principauté de Piom-„bino et de tout ce qui lui étoit cédé dans l'Isle „d'Elbe. Un droit si positif exclut toute espèce „de recours contre lui de la part du dernier Prin-„ce, qui se croit lésé par cette disposition; et s'il „a quelques réclamations à faire, il jugera que „c'est à la cour de Naples qu'il doit s'adresser, „soit somme suzeraine, soit comme Cessionnaire.

„J'ai l'honneur de Vous saluer.“

Signé: *Talleyrand.*

Il ne resta alors au Prince de Piombino, que de recourir une seconde fois au Marquis de Gallo qui n'hésita pas de remettre à ce sujet la Note officielle suivante à Mr. de Talleyrand. (Paris 22 Février 1805.)

„Le Prince de Piombino sujet de Sa Majesté „Sicilienne ayant réclamé les bons offices du Roi

„auprès de Sa Majesté l'Empereur des Français,
„afin d'être remis en possession de ses revenus et
„propriétés dans l'Etat de Piombino, dont il se
„trouve privé depuis l'occupation du Pays faite
„par les troupes françaises, Sa Majesté n'a pu
„qu'être très-sensible aux réclamations du dit
„Prince de Piombino et a chargé le soussigné d'in-
„voquer la justice de Sa Majesté Impériale en sa
„faveur.

„En vain opposeroit-on aux justes réclamations
„du Prince de Piombino, que l'occupation de ses
„biens s'est trouvée legitimée en suite par la Ces-
„sion de la dite Principauté faite postérieurement
„à la France par la Cour de Naples, puisque l'ar-
„ticle 4 du Traité de Florence, par lequel Sa Ma-
„jesté Sicilienne a cédé à la France la Souverai-
„neté de l'Etat de Piombino, ne peut regarder
„sous aucun rapport les droits ou propriétés et
„revenus particuliers du Prince, ni de tout autre
„individu possessionné dans la dite Principauté.

„L'article 4 susdit s'exprime ainsi: „Sa Majesté
„le Roi des deux Siciles renonce à perpétuité pour
„Elle et ses Successeurs, premièrement à Porto-
„Longone dans l'Isle d'Elbe, et à tout ce qui
„pourroit lui appartenir dans cette Isle, seconde-
„ment aux Etats des Présides de la Toscane; El-
„le les cede ainsi que la Principauté de Piombino
„au gouvernement français, qui pourra en dispo-
„ser à son gré.

„On ne trouvera pas dans cet article un seul
„mot qui ait rapport aux possessions des particu-
„liers situées ni dans la Principauté de Piombino,

„ni dans celle des Présides de Toscane, ou de
„Porto-Longone.

„Le Roi en cédant à la France la Principauté de
„Piombino n'a pu céder que ce qu'y appartenoit
„à sa Couronne, c'est à dire la souveraineté et
„les droits qui en dépendent, sous la même forme
„et latitude que de tout tems la Couronne des
„deux Siciles les y a exercés; mais le Roi ne peut
„avoir cédé ce qu'il ne possédoit pas, et tout ces-
„sion injuste et sans titre légitime auroit été nulle
„par le fait. En conséquence la France qui est
„entrée dans tous le droits de la Couronne des deux
„Siciles, n'a pu acquérir par la cession de Sa Ma-
„jesté Sicilienne que ceux, dont Sa Majesté Elle-
„même avoit joui jusqu'alors. *Et le Prince de*
„*Piombino n'a pu être privé par le fait de cette ces-*
„*sion d'aucun des droits et jouissances, dont il étoit*
„*en légitime possession sous la domination de la*
„*Couronne des deux Siciles.*

„Les Suites des deux dernières guerres ont
„présenté à l'Europe une infinité d'exemples de
„cette nature. Les grand exploits de Sa Majesté
„l'Empereur et ses mémorables victoires ont aug-
„menté de plus d'un tiers le territoire et la do-
„mination de l'Empire français; la France a dou-
„blé ses forces et ses revenus par les cessions de
„la Maison d'Autriche, du Roi de Prusse, de
„l'Empire germanique et de plusieurs Princes
„d'Allemagne et d'Italie; mais dans aucun des
„Pays cédés par les Souverains légitimes, les
„propriétés de Individus n'y ont été envahies; ou
„si la qualité des possesseurs a rendu incompati-
„ble avec les circonstances la conservation de leurs

„droits et propriétés, ils ont été tous indemnisés
„ailleurs. Combien de grands possesseurs ont con-
„servé leurs biens dans les Pays-Bas et dans les
„provinces cisrhénanes, ou dans les Duchés de
„Milan et Modène, et de Toscane, ou dans les
„trois légations, sans que le passage de la souve-
„raineté et de la domination du Pays d'une Puis-
„sance à l'autre, ait détruit l'existence civile de
„leurs fortunes englobées dans les vicissitudes
„politiques des Etats.

„Que la France ait acquis des droits sur la
„Principauté de Piombino, qu'Elle les conserve
„ou les transmette à d'autres, il ne pourra jamais
„en résulter, que le Prince de Piombino doive
„perdre son existence civile, et ce ceroit absolu-
„ment la plus grande et la plus malheureuse injus-
„tice; car sans l'avoir mérité sous aucun rapport,
„il seroit le seul à qui dans le bouleversement po-
„litique causé par les dernières guerres, cette fa-
„talité seroit arrivée.

„Sa Majesté Sicilienne qui honore d'un vif in-
„térêt cette ancienne famille, voit avec une peine
„extrême le malheureux sort auquel Elle est in-
„nocemment réduite, et ne peut se dispenser d'in-
„voquer en sa faveur toute la justice de Sa Ma-
„jesté l'Empereur des Français. La grandeur d'ame
„qui caractérise Sa Majesté Impériale ne pourra
„pas permettre, que le Prince de Piombino et
„l'une des plus anciennes et de plus remarqua-
„bles familles de l'Italie, restent positivement dans
„le malheur et dans l'indigence par le seul fait
„d'être passé sous la domination française. Sa
„Majesté Sicilienne ne doute pas, que, dès que Sa

„Majeté Impériale aura daigné prendre cet objet
„dans sa juste considération, Elle prendra des
„mesures pour faire rétablir le Prince de Piom-
„bino dans la jouissance de ses biens et de ses
„droits, de la même manière que sa justice a déja
„pratiqué pour tous les Princes posse sionnés dans
„les Etats nouvellement acquis à l'Empire français.

„Le Soussigné prie Son Excellence Mr. de
„Talleyrand-Périgord, Ministre des relations ex-
„térieures d'êtres auprès de Sa Majesté Impériale
„l'organe des voeux de Sa Majesté Sicilienne, et
„lui réitère l'assurance de sa plus haute considé-
„ration,"

Les droits et la possession du Prince de Piombino, au moins quant aux propriétés et revenus ne
sauroient être plus évidemment avoués qu'il n'a été
fait dans cette Note. Si pour le reste le mot de
Souveraineté y a été employé à la place de celui
de *Suzeraineté*, si on y a parlé seulement *des propriétés et revenus*, on n'en sera pas étonné, lorsque
l'on se rappellera la position des affaires politiques
à cette époque, et la terreur que le Gouvernement
françois inspiroit, terreur, qui ne permit pas au
Ministre de Naples de lui dire en son entier tout
ce qu'il avoit dit dans sa lettre au Prince de Piombino. Il avoit dit bien positivement dans cette lettre,
*que si dans l'occupation des Forts et des Présides de
l'Etat de Piombino les Commissaires et Délégués
françois ont aussi pris possession de ce qui appartient* (il ne dit pas seulement) *à l'utile,* (mais il
ajoute encore) *à l'Economique et au Gouvernement civil de la Principauté,* c'est un fait qui
n'a absolument point de rapport avec le Traité de Flo-

rence. S'il n'a pas osé dire tout cela dans sa Note au Gouvernement français, il y a avoué cépendant que *le Prince de Piombino n'a pu être privé par le fait de cette cession d'aucun des droits et jouissances, dont il étoit en légitime possession sous la domination de la Couronne des deux Siciles.* Or il a été prouvé ci-dessus par les titres authentiques que nous avons exposés, que *les droits et jouissances, dont le Prince de Piombino étoit en légitime possession sous la domination de la Couronne des deux Siciles,* ne se bornoient point aux propriétés et revenus, mais comprenoient encore *la Souveraineté,* et que la Cour de Naples n'exerça jamais d'autres droits sur le Pays en question que ceux *de la Suzeraineté, et de mettre Garnison à Piombino et à Porto-Longone* à lui cédés par l'Espagne. Enfin quelles ayent été les expressions que les circonstances du tems ont pu commander à Mr. de Gallo d'employer dans sa Note au Gouvernement françois, il est évident, que le faits qui avoient eu lieu jusqu'à l'époque du Traité de Florence ne changeoient pas de nature, et que ces expressions ne pouvoient en rien augmenter les droits de la France, ni diminuer ceux du Prince de Piombino. — Malheureusement pour ce Prince cette grandeur d'ame et cette générosité de Napoléon, dont le Marquis de Gallo parle dans sa Note, et sur lesquelles il comptoit tant, n'aboutirent à rien en faveur de celui qu'il avoit dépouillé.

Le Senatus-consulte du 18 Mars 1805 expliqua clairement les principes et la volonté du Gouvernement françois, et un Décret solemnel réunit l'Isle d'Elbe à l'Empire françois et donna la Principauté de Piombino à la sœur aînée de Napoléon, en con-

férant en même tems à son Mari le titre de Prince
de l'Empire françois.

Il est curieux d'examiner les raisons, par lesquelles le Sénateur Lacépède motiva dans son rapport une démarche aussi extraordinaire et qui ser-
virent de commentaire au Message lu à cette occasion par Mr. Maret, Ministre Secrétaire d'Etat.

Sénateurs,

„Vous avez transmis à Votre Commission avec
„le décret, par lequel Sa Majesté Impériale a
„accepté la couronne d'Italie, celui qui donne la
„Principauté de Piombino à son Altesse Impéria-
„le la Princesse Elisa et à sa Descendance, et con-
„fère le titre de Prince de Piombino, ainsi que
„le rang et les prérogatives de Prince de l'Empi-
„re français au Mari de la Princesse Elisa.

„Le Sénat qui partage vivement les sentimens
„de la France pour l'auguste famille de sa Majes-
„té Impériale, voit d'ailleurs cette détermination
„avec d'autant plus de plaisir qu'il compte parmi
„ses membres le Prince de Piombino.

„Mais indépendemment de ce motif personnel
„à chacun de nous, le Sénat a reconnu facile-
„ment dans le Décret Impérial une nouvelle mar-
„que de l'attention constante de S. Majesté à tous
„les intérêts de la France.

„Piombino, dont le sort a dû être, de dépen-
„dre presque toujours d'un Etat plus étendu, et
„qui a successivement passé sous la protection,
„ou le haut domaine des Pisans, des Siennois,
„de l'Arragon, des Souverains Pontifes, des Ducs
„de Toscane, des Empereurs d'Allemagne et des

„Rois d'Espagne, auroit pu être donné à une Puis-
„sance voisine par le Gouvernement français, au-
„quel l'a cédé le Traité de Florence de 1801 avec
„la faculté d'en disposer à son gré, sans qu'il ait
„été depuis réuni au territoire de la France par
„aucune loi, ni par aucun sénatus-consulte.

„Mais la sûreté de l'Isle d'Elbe et même celle
„d'une partie de la Corse, exigeoient que le ter-
„ritoire de Piombino ne cessât pas de dépendre
„de l'Empire français.

„La Ville et la Forteresse de Piombino sont
„situées à l'extrémité d'une peninsule, qui ter-
„mine à l'orient, le Golfe de Gênes et qui s'ava-
„ce vers l'Isle d'Elbe au point de n'en etre sépa-
„rée, que par un canal assez étroit. Le pro-
„montoire, sur lequel Elles sont bâties, est la
„partie de Terre ferme la plus voisine non seu-
„lement de l'Isle d'Elbe, mais encore de celle de
„Corse. Porto-Ferrajo, l'un des ports de l'Isle
„d'Elbe, est tourné vers Piombino, et c'est uni-
„quement par ce dernier territoire, qu'on peut
„établir une communication facile du Continent
„avec cette Isle importante pour la France, et
„par ses mines et par sa position.

„Sa Majesté Impériale auroit pu Vous propo-
„ser un Sénatus-consulte pour réunir la Princi-
„pauté de Piombino à l'Empire français; mais
„Elle a voulu éviter tout apparence de chercher
„à étendre notre territoire. Elle s'est contentée
„d'établir à Piombino un tel Régime, que le
„Prince ne pût jamais céder à aucune influence
„étrangère nuisible à nos intérêts, contracter des
„alliances, dont les effets nous fussent préjudi-

„ciables, négliger l'entretien des batteries, le soin
„des fortifications, et l'emploi des autres moyens
„de d'éfense nécessaires pour empêcher son terri-
„toire de tomber sous un pouvoir ennemi.

„De plus l'éclat de la Couronne de France de-
„mandoit, que le titre de Prince de l'Empire fût
„réuni avec la qualité éminente de beau-frère de
„l'Auguste Monarque de Français.

„C'est ainsi, que des développemens successifs
„complettent nos institutions, et leur donnent cet
„éclat, qui dispense si souvent du recours à la
„force, et cette stabilité, le premier voeu de
„l'homme d'Etat, parce qu'elle est la première
„source du bonheur des Empires."

Sans vouloir s'arrêter sur les fausses assertions,
et sur la manière de couvrir du voile de l'utilité
et de la nécessité l'usurpation la plus manifeste, on
y découvrira facilement la foiblesse des prétextes,
desquels on s'est servi pour la colorer.

Aussi le Prince de Piombino protesta solemnellement contre cette réunion, et fit connoître cette
démarche à Napoléon par une lettre de Rome, qu'il
lui fit parvenir vers la fin de 1807.

Si les hautes Puissances avoient eu sous les yeux
le récit de ces faits indubitables, si Elles avoient eu
connoissance des droits sacrés du Prince Ludovisi,
unique et véritable Prince Souverain de Piombino
et de l'Isle d'Elbe, leur amour pour la justice ne
leur auroit jamais fait accorder par le Traité de
Fontainebleau du 11 Avril cette dernière Isle à Napoléon en souveraineté et propriété, sa vie durante. — Est-ce au Prince de Piombino à fournir aux

dépens de la plus grande partie de sa fortune une indemnisation à celui, qui l'avoit privé de sa Principauté et propriété, acquises et possédées tranquillement par lui et ses ancêtres? Lui dont les titres sont tellement clairs et incontestables, que celui-même, qui s'empara de son bien n'a jamais pu les revoquer en doute.

Le Prince de Piombino croiroit offenser le souverain magnanime, que les Puissances ont réconduit en Toscane, en supposant seulement qu'il voudroit lui enlever ses droits, ou sa propriété sur la Terre-Ferme. Aussi en parlant de l'Isle d'Elbe n'a-t-il jamais de son côté méconnu la Souveraineté des Grands-Ducs de Toscane sur *Porto-Ferrajo*, Souveraineté bornée uniquement à cette Ville, et à deux milles (d'Italie) de circonférence, et qui date d'un Traité signé à Londres le 29 Mai 1557 entre Philippe II, Roi d'Espagne et Jacques Appiano, Seigneur de Piombino, confirmé par Côme II, Grand-Duc de Toscane, qui pendant les guerres d'Italie au milieu du seizième siècle s'étoit emparé de l'administration de ce Pays, et qui profitant de ce titre précaire nourrissoit le projet de s'en rendre Maître.

Le Prince de Piombino se plaît d'autant plus à citer ici les paroles de ce Traité, qu'Elles font foi de la justice scrupuleuse et de l'estime pour toute propriété particulière des Princes de ces tems: „Et „qu'il reste au Duc de Toscane susnommé *Porto-* „*Ferrajo dans l'Isle d'Elbe* avec les Châteaux, Edi- „fices, qu'il y a fait construire, et avec ceux qu'il „voudra y faire construire à deux milles de circon- „férence sur le territoire du dit Porto-Ferrajo pour „leur (les Grands-Ducs) commodité, leur utilité et

„leur habitation, que voudroit y faire construire
„le dit Duc, tant pour lui que pour ses gens, avec
„la condition pourtant, qu'en cas qu'on trouveroit
„dans la circonférence de ces deux milles quelque
„mine d'or, d'argent, de fer, ou d'autre métal, ou
„d'alun, *ces mines seront et resteront au dit Seigneur*
„*de Piombino* avec toutes les autres qui se trouvent
„dans l'Isle et dans les autres qu'on doit lui restituer."

Après avoir exposé sans ornement, et sans dé-
clamation, des faits aussi simples et constatés, le
Prince de Piombino ne craint pas de soumettre sa
cause au jugement des Souverains, auxquels il suffit de montrer la vérité, et la justice, pour lui procurer leur appui puissant pour recouvrer sa Principauté de Piombino et de l'Isle d'Elbe, et ses propriétés, le plus promptement possible.

Le Prince de Piombino se réserve en outre de
faire valoir contre qui de droit ses justes titres sur
les arriérés de ses revenus, comme sur une Indemnisation pour toutes les autres pertes et dommages
que l'occupation de ses Domaines lui a fait essuyer.

XXIV.

Note

des Herrn Geheimen Raths von Gärtner, als Bevollmächtigten vieler teutschen fürstlichen und gräflichen Häuser, die durch die rheinische BundesActe andern teutschen Fürsten untergeordnet wurden, an sämmtliche Herren Bevollmächtigte der souverainen nichtköniglichen Staaten Teutschlands, womit er ihnen seine, dem Congreß übergebene Denkschrift übersendet und empfiehlt; datirt Wien den 28. März 1815.

Der Unterzeichnete ist von seinen hohen Herren Committenten besonders beauftragt, sämmtliche Herren CongreßBevollmächtigte derjenigen Höfe des nichtköniglichen Teutschlands, welche entweder selbst vorhin ein Opfer des Rheinbundes geworden sind, oder dadurch nur Ihre Erhaltung bezweckten, unter Mittheilung der anliegenden Denkschrift *), auf die eben so ungerechte, als für die innere Wohlfahrt und Ruhe des teutschen Vaterlandes verderbliche Lage aufmerksam zu machen, in welcher jene Opfer des Rheinbundes, nach dessen feierlicher Auflösung, sich factisch noch immer befinden.

Diese auf eine beispiellose Weise mitten im Frieden unterdrückten Reichsstände sind von der gerechten und wohlwollenden Theilnahme jener Höfe an ihrem unverschuldeten Schicksale auf das allervollkommenste überzeugt. Die persönlichen Tugenden der Regenten, und ein Rück-

---

*) Diese Denkschrift vom 15. März 1815. steht oben S. 16.

blick in die teutsche Geschichte, in welcher so mancher
Name ihrer Vorfahren durch Gerechtigkeit, Weisheit und
heldenmüthige Vertheidigung der vorigen rechtmäßigen
Verfassung glänzt, bürgt ihnen dafür.

Wenn also bisher von den Herren Gesandten und
Abgeordneten dieser Höfe noch keine offizielle Mißbilligung
dieser noch immer fort bestehenden Ungerechtigkeit erfolgte, so haben doch des Unterzeichneten hohe Herren Committenten an deren gerechten Gesinnungen und tiefen Einsichten nicht einen Augenblick gezweifelt. Denn welches
Loos stünde Teutschland bevor, und welche Aussichten
hätten alle mindermächtigen Stände, wenn diese beispiellose Zertretung der garantirten ehrwürdigen Verfassung,
wenn diese Verachtung aller Grundsätze des Völker- und
Staatsrechts fortbestehen sollte! Jeder teutsche Mann
hat es seither mit Achtung und Freude bemerkt, daß die
fürtrefflichen Herren Gesandten und Abgeordneten, an
welche dieser Vortrag gerichtet ist, bei allen am Congreß geschehenen Vorschritten von Hochgefühl für Vaterland, NationalEhre und Recht geleitet wurden.

Wie könnten also des Unterzeichneten hohe Herren
Committenten, welche diese Gefühle in ihrer ganzen Fül-
le theilen, daran zweifeln, eben diese, Gott und der
Nation gefälligen Grundsätze gerade bei der allergerech-
testen Sache, welche jemals Gegenstand einer Reklama-
tion war, gleichmäßig bewährt zu sehen. Eine solche
Besorgniß ist zuverläßig um so grundloser, als dem teutschen Vaterland wieder ein Zeitpunkt der Gefahr erschienen ist, ein Zeitpunct, welchen unsere Nation, die so
manche andere physisch und moralisch weit übertrifft, zuverläßig mit Ehre und ohne verderbliche Folgen über-
stehen wird, wenn zuvor innere Ruhe und Zufrie-

denheit, nach dem Rechtszustand vor 1806, wieder gegründet ist.

Gestützt auf diese Gründe, gestützt auf die seit dem
westphälischen Frieden bewährten Erfahrungen, gestützt
auf alle die Thatsachen und Folgerungen, welche die anliegende Denkschrift darstellt, soll daher der Unterzeichnete die oben erwähnten Herren Gesandten und Abgeordneten förmlich und gehorsamst ersuchen:

Sich dafür mit allen Ihrem Einfluß zu verwenden,
daß sowohl für das teutsche Vaterland überhaupt,
als auch in Ansehung seiner Herren Committenten
insbesondere, der Rechtszustand vor 1806 wieder hergestellt, somit durch Wiedereinführung
einer ersehnten, früher verheissenen, auf diesen
Grundsätzen beruhenden Constitution, unter Zustimmung aller Interessenten, der an der Wohlfahrt
und Ruhe des teutschen Vaterlandes so gefährlich
nagenden Willkühr ein Ende gemacht werden
möge.

Der Unterzeichnete entledigt sich dieses Auftrags
mit um so größerem Vergnügen, als derselbe so ganz
den Gesinnungen der lebhaftesten Hochachtung und des
unbegrenztesten Vertrauens entspricht, welche er den gedachten fürtrefflichen Herren Gesandten und Abgeordneten
widmet.

Wien den 28. März 1815.

v. Gärtner.

XXV.

Note

der Herren Bevollmächtigten der vereinigten souverainen Fürsten und freien Städte Teutschlands, an den königlich-großbritannisch-hannöverschen ersten Herrn Bevollmächtigten, wodurch sie demselben ihre Note vom 22. März mittheilen; datirt Wien den 22. März 1815.

Die Unterzeichneten haben die Ehre, Sr. Excellenz dem königlich-großbritannisch-hannöverschen Herrn Staatsminister Grafen von Münster, diejenige Note abschriftlich zugehen zu laffen, welche sie nunmehr weiter an die Herrn Fürsten von Metternich und von Hardenberg zu richten sich bewogen gefunden haben *); und wiederholen ihren früher geäufserten Wunsch, daß Seine Excellenz den in jener Note enthaltenen Anträgen durch Ihre kräftigste Mitwirkung förderlich seyn, und sich zu diesem Zweck mit ihnen vereinigen wollen.

Zugleich beehren sich die Unterzeichneten zu bemerken, daß sie in gleicher Absicht sowohl diese letztere Note, als auch jene früheren, nunmehr auch an die königlichen Höfe von Baiern und Würtemberg haben gelangen laffen; und sie ergreifen mit Vergnügen diese Veranlassung, Sr. Excellenz dem Herrn Grafen von Münster die Versicherung ihrer verehrungsvollen Gesinnungen zu erneuern.

Wien den 22. März 1815.

*) Diese Note vom 22. März 1815 steht oben S. 43 unter Nr. IX.

XXVI.

Entwurf

eines Bundesvertrags der souvereinen Fürsten und freien Städte Teutschlands,
enthaltend die wichtigsten Grundsätze der Bundesverfassung, deren weitere Ausführung, so wie die
Abfassung der organischen Gesetze des Bundes, einer nachfolgenden Berathschlagung vorbehalten
bleiben soll. Vorgelegt von den königlich-preussischen Herren Bevollmächtigten, im Anfang
des Aprils 1815.

Die souverainen Fürsten und freien Städte Teutschlands, die erstern mit Ihren Majestäten dem Kaiser
von Oestreich und den Königen von Preussen, Dänemark und der Niederlande für ihre teutschen Besitzungen,
durchdrungen von dem lebhaften Gefühle, daß es wesentlich nothwendig ist, sich in einen allgemeinen
Bund zu vereinigen, daß darauf hauptsächlich die äussere und innere Sicherheit, Unabhängigkeit
und Freiheit des gemeinsamen teutschen Vaterlandes beruht, und daß nur ein solcher Bund den
allgemeinen Wünschen und Erwartungen der teutschen
Nation entspricht, und die Ruhe und den Frieden Europa's dauerhaft sicher stellt, allein zugleich überzeugt,
daß eine so große und wichtige Angelegenheit nur bei
reifer und ungestörter Berathschlagung vollendet, in dem
gegenwärtigen Augenblick aber, wo die Nothwendigkeit,
der Gefahr zuvorzukommen, welche Teutschland und Europa durch die unrechtmäßige Gewalt, welche sich in

Frankreich der Regierung bemächtigt hat *), bedroht, die allgemeine Aufmerksamkeit und die vereinigten Kräfte auf einen äussern Punct hinrichtet, nur im Allgemeinen beschlossen und festgestellt werden kann, sind mit einander übereingekommen, den Bundesvertrag zwar gegenwärtig wirklich abzuschliessen, und indem sie ihre Vereinigung förmlich und feierlich ausgesprochen, die Grundsätze zu bestimmen, auf welche derselbe beruhen soll, die weitere Ausführung dieser Grundsätze aber, und die Abfassung der organischen Gesetze des Bundes auf eine genau zu bestimmende Weise nachfolgender Berathung zu überlassen.

In Gemäßheit dieser Uebereinkunft, haben sie zu ihren Bevollmächtigten ernannt, nämlich

Se. Majestät der Kaiser von Oestreich u. s. w. welche Bevollmächtigte, nachdem sie ihre in glaubwürdiger Form ausgestellten Vollmachten gegen einander ausgewechselt, folgende Puncte mit einander verabredet haben.

§. 1.

Die Fürsten und freien Städte, deren Bevollmächtigte diesen Vertrag unterzeichnen, vereinigen sich zu einem beständigen, auf die Erhaltung der Selbstständigkeit und der äussern und innern Sicherheit Teutschlands, und die Unverletzbarkeit seines Gebiets abzweckenden Bund, welcher den Namen des teutschen führt,

---

*) Der unerwartete Einfall Buonaparte's in Frankreich, hatte den Wiener Congreß übereilt, ehe noch die neuen Berathschlagungen über die teutsche Bundesverfassung begonnen hatten. A. d. H.

und treten überall, wo sie in ihrer Gesammtheit handeln, unter diesem Namen auf.

§. 2.

Alle Mitglieder des Bundes sind einander als unabhängige Staaten gleich, und weder eine durch die Bundesverfassung bestimmte Verschiedenheit einzelner Rechte, noch ein von dem Bunde ertheilter, vorübergehender oder beständiger Auftrag kann eine Ungleichheit unter ihnen begründen. Auch können ihre Regierungsrechte, in sofern sie nicht durch die Landesverfassung näher bestimmt sind, durch den Bund keine andere Einschränkung erfahren, als in die sie selbst durch Eingehung der BundesActe gewilligt haben.

Dagegen versprechen sie, diese letztere unverbrüchlich zu halten, und allen verfassungsmäßig genommenen Beschlüssen des Bundes unbedingte Folge zu leisten.

§. 3.

Die Angelegenheiten des Bundes werden besorgt durch eine zu gewissen Zeiten regelmäßig, oder durch ausserordentlich zusammenkommende Bundesversammlung und einen beständig zusammenbleibenden Vollziehungsrath, die sich zu einander, wie zwei Kammern derselben repräsentativen Versammlung, verhalten. Der Vollziehungsrath besteht aus einigen wenigen, durch die Bundesurkunde von der Gesammtheit der teutschen Stände ein für allemal dazu beauftragten Fürsten, welchen einige andere Bundesmitglieder wechselnd dergestalt zugeordnet werden, daß keines von dem Rechte, daran Theil zu nehmen, ausgeschlossen bleibt. Ihm gebührt die Leitung des Bundes und dessen Vertretung bei auswärtigen Mächten, so wie Alles, was zur ausübenden Gewalt gehört; die gesetzgebende dagegen theilen beide mit einander, und gesetzliche Verfügungen, allgemeine Einrichtungen, und Bewilligung von Beiträgen zu Bestreitung der Bundeskosten, können nur durch die Bundesversammlung selbst beschlossen werden. Die Vollstreckung der Bundesschlüsse geschieht durch einzelne Mitglieder derselben, vermöge von dem Vollziehungsrath ertheilter bestimmter Aufträge, wenn die künftigen organischen Gesetze nicht Kreise und Kreisvorsteher als beständige dem Bunde durch Verantwortlichkeit verhaftete Beauftragte derselben aufstellen.

§. 4.

Alle Mitglieder des Bundes versprechen, sowohl ganz Teutschland, als jeden einzelnen ihrer Mitstände, gegen jeden widerrechtlichen Angriff einer auswärtigen Macht in Schutz zu nehmen, und alle ihre Kräfte und Mittel zu vereinigen, um demjenigen, dessen Rechte oder Gebiete verletzt worden wären, Sicherheit und Genugthuung zu verschaffen, auch in diesen Fällen, so wie überhaupt in jedem Bundeskriege, einseitig weder Frieden noch Waffenstillstand zu schliessen. Sie garantiren einander ausserdem ihre sämmtlichen, unter dem Bunde begriffenen Besitzungen, dergestalt, daß bei einem durch den Bund abzuschliessenden Frieden über keinen Theil des Gebiets eines Bundesgliedes, ohne Zuziehung des letztern, und ohne möglichst verhältnißmäßige Entschädigung desselben, verfügt werden kann. Sie verpflichten sich endlich, keine Verbindungen mit auswärtigen Mächten einzugehen, die gegen den ganzen Bund, oder einzelne Mitglieder desselben gerichtet wären, oder ihnen gefährlich werden könnten, diese Verbindungen mögen auf Krieg oder Frieden, oder auf Subsidien, oder was immer für eine Hülfsleistung Bezug haben. (Dieser so gefaßte Artikel, ist von Baiern und Wirtemberg schon angenommen; siehe Protocoll der neunten Sitzung.)

§. 5.

Die Vereinigung der Streitkräfte des Bundes geschieht durch Stellung angemessener Contingente. Wenn diese nicht stark genug sind, um für sich eine Heeresabtheilung zu bilden, so werden sie an eines der Heere der größern Kriegesmächte Teutschlands, unter der Oberaufsicht und Leitung des Bundes, und vermittelst einer zweckmäßigen Organisation angeschlossen. Mit der Stellung der Contingente ist der Beitrag der Kriegsbedürfnisse verbunden, und für die Sicherheit des teutschen Gebiets wird durch die Anlegung und Unterhaltung von Bundesfestungen gesorgt.

§. 6.

Alle Mitglieder des Bundes verpflichten sich, den Maasregeln Folge zu leisten, welche der Bund verfassungsmäßig zu Erhaltung oder Herstellung der innern Ruhe ergreift. Sie versprechen überdieß, einander unter keinerlei Vorwand zu bekriegen, sondern die Entscheidung ihrer Streitigkeiten mit Verzichtleistung auf alle Selbsthülfe einer zweckmäßig einzurichtenden AusträgalInstanz, und in sofern dieselben durch diese nicht beigelegt würden, dem Bunde anheim zu stellen.

§. 7.

Für diese Fälle, so wie für jede andere verfassungsmäßige Beschwerdeführung bei dem Bunde, ordnet derselbe sich ein Bundesgericht bei, an dessen Besetzung alle Mitglieder verhältnißmäßigen Antheil nehmen.

§. 8.

Alle Mitglieder des Bundes verpflichten sich, in ihren Staaten für eine unpartheiische Gerechtigkeitspflege Sorge zu tragen, und jeden willkührlichen Eingriff in die Rechte der Person und des Eigenthums zu verhindern. In dieser Absicht bestimmen sie hiermit ausdrücklich, daß die Richter in Klagen gegen den Landesherrn in demjenigen, was die Entscheidung der Sache betrifft, ihres als Unterthan, oder sonst in irgend einer andern Eigenschaft, seiner Person geleisteten Eides entbunden seyn sollen, auch kein Richter anders, als durch förmlich gesprochenes Urtheil, seines Richteramts entsetzt werden kann. Auch begeben sich diejenigen, deren Besitzungen nicht eine Volkszahl von 300,000 Seelen erreichen, des Rechts einer eigenen dritten Instanz, und versprechen, solche nach den Bestimmungen der Bundesgesetze zu bilden und anzuerkennen, jedoch dergestalt, daß es verwandten FürstenStämmen und den freien Städten vorbehalten bleibt, die Bevölkerung ihrer Besitzungen zusammenzuzählen.

§. 9.

In allen teutschen Staaten wird die bestehende landständische Verfassung erhalten, oder eine neue eingeführt, damit den Landständen das Recht der Bewilligung neuer Steuern, der Berathung über Landesgesetze, welche Eigenthum und persönliche Freiheit betreffen, der Beschwerdeführung über Verwaltungsmißbräuche, und der Vertretung der Verfassung und der aus ihr herfliessenden Rechte Einzelner zustehe. Die einmal verfassungsmäsig bestimmten Rechte der Landstände, werden unter den Schutz und die Garantie des Bundes gestellt. Allen Einwohnern zum teutschen Bunde gehörender Provinzen, wird von den Mitgliedern des Bundes, durch die künf-

tige Urkunde desselben, das nur durch die allgemeine
Pflicht der Bundesvertheidigung beschränkte Recht der
Auswanderung in einen andern teutschen Staat, des
Uebertritts in fremde teutsche Civil- oder Mi-
litärDienste, und die Bildung auf fremden teutschen Universitäten, so wie uneingeschränkte Religionsübung und Preßfreiheit zugesichert. Diese
schließt aber keineswegs die Verantwortlichkeit der Verfasser, Verleger und Drucker sowohl gegen den Staat,
als gegen Privatleute, und zweckmäßig polizeiliche Anstalten auf periodische oder Flugschriften aus. Die Rechte
der Schriftsteller gegen den Nachdruck, werden durch
ein allgemeines Gesetz gegen den Nachdruck gesichert.

§. 10.

Die so billig und vortheilhaft, als es die Umstände
erlauben, zu bestimmenden Rechte der ehemaligen, durch
die Stiftung des Rheinbundes und seit dieser Zeit mittelbar gewordenen Reichsstände, werden durch
ausdrückliche Uebertragung in die organischen Gesetze des
Bundes unter die Garantie desselben gestellt.

§. 11.

Die katholische Religion in Teutschland, wird,
unter der Garantie des Bundes, eine so viel als möglich gleichförmige zusammenhängende Verfassung erhalten.

§. 12.

Die Fortdauer der auf die Rheinschiffahrts-
Octroi angewiesenen Renten, wird ausdrücklich garantirt.

In Absicht des, dem Hause Thurn und Taxis
zustehenden Postrechts, sollen diesem da, wo ihre

Posten abgeschafft wären, Entschädigungen ertheilt werden.

§. 13.

Die zur Bundesversammlung Abgeordneten, werden sich unmittelbar in Frankfurt am Main versammeln. Ihr erstes Geschäft wird die Abfassung der Grundsätze seyn, welche von allen Fürsten zu ratificiren sind.

§. 14.

Die Ratificationen dieses Vertrags sind in möglichst kurzer Frist auszuwechseln.

So geschehen Wien, u. s. w.

Die in einer Anmerkung des Herausgebers oben Seite 51 erwähnte Note des kaiserlich-östreichischen Bevollmächtigten Herrn Fürsten von Metternich, ist vom 31. März 1815 datirt.

Die Entwürfe zur teutschen Bundesverfassung, welche früher dem Congresse vorgelegt worden sind, finden sich in dem 5ten Hefte abgedruckt, das mit diesem 4ten Hefte zugleich ausgegeben wird.

Die Beilagen zu Nr. XXIII. werden in einem der nächsten Hefte abgedruckt.   Anmerkung der Verlagshandlung.

Bei dem Verleger dieser Acten ist auch erschienen:

Gönner, Dr. Nik. Thadd. von, Entwurf eines Gesetzbuchs über das gerichtliche Verfahren in bürgerlichen Rechtssachen, 1r Band, das Gesetzbuch enthaltend, gr. 8. 2 Rthlr. 4 gr. oder 3 fl. 15 kr. rhein.

— — dessen 2r Band in 3 Abtheilungen, Motive, gr. 8. II. 1te Abth. 1 Rthlr. 12 gr. oder 2 fl. 15 kr.

— — Beiträge zur neuen Gesetzgebung in den Staaten des teutschen Bundes, 1te Abthl. enth. über Gesetzgebung und Rechtswissenschaft in unserer Zeit gr. 8. 1 Rthlr. 8 gr. oder 2 fl.

Unter der Presse ist:

Anleitung zum vorsichtigen Creditiren auf unbewegliche Güter nach den Grundsätzen des preussischen Hypothekenrechts — für Praktiker, Capitalisten und Grundeigenthumsbesitzer, von W. H. Puchta, Landrichter.

Ueber den Plan des Verfassers kürzlich nur Folgendes:

Er wird in vier Abschnitten, und deren systematischen Unterabtheilungen seinen Gegenstand aus folgenden zwei Hauptgesichtspunkten behandeln:

I. Sorgfältige Entwickelung der Theorie des Hypothekenrechts und der preussischen Hypotheken Verfassung; Organismus dieses originellen Instituts; Titel eines Unterpfandrechts — Legal-Judicial-Conventionspfandrechte — und Wirkungen dieser Rechtstitel ohne die Erwerbungsart der Eintragung besonders im Concurse; Umfang, Wirkungen, Dauer und Erlöschung eines durch Eintragung erworbenen Hypothekenrechts.

II. Cautelen bei den verschiedenen Arten des Immobiliarcredits; Regeln zur richtigen Prüfung der Basis jedes vorsichtigen Realcredits; nämlich des Werths des Unterpfands a) an sich (Tauschwerth) nach den verschiedenen Erkenntnißquellen: Kaufwerth, Schätzungswerth; b) in Beziehung auf die darauf haftenden Passiv-Eigenschaften: Lasten und Schulden (Pfandwerth); überhaupt: Anweisungen zum vorsichtigen Benehmen des Hypothekarcreditgebers vor, bei und nach Erwerbung eines Hypothekenrechts.

So wird das Werk Gerichtsgeschäftsmännern und Andern ein gleich brauchbares Handbuch seyn, und zwar nicht blos da, wo die preussische HypothekenVerfassung gilt, sondern überhaupt, soweit man Geld auf Hypotheken borgt.

Inhalt des ersten Hefts.

Seite

I. Allianz-Tractat, geschlossen zwischen Oestreich, Rußland, England und Preussen, zu Chaumont am 1. März 1814. ... 1.

II. Pariser Friedensschluß, errichtet von Oestreich, Rußland, England, Preussen, und ihren Alliirten, mit Frankreich, am 30. Mai 1814. ... 8.

III. Bekanntmachung, daß die förmliche Eröffnung des wiener Congresses auf den 1. November 1814 ausgesetzt sey, datirt Wien den 8. Oct. 1814. ... 33.

IV. Französische Bemerkungen zu der Bekanntmachung (datirt Wien den 8. Oct. 1814.), daß die förmliche Eröffnung des Congresses auf den 1. Nov. 1814 ausgesetzt sey. ... 35.

V. Bekanntmachung wegen Ueberreichung und Prüfung der Vollmachten der für den Congreß bevollmächtigten Minister, Abgeordneten und Geschäftführer, datirt Wien den 1. Nov. 1814. ... 37.

VI. Verzeichniß der zu dem wiener Congreß bevollmächtigten Minister derjenigen acht Höfe, welche den pariser Friedensschluß unterzeichnet hatten, oder ihm beigetreten sind. ... 38.

VII. Oeffentliche Notiz über die Förmlichkeiten des wiener Congresses, über den dermaligen Sinn des Wortes Congreß, über die Lage und Abtheilungen seiner Geschäfte, in dem November 1814. ... 40.

Seite

VIII. Entwurf der Grundlage der teutschen Bundesver-
faſſung. (Am 13. Sept. 1814 dem öſtreichiſchen erſten
Bevollmächtigten von dem preuſſiſchen mitgetheilt).   45.

IX. Artikel, welche bei der Conferenz der fünf teutſchen
Mächte (Oeſtreich, Preuſſen, Baiern, Hannover, Wirtemberg) zur Grundlage gedient haben. (Vorgelegt im
Namen der Höfe von Wien, Berlin und Hannover, in
der Sitzung der teutſchen Comité am 16. Oct. 1814.)   57.

X. Note confidentielle de la Russie à l'Autriche et à la
Prusse, en date du 14. novembre 1814. (Wodurch
der in den vorhin genannten Artikeln enthaltene Bun-
desplan gebilliget und unterſtützt wird.)   61.

XI. Note, wodurch der hannöveriſche Miniſter erklärt, daß
der Kurfürſt von Hannover den Königstitel angenommen habe, datirt Wien vom 12. Oct. 1814.   64.

XII. Patent, wodurch der Kurfürſt von Hannover ſeine
Annehmung der königlichen Würde bekannt macht, datirt Carltonhouse den 26. Oct. 1814.   65.

XIII. Schriftliches Votum der beiden hannöveriſchen
Congreßbevollmächtigten, welches der Comité der fünf
teutſchen Höfe übergeben ward, datirt Wien den 21.
Oct. 1814.   68.

XIV. Note der bevollmächtigten Abgeordneten 29 teutſcher
ſouverainer Fürſten und Städte, an die kaiſerl. öſtreichiſchen und königl. preuſſiſchen erſten Bevollmächtigten,
datirt Wien den 16. Nov. 1814.   72.

XV. VerbalNote des herzogl. braunſchweigiſchen Abgeordneten, an den königl. großbritanniſch-hannöveriſchen
erſten Bevollmächtigten, datirt Wien den 16. Nov. 1814.   77.

XVI. Note der bevollmächtigten Abgeordneten 29. teutſcher
ſouverainer Fürſten und Städte, an den königl. großbritanniſch-hannöveriſchen erſten Bevollmächtigten, mit
Ueberſendung ihrer Note (Num. XLV.), datirt Wien
den 16. Nov. 1814.   82.

XVII. Antwort des königl. großbritanniſch-hannöveriſchen erſten Bevollmächtigten auf vorſtehende Note, datirt Wien den 25. Nov. 1814.   83.

Seite

XVIII. Erörterungs-Note der bevollmächtigten Abgeordneten 31 vereinigter teutscher souverainer Fürsten
und freien Städte an den königl. großbritannisch-hannöverischen ersten Bevollmächtigten, die Wiedereinführung der Kaiserwürde betreffend, datirt Wien den 20.
Dec. 1814.   87.

XIX. Note, wodurch die Bevollmächtigten der Fürsten von
Hohenzollern Hechingen und Hohenzollern Sigmaringen
dem kaiserl. östreichischen ersten Bevollmächtigten den
Beitritt ihrer Committenten zu der Note 29 teutscher
souverainer Fürsten und Städte vom 16. Nov. erklären,
datirt Wien den 24. Nov. 1814.   93.

XX. Verzeichniß der 32 vereinigten unabhängigen teutschen Fürsten und freien Städte. Wien, im Dec. 1814.   94.

XXI. Note des großherzogl. badischen Gesandten an den
kaiserl. östreichischen ersten Bevollmächtigten, datirt
Wien den 16. Nov. 1814.   97.

XXII. Note der großherzogl. badischen Bevollmächtigten
an die kaiserl. östreichischen und königl. preußischen ersten
Bevollmächtigten, wegen Einführung einer landständischen Verfassung, datirt Wien den 1. Dec. 1814.   100.

XXIII. Note der königl. wirtembergischen Bevollmächtigten an die übrigen Mitglieder der Comité für die teutschen Angelegenheiten, datirt Wien den 16. Nov.
1814.   101.

XXIV. Oestreichische Gegen Note auf vorstehende königl.
wirtembergische Note, datirt Wien den 22. Nov. 1814.   104.

XXV. Erwiederungs Note der königl. wirtembergischen Bevollmächtigten, an den kaiserl. östreichischen
ersten Bevollmächtigten, datirt Wien den 24. Nov.
1814.   109.

XXVI. Note für das herzogl. Arenbergische Haus um
Wiedereinsetzung in Meppen und Recklinghausen, oder
in das auf dem linken Rheinufer gelegene Herzogthum
Arenberg, nebst den dazu gehörigen unmittelbaren Graf-
und Herrschaften, datirt Wien im Oct. 1814. Mit
3 Beilagen.   114.

Zweites Heft.

Seite

I. Rechtsverwahrung des Königs von Sachsen gegen die königl. preussische provisorische Besitznehmung seiner Staaten, und gegen jede Verfügung über dieselben, datirt Friedrichsfelde bei Berlin) den 4. Nov. 1814   1

II. Bekanntmachung der kaiserl. russischen Uebergabe der obersten Verwaltung des Königreichs Sachsen an Preussen, datirt Dresden den 27. Okt. (8. Nov.) 1814.   5

III. Erklärung des kaiserl. russischen GeneralGouverneurs in dem Königreich Sachsen, Fürsten Repnin, an die königlich-sächsischen Landesbehörden, datirt Dresden am 27. Okt. 1814.   6

IV. Bekanntmachung der königl. preussischen provisorischen Besitznehmung des Königreichs Sachsen, datirt Dresden den 10. Nov. 1814.   9

V. Memoire raisonné sur le Sort de la Saxe et de son Souverain. (Am 2. Nov. 1814 von französischer Seite zu Wien ausgegeben.)   11

VI. Erklärung in dem pariser Amtsblatt (Moniteur univer) am 5. Dec. 1814, betreffend die Veinigung Sachsens mit Preussen.   15

VII. Auszug aus einer in England erscheinenden Zeitung, Polen und Sachsen betreffend, datirt London 12. Nov. 1814.   21

VIII. Denkschrift der deputirten Mitglieder der säcularisirten Erz-, Doms und andern geistlichen Stifte in Teutschland, auf beiden Seiten des Rheins.   23

IX. Darstellung des traurigen Zustandes der entgüterten und verwaiseten katholischen Kirche Teutschlands, und ihrer Ansprüche, datirt Wien den 30. Okt. 1814.   28

X. Anrede an Se. k. k. Maj. den Kaiser von Oestreich, gehalten am 22. Okt. 1814 von der verwittweten Fürstin von Fürstenberg in der Audienz, welche die Deputation der Standesherren bei dem Kaiser hatte.   37

XI. Bittschrift, Sr. k. k. Maj. dem Kaiser von Oestreich, am 22. Nov. 1814 von einer Deputation der Standesherren in einer Audienz übergeben.   40

XII. Vorstellung der fürstlichen Gesammthäuser Solms und Wied, wegen Aufhebung ihrer Unterordnung unter Souveraine des vormaligen rheinischen Bundes, datirt Wien 27. Dec. 1814. 41

XIII. Note der hessischen, herzoglich-sächsischen und nassauischen Bevollmächtigten an die kaiserl. östreichischen und königl. preussischen ersten Bevollmächtigten, enthaltend den Antrag, Mainz für einen Waffenplatz und eine Festung des teutschen Bundes zu erklären, datirt Wien den 25. Okt. 1814. 45

XIV. Ueber die Repräsentation des nicht königlichen Teutschlandes auf dem teutschen Bundestage, und seine Gestaltung zu diesem Zwecke 48

XV. Note des bevollmächtigten Abgeordneten vieler teutschen fürstlichen und gräflichen Häuser, welche durch die rheinische BundesActe andern teutschen Fürsten untergeordnet wurden, an die kaiserl. östreichischen, königlich preussischen und königl. grossbritannisch-hannöverischen ersten Bevollmächtigten, datirt Wien den 7ten Dec. 1814; betreffend die Rechtsverwahrung der ersten gegen die Note der bevollmächtigten Abgeordneten 29 teutscher unabhängiger Fürsten und freien Städte vom 16. Nov. 1814, mit Beifügung einiger Wünsche in Absicht auf die künftige Verfassung des teutschen Staatenbundes und der teutschen Länder. 53

XVI. Note der grossherzoglich-badischen Bevollmächtigten, datirt Wien 15. Okt. 1814, worin Baden begehrt, in das Comite für die teutschen Angelegenheiten des Congresses aufgenommen zu werden. 58

XVII. Schreiben des fürstlich-leyenschen Bevollmächtigten an den fürstlich-nassau-oranischen Bevollmächtigten, datirt Wien 16. Nov. 1814, betreffend den Beitritt des Fürsten von der Leyen „zu den Schritten der altfürstlichen Häuser" auf dem Congreß. 60

XVIII. Antwort auf vorstehendes Schreiben, datirt Wien den 21. Nov. 1814. 62

XIX. Note des fürstlich-oranischen und nassauischen Be-

vollmächtigten an den königlich-hannöverischen ersten Bevollmächtigten, als individueller Nachtrag zu der an diesen, unterm 20. Dec. 1814 von den Bevollmächtigten
der vereinigten teutschen souverainen Fürsten und teutschen Städte erlassenen Erwiederungsnote; datirt Wien
den 13. Jänner 1815. 63

XX. Note der großherzoglich-badischen und hessischen,
dann herzoglich-nassauischen Bevollmächtigten an den
Staatsminister Freiherrn von Stein, als Vorsteher der
obersten Verwaltungsdepartements, enthaltend den Antrag auf ungesäumte Niederschlagung der Kriegskosten-
Liquidation ꝛc., datirt Wien den 21. Nov. 1814. . 74

XXI. Rechtliche Bitten und ehrfurchtsvollste Wünsche
der Katholiken Teutschlands. 80

XXII. Articles séparés et secrets du traité d'alliance entre
l'Autriche et la Bavière, conclu à Ried le 8.
Oct. 1813. 89

XXIII. Extrait du traité préliminaire d'alliance entre l'Autriche et la Bavière, conclu à Ried le 8. Oct. 1813. 93

XXIV. Articles séparés et secrets du traité d'alliance
entre l'Autriche et le Roi de Wirtemberg, conclu à Fuld le 2. Nov. 1813. 93

XXV. Extrait du traité préliminaire d'alliance entre l'Autriche et le Wirtemberg, conclu à Fuld le 2. Nov. 1813 95

XXVI. Antwortschreiben des königl. großbritannisch-
hannöverischen ersten Bevollmächtigten auf die unter dem
27. Dec. 1814 im Namen der Gesammthäuser Solms
und Wied an ihn erlassene Vorstellung, datirt Wien
6. Jänner 1815. 95

XXVII. Erklärung des gewesenen Königs von Schweden Gustav IV. Adolph, welche derselbe an den königlich-
lich-großbritannischen Admiral Sir Sidney Smith nach
Wien gesendet hat, um dieselbe dem Congreß zu übergeben, datirt (Basel) im Nov. 1814. . . . 96

XXVIII. Vorstellung und Bitte des Bevollmächtigten
des gräflichen Hauses Stolberg, betreffend die vollständige Entschädigung dieses Hauses für den Verlust der

Seite

Grafschaft Rochefort und seine Ansprüche auf Königstein, datirt Wien den 6. Dec. 1814. . . . 97

XXIX. Ueber die Entschädigungs=Berechtigung des Hauses Stolberg, nach dem Deputations=Hauptschluß vom 25. Februar 1803. . . . 101

XXX. Ehrerbietigste Vorstellung und Bitte an den hohen Congreß zu Wien. Von dem Grafen Christian Ernst von Benzel=Sternau, Staats = und Finanzminister des vormaligen Großherzogthums Frankfurt, datirt Aschaffenburg den 30. Okt. 1814. . . . 120

XXXI. Memoire der Bevollmächtigten des ehemaligen unmittelbaren Reichsadels, enthaltend politische Gründe für die Erhaltung des unmittelbaren alten teutschen Reichsadels, datirt Wien den 28. Jan. 1815. . . . 124

Drittes Heft.

I. Pro=Memoria der Stadt Frankfurt, betreffend die von der Stadt Mainz gegen Frankfurt auf dem Rhein behauptete Stationfahrt und Umschlaggerechtigkeit, datirt vom 21. Sept. 1814. . . . 56.

II. Das Staffelrecht, oder die Stationsfahrt auf dem Rheine, insbesondre die Staffel=Gerechtsame der Stadt Mainz, in geschichtlich=rechtlicher und polizeilicher Hinsicht dargestellt. (Von den Deputirten der Stadt Mainz dem Congreß gedruckt mitgetheilt. 1814.) . . . 1.

III. Ueber die Freiheit der Rheinschifffahrt. Ein Sendschreiben. . . . 55.

IV. Mémoire présenté par les Ministres plénipotentiaires de l'ordre souverain de St. Jean de Jérusalem au Congrés de Vienne. (Ward dem Congreß von den Bevollmächtigten des Malther=Ordens gedruckt mitgetheilt, datirt vom 20. Sept. 1814.) . . . 85.

V. Ansicht über die künftigen staatsrechtlichen Verhältnisse des unmittelbaren Reichs=Adels in Teutschland.

Seite

(Auf dem Congreß gedruckt, unter der Jahrzahl 1814, übergeben). . . . 106.

VI. Erinnerungs-Note und vorläufige Erklärung der Bevollmächtigten der 32 vereinigten unabhängigen teutschen Fürsten und freien Städte an die kaiserl. östreichischen und königl. preußischen ersten Bevollmächtigten, datirt Wien den 2. Febr. 1815. 127.

VII. Mittheilungs-Note der Bevollmächtigten der 32 vereinigten unabhängigen teutschen Fürsten und freien Städte an den königl. großbritannisch-hannöverischen ersten Bevollmächtigten, datirt Wien den 2. Febr. 1815. . . . 130.

VIII. Antwort des königl. großbritannisch-hannöverischen ersten Bevollmächtigten auf vorstehende Mittheilungs-Note, datirt Wien 7. Febr. 1815. . 131.

IX. Note der königl. preußischen Bevollmächtigten an den kaiserl. östreichischen ersten Bevollmächtigten, betreffend eine Einladung an die 32 vereinigten teutschen unabhängigen Fürsten und freien Städte, den Conferenzen über die teutschen Angelegenheiten durch eine Deputation beizuwohnen, datirt Wien den 4. Febr. 1815. . 132.

X. Antwort des kaiserl. östreichischen ersten Bevollmächtigten auf vorstehende Note der königl. preußischen Bevollmächtigten, datirt Wien den 9. Febr. 1815. 134.

XI. Rechtsverwahrende Vorstellung und Bitte der durch die rheinische Bundes-Acte verschiedenen teutschen Kurfürsten und Fürsten als Standesherren untergeordneten vormaligen regierenden reichsständischen Fürsten und Grafen, betreffend ihre Wiedereinsetzung in die ihnen entzogenen Rechte und ihre Zuziehung zu der Berathschlagung über die künftige teutsche Bundesverfassung, datirt Wien den 30. Januar 1815. . 135.

Viertes Heft.

1. Note des Bevollmächtigten vieler teutschen fürstlichen und gräflichen Häuser, welche durch die rheinische Bundesacte andern teutschen Fürsten als Standesher

Seite

ren untergeordnet wurden; Hrn Geheimen Raths von Gärtner, an die Herren Bevollmächtigten der allerhöchsten verbündeten Mächte, betreffend eine königlich-wirtembergische Verfügung wegen Einführung landständischer Verfassung; datirt Wien den 27. Febr. 1815. Mit einer Beilage. . . . . . . 1.

II. Note des bevollmächtigten Abgeordneten vieler teutschen fürstlichen und gräflichen Häuser ꝛc., Herrn Geheimen Raths von Gärtner, an die Herren Bevollmächtigten der allerhöchsten verbündeten Mächte, betreffend zwei königl. wirtembergische Erklärungen wegen Einführung landständ. Verfassung; datirt Wien den 5. März 1815. Mit zwei Beilagen. . . 3.

III. Vorschlag eines, durch die rheinische BundesActe einem teutschen souverainen Fürsten untergeordneten Grafen, zu einer Grundlage des künftigen Rechtszustandes der jetzt so genannten teutschen Standesherren; datirt Wien den 10. Jänner 1815. . . . . . 8.

IV. Denkschrift derjenigen teutschen fürstlichen und gräflichen Häuser, welche durch die rheinische BundesActe andern teutschen Fürsten als Standesherren untergeordnet wurden; datirt Wien den 15. März 1815. 16

V. Note des Herrn Geheimen Raths von Gärtner, als Bevollmächtigten der vorhin genannten fürstlichen und gräflichen Häuser, betreffend die Beschleunigung einer teutschen Staats- und Bundesverfassung, insbesondere die Wiederherstellung des Rechtszustandes vor 1806, und die Errichtung eines allgemeinen höchsten Gerichtes; datirt Wien den 21. März 1815. . . . 36.

VI. Schreiben des kaiserlich-östreichischen Staats- und Conferenz-Ministers, auch Ministers der auswärtigen Angelegenheiten, Herrn Fürsten von Metternich, an die Frau Fürstin von Isenburg, wegen Aufhebung der bisherigen Abhängigkeit des Fürstenthums Isenburg von dem GeneralGouvernement Frankfurt; datirt Wien den 15 Febr. 1815. . . 39

VII. ProMemoria des Herrn Grafen von Bentinck, an die zu vereinigten teutschen unabhängigen Fürsten und

Seite

freien Städte, um als souverainer Besitzer von
Inn und Kniphausen, in den Verein derselben aufgenommen zu werden, datirt Wien den 20. Febr. 1815. 40.

VIII. Nachtrag zu dem Verzeichniß der vereinigten souverainen Fürsten und freien Städte Teutschlands. 41.

IX. Note der Bevollmächtigten der vereinigten souverainen Fürsten und freien Städte Teutschlands,
an die kaiserlich-östreichischen und königlich-preussischen ersten Herren Bevollmächtigten, betreffend theils
die Bereitwilligkeit ihrer Committenten zu angemessener
Militär-Leistung bei den durch Buonaparte's Einfall
in Frankreich eingetretenen widrigen Verhältnissen, theils
ihr Begehren einer ungesäumten, regelmäsigen Festsetzung
der wesentlichsten Grundlagen einer teutschen
Bundesverfassung; datirt Wien den 22. März
1815. Mit einer Anmerkung des Herausgebers. 43.

X. Note Ebenderselben an die königlich-baierischen und
wirtembergischen Herren Bevollmächtigten, wodurch diesen vorstehende Note mitgetheilt wird; datirt
Wien den 23. März 1815. Mit einer Anmerkung
des Herausgebers. 46.

XI. Note des königlich-hannöverischen ersten Herrn
Bevollmächtigten, Grafen von Münster an die Her-
ren Bevollmächtigten der vereinigten souverainen
Fürsten und freien Städte Teutschlands, worin
derselbe sein Einverständniß mit ihrer Note vom 22.
März 1815 erklärt; datirt Wien den 29. März 1815. 47.

XII. Note der königlich-preussischen Herren Bevollmächtigten an die Herren Bevollmächtigten der vereinigten souverainen Fürsten und freien Städte Teutschlands, worin sie den, in deren Note vom
22. März geäusserten Gesinnungen und Anträgen ihre Zustimmung geben, sie zu vorläufiger Besprechung einladen, und den mit Rußland und England geschlossenen
Allianz-Tractat mittheilen; datirt Wien den 29. März 1815. 48.

XIII. Erklärung der zu Wien, theils persönlich, theils
durch Bevollmächtigte versammelten acht Mächte,
welche den Pariser Frieden unterzeichnet haben, oder
ihm beigetreten sind, betreffend Napoleon Buona-

Seite

parte's Einfall in Frankreich; datirt Wien den 13.
März 1815. 51.

XIV. Betrachtung über vorstehende Erklärung der acht
Mächte, Napoleon Buonaparte's Einfall in Frankreich
betreffend. Aus dem zu Wien erscheinenden „Oestreichischen Beobachter" vom 16. März 1815,
Num. 75, abgedruckt. 54.

XV. Allianz-Tractat, geschlossen zu Wien am 25. März
1815, zwischen Oestreich, Rußland, England
und Preussen, mit Einladung an alle Mächte von
Europa, demselben beizutreten. Mit einer Anmerkung des Herausgebers. 57.

XVI. Patent, wodurch der souveraine Fürst der
Niederlande seine Annehmung der königlichen
Würde und des Titels König der Niederlande,
Prinz von Oranien-Nassau, Herzog von
Luxemburg ꝛc. bekannt macht; datirt Haag den 16.
März 1815. 61.

XVII. Note der Herren Bevollmächtigten des Königs
der Niederlande auf dem Wiener Congreß, wodurch sie den Herren Bevollmächtigten der vereinigten souverainen Fürsten und freien Städte
Teutschlands bekannt machen, daß ihr Souverain die
Königswürde angenommen habe; datirt Wien den
28. März 1815 65.

XVIII. Note der kurfürstl. hessischen Herren Bevollmächtigten, an die kaiserl. östreichischen, königlich-
preussischen und königl. großbritannischen Herren Bevollmächtigten, die Fürsten von Metternich
u. Hardenberg; u. den Herzog v. Wellington;
dat. Wien den 11. März 1815, betreffend die Vindication
der im J. 1810 von Napoleon an Hessen-Darmstadt gegebenen vier hanauischen Aemter, und den eventuellen Widerspruch des Kurfürsten gegen Abtretung des
übrigen hanau-münzenbergischen Landes an
Baiern. 67.

XIX. Note der Hrn. Bevollm. siebenzehn teutscher souver.
Fürsten an die kais. östreichischen u. kön. preussischen ersten Hrn. Bevollm., die Fürsten von Metter-

Seite

nich und v. Hardenberg, betreffend die Vernichtung der zum Zweck der Kriegskosten von ihren Committenten ausgestellten Haupt- u. PartialObligatio-
nen; datirt Wien den 23. März 1815   69.

XX. Bittschrift des Municipalraths der Stadt Wetzlar
an den Wiener Congreß, um Bestimmung der Stadt
Wetzlar zum Sitz des künftigen teutschen Bundesgerichtes; datirt Wetzlar den 13. Jän. 1815.   72.

XXI. Ueber die Vorzüge, welche die Stadt Nürnberg
für den Sitz der künftigen teutschen Bundesversammlung darbietet   76.

XXII. Schreiben des kön. preussischen Staatskanzlers, Hrn. Fürsten v. Hardenberg, an den königl.
preussischen Gesandten zu Hamburg, Hrn. Grafen
v. Grothe, enthaltend den Auftrag, für die Verbesserung des bürgerl. Zustandes der jüdischen Einwohner
zu Hamburg, Lübeck und Bremen, die angelegentlichste Verwendung eintreten zu lassen; auf Veranlassung ihres Abgeordneten an den Wiener Congreß,
D. Buchholz; datirt Wien den 4. Jänner 1815.   77.

XXIII. Memoire présenté par D. Louis Buoncompagni
Ludovisi, Prince de Piombino et de l'Isle d'Elbe au
Congrès de Vienne (Ward dem Congreß von dem Genannten selbst, im Oct. 1814 gedruckt, auf 17 Seiten,
mitgetheilt. Die Beilagen werden in einem der
nächsten Hefte nachgeliefert.)   80.

XXIV. Note des Hrn. Geh. Raths von Gärtner, als
Bevollm. vieler teutschen fürstl. u. gräfl. Häuser, die
durch die rhein. BundesActe andern teutschen Fürsten untergeordnet wurden, an sämmtl. Hrn. Bevollm. der souverainen nichtköniglichen Staaten Teutschlands, womit er ihnen seine dem Congreß übergebene
Denkschrift (vergl. oben in diesem Hefte Num. IV.
S. 16) übersendet und empfiehlt; datirt Wien den 28.
März 1815.   100.

XXV. Note der Hrn. Bevollm. der vereinigten sou-
rainen Fürsten und freien Städte Teutschlands, an den kön. großbr. hannöverischen ersten
Hrn Bevollm., wodurch sie demselben ihre Note vom
22. März mittheilen; datirt Wien den 22 März 1815.
(Vergl oben in diesem Heft Num. 1. S. 43.)   103.

XXVI. Entwurf eines Bundesvertrags der souverainen Fürsten u. freien Städte Teutschlands, enthaltend die wichtigsten Grundsätze der Bundesverfassung, deren weitere Ausführung, so wie die Abfassung der organischen Gesetze des Bundes, einer nachfolgenden Berathung vorbehalten bleiben soll. Vorgelegt
von den kön. preuß. Herren Bevollmächtigten, im An-
fang des Aprils 1815.   104.

Printed in the USA
CPSIA information can be obtained
at www.ICGtesting.com
LVHW081537160823
755439LV00010B/367